EDITION TRANS bei ASANGER

Band 1

Ina Rösing

Weisheit

Meterware

Maßschneiderung

Missbrauch

Asanger Verlag · Kröning

Layout und Übersetzung der englischen Zitate:
Silvia Gray

Umschlaggestaltung:
liveo grafikdesign, Angelika Krikava,
Buchenweg 14a, 96164 Kemmern,
Tel. 09544/985646. Fax 09544/985647, info@liveo.de, www.liveo.de

Bibliographische Informationen der Deutschen Bibliothek:
Die Deutsche Bibliothek verzeichnet diese Publikation in der Deutschen Nationalbibliographie; detaillierte bibliographische Daten sind im Internet über http://dnb.ddb.de abrufbar.

Printed in Germany
ISBN 3-89334-442-x

Dieses Buch ist
Theo Dräger
in Dankbarkeit gewidmet:
Ohne sein weises Eingreifen hätte es nicht vollendet werden können. Ohne sein kontinuierlich weises Handeln hätten mich die Sorgen um die Menschen in den Anden fast erdrückt.

Inhaltsverzeichnis

Verzeichnis der Skizzen und Übersichten

Skizzen:

Übersichten:

Danksagung

An allererster Stelle möchte ich dem Leitenden Ärztlichen Direktor des Universitätsklinikums Ulm, Prof. Dr. Reinhard Marre, und dem Dekan der Medizinischen Fakultät der Universität Ulm, Prof. Dr. Klaus-Michael Debatin, für die kontinuierliche Unterstützung meiner Forschung danken. Ohne ihr Interesse und Wohlwollen wäre meine Forschung nicht möglich und würde auch keinen Spaß machen.

Großen Dank auch an mein Arbeitsteam: Silvia Gray, Beate Graßdorf-Mendoza, Edith Robinson-Kollmetz, Brunhilde Settele, Richard Bahcic, Anke Eichhorn sowie an diejenigen, die mir zeitweilig geholfen haben: Alessandra Vicari, Christine Hanselmann, Cornelia Heth, Almut Reeh, Senka Hegic und Verena Kaps. Besonderen Dank auch an die Ärztin Ursula Wolf und an Dr. Frank Seeliger als Mitglieder meines Forschungsteams.

Dank den kritischen Erstlesern dieses Buches für ihre Diskussionsbeiträge, Vorschläge und Anregungen: Prof. Dr. Reinhardt Rüdel und Dr. Gerd Wenninger sowie dem Freund Ernst Burmann und meiner Kollegin Dr. Leonore Kottje-Birnbacher für ihre Unterstützung dieses Projektes.

Da ich in diesem Buch auch auf Ergebnisse meiner ethnologischen Feldforschung in der Kallawaya-Region der Anden Boliviens und in Changthang/Ladakh im Himalaja zurückgreife, gebührt auch denjenigen Forschungsförderungsinstitutionen Dank, die diese Forschungen parallel und wechselnd über zwanzig Jahre hinweg gefördert haben: Deutsche Forschungsgemeinschaft, Volkswagen-Stiftung und Robert Bosch Stiftung.

Dank auch an diejenigen, die stets die Ruhe meiner Arbeit in Wintermoos geschützt haben: Resl und Adi Vogl.

Ich bin einigen weisen Menschen begegnet und ich bin dankbar für diese Begegnungen: Fred Hochstrasser, Aurelio Ortiz Barricolla, Franz Heinbach.

Ina Rösing
Wintermoos, August 2005

Vorwort

Warum "Weisheit"?

Mich hat die Arbeit an "Intelligenz und Dummheit. Wissenschaftliche Konzepte. Alltagskonzepte. Fremdkulturelle Konzepte"[1] zur "Weisheit" geführt: Intelligenz *ist* zwar ein Wert, *hat* aber keine Werte. Ohne Werte sind jedoch alle Ziele gleich. Intelligenz kann man für beliebige Zwecke einsetzen, für ein beliebiges Datum der Weltgeschichte, welches sich in unser Gehirn eingräbt. Intelligenz kann den Weg zum Ziel berechnen und seine Erreichbarkeit kalkulieren. Intelligenz sagt uns, *wie* wir etwas erreichen. Aber sie sagt uns nicht, *was* wir erreichen wollen oder sollen.

Um zu wissen, was wir wollen sollen, brauchen wir Werte und eine ethische Position. Man braucht Urteilskraft, Gefühl für den Kontext, Umsicht, Weitsicht, Einsicht, ein Denken im Ungewissen, Erfahrung, Herz – es braucht Wollen und Wählen, nicht Können und Erfüllen. In einem Wort: Der Intelligenz fehlt die Weisheit. Und dies führte mich dazu, diesen Wert "Weisheit" in unserer Kultur und in fremden Kulturen zu untersuchen.

Dabei trete ich gegen eine Idealisierung der Weisheit als hohes Ideal der Lebensentfaltung ebenso an wie gegen die Banalisierung der Weisheit als Alltagsgeschäft. Ich untersuche die Rolle des Konzeptes in der Wissenschaft – und in unserer Gesellschaft. In der Wissenschaft wird die Fülle des Stoffes, aus dem die Weisheit ist, zu engen, "maßgeschneiderten" Modellen. In der Gesellschaft dient sie zur Verschleierung unangenehmer Realitäten. Beides gilt es kritisch zu analysieren mit dem Ziel, den Weisheitsbegriff von Missbrauch zu bereinigen, ein brauchbares Konzept der Weisheit zu entwickeln und sie so mit ihren vermeintlichen Feinden – speziell der Passion – zu verbünden. Sie soll damit als Wert noch mehr Gültigkeit bekommen und mehr Leben.

Diese Perspektive entwickle ich in fünf Kapiteln.

(1) Zunächst sichte ich das westliche[2] Wissen über Weisheit – erst in seiner ganzen unbeschnittenen Fülle und Vielfalt ("Meterware") und dann in seinen wissenschaftlichen "Maßschneiderungen", den

sozialwissenschaftlichen Theorien der Weisheit, die gegenüber der "Meterware" eng und verlustreich zurechtgestutzt erscheinen. Aus der Kritik an diesen Theorien und mit der Orientierung an dem Reichtum der "Meterware" entwickle ich ein eigenes Konzept von den wesentlichen Ingredienzien der Weisheit in unserer Kultur.

(2) Im zweiten Kapitel geht es um die Suche nach dem Konzept der Weisheit in fremden Kulturen. Westliche wissenschaftliche Weisheitskonzepte haben Universalität reklamiert – Gültigkeit für alle Kulturen der Welt. Diese These, so wird gezeigt, ist nicht haltbar. Eine eingehende Untersuchung zur "Weisheit" z. B. in der Andenkultur ergibt, dass es dort dieses Konzept überhaupt nicht gibt. In anderen Kulturen kennt man zwei Weisheiten oder auch mehrere. Die Ingredienzien der Weisheit, die Schnittlinie zu verwandten Konzepten, der ganze semantische Raum um das Konzept und die Stellung von Weisheit in der Hierarchie der Werte unterscheiden sich von Kultur zu Kultur ganz erheblich. Und ausgerechnet die Ifaluk auf ihrem winzigen Atoll im pazifischen Ozean werden uns anhand ihrer extremen Lebensbedingungen lehren, wie ethnozentrisch, d. h. west-zentrisch, einige unserer wissenschaftlichen Konzepte von Weisheit sind. Auf der Basis der Untersuchung von Konzepten von Weisheit in fremden Kulturen erweitert sich unser Begriff von Weisheit jedenfalls erheblich. Und wir werden sicher auch bescheidener, denn unser Konzept von Weisheit ist nur eines von vielen.

Obwohl nur eines von vielen auf dem Markt der Weisheitsbegriffe der Welt eignet sich das westliche Weisheitskonzept doch vorzüglich zu einem gewissen Missbrauch in unserer Gesellschaft. Der Missbrauch wird transportiert über die Assoziation von Alter und Weisheit. Mehrere Gerontologien haben sich im Zuge der Bemühung um "positives Altern" oder "erfolgreiches Altern" der Weisheit als hehres, hohes Entwicklungsziel im Alter angenommen. Zwei Gerontologien werde ich kritisch durchleuchten.

(3) Die Narrative Gerontologie geht davon aus, dass es kein Ich, kein Selbst gibt jenseits der Story, des Narrativs, das man von sich

erzählt: "Meine Story bin ich." "Ich mache eine Story von mir, also bin ich." Und wenn ich meine Story *bin*, dann kann ich anders werden, indem ich meine Geschichte neu erzähle. Das ist es, was in der "Therapoetik", dem Praxiszweig der Narrativen Gerontologie, geschieht. Und hier wird Weisheit zur Fähigkeit der erzählenden Neuschöpfung seiner selbst. Die Euphorie und die Normativität dieses Ansatzes – von "Poesie" ist die Rede, vom Sich-selbst-als-Kunstwerk-verstehen, Sich-selbst-als-Roman-schreiben – verweist auf ein starkes Interesse, etwas anderes zuzudecken.

(4) Während in der Narrativen Gerontologie die Weisheit zum Storybasteln über sich selbst banalisiert wird, wird sie in der gerontologischen Theorie der Gero-Transzendenz sakralisiert. Nach dieser Entwicklungstheorie hat jeder Mensch, sofern er nicht daran gehindert wird, im Alter die Fähigkeit, die höchste Entwicklungsstufe der Spiritualität und Transzendenz zu erreichen. Diese "natürliche" Spiritualität wird in der Gero-Transzendenz-Theorie "Weisheit" genannt. Es ist Weisheit für alle. Die Gero-Transzendenz tritt auf gegen die "Aktivierungsansätze" in der Gerontologie und geht davon aus, dass man die Alten und Greise am besten in Ruhe lässt, sie nicht "aktiviert" – damit sie still in sich hinein gerotranszendieren können. Wieder ist es die Euphorie der Sprache, aber auch der Umgang mit Daten und die Normativität, welche darauf verweisen, dass hier irgendetwas verdeckt werden soll.

(5) Was wird da verdeckt? Warum wird es verdeckt? Warum dient die Weisheit als Verschleierung und was bleibt von dieser Weisheit, wenn man sie von dieser Funktionalisierung befreit? Das sind die Fragen des letzten Kapitels. Anhand persönlicher Zeugnisse alter Menschen verdeutliche ich, was es heißen kann, das Greisenalter zu erreichen, wie die Lebensbedingungen im hohen Alter aussehen und wie unzumutbar dann die hehren Weisheitskonzepte dastehen. Diese Kritik ergänze ich mit der soziologischen Kritik an der Assoziation von Weisheit und Alter. Diese Kritik fordert ein Moratorium des Redens von Alter und Weisheit. Statt Weisheit als "greisige Leistung" fordert sie die alten Menschen auf, ihre Wut zu artikulieren gegen das Abgeschobensein in die Funktionslosigkeit.

Hier muss also die Weisheit "gereinigt" werden. So gereinigt und mit nüchternem Blick betrachtet, zeigen sich erst die haltbaren positiven Seiten der Weisheit. Es zeigt sich, wie einmalig dieses Geflecht an Merkmalen ist, welches Weisheit und weise Menschen kennzeichnet. Es zeigt, wo Weisheit eine Rolle spielen kann und sollte und wo für sie kein Platz ist. Weisheit hat ohne Zweifel reale Feinde (Starre, Fanatismus, Gewalt usw.). Sie hat aber auch eine Reihe nur "vermeintlicher" Feinde, z. B. die Passion. Gegen diese vermeintliche Feindschaft zeige ich, dass Weisheit und Passion verbindbar sind und dann einen Weisheitsbegriff ergeben, der nicht mehr nur ein Reservat für greisige Leistung und greisige Errungenschaft ist, sondern uns in seiner Lebendigkeit plötzlich alle angeht.

Kapitel 1

Wissen vom Wesen der Weisheit im Westen

1. Kapitelübersicht

Wenn man von oder über Weisheit spricht, wird man schnell feststellen, dass alle schon längst wissen, was Weisheit ist. Denn Weisheit ist ein Alltagsbegriff. Weisheit ist ein Wert, der zwar gewiss nicht alltäglich gelebt wird, aber als erstrebenswert gilt, sofern man ihn nicht für ein bisschen langweilig und obsolet hält. So einfach aber ist es mit der Weisheit nicht. Es ist ein außergewöhnlich vielfältiger, umfassender, facettenreicher Begriff. Um dies zu vermitteln, möchte ich – ehe ich die Vielfalt der Aspekte ordne, gliedere, hierarchisiere, reduziere – die Weisheit erst einmal als "Meterware" auslegen. Dazu bedarf es vorab einer kurzen Erläuterung zur Art des "Stoffes", welchen ich auszulegen gedenke. Der Stoff ist sozialwissenschaftlich, westlich und wesenslastig.

Sozialwissenschaftlich. Es geht in diesem Buch um die sozialwissenschaftlichen Beiträge zur Weisheit, verständlich und praxisnah. Philosophie, Theologie und Historie bleiben unberücksichtigt. Auch unberücksichtigt bleiben alle Beiträge, die Weisheit mehr metaphorisch verwenden, so z. B. wenn von "Weisheit des Körpers"[1], "Weisheit der Träume"[2], "Weisheit des Unbewussten"[3] die Rede ist oder von einer "Weisheit", die in bestimmte Praxisfelder getragen wird, z. B. in das Firmen-Management[4]. Denn letztlich geht es mir in dieser Studie um die Frage, ob man das "Alter" in diesen Stoff "einwickeln" kann – eine Frage, zu der es einer empirischen und sozialen Prüfung bedarf, welche weder Philosophie noch Theologie oder Historie leisten können.

In der sozialwissenschaftlichen Forschung zu bestimmten Begriffen, Werten oder Fähigkeitskonzepten unterscheidet man stets zwischen der expliziten und impliziten Begriffsebene. Eine von einem Forscher entworfene Theorie der Weisheit gehört zur expliziten Ebene. Die Vorstellungen von Weisheit im Kopf von Laien – und das sind wir in Bezug auf Weisheit schließlich nahezu alle – gehören zur impliziten Ebene. Implizite Begriffe sind die uns nicht unbedingt bewussten, uns aber im Verhalten beeinflussenden *Alltagsbegriffe.* Die Wissenschaft untersucht auch das Aussehen der Alltagsbegriffe. Speziell diesen Forschungsbereich

– implizite "Theorien" der Weisheit habe ich einer Inhaltsanalyse unterzogen nebst allen sozialwissenschaftlichen Essays zu "Weisheit", um ein möglichst vollständiges Bild des Stoffes zu bekommen, aus dem die Weisheit ist.

Westlich. In der Ausbreitung der "Meterware" werde ich mich zunächst auf Konzepte von Weisheit im Westen beschränken. Andere Kulturen, Quechua-Indianer, Ifaluk, asiatische und afrikanische Kulturen behandle ich im Kapitel 2.

Wesenslastig. Alle hier ausgewerteten Beiträge beanspruchen, Aspekte des "Wesens" der Weisheit zu fassen. Nicht alle westlichen Beiträge zur Weisheit sehen deren Wesen gleich. Doch hat die hier ausgebreitete "Meterware" einen recht hohen Grad von Konsens, insbesondere in Bezug auf den *Kern*, um welchen sich all diese "Meterware" auslegen lässt.

2. *Weisheit als "Meterware"*

Ich möchte vermitteln, was ich anfänglich bei der eingehenden Auseinandersetzung mit dem Begriff "Weisheit" erlebt habe: Welch eine alle Bereiche umfassende lichte Vision! Welche Menge an Begriffen im großen "Meer der Worte". Es ist schön, sich in diesem Meer der Worte treiben zu lassen. Um dies zu verdeutlichen, wähle ich die Darlegung von Weisheit als "Meterware": noch unbeschnitten, ungeordnet, in ihrer ganzen Fülle und Farbigkeit.

Weisheit ist ein multidimensionales Konzept mit intrapersonellen, interpersonellen und transpersonellen Aspekten. Weisheit ist ein Ausbalancieren von Emotionen, Motivation, Wert und Denken. Weisheit ist zentrales Persönlichkeitsmerkmal. Sie ist praktische Intelligenz, welche verschiedene Interessen im Blick auf das Allgemeinwohl auszugleichen weiß. Sie ist eine Form des Wissens und eine Art des Denkens, Handelns und Urteilens, ein Wert und ein Maßstab für Werturteile. Weisheit ist ein Ideal. Weisheit ist eine Form höheren Strebens, eine ethisch orientierte Lebensführungskompetenz, eine Basis der Handlungsnormierung, ein Kriteriensystem für Relevanzurteile.

Weisheit ist ein Modell für die Konstruktion der Wirklichkeit, eine Lebenseinstellung zu sich selbst und zu anderen, eine Art des Wissens, ein Kapital an Lebenserfahrung und Reflexion. Weisheit ist Ethik, sie ist Ausgewogenheit von Wissen und Moral, schwer zu erreichen und leicht zu erkennen und sie kommt selten vor. Weisheit kann nur in einem bestimmten Raum zum Tragen kommen, dort wo nicht alles festgelegt ist, und bei Problemen, die wenig umrissen sind und mehr als eine Lösung haben.

Weisheit hat unterschiedliche Funktionen. Sie gibt Orientierung in der Welt und stiftet Ordnung. Sie ist ein Ordnungsprinzip für Zukunftsentwürfe und für Vergangenheit und Erinnerung.

Weisheit stiftet Sinn und bedeutet, um den Sinn des Lebens wissen. Sie ermöglicht die Sicht des Wesentlichen und das Wissen um die letzten Dinge. Weisheit hat eine spirituelle Dimension. Sie schließt philosophisch-spirituelle Neigung ein und die Hinwendung zu transpersonellen Fragen. Sie geht über individuelle Belange hinaus und ist orientiert am Allgemeinen, Universellen.

Weisheitliche Urteile sind nicht widerlegbar, sie sind plausibel, nachvollziehbar, akzeptabel. Sie sind kreativ, paradox, anders. Es ist die Bereitschaft, zu praktikablen Lösungen zu kommen, auch wenn es noch andere gibt. Weise Entscheidungen sind gerecht, denn sie berücksichtigen unterschiedliche Interessen, Standpunkte und Wertpositionen und das biographische und gesellschaftliche Gewordensein des Problems.

Weisheit muss im eigenen Handeln angelegt sein. Der weisheitliche Weg ist ein Mittelweg. Weisheitliches Handeln gleicht aus, bettet ein, kombiniert und ist eine Balance-Leistung zwischen individuellen und sozialen Anforderungen, ein Optimierungshandeln unter Ausgleich von Verschiedenheit.

Weisheit ist Wissen über die *conditio humana*, die Grundprobleme des Lebens und ihre Erscheinungsweisen und Vielfalt. Sie ist wertgetragenes Wissen, Wesentlichheitswissen, Wissen um die letzten Dinge.

Weisheit ist auch Grenzbewusstsein. Sie bedeutet Erkennen und Akzeptieren der eigenen Wissensgrenzen und der Grenzen des Wissbaren. Sie ist Wissen um die eigene Zeitlichkeit und die Realität des Todes und begegnet dem Tod deshalb mit Gleichmut und Gelassenheit. Sie ist Wissen um die Begrenztheit aller Dinge – Kraft, Mut, Liebe, Glaube, Klugheit, Güte, Vernunft, Lösbarkeit – und um die Grenzen des Möglichen, des Wandels, des Werdens, der Dauer. Sie ist Wissen um die eigene Beschränktheit, um die Häufigkeit, mit der man sich geirrt hat und irren wird, und um die Grenzen der Vernunft, die Grenzen der Logik, die Grenzen der Argumentation.

Weisheit ist relativistisches und dialektisches Denken. Sie berücksichtigt, dass die Welt voller Widersprüche und Paradoxien ist. Weisheit ist Erkenntnis und Denken im Ungewissen sowie Umgang mit Ungewissheit. Sie ist Wissen um die Multikausalität aller Ereignisse. In der Reflexion sucht sie den Ausgleich zwischen Gewissheit und Zweifel. Das weisheitliche Denken ist vorurteilsfrei und flexibel. Sie hat nicht alle Antworten, kann aber die richtigen Fragen stellen.

Weisheit ist orientiert am Gemeinwohl. Sie ist Anweisung zu gutem Leben. Sie ist ein Modell der Lebensführung und gelebte Ethik. Sie ist eine Übereinstimmung ethischen Wissens mit ethischem Handeln. Sie ist Tugend, Zucht, sittlicher Wert. Weisheit ist eine Idee für gutes Leben.

Weisheit erwächst nicht so sehr aus der Menge der Erfahrung wie aus der Verarbeitung von Erfahrung. Sie ist Lebensklugheit und Lebenswissen. Weisheit setzt Lebensbilanzierung voraus, sie entfaltet sich eher im Alter.

Mit diesen Stichworten ist die "Meterware" der Weisheit in ihrer Fülle, Vielfalt und Farbigkeit zunächst einmal ausgerollt. Der gleiche Stoff lässt sich auch noch in anderer Weise betrachten. So kann man die "Meterware" der Weisheit um eine *Person* drapieren und fragen: Welche Fähigkeiten hat der weise Mensch? Welcher Mensch, welche Persönlichkeit ist der Weise?

Weisheit ist eine Synthese aus Intelligenz und Kreativität. Sie schließt die Fähigkeit ein, Automatismen im Denken und eingeschliffene Muster im Handeln zu durchbrechen und alternative Optionen mit Blick auf Werte und Zielsetzungen zu systematisieren. Der Weise hat auch Lebensführungskompetenz. Das setzt die Fähigkeit voraus, seine eigenen Lebensprobleme lösen zu können und sie gelöst zu haben und sich und das Leben klar zu sehen unter Einschluss auch der negativen Erfahrungen und Widersprüche. Sie bedeutet, das eigene Leben und das der anderen in seinem Gesamt sichten und bilanzieren zu können. Weisheit setzt die Fähigkeit zur Einfühlung in andere Menschen voraus, beinhaltet Empathie, Sympathie, Mitleid. Sie bedeutet auch interpersonelles Geschick und Kommunikationsfähigkeit.

Der weise Mensch ist eine seltene Erscheinung. Er hat Einfluss auf andere, ist Vorbild für andere. Er findet in der Gesellschaft Anerkennung und wird von anderen Menschen um Rat gefragt. Er weiß auch, wenn kein Rat zu geben ist. Der weise Mensch ist klug, verständig, einsichtig, hat eine vorzügliche Urteilsfähigkeit, eine ausgeprägte Unterscheidungsfähigkeit und eine besondere Begabung dafür, die Perspektive anderer Menschen einzunehmen. Er ist flexibel im Denken und lernt aus seinen Fehlern. Er hat reiche Menschenkenntnis und weiß auch um die Torheit der Welt. Er hat reiches Selbstwissen und reiche Menschenkenntnis.

Der weise Mensch ist integer und aufrichtig. Er hat klare Ziele und Werte. Er ist authentisch, hat innere Ruhe und Gleichmut. Er ist ausgeglichen, gelassen, hat Abstand zu den Dingen und hat Geduld. Er ist maßvoll und umsichtig, wahrhaftig und mutig. Er hat Humor ("Wer nie lacht, kann nicht weise sein") und ist freudfähig. Er ist innerlich autonom, hängt nicht von Normen und Autoritäten ab und ist nicht bestechlich. Er ist warmherzig, bescheiden, nicht gierig, lauter, vertrauenswürdig und wahrhaftig. Er ist dezent und verschwiegen. Der weise Mensch hat die Balance gefunden zwischen Vertrauen und Skepsis und ist unerschütterlich im ruhigen Verfolgen eines als wichtig erkannten Zieles. Er ist sich der Unsicherheiten der Welt bewusst und kann die Ambiguität des Lebens ertragen. Der weise Mensch ist willensstark und hat Ich-Stärke.

Der weise Mensch ist illusionsfrei und erkennt und akzeptiert seine eigenen Schatten. Er hat Distanz zu sich selbst, hat den Narzissmus überwunden und die Selbstbezogenheit gemeistert. Er ist in der Lage, sich aus eingespielten Denk- und Handlungsweisen zu lösen. Er ist losgelöst von sozialen Konventionen, auch wenn er sie achtet. Er hat einen integren Charakter.

Der weise Mensch der "Meterware" erscheint uns überirdisch, irreal, unerreichbar, idealisiert, illusionär. Er ist der Inbegriff des guten Menschen. Fehlt ihm eigentlich noch irgendeine höherwertige Eigenschaft, die man noch zusätzlich erdenken könnte? Dieses Bild fügt sich zusammen zu einer Idealisierung von Weisheit, die uns auch im gesellschaftlichen Kontext begegnet. Sie erscheint uns jedoch etwas nüchterner, wenn man die ausgebreitete "Meterware" der Weisheit vom Gegenpol her aufrollt: Weisheit ist nicht denkbar ohne Bescheidenheit, ohne Toleranz, ohne die Existenz von Tod und die Dunkelheit in der Welt. Weisheit ist nicht möglich ohne Bändigung des geltungsbedürftigen Ich. Weisheit ist unvereinbar mit Erstarrung, Hass, Gewalt.

Im nächsten Abschnitt soll statt "Meterware" die "maßgeschneiderte" Weisheit zur Sprache kommen. Die Sozialwissenschaften bieten nicht allzu viel in dieser Richtung an. Drei Modelle oder Arten der "Maßschneiderungen" aber sind auszumachen, drei "Theorien" der Weisheit, die den großen Stoff ordentlich zurechtschneiden und zusammenfügen und dabei zum Teil auch viel Stoff wegwerfen: das Berliner Weisheitsparadigma, die Balance-Theorie der Weisheit und integrative Modelle der Weisheit.

3. "Maßgeschneiderte" Weisheiten

(1) Ein europäisches Modell: Das Berliner Weisheitsparadigma

Unter den "maßgeschneiderten", westlichen, wissenschaftlichen Modellen der Weisheit hat sich auf breiter Ebene nur das "europäische", das Berliner Weisheitsparadigma, durchgesetzt.

Nach diesem Modell ist Weisheit Expertenwissen um menschliche Grundprobleme. Dieses Konzept der Weisheit ist mit dem Berliner Max-Planck-Institut für Bildungsforschung verbunden und mit den Namen vor allem von Paul Baltes, Ursula Staudinger und Ute Kunzmann. Es wird international unter dem Namen Berliner Weisheitsparadigma (BWP) gehandelt. Es ist nicht nur ein Versuch, die wichtigsten Ingredienzien von Weisheit zu definieren, sondern das Konzept vor allem auch zu messen.

Man kann – wie auch schon die "Meterware" gezeigt hat – Weisheit mehr von der Kognition betrachten (als eine Form von Wissen und Denken) oder auch mehr als eine bestimmte Konstellation von Persönlichkeitsmerkmalen. Das Berliner Weisheitsparadigma hat seinen Schwerpunkt im kognitiven Bereich und definiert Weisheit als "ein System von Expertenwissen, das sich auf die fundamentale Pragmatik des Lebens bezieht, unter Einschluss von Wissen und Urteil über das Verhalten und den Sinn des Lebens... Unter fundamentaler Pragmatik verstehen wir Wissen und Urteil über die allerwichtigsten (fundamentalen) Aspekte des Menschseins und die Mittel und Wege von Führung, Bewältigung und Verstehen guten Lebens."[5]

Weisheit wird also verstanden als Expertise (im Sinne von Expertentum) im Umgang mit schwierigen Fragen des Lebens, d. h. Fragen der Lebensplanung, Lebensgestaltung und Lebensdeutung.[6] Wissen und Urteilsfähigkeit gehören zu dieser Expertise dazu. Doch entscheidend ist, worauf sich dieses Wissen und Urteilen bezieht: "auf die fundamentale Pragmatik des Lebens". Diese umschreiben die Autoren des Berliner Weisheitsparadigmas folgendermaßen: "Zum Gegenstand der fundamentalen Pragmatik des Lebens gehören zum Beispiel Wissen um die Veränderungen, die Bedingungen und die Geschichtlichkeit lebenslanger Entwicklung. Ebenso gehören dazu Kenntnisse über Lebensaufgaben und Lebensziele, das Wissen um die soziale Vernetztheit menschlichen Lebens sowie nicht zuletzt Wissen über sich selbst und die Begrenztheit des eigenen Wissens und der eigenen körperlichen Existenz. Zum Kern weisheitsbezogenen Wissens und Urteilens gehören auch die sogenannten Unverständlichkeiten des Lebens, die 'Lebensrätsel' der Zeugung, der Geburt, der Entwicklung und des Todes. Er beinhaltet Einsicht in die Macht des Zufalls und die menschliche Grundsituation (*conditio humana*), wie sie zum Beispiel durch Sterblichkeit, Verletzlichkeit, Sexualität und Emotionalität sowie ihre Folgen für menschliches Erleben und Verhalten gekennzeichnet ist. So hat weisheitsbezogenes Wissen und Urteilen immer auch eine existentielle Dimension."[7]

Wie kann man bestimmen, ob Weisheit vorliegt oder nicht, oder in welchem Grade man ein Urteil oder eine Problemlösung als weise bezeichnen kann? Diese Fähigkeit weisheitlichen Urteilens versuchen die Berliner Forscher mit fünf Kriterien zu identifizieren:

1. reiches Faktenwissen
2. reiches Verfahrenswissen
3. Lifespan-Kontextualismus
4. Wert-Relativismus
5. Erkennen und Umgehen mit Ungewissheit

Die beiden ersten Kriterien sind Merkmale aller Formen der Expertise, nicht nur der weisheitlichen. Im Fall der Weisheit beziehen sich diese Formen des Wissens allerdings auf einen speziellen Gegenstand: die "fundamentale Pragmatik des Lebens", d. h. grundsätzliche Lebensfragen. Die drei weiteren Kriterien beziehen sich jedoch spezifisch auf den Weisheitsbereich:

Lifespan-Kontextualismus heißt, dass der weise Mensch in seinen Urteilen und Lösungen zu einem aktuellen Problem das gesamte Leben als Kontext mit berücksichtigt. Alle Lebensprobleme sind in einen vielfältigen Kontext eingebettet: Biographie, Geschichte, Kultur, aber auch gesellschaftliche Schicht, Beruf, Alter. Weise ist es, Lebensprobleme nicht isoliert, sondern im Kontext zu sehen.

Wert-Relativismus weiß um die Vielzahl von Werten, von Standpunkten, von Lebenszielen – auch dies wird in weisen Urteilen berücksichtigt und ermöglicht es, den anderen Menschen sowohl in seinem jeweils spezifischen Wertsystem zu sehen ohne die allgemeineren oder universellen Werte, die es auch gibt, aus dem Auge zu verlieren. Ein wert-relativistisches Denken ist gekennzeichnet von einem gemäßigten Werte-Pluralismus und ist tolerant gegenüber der Werte-Vielfalt.

Mit *Erkennen und Umgehen mit Ungewissheit* ist die Erkenntnis zu verstehen, dass Ungewissheit unvermeidlich ist und dem

Leben inhärent, dass Vergangenheit nie eindeutig gedeutet, Gegenwart nicht eindeutig bestimmt, Zukunft nicht eindeutig vorausgesagt werden kann und dass das Handeln sich deshalb immer auch in einem Raum der Ungewissheit bewegt. Mit Ungewissheit kann man konstruktiv umgehen, indem man die jeweiligen Folgen betrachtet, den größten und kleinsten Fehler im Gewinn- und Verlustspiel abwägt und angesichts dieser Unsicherheit stets alternative Wege mitdenkt.

Wie werden diese fünf Kriterien von Weisheit nun in der Forschungspraxis angewandt? Es ist ein aufwendiges Verfahren. Die Berliner Weisheitsforscher haben eine Reihe von "Grundproblemen des Lebens" in Form von kurzen Vignetten entworfen, legen diese ihren Untersuchungspartnern vor und lassen diese laut über das Problem nachdenken. Dieses "laute Nachdenken" wird auf Tonband aufgenommen, und dann beurteilen unabhängige Auswerter diese Gedanken (Interpretationen, Formulierungen des Problems, Fragen, Lösungen usw.) nach dem Grad des Vorliegens dieser fünf Kriterien der Weisheit.

Zur Verdeutlichung möchte ich zwei Aufgabenbeispiele und die jeweils als besonders weise geltende Antwort darauf zitieren:

(1) Selbstmordankündigung

"Jemand erhält einen Telefonanruf von einem guten Freund. Dieser sagt, er könne nicht mehr weiter, er werde sich das Leben nehmen. Was könnte man/die Person in einer derartigen Situation bedenken und tun?"

Auszug aus einer als "sehr weise" bewerteten Antwort:

"Einerseits hat dieses Problem eine pragmatische Seite, denn man muss irgendwie reagieren. Andererseits hat es aber auch eine philosophische Seite, wenn man nämlich fragt, ob Menschen sich umbringen dürfen usw... Erstens müsste man herausfinden, ob dieser Entschluss das Ergebnis eines langen Prozesses ist oder ob es die Reaktion auf eine momentane Lebenssituation ist. Im letzteren Fall ist unklar, wie lange diese Situation anhalten wird. Es kann durchaus Situationen geben, die Selbstmord verständlich werden lassen. Aber es sollte niemandem leicht gemacht werden, sich das Leben zu nehmen. Vielmehr sollten solche Personen gezwungen werden, für ihren Tod zu 'kämpfen', wenn sie wirklich sterben wollen... Ich meine, man müsste der Person beispielsweise andere Möglichkeiten aufzeigen. Gegenwärtig scheint es einen Trend zu geben, dass es zunehmend mehr akzeptiert ist, dass alte Menschen Selbstmord begehen. Dies würde ich auch als eine gefährliche Entwicklung ansehen. Nicht wegen des Selbstmordes an sich, sondern wegen seiner gesellschaftlichen Funktion..."[8]

(2) Sinnkrise

"Beim Nachdenken über ihr Leben stellen Personen manchmal fest, dass sie im Leben nicht das erreicht haben, was sie sich vorgestellt hatten. Was könnte man/was könnten diese Personen in einer solchen Situation bedenken und tun?"

Auszug aus einer als "sehr weise" bewerteten Antwort

"Zunächst möchte ich sagen, dass wahrscheinlich nur sehr wenige und wenn dann recht unkritische Personen von sich sagen würden, dass sie mit dem, was sie erreicht haben, völlig zufrieden sind... Es hängt sehr von der Art der Ziele ab, die sich die Person gesetzt hat, ob es eher idealistische oder eher materialistische Ziele sind. Es hängt auch vom Alter der Person ab und von den Lebensumständen, in denen sie sich befindet... Dann würde man wahrscheinlich versuchen die Gründe zu untersuchen, warum bestimmte Ziele nicht erreicht wurden. Oft ist es so, dass viele Dinge gleichzeitig verfolgt wurden, ohne Schwerpunkte zu setzen und dann am Ende gar nichts dabei herauskommt... Man muss allmählich realistischer werden in den eigenen Zielen. Oft hilft es, wenn man mit anderen darüber redet... Schwierigkeiten im Leben können in der Person, aber auch in der Umgebung liegen oder in der Passung zwischen beiden..."[9]
Mit diesem Modell der Weisheit und diesem Ansatz zur Messung von Weisheit kann man nun eine Fülle von Fragestellungen ange-

hen: Korreliert die so gemessene Weisheit mit Alter, sind ältere Probanden "besser" bei diesen Weisheitsaufgaben als jüngere? Nach welchen Persönlichkeitsmerkmalen unterscheiden sich "weisere" und weniger "weise" Menschen? Wie unterscheidet sich ihre Biographie? Was kann man aus ihrem Lebensweg für die Bedingungen der Entwicklung von Weisheit schließen? Wie handeln sie, wie lösen sie Konflikte?

Ich will die entsprechenden Ergebnisse hier nicht ausbreiten, denn immer wieder haben die Berliner Weisheitsforscher ihr Modell vorgestellt und die Ergebnisse zusammenfassend referiert.[10] Ich betrachte lieber Karriere und Kritik des Modells.

Das Berliner Weisheitsparadigma hat eine glanzvolle Karriere hinter sich und genießt heute hohes Ansehen in der internationalen Weisheitsforschung. Sternberg, selbst Weisheitsforscher (vgl. Abschnitt 3.2), nennt die Berliner Wissenschaftler "die weltweit führenden Forscher zu Weisheit"[11], die mit Recht das Forschungsmonopol innehaben. Denn "diese Forscher haben eine als klassisch zu bezeichnende Arbeit zu Weisheit geleistet, für die wir alle dankbar sein müssen."[12] Dieses Monopol des Berliner Weisheitsparadigmas zeigt sich u. a. daran, dass es immer wieder die Berliner Weisheitsforscher sind, die beauftragt werden, für Sonderhefte, Handbücher und Enzyklopädien den entsprechenden Weisheitsbeitrag zu verfassen, z. B. in der *Encyclopedia of Psychology*, in der *Encyclopedia of the Social and Behavioral Sciences*, in der *Encyclopedia of Mental Health*, im *Handbook of Positive Psychology*, im *Positive Psychological Assessment. A Handbook of Models and Measures*, in der *Encyclopedia of Intelligence ...*

Doch gibt es auch Kritik: Das Berliner Weisheitsparadigma sei ein kaltes Weisheitskonzept, tiefgefroren, sofern es sich überhaupt um Weisheit handele und nicht einfach um Ratgebung, weiter nichts. Die Weisheit dieses Weisheitsparadigmas sei zu einseitig, zu technisch, zu monopolistisch, sie sei zu denk- und wissenslastig; als bloßes Denken habe es kein Subjekt; die Person, die denkt und weise sein soll, bleibe ausgeblendet; auch alles weise Handeln bleibe ausgeblendet, die vermeintlich lebensnahe Pragmatik des Lebens sei lebensfremd, aseptische Laborweisheit, denn die Probanden lösen die großen Probleme des Lebens im sterilen Labor. Auch könnten doch in dieser künstlichen Situation die Probanden lernen, "berlinerisch weise" daherzureden (gemäß BWP-Kriterien) – d. h. ein Sokrates-Syndrom zu produzieren, ohne auch nur im geringsten weise zu sein. Zudem fördere diese Fassung der Weisheit ein elitäres Denken, denn schließlich setzt die BWP-gemessene Weisheit eine Menge an Intelligenz, Bildung und Sprachfähigkeit voraus. Insgesamt sei das Berliner Weisheitsparadigma jedenfalls zu eng, zu kognitiv, zu einseitig und wohl doch *"somehow off on the wrong foot"*.[13]

Gegen diese Kritik setzen die Berliner Weisheitsforscher (1) empirische Ergebnisse, (2) Kontext und (3) eine erweiterte Begrifflichkeit.

(1) Stimmt es, dass das Berliner Weisheitsparadigma etwas erforscht, was gar nicht Weisheit ist? Ist es etwas anderes als das, was man landläufig unter Weisheit versteht? Diese Frage haben die Berliner Weisheitsforscher untersucht. Sie ließen sich sagen, was landläufig unter Weisheit verstanden wird, indem sie Laien baten, "weise" Menschen zu benennen. Diesen nach landläufiger Meinung weisen Menschen wurden dann die Berliner Weisheitsaufgaben vorgelegt und die Ergebnisse verglichen mit einer unausgewählten Gruppe von Probanden. Das Ergebnis: Die landläufig als "weise" bezeichneten Menschen schneiden bei der Weisheitsmessung nach dem Berliner Weisheitsparadigma auch deutlich besser ab.[14] Für die Berliner Weisheitsforscher ist damit belegt, dass ihr Messinstrument tatsächlich Aspekte von Weisheit zu erfassen vermag.

(2) Es darf nicht übergangen werden, dass das Berliner Modell der Weisheit nicht im leeren Raum steht, sondern eingebettet ist in eine reiche und umfassende Forschung zur Entwicklungspsychologie der Lebensspanne[15] und damit auch einer systematischen Betrachtung von Alter. Alter als Verlust, als Verknappung von Ressourcen, aber auch mit seinen Entwicklungsreserven und Reparaturmöglichkeiten, Selektion (der verbleibenden Bereiche der Kompetenz) (S), Optimierung der vorhandenen Ressourcen (O),

Kompensation der Schwächen (C) (das "SOC-Modell") wird systematisch mit eingeblendet.

(3) Auch gibt es einige Hinweise, dass sich die Berliner Weisheitsforscher der Betrachtung weiterer Bereiche der Weisheit außer des kognitiven Bereichs öffnen. So sagen z. B. Baltes & Kunzmann, dass weisheitliche Urteile gerade nicht nur kognitive Fähigkeiten bräuchten, sondern auch "außergewöhnliche intellektuelle, soziale und emotionale Fähigkeiten",[16] und sie betonen: "Weisheit, wie von uns untersucht, ist nicht in erster Linie ein kognitives Phänomen. Unsere Analysen legen vielmehr nahe, dass Weisheit sowohl kognitive als auch emotionale und motivationale Elemente umfasst."[17]

Besonders deutlich wird diese Erweiterung des Weisheitsbegriffes noch in den Konzepten der "Orchestrierung", "Metaheuristik" und "Verknüpfung" (*binding*). Diese Begriffe werden in einer erweiterten Definition von Weisheit deutlich. Danach bedeutet Weisheit "eine Metaheuristik zur Steuerung von Verhalten in Richtung Exzellenz von Verstand und Tugend."[18] Folgende Berliner Definitionen von Weisheit sind dann auch deutlich weiter gefasst als in der Ausgangsposition, die vor allem Beratung in Lebensproblemen war:

1. "Weisheit bedeutet ein perfektes Zusammenspiel von Geist und Charakter, d. h. eine Orchestrierung von Wissen und Tugend."[19]

2. "Weisheit kann als Metaheuristik angesehen werden, die Wissen um die fundamentale Pragmatik des Lebens aktiviert und strukturiert, um eine optimale Integration von Geist und Tugend zu erreichen. ... Heuristik bei Urteil und Entscheidungsfindung hat die Funktion, Lösungen unter Bedingungen begrenzter Ressourcen zu finden. Demnach steuert die Heuristik, welche und wie viel Information bei der Entscheidungsfindung berücksichtigt wird. Dies gilt für die Situation, wenn nicht möglichst alle Informationen zu nutzen sind, was für die meisten realen Situationen zutrifft."[20]

3. "Auch wenn Weisheit viele verschiedene, zusammenhängende Facetten aus diversen Bereichen menschlichen Funktionierens umfasst – einschließlich pragmatischen Wissens (z. B. Wissen, das durch die Erfahrungen eines langen Lebens angesammelt wurde),

verfahrens-orientierten Wissens (z. B. Heuristik und Strategien, einschließlich der Fähigkeit logisch zu denken und zu urteilen), emotionaler Reife (z. B. Ausgewogenheit der allgemeinen emotionalen Verfassung) sowie Motivation in Bezug auf sich selbst und andere (z. B. Fokus auf Werte statt auf Laster) – so verknüpft die Aktivierung dieser Funktionsbereiche im Kontext von Weisheit diese erst zu einem sinnvollen Gesamt. Eine solche verknüpfende Koordination wäre dann die spezifisch einzigartige Qualität von Weisheit."[21]

Während dies noch wesentlich theoretische Entwürfe sind – und somit empirisch noch Programm – so haben die Berliner Weisheitsforscher doch auch einen Schritt in Richtung auf die Exploration von Emotion, Wertorientierung und Handlungstendenzen von weisen Menschen unternommen.

Wie gehen weise Menschen ihren eigenen Aussagen nach mit Emotionen um? Haben sie weniger extreme Gefühle, positive und negative? Oder nur weniger negative Gefühle? Wie wichtig sind ihnen Werte der Selbstaufwertung oder des Selbstwertschutzes anderer Menschen? Wie wichtig sind ihnen Werte angenehmen Lebens? Wie verhalten sie sich in interpersonellen Konfliktsituationen (bzw. geben sie an, sich zu verhalten)? Suchen sie dort eher dominante, zurücksteckende, kooperative oder konfrontative Wege der Lösung?

Diese Fragen haben Kunzmann & Baltes untersucht.[22] Die Autoren kommen in ihrer empirischen Studie zu dem Ergebnis, dass weisere Menschen

- sich emotional mehr engagieren, aber weniger ausgeprägt negative und positive Gefühle haben,
- auf das eigene persönliche Wachstum ebenso orientiert sind wie auf das des anderen,
- dem Wert eines einfach angenehmen Lebens weniger Bedeutung beimessen
- und in ihrem Konfliktlösungsverhalten kooperative Lösungsstrategien gegenüber anderen bevorzugen (Nachgeben oder Dominieren).

Damit sehen die Autoren ihre theoretischen Vorstellungen bestätigt, wonach Weisheit vor allem "affektive Modulation" (Steuerung) und Komplexität bedeute und nicht primär Suche nach Abwechslung, und dass Weisheit Interesse sowohl an der eigenen wie an der Entwicklung der anderen beinhalte.[23]

Diese Erweiterungen und empirischen Überprüfungen des Berliner Weisheitsparadigmas haben einigen Kritikpunkten Rechnung getragen. Danach ist in jüngster Zeit jedoch ein weiteres Mal eine fundamentale Kritik an diesem Paradigma geübt worden und eine Kontroverse um die Prämissen und Grundkonzepte des Berliner Weisheitsparadigmas ausgebrochen (vgl. unten).[24]

(2) Ein amerikanisches Modell: Sternbergs "Gleichgewichts-Theorie der Weisheit"

Robert Sternberg von der Yale University hat sich in seiner Forschung mit einer Vielzahl von hehren Fähigkeitskonzepten auseinander gesetzt: Intelligenz, Kreativität, Weisheit und Begabung sowie deren jeweiligen Hauptunterschiedsmerkmalen. Er definiert Weisheit als "Anwendung impliziten Wissens zwecks Erreichung von Gemeinwohl. (Dies geschieht) durch die Ausbalancierung von (a) intrapersonalen, (b) interpersonalen und (c) extrapersonalen Interessen, um auf diese Weise ein Gleichgewicht zwischen (a) der Anpassung an die bestehende Umwelt, (b) der Gestaltung der bestehenden Umwelt sowie (c) der Auswahl neuer Umwelten zu erreichen, sowohl langfristig wie auch kurzfristig."[25]

Diese Definition von Weisheit bedarf der Erläuterung. Im Kern des Begriffs Weisheit sieht Sternberg das implizite oder stillschweigende Wissen (*tacit knowledge*). Dieses Wissen, das man sozusagen nebenbei und ohne explizite Vermittlung lernt, bezieht sich auf Wissen um die Wege des Erreichens von persönlich bedeutsamen Werten. Schon im Kernbegriff von Weisheit ist also "Bedeutung" und "Wert" enthalten. Die Orientierung auf Wissen und Werte steht im Zentrum dieses Begriffs von Weisheit.

Ein weiteres Kernmerkmal des Sternbergschen Weisheitsbegriffes spezifiziert, um welche Werte es geht: "Gemeinwohl" (*com-*

mon good). Nur Entscheidungen und Handlungen, die dieser Perspektive auf das Gemeinwohl verpflichtet sind, können als weise bezeichnet werden.

Auch "Ausgewogenheit" und "Balance" sind zentrale Momente der Weisheit nach Sternberg. Hier werden drei Ebenen der Ausgewogenheit unterschieden: die Ebene der Interessen, der Lösungsansätze und der Zeitperspektiven.

Interessen. Drei Arten von Interessenlagen müssen unterschieden werden: 1. persönliche oder intrapersonelle Interessen, Ziele und Werte, 2. gemeinschaftliche oder interpersonelle Interessen, Ziele und Werte und schließlich 3. Interessen, die jenseits der Person liegen, z. B. Umweltschutz. Weisheitliche Entscheidungen und Handlungen berücksichtigen alle drei Interessenfelder. Eine Entscheidung oder Handlung sei nicht weise, wenn sie nur mir und nur meinen Interessen dient – selbst wenn diese dem Allgemeinwohl nicht unbedingt widersprechen. Sie ist aber auch nicht weise, wenn sie nur dem Interesse anderer dient und meine ausblendet. Und sie ist auch nicht weise, wenn die extrapersonellen Interessen nicht ebenfalls berücksichtigt werden.

Lösungsansätze. Wie können Lösungen aussehen, die auf weisheitlichen Entscheidungen oder Handlungen basieren? Grundsätzlich kann man ein Problem lösen durch Anpassung an das Gegebene (man beugt sich der Konvention), durch eine Veränderung der Umwelt (man versucht, die Konvention abzuwandeln) oder man verlässt die Welt der Konventionen und sucht eine andere, neue Umwelt mit anderen Regeln.

Zeitperspektive. Die letzte Ausgeglichenheit, welche Sternberg für weisheitliches Denken und Handeln fordert, ist die Berücksichtigung sowohl der kurzfristigen wie auch der langfristigen Auswirkungen.

Die Theorie der Weisheit von Sternberg ist in Analogie zu seiner triadischen Theorie der Intelligenz gebaut,[26] was erstere einigermaßen schwerfällig macht. Diese Weisheits-Theorie wurde deshalb in der wissenschaftlichen Forschung praktisch nicht aufgegriffen. Sie ist ein "maßgeschneiderter" Anzug der Weisheit, welcher niemandem so recht zu passen scheint.

Doch enthält diese Theorie auch wichtige Gedanken, die in vielen anderen westlichen Weisheitskonzepten vorkommen (vgl. unten, Abschnitt 4), ohne systematisch ausformuliert zu sein: Gleichgewicht oder Ausbalancierung als einer der zentralen Begriffe von Weisheit, das Zusammenspiel von Intra-, Inter- und Extrapersonellem, die Orientierung auf die Handlung in der Welt.

Sternberg hat auch viel über Kreativität und in jüngster Zeit über Hochbegabung gearbeitet. In diesen Kontexten ergeben sich noch zwei weitere Weisheitsbestimmungen. Nach der ersten ist Weisheit die Synthese aus Intelligenz und Kreativität. Ein zweiter Ansatz Sternbergs ist die Einbettung seiner Theorie der Weisheit in das umfassendere Konzept der Hochbegabung. Weisheit wird dabei zur moralischen Instanz. Hochbegabung sei eine Synthese (S) von Weisheit (W), Intelligenz (I) und Kreativität (C): Dieses WICS-Modell der Hochbegabung[27] wurde heftig diskutiert[28], ohne dass es bisher zu empirischer Überprüfung geführt hat.

Allein Intelligenz und Kreativität machen nach Sternberg Hochbegabung aus. Diese Hochbegabung sei aber indifferent in Bezug auf Ziele. Sie kann eingesetzt werden für Terrorismus und Gewalt ebenso wie für das Wohl eines Volkes. Worum es Sternberg jedoch geht, ist die "gute" Hochbegabung, diejenige, welche eine gute Zukunft schafft. Was nun gut ist, das trägt erst der Begriff der Weisheit bei. Weisheit ist also auch bei Sternberg ein wertegeleiteter Begriff. Das aber macht gerade auch die Messung dieses Weisheitsbegriffes schwer.

(3) Integrative Modelle der Weisheit

Einer der berechtigten Gründe für die Dominanz der Berliner Weisheitsforscher liegt in deren Versuch, Weisheit zu *messen*. Etwas messbar zu machen, bedeutet jedoch immer auch Vereinfachung. Tatsächlich ist, wie gezeigt, das Weisheitskonzept der Berliner Forscher stark kognitionslastig und damit einseitig und vereinfachend. Das gleiche gilt auch für Sternbergs Gleichgewichts-Theorie der Weisheit, wo es immer "nur" um die kognitiven Prozesse geht, um das Ausbalancieren und Austarieren verschiedener Bereiche und Lösungsrichtungen. Die Persönlichkeit des Menschen, welcher in diesen Modellen "weise denkt", kommt nicht vor. Es fehlt das Subjekt der Weisheit.[29] Es fehlt der Blick auf die Persönlichkeitsvoraussetzungen und auf die Handlungskonsequenzen von Weisheit. Das haben auch die Berliner Weisheitsforscher inzwischen erkannt (vgl. oben) und in ihrer Forschung aufgegriffen.

Andere Modelle von Weisheit sind an dem anderen Pol der Einseitigkeit angesiedelt: Sie verstehen Weisheit ausschließlich als eine Qualität der Persönlichkeitsentwicklung. Die kognitiven Voraussetzungen werden ausgeblendet (vgl. z. B. Erikson, Kapitel 4).

Es gibt jedoch auch eine ganze Reihe von integrativen Ansätzen, in denen Weisheit bestimmt wird als Interaktion von Denken, Fühlen, Handeln und "Sein". Demnach gehören Kognition, Emotion und Handlung zur Weisheit, vor allem auch das denkende, fühlende, handelnde Subjekt, die Persönlichkeit des "Weisen". Ein solches umfassendes Konzept von Weisheit scheinen Nichtwissenschaftler, Laien, die "Leute auf der Straße", auch zu vertreten.[30]

Beispiel eines solchen integrativen Ansatzes in der Forschung zu Weisheit ist Kramer.[31] Weisheit als eine Art von Intelligenz, Denkleistung, Wissen, Expertentum zu sehen, erscheint ihr entschieden zu eng. Nach Kramer sind die Kernmetaphern von Weisheit Integration und Interdependenz von Kognition und Affekt, eine höhere Einheit dialektischen und relativistischen Denkens auf der einen Seite und affektiver Stellungnahme sowie Wertung und Sinngebung auf der anderen Seite.

Ein anderes integratives Modell ist das Neun-Felder-Modell von Achenbaum und Orwoll.[32] Dieses synthetische Modell unterscheidet drei Funktionsbereiche (Gefühl, Kognition, Handlung) und drei personelle Orientierungen (Intra-, Inter- und Transpersonalität). Diese beiden Dimensionen ergeben ein Neun-Felder-System von Aspekten der Weisheit und der Eigenschaften weiser Personen:

Ein integratives Weisheitsmodell (Achenbaum & Orwoll 1991)

	intrapersonell	interpersonell	transpersonell
Emotion	Selbstentwicklung	Empathie	Selbst-transzendenz
Kognition	Selbstwissen	Verständnis	Erkennen der Grenzen von Wissen und Verstehen
Handeln	Integrität	Reife in Beziehungen	philos.-spirituelle Orientierung

Hier wird bei der Bestimmung von Weisheit also nicht nur die Kognition erfasst (Denken, Wissen, Urteilen), sondern auch die Emotionen und die Handlung. Es werden nicht nur intra- und interpersonelle Aspekte berücksichtigt (wie auch beim Berliner Weisheitsparadigma und bei Sternberg), sondern auch transpersonelle. Das ist eine wichtige Erweiterung. Zwar berücksichtigen die kognitiven Modelle auch extrapersonelle Bedingungen, welche es neben den intra- und interpersonellen bei weisheitlichen Entscheidungen und Handlungen mit auszutarieren gelte – aber das sind gegenständliche und "weltliche" kollektive Interessen, ökonomische Realitäten, politische Randbedingungen, historische Gegebenheiten, Umwelt. – Transpersonalität ist mehr.

Ein drittes Beispiel für ein integratives Modell der Weisheit ist das von Monika Adelt.[33] Für sie ist Weisheit eine Kombination kognitiver, reflexiver und emotionaler Qualitäten eines Menschen. Die kognitive Komponente von Weisheit umfasst eine Reihe von Motiven und Fähigkeiten, z. B. Wahrheit zu suchen, das Leben zu verstehen, die Realität so zu sehen, wie sie ist und nicht eingefärbt von eigenen Interessen und Wünschen. Das könne nur gelingen, wenn die Reflexivität der Weisheit entwickelt wurde: Selbst-Einsicht, Überwindung aller Projektionen, Betrachtung einer Sache aus mehreren Perspektiven, Reduktion von Selbstzentriertheit, Verstehen von negativen und widersprüchlichen Seiten des Lebens und auch seiner Grenzen und Unvorhersehbarkeit. Auf der affektiven Ebene bedeute Weisheit Gelassenheit, Empathie und Sympathie in den Reaktionen auf andere Menschen und eine mitfühlende, konstruktive Umgangsweise mit ihnen.[34]

Es wird deutlich, dass bei Ardelt im Unterschied zum Berliner Weisheitsparadigma Weisheit nicht Expertenwissen ist, überhaupt nicht einfach irgendeine Art von Wissen oder Fähigkeit, die gewissermaßen unabhängig von Personen existieren kann, sondern immer ein Muster integrierter und im Handeln erkennbarer Persönlichkeitseigenschaften von Menschen. Weisheit nach Ardelt ist – zusammengefasst – unermüdlich profundes Denken im Kontext von Unsicherheit und Ambivalenz, die Fähigkeit, verschiedene Perspektiven einzunehmen und sich selbst in Frage zu stellen und eine grundlegend positive und wohlwollende Haltung den Menschen gegenüber.

Dieses Konzept von Weisheit als eine Konstellation von Persönlichkeitsmerkmalen oder -tendenzen ist nun soweit "maßgeschneidert", dass man dafür ein Messinstrument entwickeln kann. Ardelt[35] nennt das von ihr entwickelte Instrument zur Messung der Weisheit eines Menschen die "Dreidimensionale Weisheitsskala". Sie besteht aus einer Reihe von Sätzen, zu denen man jeweils Stellung nehmen soll. Stellungnahme bedeutet, ein Kreuzchen zu machen, d. h. den Grad der Zustimmung oder Ablehnung anzuzeigen. Dieses Messinstrument vermag recht gut zu illustrieren, wieweit der Abstand ist zwischen der ungeordneten Fülle einer "Meterware" der Weisheit auf der einen Seite und der wissenschaftlichen "Maßschneiderung" auf der anderen. Statt "dreidimensionaler" Weisheit meint man, mit diesem untauglichen Instrument einer eindimensionalen Einfältigkeit zu begegnen. Einige Beispiele:

Die kognitive Dimension der Weisheit:
Wie geht der Weise mit Wissen um?

Es ist besser, nicht zu viel über Dinge zu wissen, die man nicht ändern kann.
Es gibt nur einen einzigen richten Weg, etwas zu tun.
Ein Mensch weiß entweder die Antwort auf eine Frage oder er weiß sie nicht.
Menschen sind entweder gut oder böse.
Das Leben ist im Wesentlichen immer das Gleiche.

Ein Problem interessiert mich wenig, wenn ich meine, dass es keine Lösung gibt.
Ich lasse Dinge lieber geschehen, als dass ich es zu verstehen versuche, warum sie so verlaufen sind.
Es reicht mir, einfach die Lösung zu kennen, statt die Hintergründe für eine Problemlösung zu verstehen.
Oft verstehe ich das Verhalten von Menschen nicht.

Die reflexive Dimension der Weisheit:
Wie geht der Weise mit Reflexivität um?

Bei mir gehen oft Dinge schief, ohne dass ich Schuld daran bin.
Mir würde es viel besser gehen, wenn sich meine jetzigen Lebensverhältnisse ändern würden.
Ich versuche, alle Seiten einer Meinungsverschiedenheit zu betrachten, ehe ich eine Entscheidung treffe.
Wenn ich auf jemanden böse bin, versuche ich normalerweise, mich in seine Lage hineinzuversetzen.
Ich versuche immer, ein Problem von allen Seiten her zu betrachten.
Wenn ich auf das zurückblicke, was mir passiert ist, kann ich nicht umhin, Groll zu empfinden.
Wenn ich auf das zurückblicke, was mir passiert ist, fühle ich mich betrogen.
Wenn die Dinge schief laufen, werde ich entweder sehr zornig oder deprimiert.

Die interpersonelle, emotionale Dimension der Weisheit:
Wie geht der Weise mit Mitmenschen um?

Ich bin irritiert bei unglücklichen Menschen, die in Selbstmitleid zerfließen.
Es gibt Menschen, die ich kenne, welche ich nie mögen werde.
Ich fühle mich wohl mit allen möglichen Arten von Menschen.
Es ist wirklich nicht mein Problem, wenn andere in Schwierigkeiten stecken und Hilfe brauchen.
Manchmal habe ich nicht viel Mitleid mit anderen Menschen, wenn sie Probleme haben.
Oft habe ich andere nicht getröstet, wenn sie dies nötig hatten.
Es gibt gewisse Menschen, die ich so sehr ablehne, dass ich mich insgeheim freue, wenn sie für etwas, was sie getan haben, erwischt und bestraft werden.
Ich bin schnell genervt von Leuten, die mit mir herumargumentieren.

Wenn ich Leute in Not sehe, versuche ich ihnen auf die eine oder andere Art zu helfen.[36]

Mit diesen und ähnlichen Sätzen soll also Weisheit vermessen werden. Es wird nicht schwer fallen zu ahnen, wie man auf diese Sätze zu reagieren hat, wenn man Weisheit vortäuschen oder aber sich auch nur als positiver Mensch darstellen möchte. Ein Mensch, der spürt, wo es lang geht, wird ein "weises" Testergebnis produzieren können, auch wenn ihm im wirklichen Denken, Fühlen und Handeln alle Weisheit abgeht. Hier entgeht Ardelt nicht dem Problem, das auch die Berliner Weisheitsmessung hat. Auch diese ermöglicht, weise daherzureden, ohne weise zu sein.[37]

(4) Kontroverse

Die sozialwissenschaftliche Weisheitsforschung (d. h. die Versuche der "Maßschneiderung", Stutzung, Umrandung, Abgrenzung, Umkettelung, Definition und Messung der Weisheit) war ein Vierteljahrhundert soweit vom Berliner Weisheitsparadigma dominiert, dass es Gegenstimmen fast nicht aufkommen ließ.[38] Im Jahr 2004 aber gab es einen heftigen Disput. Diese Kontroverse dreht sich um die Frage, ob Weisheit ein Merkmal von Wissen oder ein Merkmal von Personen sei. Sternberg[39] kann darin keinen Gegensatz sehen und entwirft für alle kontroversen Aspekte der Diskussion ein *tertium comparationis* – teils/teils, sowohl/als auch. Für ihn ist Weisheit weder einfach Expertenwissen noch ein Persönlichkeitsmerkmal, sondern eine Interaktion der Person, der anstehenden Aufgabe und der Situation. Und Person, Aufgabe und Situation sind nicht immer in Übereinstimmung. Manche Menschen seien weise in einer, aber nicht in einer anderen Situation. Überwiegend weise Menschen können auch Dummheiten und Fehler begehen. Menschen sind manchmal, aber nicht immer weise. Es könne auch verschiedene Formen der Weisheit in verschiedenen Situationen geben. Sternberg legt sich nicht fest.

Bei einem so weichen, fließenden Konzept von Weisheit kann Sternberg natürlich auch die unterschiedlichen Messtechniken nicht als alternativ ansehen. Die Berliner Weisheitsforscher messen Weisheit nach maximaler Leistung (wer hohen Punktwert bekommt, ist besonders weise), während Ardelt sich der Weisheitsmessung annähert, indem sie "typisches" weises Verhalten eruiert. Beide Wege seien gleichermaßen legitim.

So sehr Sternberg die Kontroverse abzuwiegeln und einzuweichen trachtet, so wenig lassen sich die Kontrahenten, Baltes, Kunzmann[40] und Ardelt[41], auf all diese Kompromissformulierungen festlegen. Sie bestehen auf einen fundamentalen Unterschied. Ardelt beharrt – trotz aller Anspielungen der Mächtigen und Etablierten (Baltes, Staudinger, Sternberg), dass bei ihr wissenschaftlicher, reputationsgesteuerter Jugendprotest im Spiele sei – in weiser Ruhe auf ihrer sehr kritischen Position gegenüber dem Berliner Weisheitsparadigma.

Doch haben meines Erachtens die bisherigen Kritiken die Hauptprobleme des Berliner Weisheitsparadigmas noch gar nicht berührt, und es sind Probleme, die bisher noch *nicht* angepackt wurden. Das Berliner Weisheitsparadigma ist – bis in seine jüngsten Ausformulierungen und Erweiterungen hinein – ethnozentrisch und es ist auch elitär. Auf die Ethnozentrik gehe ich in Kapitel 2 ein. Der elitäre Charakter wird deutlich, wenn ich in Kapitel 3 eine radikale "Demokratisierung" der Weisheit behandle. Aber beide Pole, der elitäre wie der "demokratische" oder egalitäre, erscheinen problematisch.

Habe ich mit der "Meterware" erst einmal das Konzept ganz weit und extensiv ausgebreitet, wurde es dann mit den "maßgeschneiderten" Weisheiten aus Berlin und von Yale enorm verengt, um dann in eine "Maßschneiderung" integrativer Art zu münden – so bleibt im nächsten Abschnitt die Aufgabe, die Fülle sowohl der "Meterware" als auch der Modelle zu ordnen und danach zu analysieren, ob in der Fülle der Weisheitsaspekte ein roter Faden, eine Struktur oder ein Muster auszumachen sind.

4. Rote Fäden, Struktur und Muster

"Meterware" wie "Maßschneiderung" der Weisheit haben sicher eines vermittelt: Weisheit scheint etwas außerordentlich Vielfältiges zu sein, aber auch etwas Diffuses, Zerfließendes, schwer zu Fassendes. Die "Meterware" erscheint überwältigend in ihrer Fülle, doch man ahnt auch eine Ganzheit, man ahnt, dass es da einige rote Fäden geben muss, welche das Ganze als zusammenhängend erscheinen lassen. Alle, die sich mit Weisheit beschäftigen, versuchen nun, diese roten Fäden zu finden, um den Kern, die Struktur, das Muster der Weisheit festzumachen. Hierzu sind verschiedene Wege beschritten worden.

(1) Theoriebildung. Der erste Weg ist Theoriebildung im Sinne der Modelle des Berliner Weisheitsparadigmas oder Sternbergs Gleichgewichtstheorie der Weisheit. Eine Theorie sollte prüfbar sein. Sie kann nur geprüft werden, wenn man sie empirisch angeht. Empirisch angehen heißt auch messen – und jeder dieser Schritte verlangt Vereinfachung. Deshalb ist es nicht überraschend, wenn einem die "Maßschneiderungen" der Weisheit (Theorien der Weisheit) im Vergleich zur "Meterware" zu einfach, zu eng, zu mechanisch, zu aseptisch – irgendwie zu brav erscheinen. Der Glanz des Stoffes ist weg.

(2) Ordnungsschema. Ein zweiter Weg ist es, die Vielfalt der Weisheitsaspekte in ein abstraktes Ordnungsschema zu bringen. Dies ist z. B. der Weg des integrativen Neun-Felder-Schemas der Weisheit. Gliederung aber ist noch nicht die Identifikation von Substanz. Die neun Felder bleiben additiv. Zur Weisheit gehöre dies und noch das und ein drittes bis neuntes. Der Anspruch dieses integrativen Modells der Weisheit ist ja nicht gering. Weise sei ein Mensch nur, wenn die Komponenten *aller* neun Felder gegeben seien. Diese anspruchsvolle Addition, welche als interaktiv und kumulativ angesehen wird,[42] macht jedoch noch keinen roten Faden aus.

Vor allem aber fehlt die Diskrimination: Wir können in jedes dieser neun Felder alternative Aspekte, Merkmale, Vorgehensweisen oder Produkte eintragen und diese addieren und feststellen: Daran ist nichts weise. Wir können gar ein Neun-Felder-Schema der Un-Weisheit erstellen. Dies macht deutlich, dass weder die neun Felder noch die Addition aller Felder noch die postulierte Interaktion von Kumulativität und Interaktion die Weisheit ausmachen – sondern die spezifischen *Inhalte* der Felder.

(3) Suche nach einem Kern. Der dritte Weg, der beschritten wurde, um die Fülle und Diffusität der Weisheit zu fassen, sind die Versuche, einen "Kern" der Weisheit zu spezifizieren – gewissermaßen die innere Achse, um welche der ganze vielfältige Stoff der "Meterware" gewickelt ist. Hierzu liegen mehrere Versuche vor. Es genügt, diesen Weg an zwei Beispielen zu illustrieren.

Ein erstes Beispiel ist Meacham[43], der in mehrerer Hinsicht eine ganz besondere Position in der sonst recht einheitlichen sozialwissenschaftlichen Weisheitsforschung einnimmt. Im Gegensatz zu allen anderen Weisheitsforschern vertritt er die Auffassung, dass Weisheit gewiss nicht mit dem Alter zunehme, sondern sich die Chancen stetig verringern, sich Weisheit zu erhalten. Ausgangspunkt seiner Überlegungen zu Weisheit ist das Wissen des Menschen um das Verhältnis von Wissen und Nichtwissen. Es gibt Menschen, die ihr Wissen immer mehr erweitern und meinen, das Verhältnis ihres Wissens zum Nichtwissen werde immer günstiger. Das führt nur zu einer falschen Sicherheit, deren einzige Konsequenz "stereotype Engstirnigkeit, mangelnde Neugier und Rigidität" sei.[44]

Andere Menschen erkennen, dass mit jedem weiteren Wissensgewinn die Menge des noch zu Wissenden eigentlich immer größer und das Verhältnis ihres eigenen erreichten Wissens im Verhältnis zu allem Nichtwissen eher ungünstiger wird. Sie sind von Ängstlichkeit geplagt – was auch nicht eben ein wünschenswerter Umgang mit Wissen sei.

Weisheit sei es, ein Gleichgewicht zwischen diesen beiden Extremen zu finden. Weisheit sei das Wissen um die Fehlbarkeit von Wissen und deshalb eine Balance zwischen Wissen und Zweifel: "Der Kern der Weisheit ... ist es, die Einsicht zu gewinnen, dass Wissen fehlbar ist... Die Herausforderung von Weisheit besteht darin, den einfachen Weg, lediglich mehr und mehr Wissen anzusammeln, zu vermeiden und statt dessen danach zu trachten, neue Unsicherheiten, Zweifel und Fragen darüber aufkommen zu lassen, was es noch alles zu wissen gibt. So kann man seine Handlungen lenken lassen durch eine angemessenere Sichtweise dessen, was man weiß im Rahmen dessen, was man nicht weiß."[45]

Für Meacham ist der Kern von Weisheit "zu wissen, dass man nichts weiß".[46] Der Kern der Weisheit liege nicht im Wissen, sondern in der inneren Einstellung zum Wissen, der Bereitschaft zum stetigen, maßvollen Zweifel.

Erwähnenswert ist auch die Definition von Weisheit von Maria Taranto.[47] Auf der Basis einer systematischen Durchsicht der Sozialwissenschaftlichen Weisheitsforschung ihrer Zeit kommt auch sie zur Identifikation eines Kerns der Weisheit: Es sei das Bewusstsein von Grenzen, die Grenzen der Zeit und der Kraft, die Grenzen des Denkens, Fühlens, Tuns, die Grenzen von Naturbeherrschbarkeit und Verstehen der Welt. Weisheit sei "Bewusstsein um die menschliche Limitierung".[48]

Die beiden Ansätze sind nicht unähnlich. Das Wissen um das Nichtwissen war schon die Auffassung, die Sokrates von der Weisheit hatte. Danach ist Weisheit der Inbegriff von Wissen um Nichtwissen. Weisheit ist Grenzwissen.

Wenn wir nach diesen Kern-Definitionen der Weisheit zurückkehren zur "Meterware", wird deutlich, dass sehr vieles verloren gegangen ist. Weisheit können wir nicht zu einem Aspekt zusammenschrumpfen lassen, auch wenn dieser zentral ist. *Ein* Kern, *ein* roter Faden ist wahrscheinlich zu wenig. Er reißt. Und der Rest hält nicht mehr.

5. Das Weisheits-Dreieck

Vielleicht kann man noch einen vierten Weg gehen. Zu diesem Zweck müssen wir uns noch einmal die Aufgabe verdeutlichen: Die Weisheitsforschung sagt uns, Weisheit sei eine spezielle Form von *Wissen, Erkennen, Denken, Wählen, Urteilen, Entscheiden, Handeln, Können, Sein.* Aber dies alles gibt es schließlich auch außerhalb von Weisheit. Und die zentrale Frage ist: Was macht den Unterschied aus, was trennt das weisheitliche von dem nicht-weisheitlichen Wissen, Erkennen, Denken, Wählen, Handeln, Können und Sein?

Den Unterschied müssen wir mit Hilfe von Begriffen "höherer Ordnung" suchen. Kandidaten für solche Konzepte höherer Ordnung finden wir sowohl in der "Meterware" als auch in den Theorien der Weisheit. Ich nenne – zunächst ungeordnet – einmal folgende:

Integration	Vielfalt
Wesentlichkeit	Multikausalität
Wert	Relativität
Sinn	Kontextualität
Ordnung	Unsicherheitstoleranz
Gleichgewicht	Gelassenheit
Ausgewogenheit	Echtheit
Maß	Allgemeinwohl
Offenheit	Grenzbewusstsein
Breite	Selbstdistanz

Diese Begriffe höherer Ordnung habe ich zu einem "Dreieck der Weisheit" komprimiert. An der Spitze des Dreiecks muss unweigerlich ein Begriff stehen, der *Richtung* beinhaltet. Keine Bestimmung der Weisheit kommt ohne eine Richtungsangabe, ohne die Bestimmung von Werten, ohne eine ethische Dimension aus. Das ist auch das Problem der obigen Kernbestimmungen von Weisheit. Endlichkeitsbewusstsein, Grenzwissen – reicht das zum weise sein und zum weisen Handeln in der Welt? Könnte dies nicht auch zu Resignation, Passivität, zu Kriminalität, zu Selbstmord führen? Sollen das weise Handlungen sein?

An der Spitze des Dreiecks (vgl. Skizze) – ausdrücklich an erster Stelle eines jeden Weisheitsmodells – müssen deshalb unweigerlich Begriffe stehen wie *Wert, Sinn, Wesentlichkeit.* Und das reicht nicht. Denn es geht gewiss nicht um irgendeinen Wert oder Sinn, z. B. den einer einzelnen Gruppe oder Fraktion. Der Fokus ist vielmehr das *Gemeinwohl.*

Die Basis des Dreiecks ist gebildet durch zwei unterschiedliche Pole, "Struktur und Eingrenzung" (deshalb die beiden Endstriche am linken Pol) und "Entgrenzung" (deshalb der Pfeil, der ins Leere geht).

Wert, Sinn
Wesentlichkeit, Gemeinwohl

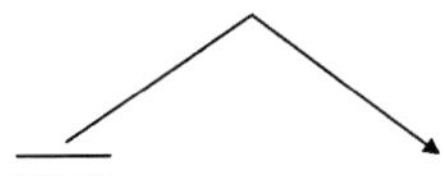

Struktur / Eingrenzung	*Entgrenzung*
Integrative Orientierung	Offenheit für Erfahrung für gegenüber alternativen Sichtweisen
Ordnung schaffende Kraft	Wissen um die Vielfalt von Wissen, Erkennen, Denken, Wählen, Urteilen, Entscheiden, Handeln, Können und Sein
Gleichgewicht, Ausgewogenheit, Gewichtung	Erkennen von Multikausalität und Relativität
Selbstdistanz	Aushalten der Paradoxie des Lebens
Maß und Mitte suchende Haltung	Wissen um die immense Unsicherheit des Lebens
ein Bewusstsein der Grenzen von allem: von Wissen, Erkennen, Denken, Wählen, Urteilen, Entscheiden, Handeln, Können und Sein	

Das Weisheits-Dreieck

Die genannten Begriffe höherer Ordnung, die zur Kennzeichnung von Weisheit in Frage kommen, weil sie eine Differentialdiagnose von weisem versus nicht-weisem Wissen, Erkennen, Denken, Bewerten, Handeln, Können und Sein erlauben, lassen sich den beiden Basispolen des Dreiecks leicht zuordnen:

Zum Pol "Struktur/Eingrenzung" gehören folgende Merkmale der Weisheit: integrative Orientierung; Ordnung schaffende Kraft; Gleichgewicht, Ausgewogenheit, Gewichtung; Selbstdistanz; Maß und Mitte suchende Haltung und ein Bewusstsein der Grenzen von allem: von Wissen, Erkennen, Denken, Wählen, Urteilen, Entscheiden, Handeln, Können und Sein.

Der Pol "Entgrenzung" fasst Merkmale der Weisheit zusammen, welche Komplexität nicht verringern (wie Struktur), sondern vervielfältigen: Offenheit für Erfahrung und Offenheit gegenüber alternativen Sichtweisen; Wissen um die Vielfalt von Wissen, Erkennen, Denken, Wählen, Urteilen, Entscheiden, Handeln, Können und Sein; Erkennen von Multikausalität und Relativität; Aushalten der Paradoxie des Lebens und Wissen um die immense Unsicherheit des Lebens.

Das Weisheits-Dreieck ist ein vorläufiges Modell. Man kann auch andere Begriffe für die drei Pole des Dreiecks wählen. Man kommt aber nicht darum herum, an die Spitze einen Begriff zu setzen, der Werte umschreibt, Richtung gibt, Gemeinwohl einschließt. Die Pole "Struktur/Eingrenzung" und "Entgrenzung" am Boden des Dreiecks sind gewiss auch Merkmale von Weisheit, die in weisem Wissen, Denken, Handeln und Sein erscheinen müssen.

In der "Meterware" ebenso wie in den "Maßschneiderungen" sind Antezedenzbedingungen der Weisheit (z. B. vielleicht Intelligenz?), Symptome oder Merkmale der Weisheit und Folgen oder Produkte der Weisheit alle durcheinander gewürfelt. Entflechten wir diese, dann läst sich die Vielfalt der Weisheitsaspekte der "Meterware" und der "Zuschnitte" mühelos den Polen des Dreiecks zuordnen. Das Spiel überlasse ich dem Leser. Denn das Dreieck ist keine Reifikation der Weisheit, sondern ein heuristisches Instrument.

Das Weisheits-Dreieck hat immerhin einen deutlichen Vorteil: Es ermöglicht die Kulturgebundenheit des Weisheitsbegriffs zu verdeutlichen und damit die ganz natürlichen Grenzen des *westlichen* wissenschaftlichen Wissens um das Wesen von Weisheit. Im nächsten Kapitel suche ich nach den Konzepten von Weisheit in fremden Kulturen.

Kapitel 2

Das Konzept der Weisheit im transkulturellen Vergleich

1. Kapitelübersicht

Nachdem im Kapitel 1 das westliche Weisheitskonzept beleuchtet wurde – das alltägliche ("Meterware") ebenso wie das wissenschaftliche ("Maßschneiderung") – soll im vorliegenden Kapitel Weisheit im Kulturvergleich behandelt werden. Dieser Blick in fremde Kulturen ist gleichzeitig eine Kritik an einigen westlichen wissenschaftlichen Konzepten von Weisheit, welche universelle d.h. transkulturelle Gültigkeit für sich beanspruchen.

Diesen Anspruch werde ich zunächst belegen und ihn dann mit der Gegenthese – Weisheit ist kultur-relativ – konfrontieren (Abschnitt 2) und nach einem Überblick zum Stand der Forschung (Abschnitt 3) aufzeigen, welche Wege es gibt, sich der Frage nach fremdkulturellen Weisheitskonzepten anzunähern (Abschnitt 4). Dann kann die Evidenz für die Unterschiede im Konzept der Weisheit zwischen den Kulturen gesichtet werden. Diese Unterschiede liegen auf vier verschiedenen Ebenen.

Auf der ersten Ebene müssen wir überhaupt erst einmal die Grundfrage stellen, ob es denn einen Begriff der Weisheit in allen Kulturen gibt. Anhand meiner eigenen Forschung bei den Quechuasprachigen Kallawaya-Indianern der Hochanden Boliviens werde ich diese Frage mit verschiedensten Daten – linguistische Daten, Werturteilsdaten, Verhaltensdaten – beispielhaft für eine fremde Kultur genauer untersuchen (vgl. Abschnitt 5). Und so sehr wir allenthalben nach Weisheit dort suchen – wir finden keinen eigenständigen Begriff. Wir finden "nahe" Begriffe wie Wissen, Klugheit usw. – aber Weisheit als Konzept gibt es im heutigen Quechua der Kallawaya- und anderer Regionen nicht.

Auf der zweiten Ebene der kulturellen Unterschiede muss dann nach den Schnittlinien zwischen Weisheit und weisheitsnahen Konzepten gefragt werden, denn solche Schnittlinien können sich im Kulturvergleich erheblich unterscheiden. Dies werde ich am Beispiel von Weisheit-Wissen-Intelligenz untersuchen . Wir betrachten nochmals die Anden-Kultur unter diesem Aspekt, dann einige afrikanische Kulturen sowie China, Japan und nordamerikanische Indianer. Auch wenn in einer Kultur Weisheit als Begriff bekannt ist, kann diese ganz anders geortet sein in Bezug z. B. auf Intelligenz. In unserer Kultur sind Intelligenz und Weisheit getrennte Konzepte. In anderen Kulturen aber ist Weisheit und Intelligenz ein nicht unterscheidbares Gemisch. Man ist intelligent, sofern man weise ist, und dumm ist, wer nicht auf weise Weise intelligent ist (Abschnitt 6).

Auf der dritten Ebene der Kulturunterschiede geht es um inhaltliche Unterschiede im Verständnis der jeweils kultureigenen Weisheitsbegriffe. Als Folie für einen Vergleich dienen die westlichen Weisheitskonzepte und als Kontrast die hinduistische Weisheit, die buddhistische Weisheit und die Ingredienzien von und Assoziationen zu Weisheit in Australien, Japan, Indien und Taiwan (Abschnitt 7).

Die letzte Ebene der Kulturunterschiede zum Weisheitsbegriff bezieht sich auf die Stellung des Wertes Weisheit, (sofern in einer Kultur bekannt) in der Hierarchie anderer Werte. Unterscheiden sich – so ist zu fragen – die Kulturen in der Beurteilung der relativen Bedeutung, welche sie dem Wert der Weisheit zusprechen im Vergleich zu anderen Werten z. B. Sicherheit, Wohlstand, Frieden, innere Harmonie, Selbstrespekt, soziale Anerkennung, Freundschaft, Liebe usw.? Um dies zu beantworten, werden verschiedene Richtungen der Werte Forschung herangezogen, welche die Weisheitsforschung bisher völlig außer Acht gelassen hat (Abschnitt 8).

Wenn wir bis zu diesem Punkt der Evidenz-Sichtung und Diskussion gekommen sind, erscheint der Universalitätsanspruch westlichern Weisheitskonzepte bereits einigermaßen unhaltbar, denn auf allen behandelten Ebenen zeigen sich immer wieder vielfältige Unterschiede. Doch die Kontroverse – Weisheit universell oder Weisheit kulturabhängig – entschärft sich sofort, wenn wir uns verdeutlichen, dass die Antwort auch eine Frage der Betrachtungsebene ist. Hier helfen uns die Begriffe *levelling* (oder *lumping*) versus *sharpening* (oder *splitting*), einebnende Betrachtungsweise und unterschiedsfokussierte Betrachtungsweise. Es fragt sich nur, welche der beiden sinnvoller oder wünschenswerter ist. Um diese Frage zu beantworten, müssen wir eine längere Reise unternehmen zu dem kleinen Völkchen der Ifaluk auf einem fernen, taifungeplagten mikronesischen Atoll. Wenn wir als Gedankenspiel einmal mit den Augen der Ifaluk auf das westliche Konzept der Weisheit schauen – so wie es vor allem von den Berliner Weisheitsforschern formuliert wurde – erkennen wir eine Reihe ethnozentrischer Prämissen in ihrem Weisheitsbegriff, ethnozentrische Prämissen, die von den Lebensverhältnissen und Vorstellungen westlicher, viel redender und psychologisierender Bildungsbürgern hergeleitet sind – ein Lebenskontext, der sicher nicht als "universell" behauptet werden kann und soll. Denn sonst wären – wie ich zum Abschluss des Kapitels zeige – alle Chinesen berlinerisch un-weise (Abschnitt 9).

2. Weisheit und Kultur: These und Gegenthese

(1) Weisheit ist universell

Die Forscher des Berliner Weisheitsparadigmas gehen davon aus, dass ihr Konzept von Weisheit ein universelles Konzept sei, d. h. gültig für alle Kulturen der Welt. Sie betonen, dass ihre Messung der Weisheit versuche, eben diese Universalität zu fassen. Ihre fünf Kriterien der Weisheit (breites inhaltliches und prozedurales Wissen, Lifespan-Kontextualisierung, Wert-Relativismus, Umgang mit Ungewissem) seien "weniger auf einer konkret inhaltlichen als auf einer Metaebene angelegt. Dahinter steht die Zielsetzung, die Definition von Weisheit möglichst *unabhängig* von konkreten Problemstellungen und Lebensbereichen, aber *auch von kulturellen und historischen Kontexten* zu machen." Ihnen geht es um eine "hohe kulturhistorische Konvergenz", um ein "eher *universelles Verständnis* von Weisheit und weisheitsbezogenem Wissen und Urteilen." Kulturvergleichende Analysen des Konzeptes Weisheit hätten gezeigt, "dass die *kulturelle und historische Invarianz* in den zentralen Bestandteilen von Weisheit erstaunlich hoch ist."[1]

Staudinger[2] sieht in dem Konzept der Weisheit einen evolutionären Vorteil. Sie verweist auf weisheitsrelevante Texte, Erzählungen und Sprüche aus China, Indien, Ägypten, Alt-Mesopotanien. Solche Weisheit habe in der kulturellen Evolution des Menschen einen Selektionsvorteil. Und in Baltes, Glück & Kunzmann wird nochmals vertreten, dass der Begriff der Weisheit auf einer hohen Ebene der Analyse universell zu sein scheine.[3]

Auch in den jüngsten Arbeiten wird von Vertretern des Berliner Weisheitsparadigmas[4] immer wieder behauptet, ihr Begriff der Weisheit sei universell. Am deutlichsten wird diese universalistische Position der Berliner Weisheitsforscher in dem noch nicht veröffentlichten Buchmanuskript von Paul Baltes.[5] Baltes räumt freilich ein, dass Kulturen "verschiedene Profile der weisheitsförderlichen Bedingungen bieten". Folglich könnten Kulturen sich in Bezug auf das allgemeine Niveau gelebter Weisheit unterscheiden. Dies sei möglicherweise sogar ein Maßstab der "Bewertung" einer Kultur. Doch bei den "Spitzenleistungen" von Weisheit könne man von einer transkulturellen Vergleichbarkeit ausgehen.[6] Die Richtigkeit dieser universalistischen These würde das Berliner Weisheitsparadigma natürlich enorm aufwerten, vor allem auch sein Messinstrument und seine Kriterien der Weisheit. Wenn die "Berliner Weisheit" etwas Universelles ist, hat die Berliner Weisheitstheorie schließlich einen höheren Wert, als wenn sie ein nur westliches Konzept definiert und beforscht.

(2) Weisheit ist kultur-abhängig

Andere sozialwissenschaftliche Weisheitsforscher können den Forschern des Berliner Weisheitsparadigmas mit ihrer Universalitätsannahme nicht folgen. Für Maria Taranto[7] basiert Weisheit auf Erfahrung, aber nicht auf der Menge der Erfahrung per se, sondern auf verarbeiteter Erfahrung, Erfahrung aus der man lerne. Alle Erfahrung aber ist natürlich eingebettet in Kultur. Deshalb müsse man davon ausgehen, dass sich Kulturen nach ihrem Begriff der Weisheit unterscheiden. Am deutlichsten werde dies im Vergleich von "Ost" und "West". Weisheit im Westen ist säkular, bedeutet, aktiv am Leben teilnehmen und für weise Handlung, für Antwort und Rat zur Verfügung stehen. In den östlichen Kulturen ist Weisheit auf das Engste verwoben mit Religion, Kontemplation, meditativer Praxis und oft auch Rückzug aus dem Leben. Weisheit drückt sich dann nicht im Handeln, Ratgeben und Reden aus, sondern im Nicht-Handeln, Innehalten und Schweigen.

Für Hans Aebli[8] ist Weisheit keine Frage des "laut Denkens", der virtuellen "Beratung" und des Redens wie im Labor der Berliner Weisheitsforscher. Weisheit müsse vielmehr im eigenen Handeln angelegt sein. Weises Handeln ist vor allem durch seine Zielsetzungen gekennzeichnet. Zielsetzungen sind weise, wenn sie zwei Kriterien genügen. Sie müssen erstens eine "gute Ordnung" bilden – ein Zielsystem darstellen, in dem Einzelziele wohl strukturiert, aufeinander bezogen und integriert sind. Und sie müssen zweitens "wesentlich" sein – wesentlich im Sinne des Kulturkreises, dem man angehört. Ein Konzept von Weisheit ist folglich stets kultur-relativ.

Auf dem Hintergrund solcher Überlegungen ist die These von der Universalität des Berliner Konzeptes der Weisheit einigermaßen kühn. Sie ist ebenfalls kühn, wenn man auch nur einen kursorischen Blick in eine Reihe wissenschaftlicher Disziplinen und Forschungsbereiche wirft, die alle einen dicken Teppich der Universalitätszweifel auslegen.

Aus der kulturvergleichenden *Kognitionsforschung* wissen wir, dass sich Kulturen danach unterscheiden, welche Worte, welche Unterscheidungen, welche Konzepte sie zur Verfügung haben. Und das betrifft keinesfalls nur Alltagsbegriffe, z. B. Farben, Emotionsbegriffe usw., sondern auch die abstrakten Begriffe. Vor diesem Hintergrund können wir nicht einmal davon ausgehen, es *gäbe* das Konzept der Weisheit in allen Kulturen, so dass wir es dann – mit dem einen oder anderen Ergebnis – mit einem anderen Konzept vergleichen können. Wir können auch nicht davon ausgehen, dass es in einer anderen Kultur nicht zwei, drei oder mehr Weisheitskonzepte gibt.

Auch die *Motivationspsychologie* könnte uns eine gewisse Vorsicht mit der Postulierung eines "universell" gegebenen Wertes Weisheit nahe legen. Abraham Maslow[9] kann, unabhängig davon

"kollektivistisch" orientierten Identitäten in westlichen und östlichen Kulturen gewonnen. Ob diese wirklich so klar unterscheidbar sind, muss uns in diesem Zusammenhang nicht interessieren. Das Begriffspaar vermag uns aber zu sensibilisieren für die Erwartung von kulturellen Unterschieden – die dann auch etwas mit (Intelligenz und mit) Weisheit zu tun haben, wie ich zeigen werde.

Doch haben Forscher des Berliner Weisheitsparadigmas ihre Universalitäts-These durchaus vorsichtig formuliert und sie öffnen eine Reihe Türen und Tore, aus denen sie leicht ihrer Festlegung entkommen können. Sie sprechen von einer Universalität der Weisheit auf einer "Meta-Ebene der Beurteilung", auf einer "hohen Ebene der Analyse" und sprechen von universell gültigen "Kernprofilen" der Weisheit. Nun ist es natürlich eine Binsenwahrheit, dass Phänomene umso ähnlicher werden, je größer die Entfernung ist, von der aus man sie betrachtet. Auf einer ganz hohen, abstrakten Meta-Ebene finden wir schließlich überall Ähnlichkeiten. Die Frage ist, ob der Abstand, den wir einnehmen, sinnvoll ist und ob das Ergebnis bei einem bestimmten, allzu großen Abstand vielleicht banal wird.

Auch sprechen die Forscher des Berliner Weisheitsparadigmas nur von "einigermaßen universell" (was mag das sein?) und "insgesamt geringen Unterschieden" und ziehen sich mit ihrer Universalitätsannahme schließlich zurück auf die "Spitzenantworten" einer jeweiligen Kultur.

Im folgenden soll nun die Evidenz zur Kulturabhängigkeit der Weisheit zu Wort kommen. Zu diesem Zweck muss der Blick in die Welt etwas erweitert werden: Was den Berliner Weisheitsforschern zunächst nicht aufzufallen scheint, ist, dass die Weisheitskonzepte aller fremden Kulturen, die sie studiert haben, *Schrift*-Kulturen und *Schrift*-Weisheiten sind. Was aber ist mit den hunderten von schriftlosen Kulturen? Kann man von den in fremdkulturellen Texten niedergelegten Konzepten auf die Konzepte schriftloser Kulturen schließen und die ersteren Konzepte einfach "universell" nennen? Oder gehören die restlichen Kulturen der Welt auch zur "Welt"?

Ich werde den Blick auf die "Welt" erweitern und aufweisen, dass sich die Konzepte von Weisheit zwischen den Kulturen sehr wohl *unterscheiden.*

3. Evidenz zum Konzept der Weisheit in fremden Kulturen. Kulturvergleichende Weisheitsforschung im Überblick

Die kulturvergleichende Forschung zum Konzept der Weisheit ist nicht sehr umfangreich, aber auch gewiss nicht zu übersehen, wie es fast alle Reviews der Weisheitsforschung tun. Die Studien zum Konzept der Weisheit in fremden Kulturen sollen hier vergleichend gesichtet und gewurdigt werden.

Studien zum Begriff der Weisheit in fremden Kulturen finden sich sehr verstreut in vielen verschiedenen Disziplinen und Fachzeitschriften, in Gerontologie, Pädagogik, Kommunikationswissenschaft, Verhaltensforschung sowie humanistischer und experimenteller Psychologie. Viele Arbeiten sind auch, weil es sich um Dissertationen handelt, überhaupt nicht veröffentlicht. Eine vollständige Übersicht ist deshalb nicht zu garantieren.

Was ich an transkulturellen Weisheitsstudien ausfindig machen konnte, ist in der folgenden Übersicht nach fünf Merkmalen gekennzeichnet:

1. Untersuchte Kultur(en)
2. Verwendete Methode
3. Typ der Untersuchung: Einzelkulturuntersuchung (E) oder Vergleich mehrerer (M) Kulturen
4. Publikationsart: Buch (B), Buchkapitel (K), Fachartikel (A), unveröffentlichte Dissertation (D)
5. Ergebnis: Es findet sich ein kultureller Unterschied (U) oder keiner (K) oder ein Vergleich wird überhaupt nicht angesprochen (-)

Forschung zur Weisheit in fremden Kulturen

Autor und Jahr	untersuchte Kultur	Methode	Typ[1]	Art[2]	Erg.[3]
Hamutyinei & Plangger (1987)	Bantu/Simbabwe	Textanalyse	E	B	–
Thomas & Chambers (1989a)	England, Indien	Fragebogen	M	A	U
Tshiamalenga-Ntumba (1989)	"Afrika"	Essay	E	K	U
Waldenfels (1989)	"Asien"	Essay	E	K	U
Gäng (1991)	Tibet	Essay	E	K	U
Kramer (1991)	Oglala	Essay	E	K	U
Thomas (1991)	Indien	Tiefeninterview teilnehmende Beobachtung	E	A	U
von Stietencron (1991)	Indien	Essay	E	K	U
Wagner (1991)	Konfuzianismus	Essay	E	K	U
Berry & Bennett (1992)	Cree-Indianer, Nordamerika	Semantisches Differential	E	A	U
Valdez (1993)	US-Amerikaner spanischer Herkunft	Interview von als weise Benannten	E	D	U
Kwon (1995)	Korea	Selbsteinschätzung, Fremdeinschätzung	E	D	–
Strozdas (1996)	Farbige US-Amerikanerinnen	Interview	E	D	U
Huang (1999)	Taiwan	Fragebögen	E	D	U
Levitt (1999)	Tibetischer Buddhismus	Interview, Inhaltsanalyse	E	A	U
Takahashi (1999) Takahashi & Overton (2002)[4]	USA und Japan	fünf westliche Testverfahren	M	D	K
Bleyl (2000)	Japan, Kenia, Navajo, Sámi-Norweger, Westeuropäer	Interview von als weise Benannten	M	D	K
Misra, Suvasini & Srivastava. (2000)	Indien	Textanalyse Bhagavad Gita	E	A	U
Takahashi (2000)	"Ost / West"	Literaturvergleich	M	A	U
Takahashi & Bordia (2000)	USA, Japan, Indien, Australien	Adjektiv-Sammlung u. -Hierarchisierung	M	A	U

Takeda (2000)	USA und Japan	Adjektiv-Sammlung und Adjektiv-Paar-Vergleich	M	D	U
Yang (2000) Yang (2001)[4]	Taiwan	Adjektiv-Sammlung und Prototyp	E	D.	U
Collings (2001)	Inuit, Kanada	Interview	E	A	–
Rosenmayr (2001)	Dogon, Mali	Feldforschung	E	K	U
Chang (2003)	Taiwan	Linguistische Analyse	E	A	U

1 Typ der Forschung: E = eine Kultur wird untersucht, M = mehrere Kulturen werden untersucht

2 Publikationsart: A = Fachartikel, B = Buch, D = unveröffentlichte Dissertation, K = Buchkapitel

3 Ergebnis: K = kein Kulturunterschied, U = Kulturunterschied, [-] = ein Vergleich wird nicht vorgenommen

4 Die erst aufgeführte Arbeit ist in diesem Fall die Dissertation, die zweite ein Fachartikel zu den Hauptergebnissen der Dissertation

Die Übersicht verdeutlicht in der Spalte "untersuchte Kulturen", dass bei den ausgewählten Kulturen das Schwergewicht auf hochentwickelten, industrialisierten Kulturen liegt (Australien, Japan, Taiwan usw.). Traditionelle Kulturen mit überwiegender Subsistenzwirtschaft fehlen fast ganz. Das werde ich mit eigener Forschung ein wenig ausgleichen (vgl. Abschnitt 5). Zunächst noch ein genauerer Blick auf die vorliegenden Forschungsbeiträge.

Beim "Typ" der Forschung kann man fremdkulturell-fokussierte von transkulturellen Studien unterscheiden. *Fremdkulturell-fokussierte* Studien untersuchen das Konzept von Weisheit in einer *einzelnen* fremden Kultur und vergleichen dieses Konzept mit den Ergebnissen vorliegender westlicher Weisheitsforschung – wobei die erste Seite (Darstellung des fremdkulturellen Konzeptes) entweder auf einer empirischen Untersuchung oder auf der Analyse religiöser Texte beruht, die andere Seite auf der Sekundäranalyse bzw. Interpretation vorliegender Daten, die meist mit ganz anderen Methoden erhoben wurden.

Ein Beispiel für diese Art der Untersuchungen ist Heidi Levitts[11] Beitrag zum Begriff der Weisheit im Tibetischen Buddhismus – eine in mehrerer Hinsicht bemerkenswerte Studie, auf die ich deshalb noch eingehen werde.

Nur wenige Forschungsarbeiten unternehmen einen empirischen Vergleich *verschiedener* Kulturen mit der gleichen Methode, d. h. sind explizit transkulturell angelegt (sieben von achtundzwanzig).[12]

Ein kurzer Blick noch auf die letzte Spalte der Übersicht, welche das Ergebnis der jeweiligen Arbeit notiert – ob die vorliegende Untersuchung nun einen Kulturunterschied findet (U = Unterschied) oder keinen (K = kein Unterschied). Wenn eine Studie nur einen intra-kulturellen Vergleich unternimmt (verschiedene Gruppen innerhalb der untersuchten fremden Kultur) und mit keinem Wort die Ergebnisse mit einer anderen Kultur vergleicht – ist ein Ergebnis in bezug auf diese Dichotomie K/U nicht anzugeben [–].

Aus dem Blickwinkel kulturvergleichender Fächer sind vor allem die empirischen Studien, die "keinen Unterschied" finden, erklärungsbedürftig. Mit Recht fragt man: Wenn wir die USA und Japan nach ihrem Konzept der Weisheit vergleichen[13] – soll kein Unterschied bestehen? Das verwundert um so mehr, als der gleiche Hauptautor in einer anderen Untersuchung[14] ebenso wie andere Forscher[15] eben *doch* ganz erhebliche USA/Japan-Unterschiede finden.

Noch merkwürdiger will uns erscheinen, wenn Merriam Bleyl[16] keinen Unterschied zwischen Japanern, Kenianern, Navajos, Sámi-Norwegern und Westeuropäern finden will: Sie sollen alle das gleiche Verständnis von Weisheit haben? Ist Weisheit doch ein universelles Phänomen?

Um "K-Ergebnisse" zu erhellen, müssen wir uns etwas genauer die jeweiligen Untersuchungsmethoden ansehen. Je gröber das Messinstrument zur Erfassung der Weisheit und je ethnozentrischer, d. h. von einer ganz bestimmten Kultur geprägt, die verwendeten Messinstrumente sind, desto sicherer entgehen uns kulturelle Unterschiede. Bei der kritischen Betrachtung der beiden einzigen K-Studien liegt genau hier die Ursache der vermeintlichen Kulturgleichheit: Masamit Takahashi[17] verwendet in seinen Vergleichen von USA und Japan fünf rein westliche Testverfahren, und Bleyl[18] extrahiert aus den Gesprächsprotokollen so allgemeine Kategorien, dass sich Gleichheit ganz von selbst ergibt, zum Beispiel: alle Teilnehmer strebten nach Balance in ihrem Leben, zeigten Selbstgenügsamkeit, waren motiviert durch das "allgemein Gute", strebten implizit nach Wissen und Weisheit, waren bescheiden. Daraus kann man dann mühelos schließen: "Diese Charakterisierungen scheinen unabhängig zu sein von Kultur, Geschlecht, Beruf oder Alter. Dies wiederum führt zu der vorläufigen Annahme, dass Weisheit "vielleicht ein kultur-freies Phänomen" sei.[19]

Nach diesem kursorischen Überblick werden in den nachfolgenden Abschnitten kulturelle Ähnlichkeiten und Unterschiede im Konzept der Weisheit genauer untersucht, Unterschiede im Vorhandensein eines Begriffs von Weisheit, in der Schnittlinie zwischen Weisheit und weisheits-nahen Begriffen, im Inhalt des Begriffs und in der relativen Stellung des Wertes der Weisheit in der Hierarchie der Werte.

4. Methodische Vorbemerkungen am Beispiel afrikanischer und indischer Weisheit

Wie kann man sich der Frage nach Existenz und Bedeutung von Weisheit in einer anderen Kultur annähern – ohne einen Papier-und-Bleistift-Ansatz, bei dem der Forscher einer Reihe von Probanden Sätze, Worte und Kreuzchen abverlangt? Ich möchte zwei recht unterschiedliche Vorgehensweisen illustrieren.

Theo Sundermeier[20] wagt sich nicht nur an eine einzelne fremde Kultur, sondern gleich an den ganzen afrikanischen Kontinent. Weisheit sei in Afrika im religiösen Umfeld verwurzelt. Von Häuptlingen erwarte man weise Urteile. Initiationsriten seien Anlässe, den Initianden die Stammesweisheiten und Stammeslehren zu vermitteln. Zu den Trägern der Weisheit in Afrika gehöre auch der Weissager. Das Sprichwort sei eine Form der weisheitlichen Rede, und es gelte als Zeichen der Weisheit, wenn man diese gut zu gebrauchen wisse. Zur Weisheit gehöre auch, wie man spreche

– ohne den anderen zu verletzen. Als Weiser lässt man den anderen das Gesicht wahren. Lehrreden und Lieder seien weisheitliche Redeweisen ebenso wie die Mythen, welche Weisheiten des Stammes vermitteln. Die weisheitliche Ethik sei eine der Nahbeziehungen. Afrikanische Weisheit orientiere sich am Menschen.

Haben wir jetzt gelernt, was Weisheit in Afrika bedeutet, was weises Urteil ist, was Weisheitslehren sind, was Lieder, Mythen, Sprichwörter Weises lehren, was weisheitliche Ethik ist – vor allem *wer* das alles *weise* nennt, "die Afrikaner" oder der Forscher?

Hier wird etwas (Westliches?) als Weisheit "gesetzt" und es wird postuliert, wo man das so "Gesetzte" in Afrika findet. Ein solches Verfahren ist nicht hilfreich für den transkulturellen Vergleich von Weisheit. Er bleibt äußerlich, wir erfahren bestenfalls von potentiellen Orten, an welchen man eventuell nach jener noch unbekannten Größe suchen kann, die der Forscher zunächst einmal mit "Weisheit" umschreibt.

Wir erfahren bei Sundermeier außer postulierten möglichen "Orten" einer noch unbekannten Größe durchaus auch Inhaltliches, z. B. dass man in Afrika auf Gemeinschaft orientiert sei, dass Alleinsein nicht geschätzt werde, dass man geduldig sein müsse und zum Schweigen befähigt, dass man nicht verletzen solle usw. Das alles sind Tugenden und wünschenswerte Eigenschaften – aber was hat das mit Weisheit zu tun? Sind alle Tugenden und wünschenswerte Eigenschaften "Weisheit"? Hier wird alles, was im allerweitesten Sinn etwas Positives ist, einfach "Weisheit" genannt – ein zu großzügiges Verfahren für die Erkenntnis der möglicherweise vielen verschiedenen Begriffe von Weisheit auf dem großen afrikanischen Kontinent.

Eine zweite Vorgehensweise, die sehr viel präziser ist, beginnt mit einer linguistischen Analyse. Sie fragt: Was sind die Ausdrücke für "weise" in einer fremden Kultur? Gibt es überhaupt analoge Bedeutungen? Wann werden sie angewandt? Wenn einer – wohlgemerkt in der eigenen Sprache – als weise bezeichnet wird, wie schildern ihn die anderen aus der gleichen Kultur? Wenn man als fremder Forscher einen "weisen" Menschen kennengelernt zu haben glaubt ("weise" nach dem eigenkulturellen Maßstab) – was sagen die Mitglieder der fremden Kultur zu diesem Menschen? Und wie wird er behandelt? Das sind alles viel bescheidenere, aber ehrlichere Annäherungsformen an die fremdkulturelle Bedeutung von Begriffen, und keine dieser Annäherungen kann an der linguistischen Analyse vorbei.

Das Gegenbild des Vorgehens von Sundermeier ist Heinrich von Stietencrons[21] Beitrag zur Weisheit in Indien – eine sorgfältige Analyse, die an allererster Stelle einmal von den verschiedenen Wortstämmen ausgeht, welche Weisheit umschreiben, da es einen einheitlichen Begriff im Sanskrit nicht gibt, sondern viele. Auf diese Weise wird erst einmal überprüft, ob das weitverbreitete Reden von einer indischen Weisheit nicht eine westliche Projektion ist. Das Ergebnis zeigt: Es gibt mehrere Weisheiten in Indien, "Weisheit" ist eine viel weitere, komplexere, vielschichtigere, nuancenreichere und fragilere Begrifflichkeit als unser vergleichsweise schlichter Weisheitsbegriff.

Auch Mordikai Hamutyinei und Albert Plangger[22] gehen von der Sprache aus. Diese Autoren sammelten die Sprichwörter der Shona, einer Bantu-Ethnie in Simbabwe. Diese Sprüche ergeben wirklich ein "Buch der Weisheit".[23]

Was die Autoren gesammelt haben, nennt man in der Shona-Sprache *shumo* oder *tsumo* – das sind Aphorismen, die eine tiefere metaphorische Bedeutung haben, als es oberflächlich erscheint. Die *shuma* werden deutlich unterschieden von *madimikira* (das sind "andeutende" Redewendungen) und auch von *zwirevo* (bildliche Ausdrucksweisen). Sprichwörter sind ganz knapp gefasste Aphorismen (wobei vieles impliziert bleibt), die allgemein bekannt sind und traditionellerweise akzeptiert werden.

Sprichwörter haben bei den Shona verschiedene Funktionen, unter anderem eine pädagogische: Man vermittelt Wahrheiten, spricht Warnungen aus, gibt etwas zu bedenken, gibt eine Rat, vermittelt Weisheiten: Von den beiden Bezeichnungen für Sprichwörter *tsumo* und *shumo* heißt das eine, *shumo*, auch "Weisheit". Einige Beispiele:[24]

Ein Krüppel ist klug, der an die Wand gelehnt tanzt.
Jeder Mensch möchte gerne seine Fehler soweit wie möglich verbergen. Jemand, der nicht schwimmen kann, wird die tieferen Stellen des Sees vermeiden. Es ist eine Aufforderung, die eigenen Grenzen zu akzeptieren.

Eine Eidechse sonnt sich stets im Anblick ihres Verstecks.
Wenn man sich der Gefahr aussetzt, sollte man vorher sicher stellen, dass es einen Ausweg gibt.

Es ist nutzlos, vor Krokodilen Angst zu haben, wenn man die Füße schon im Wasser hat. Oder: *Wer auf verbranntem Feld sitzt, soll sich nicht drum scheren, dass sein Hintern schwarz wird.*
Wenn man sich etwas Schwieriges vornimmt, muss man auch die Lasten auf sich nehmen. Es ist gut, wenn man bei einer schwierigen Aufgabe Mut hat.

Du hast die Höhle verschlossen, als es noch am Regnen war.
Es ist unweise einem Wohltäter gegenüber Undankbarkeit zu zeigen, wenn man noch Hilfe braucht.

Verschwende nicht deine Speere an ein Nashorn, wenn noch ein Elefant kommen könnte.
Verschwende deine Kraft nicht an Minderes, so dass du keine Kraft hast, wenn größere Aufgaben auf dich zukommen.

Eine Küchenschabe, die man Milch holen schickt, kommt nicht mehr zurück.
Wenn man allzu permissiv ist, wird der andere in die angenehme Aufgabe abdriften.

Diese Beispiele mögen vermitteln, dass man anhand solcher Sprichwortsammlungen sehr wohl untersuchen kann, was in einer Kultur als weises Verhalten gilt. Dass Sprichwörter auch widersprüchlich erscheinen können ("viele Hände ergeben leichte Arbeit" versus "viele Köche verderben den Brei"), hat die Sprichwortforschung längst gezeigt. Doch ist dies nur ein Ausdruck der situativen Gebundenheit weisen Verhaltens.

5. Gibt es den Begriff "Weisheit" in allen Kulturen?

(1) Weisheit in der Anden-Kultur. Überblick

Das Konzept der Weisheit in einer fremden Kultur – und zwar in einer sonst in der Weisheitsforschung bisher weitgehend vernachlässigten Subsistenzwirtschaft – möchte ich am Fallbeispiel der Quechua-Indianer der Kallawaya-Region in den Anden Boliviens untersuchen, deren Kultur ich nunmehr seit über zwanzig Jahren mit ihrer Heilungs-[25] und Kollektiv-Ritualistik[26] erforsche. Auch ich beginne mit einer linguistischen Frage: Gibt es das Wort "Weisheit" überhaupt in der Andensprache Quechua?

Die Sprache Quechua hat eine Reihe von besonderen Merkmalen,[27] zu denen das Fehlen abstrakter Begriffe gehört. Damit hatte sich im vorletzten Jahrhundert schon der große Quechualoge Ernst Middendorf[28] ausführlich befasst. Im Quechua gibt es z. B. keine Worte für Kollektiva wie Schwarm, Herde, Rudel, Wald, Steinhalde usw. Diese Kollektiva können nur durch Wortwiederholungen oder Plural ausgedrückt werden: Statt Vogelschwarm kann man nur Vögel – *pesqokuna* (*-kuna*: Plural-Suffix) – sagen; da es kein Wort für Ameisenhaufen gibt, kann man diesen nur mit Ameise-Ameise umschreiben (*sisi sisi*); da es kein Wort für Steinhalde gibt, kann man sich nur mit Stein-Stein (*rumi rumi*) helfen; da es kein Wort für Wald gibt, heißt dieser im Quechua Baum-Baum (*sach'a sach'a*) usw.

Auch gibt es keine Gattungsausdrücke wie Stoff, Tier, Pflanzen, Ding. Dies kann nur durch Unterklassen derselben ausgedrückt werden. Ein Wort für "Tiere" gibt es nicht, aber es gibt die Unterklasse der *uywakuna* – Haustiere.

Form, Farbe, Richtung, Zahl, Klasse, Art, Ordnung, Menge, Beschaffenheit – für all diese Abstrakta existieren im Quechua keine Worte. Das Wort "Beschaffenheit" z. B. kann nur durch *imamanpas rijch'ay* ausgedrückt werden (wie etwas sein), das Wort Menge nur durch entweder *askha kay* (viel sein) oder *pisi kay* (wenig sein) usw. Middendorf beklagt auch das Fehlen von politischen Abstrakta wie Regierung, Kontrakt, Gesetz usw.: Der

Begriff des modernen Staates liege außerhalb der Grenzen der "Denkfähigkeit" des "Eingeborenen", meint Middendorf. Auch fehlen Wertbegriffe und "geistliche", "moralische" Abstrakta. Es gibt kein Wort für "Dankbarkeit", für "Sühne", für "Erlösung" und dergleichen. Dies hat es den frühen Missionaren sehr schwer gemacht, die Bibel mit ihrer Fülle an abstrakten Wertbegriffen zu übersetzen.

Nun ist Weisheit ganz gewiss auch ein abstrakter Begriff. Sollte es diesen Begriff im Quechua geben?

Ich will zunächst prüfen, was die Quechualogen in ihren Wörterbüchern für "Weisheit" angeben. Ich werde auch nach "Weisheit" in der anderen indianischen Sprache der Anden, dem Aymara, suchen. Ich werde außerdem zwei Textübersetzungen prüfen, welche sich unweigerlich mit dem Wort Weisheit auseinandersetzen mussten: Die Übersetzungen der Bibel und die Übersetzung des *Kleinen Prinzen* von Saint-Exupéry ins Quechua.

(2) Weisheit in Wörterbüchern des Quechua

Ich habe insgesamt neunzehn Wörterbücher geprüft und dann die sieben ergiebigsten ausgewählt: alte Klassiker, neue Standardwerke, Wörterbücher zum Cusco-Quechua (Peru) und Wörterbücher zum Cochabamba-Quechua (Bolivien).

Eines der detailliertesten Wörterbücher zum Quechua ist bis heute das von Middendorf.[29] Im Umfeld von "weise", "Weiser", "Weisheit/Klugheit/Gescheitheit/Gelehrtheit" sind vier Wortstämme relevant. Mithilfe zusätzlicher Suffixe werden die von diesem Wortstamm angeleiteten Worte gebildet.

Bei Middendorf finden wir zwei Worte für Weisheit aufgeführt. Das erste ist *yachayniyoq*. Dies aber ist kein selbständiges Wort. *Yachay* heißt Wissen, das Suffix *-yoq* bedeutet "im Besitz sein von", und das Suffix *-ni* ist ein rein euphonisches Suffix. Der Weise wird also umschrieben mit "jemand, der in Besitz von Wissen ist". Wie an den Ableitungen des Wortstammes von *-yacha* erkenntlich ist das Bedeutungsumfeld dieser Umschreibung von weise von folgenden Begriffen gekennzeichnet: "wissen", "kennen", "schlau sein", "gescheit sein", "wissen wollen", "lernen", "lehren" usw. Im Alltagskontext wird *yachay* für alles "wissen" verwendet. Ist heute Dienstag? *Mana yachanichu* – Ich weiß es nicht. Verstehst du mich? *Mana, runa simita mana yachanichu.* Nein, ich kann kein Quechua. Hast Du ihn gefragt, was sagt er? *Mana ni imapas yachanchu.* Er weiß gar nichts.

Neben *yachay* führt Middendorf für weise noch *amaut'a* an. Wenn wir die Erläuterungen lesen und vor allem historisch betrachten, wer die *amaut'a* waren, so wird deutlich, dass diese vor allem gelehrte, wissensreiche Männer waren. Wissenschaft, Statistik, Unterricht – das waren ihre Aufgaben. Weitere nahe Begriffe, ohne Annäherung an "Weisheit", sind die Wortwurzeln *uma-* (Kopf) und *yuyay* (denken) (vgl. Appendix 1).

In dem um einige Jahre älteren Wörterbuch von Clements Markham[30] kommt "*wise*", "*sabio*" (weise) im Verzeichnis gar nicht vor. Wohl aber *amauta* (so geschrieben). Das wird mit "weise, klug, fähig, gebildet" übersetzt.

Unter den zeitgenössischen Standard-Wörterbüchern des Quechua gilt es für das Cusco-Quechua vor allem den Klassiker Antonio Cusihuaman[31] zu prüfen, so wie das von der Peruanischen Akademie für die Quechua-Sprache herausgegebene Wörterbuch[32] (vgl. Appendices 2a und 2b).

Auch mit diesen Quellen wird wieder deutlich, dass "Weisheit", "Wissen" und "Klugheit" nicht scharf getrennt sind und als einziges eigenständiges Wort *amaut'a* angeführt wird, was aber, wie wir schon bei Middendorf gesehen haben, an erster Stelle "viel Wissen haben" bedeutet. Es wird als ein heute nicht mehr gebräuchliches historisches Wort bezeichnet, für das heute *yachayniyoq* (vgl. oben), der im Besitz von Wissen ist, verwendet wird.

Noch ein weiterer Wortstamm im Quechua ist in Bezug auf das Bedeutungsumfeld von "weise, Weisheit" wichtig: *-hamu*. Unter den hier untersuchten Quechua-Varianten finden wir diesen Wortstamm aber nur noch im Cusco-Quechua[33] (vgl. Appendix 3). Im bolivianischen Quechua[34] ist alle Intelligenz-, Wissens-, Weisheits-Nähe dieses Stammes *-hamu* verloren gegangen. Lara[35] kennt nur *jamu-*, "die Art und Weise" und *amu-*, im Sinne von "stumm". In Cochabamba gibt es das Wort *amu-lay* – belästigen, das allerdings ist in der Kallawaya-Region unbekannt. *Jamu-* ist ansonsten der Stamm für alle Wortbildungen im Kontext von "kommen".

Das Ergebnis dieser Sichtung der Andensprache Quechua ist recht eindeutig. Es gibt kein einzelnes nur für "Weisheit" reserviertes Wort (welches nicht gleichzeitig auch Wissen bedeutet), auch wenn die Sprache reich ist an "wissens-nahen" Worten.

(3) Weisheit in der Andensprache Aymara und ein Quechua-Aymara-Vergleich

Middendorf[36] hatte bereits darauf hingewiesen, dass das einzige eigenständige Quechua-Wort, das mit "weise" übersetzbar sei – *aumaut'a, amaut'a, jamawt'a, hamawt'a* –, eine Herleitung aus dem Aymara darstellt. Dieser Stamm *amawt'a* spielt tatsächlich im zeitgenössischen Aymara[37] noch eine große Rolle: Middendorf hatte angegeben, dass dieser Stamm *amaut'a, hamawt'a* von *hamu* abgeleitet ist, ein Wortstamm im Umfeld der Bedeutung von Denken, Klugheit, Intelligenz, Erinnerung. Es entspricht seiner Bedeutung nach dem *yuyay* des Quechua (vgl. Appendix 4).

Für das gegenwärtige Aymara ergibt sich ein vielfältiges Bild. Wenn wir die Wortstämme *ama, amt* und *amuy* berücksichtigen, finden wir eine Fülle an Worten mit Bedeutungselementen, die einzelnen "westlichen" Weisheitsingredienzien entsprechen könnten. Diese Bedeutungselemente sind:

gescheit, klug, vernünftig, Intelligenz
angebracht, angemessen, ratsam
nachdenken, nachsinnen
Ratschlag
Vorsicht, Umsicht, Verständnis
ahnen, bemerken, wahrnehmen, empfinden
klug, verständig sein und handeln
jemanden beraten, scharfsinnig
mit Sorgfalt prüfen.

Aber auch hier, ebenso wie im Quechua, gibt es kein einzelnes eigenständiges Wort für Weisheit. Im folgenden möchte ich noch zwei andere Wege gehen, um dem Wort Weisheit in der Andenkultur auf die Spur zu kommen.

(4) Weisheit in der Quechua-Bibel

Zur Klärung der Frage, wie moderne Übersetzer der Bibel mit "Weisheit" umgehen, habe ich verschiedene Quechua-Bibelausgaben studiert.[38] Mithilfe der Großen Konkordanz[39] habe ich alle Bibelstellen zu "weise", "der Weise", "Weisheit" und "weis-lich" in den Quechua-Bibeln nachgeschlagen.[40] Das Ergebnis ist einheitlich.

Am häufigsten wird Weisheit mit *yachay* (wissen) übersetzt, der Weise mit *yachayniyoq* (einer, der im Besitz von Wissen ist) und weise, weis-lich mit *yachaysapa* (wissensreich). *Yachay* heißt aber, wie schon anhand der Wörterbücheranalyse dargelegt, Wissen und Kenntnis haben (*qelqakuna yachay* = die geschriebenen Dinge wissen = Schriftkenntnis). Und alle Stellen der Bibel, in denen das Wort Wissen vorkommt, sind ebenfalls mit *yachay* übersetzt. Ein eigenständiges Wort für Weisheit kennen die Bibelübersetzer also nicht. Wissen und Weisheit sind identisch.

Nicht nur das. Auch Klugheit, Verstand, Intelligenz, Vernunft und Weisheit scheinen schwer trennbar zu sein. Diese werden fast immer mit *yuyay* (denken) übersetzt oder auch einmal mit *allin yuyay* = gut denken (sehr intelligent), Torheit mit *mana yuyayniyoq kay* = ein "Nicht-Denken-Besitzender" sein.

Aber auch "Weisheit" wird gelegentlich mit *yuyay* übersetzt, und der Weise ist dann ein *yuyay-ni-yoq*, "einer der Denken hat". Also auch Klugheit (Intelligenz) und Weisheit trennen die Übersetzer im Quechua nicht klar. Insbesondere in den häufig vorkommenden Kombinationen von "weise und klug", "weise und verständig", "weise und erfahren" werden regelmäßig *yachay* und *yuyay* kombiniert (vgl. Appendix 5):

Unter all den über zweihundert Erwähnungen von Weisheit habe ich nur zwei zusätzliche Varianten gefunden: *imaymana entiendey* und *yachaywan junt'aykusqa kay*. Das heißt "alles erdenkliche verstehen" – vielleicht eine ganz gute Umschreibung von "Weisheit". Die Umschreibung aber greift auf das spanische Wort von "verstehen" zurück – *entender* – und verwendet dies in quechuaisierter Form, es handelt sich also um kein eigenständiges Quechua-Wort.

Der zweite Ausdruck – *yachaywan junt'aykusqa kay* – ist die Übersetzung von "sehr weise". Da das Quechua ein mit "sehr" vergleichbares Wort nicht kennt, wird diese Steigerung umschrieben mit "mit Wissen angefüllt sein".

In der Quechua-Bibel also gibt es auch kein eigenes Wort für Weisheit. Für Wissen und für Weisheit muss stets das Quechua-Wort für "Wissen" herhalten.

(5) Weisheit im Kleinen Prinz auf Quechua

In meiner Hütte in der Kallawaya-Region in den Hochanden Boliviens habe ich mich in meinen Forschungspausen einmal der reizvollen Aufgabe hingegeben, den *Kleinen Prinzen* von Saint Exupéry ins Quechua zu übersetzten. Das ist eine wunderbare Aufgabe und eine echte Herausforderung, denn dort wimmelt es von abstrakten Begriffen, die man dann irgendwie kunstvoll umschreiben muss. Nachdem ich mit meiner Übersetzung fertig war, habe ich zwei Freunde, deren Muttersprache Quechua ist, gebeten, ebenfalls den *Kleinen Prinzen* zu übersetzen.[41] Ich habe also zwei muttersprachliche Fassungen vorliegen. Die eine im Cusco-Quechua und die andere im Quechua der Kallawaya-Region. Nur diese muttersprachlichen Fassungen werte ich hier aus.

"Weisheit" kommt im *Kleinen Prinzen* zwei mal vor – ich habe auch gleich Klugheit und Vernünftigkeit mit ausgewertet. Auf dem Asteroiden 325, den der kleine Prinz besucht, wohnt der König, der zum kleinen Prinzen, welcher sich dringend einen Sonnenuntergang wünscht, folgendes sagt: "Deinen Sonnenuntergang wirst Du haben. Ich werde ihn befehlen. Aber in meiner Herrscherweisheit werde ich warten, bis die Bedingungen dafür günstig sind."[42] Wie wird diese "Weisheit" ins Quechua übersetzt? Im Cusco-Quechua: *yachay* (Wissen). Im Kallawaya-Quechua: *yuyay* (Denken).

Dann sagt der König noch zum kleinen Prinzen: "Wenn es dir gelingt, über dich selbst zu Gericht zu sitzen, dann bist du ein wirklich Weiser."[43] Hier wird als Übersetzung *yachaynioq* (im Besitz von Wissen) gewählt. Aber auch der "Gelehrte" wird mit *yachaynioq* übersetzt, welcher in unserem Verständnis ja keinesfalls weise sein muss. Der "Gelehrte" wird auch mit *jatun umayoq yachaq* (ein Wissender mit großem Kopf) umschrieben.

Und wie gehen die Quechua-muttersprachlichen Übersetzer mit klug, Klugheit, Verstand, vernünftig, intelligent um? Stets *yachayniyoq* (mit Wissen). Wissend, klug, intelligent, vernünftig, geistreich werden im Quechua wenig unterschieden. Es zeigt, wie anders in einer fremden Kultur die Schnittlinien liegen können (vgl. Abschnitt 6).

(6) Werturteile und "weise" Menschen in den Anden

Wenn eine Kultur kein eigenständiges Wort für "Weisheit" kennt, heißt das natürlich nicht, dass in dieser Kultur keine Weisheit vorkommt. Das "sprachliche Loch" deutet nur darauf hin, dass es keinen expliziten, fest umrissenen, klar abgrenzbaren, im alltäglichen Urteil präsenten Wert-Maßstab dieser Art gibt. Dies kann an zwei Sonderstudien belegt werden, die ich in der Kallawaya-Region durchgeführt habe. Beide untersuchen alltägliche Werturteile.

In der einen Untersuchung habe ich Männer und Frauen aller Altersklassen gefragt, was die ideale Frau, was der ideale Mann sei, wie man sich selbst und den Partner einschätzt und was man lieber sein möchte: Mann oder Frau. Bei den Mann-Frau-Urteilen kommen überhaupt nur praktische Kriterien vor. An erster Stelle steht als wünschenswerte Eigenschaft – für beide und von beiden

Geschlechtern –, dass der andere *llankaysapa* sein möge, arbeitsam, fleißig. Wenn man die harten Überlebensbedingungen der dortigen Subsistenzwirtschaft kennt, wo auch alle Kinder ab drei oder vier Jahren mithelfen müssen (Wasser holen, Reisig sammeln, Kochtopf im Bach spülen, Schafe hüten, Dung sammeln, jüngere Geschwister hüten, Kartoffeln sortieren usw.), dann wundert das wenig.

Entsprechend praktisch geht die Auszählung der wünschenswerten Merkmale von Mann und Frau weiter: *Sie* soll gut weben, gut die Vorräte verwalten, gut auf die Schafe aufpassen können. *Er* soll gut nähen können (machen dort nur die Männer), Geld von der Saisonarbeit mitbringen und die Frau nicht so viel schlagen. Alles sehr praktisch. "Schönheit", "sanftes Gemüt", "Klugheit", "Wissen" – kommen nicht vor. Das sind unter diesen Lebensbedingungen offensichtlich eher nachgeordnete Güter.

In einer zweiten Untersuchung habe ich alle dortigen mir bekannten Medizinmänner, Medizinfrauen sowie Ritualisten (diese werden alle "Kallawaya" genannt) gefragt: Was macht einen guten, was macht einen schlechten Kallawaya aus? Diese Frage führt ebenfalls notwendigerweise zu Werturteilen. Die werden ja vor allem als *yachaqkuna* – Wissende, bezeichnet (*warmi yachaq* – "Frauwissende", Medizinfrau). Die befragten *yachaq* waren 50 bis 80 Jahre alt. Was macht einen guten *yachaq* aus? Er/sie muss beten können. Er muss aus den Cocablättern wahrsagen können. Er muss beim rituellen Handeln ruhig, umsichtig, geduldig sein. Er darf sich beim rituellen Heilungsritual nicht betrinken. Er darf nicht hastig sein bei der Bereitung der Opfergaben und keine Fehler machen.

Außer "Ruhe, Ausgewogenheit, Geduld" kommen wieder vor allem sehr konkrete Kriterien vor, keine Persönlichkeitsbeschreibungen – und schon gar nicht irgend etwas, was entfernt nach "weise" klingt.

Habe ich dort einen Menschen als "weise" erlebt? Ganz gewiss fallen mir sofort zwei Kallawaya-Medizinmänner ein: mein Hauptlehrmeister Valentin Quispe, der mich über viele Jahre hinweg systematisch unterrichtete und der mit etwa 100 Jahren starb, und Marcos Apaza, auch ein Kallawaya-Medizinmann, den ich durch viele Heilungsrituale, viele Gespräche und durch unsere rituelle Verwandtschaft sehr gut kennengelernt habe.

Väterchen Valentin (wie ich ihn nannte, er nannte mich *waway* – mein Kind, denn er hatte mich "adoptiert") habe ich in allen denkbaren Ritualen erlebt – weiße, graue und schwarze. In weißen Heilungsritualen[44] werden gute Zustände (z. B. Gesundheit) hergestellt, graue Heilungen sind Reinigungsrituale[45], schwarze Heilungsrituale richten sich gegen den Feind und bewirken eine tiefe Katharsis beim leidenden "Patienten", indem der Feind symbolisch vernichtet wird.[46] Ich habe Väterchen Valentin auch kennengelernt in Konfliktschlichtungen, in Kollektivritualen[47] und durch seine selbst erzählte Biographie. Leute haben sich oft bei ihm Rat geholt. Haben sie nicht also "weisen" Rat erwartet?

Und was haben die Menschen seines Dorfes und der Region über ihn gesagt? Er ist einer der besten *yachaq,* er weiß viel. Er kennt alle heiligen Berge und bösen Geister. Wie früher alle Kallawaya es konnten, kann nur er heute noch mit ihnen sprechen. Er ist ein "guter Mensch". Seine Heilungsrituale haben Effekt. Er beherrscht noch die einstige Geheimsprache usw. Es ist eine lange Liste von Eigenschaften und Fähigkeiten.

Und Marcos Apaza? Jeder hat ihn als Mensch und als Heiler hochgeschätzt. Als Ritualist konnte er buchstäblich stundenlang beten, beten wie Trommelfeuer, er war in seinem Heilungshandeln sehr präzise, sehr expressiv, er war unbestechlich, d. h. aus Zeitgründen konnte niemals ein ritueller Schritt übersprungen oder geändert werden.

Über den *yachaq* Marcos Apaza sagte man: *Tukuy ima yachan,* er weiß alles Erdenkliche. Und er sei sehr bescheiden, schweigsam, immer ruhig, ein guter Mensch. Er war sicher ein sehr geehrter und geachteter Mann. Ich sah es als "weise" an, wie er mit dem Konflikt mit seiner Frau (die fremdging) abwägend, ruhig, souverän umgegangen ist. (Es hat ihm jedoch nichts geholfen: Sie hat ihn vergiftet.)

Wir können in den Anden auch Persönlichkeiten oder bestimmte Verhaltensweisen finden, welche wir als "weise" beschreiben würden. Aurelio kenne ich seit 17 Jahren. Er ist 38, verheiratet, hat sechs Kinder, ein weiteres ist gestorben. Er ernährt sich und seine Familie vom Acker und der kleinen Schafherde. Zusätzliche Nahrung bekommt er als Bezahlung für seinen Unterricht im Dorf. Er ist Lehrer in der Alphabetisierungskampagne für Erwachsene.

Aurelio ist für einen Indianer der Region ausgesprochen gebildet, er hat den Schulabschluss als Erwachsener nachgemacht, er hat sich Maschineschreiben beigebracht, er spricht neben seiner Muttersprache Quechua auch Spanisch und versteht Aymara. Er hat eine große Hochachtung vor der Tradition der Andenkultur und er sagt dies nicht nur, sondern er lebt es auch.

Er hat gute Umgangsformen und ist höflich, er hat auch all seinen vielen Führungsaufgaben viel gelernt und viel Wissen gewonnen, er nimmt am politischen Leben der Region lebhaft Anteil – und er hat auch durch sein persönliches Schicksal (ein schwerer Unfall), das ihn mitten aus dem Posten als führender indianischer Funktionär der Provinz riss, keine Bitterkeit bewahrt.

Aurelio hat alle Ämter seines Dorfes hinter sich und er war der führende indianische Funktionär der Provinzgewerkschaft. Bis heute fragt jeder nachfolgende indianische Funktionär ihn um Rat. Es gibt keine Versammlung in seinem Dorf, die von Bedeutung wäre, ohne dass er dazugeholt würde, auch wenn er kein Amt im Dorf mehr hat.

Bei dörferübergreifenden indianischen Versammlungen wird er oft an den Tisch der führenden Funktionäre nach vorne geholt. Denn Aurelio kann reden, ist maßvoll, hat sehr viel Erfahrung, eine eindrucksvolle Kenntnis aller Indianer-relevanter Gesetze des Staates und hat in festgefahrenen Situationen immer einen Vorschlag, den er bescheiden an den jeweils Vorsitz habenden Funktionär gibt oder ausspricht, wenn er von diesem dazu aufgefordert wird. Er achtet die Hierarchien, er achtet Autoritäten, aber er übt auch Kritik.

In den schwierigsten politischen Konflikten – monatelange Weg-Blockaden in Bolivien, Spaltung der Provinzführung in zwei Lager, Aufdeckung von Veruntreuungsverdacht in der Provinzregierung, Konflikte um Grund und Boden zwischen den heute in Bolivien sehr stark polarisierten Mestizen und Indianern – in all diesen Konflikten bleibt er immer abwägend, sieht beide Seiten, sucht Auswege, bietet Vermittlung an. Und auch bei Konflikten im persönlichen Bereich.

Dies sind keinesfalls einfach persönliche Urteile von mir. Ich habe über Jahre miterlebt, wer zu ihm in die Hütte zu Besuch kommt, wer sich alles mit ihm berät, welche Fragen ihm vorgelegt werden und welchen Rat er gibt. Jung und Alt suchen ihn auf. Die nachfolgenden kurzen Zusammenfassungen weisen Handelns und Urteilens von Aurelio habe ich seinen Quechua-sprachigen Kassettenbriefen an mich entnommen.

> *Vignette 1:* "Mario ist vielleicht achtzig Jahre alt, schätze ich. Er geht am Stock und ist ganz gebeugt. Um zu mir zu kommen, braucht er drei Stunden zu Fuß, es geht ja immer bergauf. Wir haben ihm Tee angeboten... Wir haben über Politik geredet. Dann über die Felder. Dann über die Familie... Und dann sagte er mir, dass er mit seinen Söhnen Konflikte hat und dass er einen Rat von mir braucht. Er hat drei Söhne, ich kenne sie, sie sind alle etwa in meinem Alter. Der jüngste Sohn heißt Benjamin. Er hinkt und kann nicht so gut auf dem Acker arbeiten. Deshalb wollte Mario ihm ein etwas größeres Stück Acker vererben. Das wollen die anderen auf keinen Fall akzeptieren. Sie drohen an, dass sie dem Benjamin dann jede Hilfe verweigern. (Ich wollte wissen: Helfen sie denn jetzt?) Jetzt helfen sie, hat Mario gesagt, und er hat Angst davor, wenn sie dem Benjamin nicht mehr helfen. Was soll man da tun? fragte er immer wieder. – Ich habe ihm nicht einfach einen Rat gegeben. Du musst sehen, er ist dreimal so alt wie ich. Ich habe gefragt, wie viel größer der Acker ist, den Benjamin bekommen soll und ob das besseres Land ist. Es ist nicht besser und der Acker kaum größer als der für die Brüder. Da habe ich in meinem Herzen gedacht: Sie streiten um etwas anderes. Ich habe gefragt... Und dann habe ich gefragt... Und dann sagte Mario: Ich glaube, ich werde meine Söhne das selbst entscheiden lassen... Ich werde ihnen sagen: Ich vertraue euch, ihr seid erwachsen, ihr seid klug, ihr seid warmherzig, ihr kennt euch seit über dreißig Jahren, ihr findet selbst eine gute Entscheidung..."

Vignette 2: "Das ist wie ein Roman, sage ich dir. Der José hat sich mit Justa eingelassen. Und jetzt hat sie ein Kind von ihm, zusätzlich zu ihren anderen fünf Kindern. Die Frau von José dreht fast durch. Sie haben ja keine Kinder. Die ganze Gegend redet davon. Der politische Stand von José wird auch immer schwerer... Nachts kommt die Frau zu uns, völlig in Tränen aufgelöst. Ich soll unbedingt jetzt gleich mit hoch in ihr Dorf kommen. Der José und die Justa seien zusammen. Man soll sie dabei erwischen. Maria, habe ich gesagt, ich verstehe dich. Aber das ist nicht sinnvoll. Wir wissen alle, dass José und Justa zusammen sind. Er hat sogar das Kind schon anerkannt. Wir handeln nicht unüberlegt. Wir müssen überlegen. Kommt, wir überlegen jetzt zusammen... Ich habe ihr gesagt, ich verstehe dich gut... Und ich habe gesagt, den José verstehe ich auch, er will Kinder haben... Und wie würdest du an Justas Stelle denken? Sie hat fünf Kinder, ist Witwe, hat kein Einkommen und José hat ein bisschen Geld... Und dann hat sie selbst vorgeschlagen, dass alle drei – Justa, José und Maria – mal zu mir kommen."

Vignette 3: "Wir müssen (in der Region) aus der Armut und aus der Stagnation heraus... Tourismus ist eine Möglichkeit. Wir wissen, wie viel Geld Touristen haben. Wir schätzen die fremden Leute. Manche sind sehr laut. Aber alle sind Menschen wie wir, und wir schätzen sie. Aber es ist nicht so einfach. Touristen muss man würdig empfangen. Bei uns aber gibt es noch zu viel Dreck und es gibt noch immer Flöhe. Wir müssen erst bei uns selbst anfangen. Und dann ist auch nicht alles Geld gut. Auch große Mengen Geld sind nicht gut. Wir müssen bedenken..."

Vignette 4: "Es war wirklich eine grandiose Veruntreuung (im Bürgermeisteramt). Sie haben eine große Versammlung einberufen, um den Bürgermeister zur Rede zu stellen. Aus allen Richtungen sind sie angerückt, und sie waren voller Wut, denn sie haben nie etwas von dem Geld gesehen, er hat alles in seine Tasche gesteckt. Der Bürgermeister hat die Polizei geholt, um sich zu schützen, und die Leute haben Knüppel und Steine mitgenommen. Da habe ich als (oberste regionale) Autorität das Mikrofon genommen und habe das Wort ergriffen. Leute, habe ich gesagt, legt die Steine und die Knüppel nieder. Unrecht kann man nicht mit Unrecht tilgen. *Er* hat einen Fehler gemacht. Wollt *ihr* jetzt auch Fehler machen? ... Wenn es andere Mittel gibt, ist Gewalt immer ein Fehler. Wir haben viele Mittel, wir haben alles auf unserer Seite: das Recht, die Einigkeit, den Willen – und außerdem haben wir einen Kopf, der denken kann..."

Vignette 5: "Wir brauchen (neue Strukturen für unsere Selbstverwaltung), das ist sehr wichtig für unsere Zukunft und für den wirtschaftlichen Fortschritt in der Region. Das heißt aber nicht, dass wir (die alten Strukturen) jetzt verdammen sollen. Viele Leute reden jetzt so, als wenn (die alten Strukturen) des Teufels wären. Das ist zu einfach. Sie haben auch Gutes geleistet, jedenfalls in ihrer Zeit. Es heißt auch nicht, dass wir jetzt gleich alles umwerfen. Es muss Übergänge geben. Wir müssen das sorgfältig planen. Das habe ich auf der Versammlung der Region vertreten..."

Vignette 6: "Es ist ein großer Fortschritt, dass (unsere politische Richtung) jetzt an der Macht ist, dass wir alle wichtigen Posten besetzen. Das war vor zehn Jahren noch nicht denkbar. Ich habe mich darüber mit Hugo unterhalten. Er schimpft laut auf die anderen (die vorher die Macht in der Hand hatten). Ich sagte: Hugo, ich finde, wir sollten sie nicht beschimpfen. Ich finde, auch ihnen gebührt Respekt. Wir wollten das Gespräch mit ihnen suchen, damit wir sie besser kennenlernen..."

Vignette 7: "Jetzt habe ich diese Operation hinter mir... Alle haben wirklich das Beste getan. Ich bin voller Dankbarkeit. Ich weiß natürlich nicht, wie es weiter geht, ob es Heilung gibt. Ich weiß aber, dass ich eine Mitverantwortung habe für meine Heilung. Ich weiß auch, dass sie nicht zu erzwingen ist. Ich weiß nicht, was mein Körper macht. Vielleicht wird es wieder wuchern. Ich tue einfach mein Bestes. Ich lasse mich nicht niederdrücken. Im Gegenteil, ich freue mich viel mehr an jedem Augenblick, an der Sonne und am Regen. Die Zukunft ist unsicher. Sie war es schon immer. Das ist nichts Neues. Unser Leben ist sowieso nur geliehen."

Aurelio zeigt sich in diesen wichtigen Fragen als abwägend, immer wieder die Perspektive anderer einnehmend, ausgleichend, maßvoll und der Grenzen bewusst.

Beobachtung, Text-Dokumentation und die Urteile der Mitmenschen von Aurelio konvergieren zu dem Bild eines Menschen, den wir, wohlgemerkt *wir*, vielleicht "weise" zu nennen geneigt sind. Dort nennt man ihn *"wapu umayoq", "yuyayniyoq", "yachayniyoq"* – "mit viel Kopf, mit Denken", "mit Wissen". Aber ein einzelnes Wort für "weise" gibt es nicht.

Was ergibt dieser Weg durch die Linguistik, die Bibel, die Kapitel des Kleinen Prinzen, die Ergebnisse von andinen Werturteilsstudien sowie Texten Quechua-sprachiger Tonband-Post für unsere Ausgangsfrage dieses Abschnitts: Gibt es einen Begriff von Weisheit in allen Kulturen? Mit der indianischen Andensprache Quechua und der andinen Kallawaya-Region habe ich dies beispielhaft zu beantworten versucht. Das Ergebnis der verschiedenen Analysen zeigt, dass wir auf keinen Fall in allen Kulturen einfach die Existenz eines Begriffes von "Weisheit" voraussetzen können. Wir können auch nicht davon ausgehen, dass "Weisheit" eine relevante Dimension der Beurteilung von Menschen ist. Und ebenso wird man nicht ungeprüft davon ausgehen können, dass man gemäß unserem westlichen Begriff von Weisheit "weise" Menschen und "weises" Verhalten und Denken in allen Kulturen findet. Für die andine Indianersprache Quechua steht fest: Ein eigenständiges Wort für Weisheit gibt es nicht. Und in der andinen Quechua-sprachigen Kallawaya-Region ist "Weisheit" (und alles was in deren Umfeld steht) keine relevante Wertungsdimension. Aber "weise" Menschen – in *unserem* Sinne weise Menschen – das gibt es gewiss in der hier untersuchten Andenkultur.

6. Kulturelle Schnittlinien-Unterschiede am Beispiel von Weisheit, Intelligenz und Dummheit

(1) Der Wohnort der Werte: Kopf, Kehle und Herz im Quechua

Die Behandlung von Weisheit in den Andensprachen hat bereits angedeutet, dass in anderen Kulturen die Schnittlinien zwischen verschiedenen Begriffen – in diesem Fall "Weisheit", "Wissen", "Intelligenz", durchaus anders liegen können, als wir es erwarten.

Ich möchte dies an der folgenden Graphik veranschaulichen. Sie zeigt – nochmals am Beispiel von Quechua – drei Kreise:

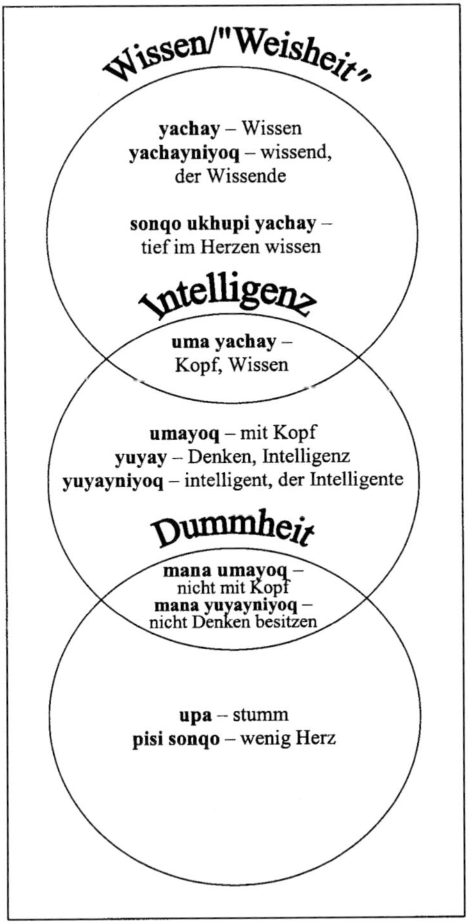

Weisheit, Intelligenz, Dummheit: Schnittlinien dreier Quechua-Begriffe

Der oberste Kreis ist *Wissen*. Sollte es "weise" Menschen in den Anden geben, so bezeichnet man sie mit "wissend". Der zweite

Kreis – *Intelligenz* – überschneidet sich ein wenig mit *Wissen*, weil Intelligenz auch mit *uma yachay* – Kopfwissen – umschrieben wird. Der dritte Kreis – *Dummheit* – hat gar nicht gemein mit *Wissen*, hat jedoch eine kleine Überschneidung mit dem Intelligenz-Kreis, weil Dummheit im Quechua auch umschrieben werden kann mit "Nicht-Kopf" und "Nicht-Denken" (Kopf und Denken gehören zu Intelligenz).

Für alle drei Begriffe – "Weisheit", "Intelligenz", "Dummheit" – gibt es heute im Quechua kein eigenständiges Wort. Wissen und Weisheit verschmelzen und stehen der Intelligenz nah. Dummheit ist von beiden getrennt. Eine metaphorische Verbindung aber ergibt sich zwischen "Wissen" und "Dummheit", wenn man den Ort betrachtet, an dem Weisheit, Intelligenz und Dummheit angesiedelt sind. Im Quechua-Denken sitzt die Intelligenz im Kopf. Umschreibungen von Dummheit (wenn es nicht mit Nicht-Intelligenz umschrieben wird, d. h. Nicht-Kopf) sitzt aber woanders. Dummheit ist eine interpersonelle Qualität, ist der Mangel an interpersoneller Verständigungsfähigkeit – und die sitzt in der Kehle, nicht im Kopf: Wer hochintelligent ist in den Anden, aber vom Sprachwerkzeug her, rein physisch, stumm, wird mit dem gleichen Wort *upa* bezeichnet wie der schwer begreifende, aber des Redens mächtige "Dumme".

Dummheit im Quechua wird aber nicht nur in der Kehle, sondern auch im Herzen lokalisiert: Ein zweiter Quechua-Ausdruck für dumm ist *pisi sonqo*, wenig Herz. *Pisi sonqo* heißt auch geizig, eng, kleinlich.

Da *yachay* Wissen heißt und das intelligente Wissen mit *uma yachay*, Kopfwissen umschrieben wird – liegt die Frage nahe, ob man auch eine Umschreibung für "weisheitliches" (gegenüber "kopfigem") Wissen im Quechua finden kann. In einer laufenden linguistischen Studie habe ich von allen Hunderten von Quechua-sprachigen Forschungskassetten (Quechua-Kassetten aus Cusco, Quechua-Kassetten aus der Kallawaya-Region, Quechua-Kassetten von Ritualen, Heilungen, Gesprächen, Lehren in den Anden) alle Ausdrücke extrahiert, die mit *sonqo*, Herz, gebildet werden. Dabei findet man auch eine Kombination von *yachay* (Wissen) und Herz:

sonqo ukhupi yachay (im tiefen Herzinnern wissen). Das unterscheidet sich zwar eindeutig von *uma yachay* (Kopfwissen), meint aber weniger etwas in Richtung "Weisheit" denn "Geheimnis".

Das ganze Netz der Assoziationen wird deutlich, wenn man die weiteren Kontexte und Bedeutungen von *sonqo* verdeutlicht (vgl. Appendix 6). In der Quechua-Sprache ist kaum ein anderer Begriff reicher an Metaphorik als "Herz". Mit Dummheit hat es etwas zu tun, mit emotionalen Qualitäten des Menschen, mit Geheimnis und Schweigen, mit Gleichgewicht, Wohlsein und unbenebelter Klarheit. Und vielleicht auch mit "Weisheit".

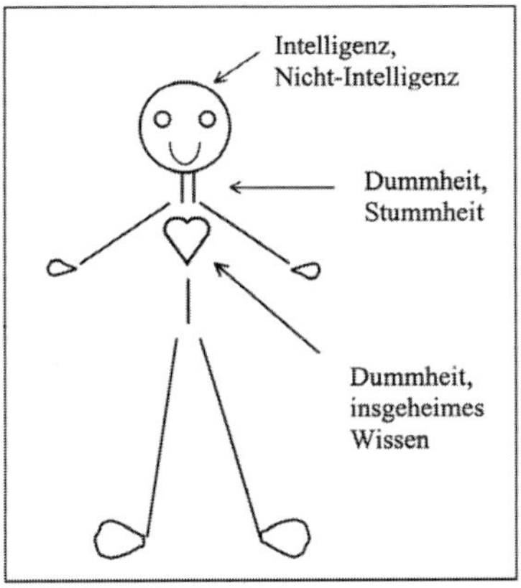

Quechua-Körperlokalisation
Intelligenz, Dummheit, Weisheit

Die Sprache Quechua habe ich hier im Verständnis von Weisheit nur beispielhaft gebracht, um zu verdeutlichen, dass andere Kulturen, wenn man ihr sprachliches Umfeld, die assoziierten Körpermetaphern, den semantischen Raum betrachtet, ganz andere Schnittlinien zwischen verschiedenen Grundbegriffen (die ihrerseits andere semantische Räume besetzen) ergeben können. Von Universalität ist wenig zu erkennen.

(2) Semantische Räume von Weisheit in Afrika, Asien, Nordamerika

Begriffsunterschiede zwischen Kulturen, insbesondere auch Unterschiede in den Schnittlinien zwischen relevanten Begriffen, kann man sich in Analogie zu einem großen Haus mit vielen Stockwerken und Zimmern vorstellen. Die "Zimmereinteilungen" des Hauses, die Begriffs- und Bedeutungsunterschiede, sind von

Kultur zu Kultur verschieden – ebenso wie die "Einrichtung" der Zimmer, d. h. die Bedeutungsingredienzien eines Begriffs. Beispiele aus Afrika, Asien und von nordamerikanischen Indianern sollen weitere Unterschiede semantischen Raumes, des "Hauses" von Weisheit aufzeigen. Dies geschieht am Beispiel der Ingredienzien von Intelligenz.

Das westliche Verständnis von Intelligenz schließt Schnelligkeit, analytisches Denken, numerisches Denken, verbale Fähigkeiten ein. Man kann in westlichen Kulturen intelligent sein und gänzlich un-weise. Nicht aber umgekehrt. Denn zu Weisheit gehören auch Denkfähigkeit, Analysefähigkeit, Urteilsfähigkeit, Kommunikationsfähigkeit – alles Ingredienzien auch der Intelligenz. Im "westlichen" Denken werden also Weisheit und Intelligenz deutlich unterschieden. Es sind zwei getrennte Zimmer im semantischen Raum – allerdings mit einer Tür, die jedoch nur in eine Richtung schwingt.

Ganz anders sieht dies in vielen fremden Kulturen aus. Für manche fremde Kulturen *ist* Intelligenz gleich Weisheit, sie sind nicht unterscheidbar, sie sind *ein* "Zimmer", es gibt nur *ein* Wort dafür. Wer nicht weise ist, ist auch nicht intelligent. Nicht-Weisheit ist Dummheit. In der Shona-Sprache der Mashona-Region von Simbabwe zum Beispiel gibt es nur ein Wort, *ngware*, das beides bedeutet Weisheit *und* Intelligenz und außerdem "Vorsicht" und "Besonnenheit".[48] Ebenso fand Mallory Wober[49] bei den Baganda und Batoro in Uganda, dass deren Wort *obugezi* unweigerlich *beide* Bedeutungen umfasst.

Michael Durojaiye[50] hat die Intelligenz bei den Yoruba untersucht. Wenn wir deren Konzept von "Intelligenz" sichten, finden wir viele Bestimmungsstücke westlicher Weisheit. Der Intelligente bei den Yoruba schlichtet Konflikte, gibt Rat, hört geduldig zu und erwägt alle Gesichtspunkte, ehe er spricht. Er versucht das jeweilige Problem in einen weiteren Kontext zu stellen, zeigt analoge Fälle auf und zitiert Weisheitssprüche, um seinen Rat zu verdeutlichen. Er achtet darauf, dass eine eventuelle Kritik die Würde des anderen nicht verletzt. Der "intelligente" Yoruba ist respektvoll, maßvoll, bescheiden, zeigt keinen Zorn und keinen übermäßigen Eifer. Zum Yoruba-Konzept der Intelligenz gehören viele Facetten: Weisheit, Verständnis, vorausschauende Planung, Wissen, Achtsamkeit, Verstand, Bedachtsamkeit, Diskretion. Das alles sind Bestimmungsstücke, die uns sehr viel mehr an den westlichen Begriff der Weisheit erinnern als an Intelligenz. Die Schnittlinien sind für die Yoruba anders.

Oder gehen wir nach Japan. Dort ließen sich Hiroshi Azuma und Keiko Kashiwagi[51] "hochintelligente" Menschen beschreiben. Diese haben Merkmale, die ganz nach einigen Bestimmungsstücken westlicher Weisheit klingen: Sie sind besonders gut in der Lage, den Standpunkt des anderen einzunehmen, sie sind mitfühlend und bescheiden, sie sind gute Zuhörer, sie können Fehler zugeben, sie kennen ihren Ort und haben eine schnelle Auffassungsgabe – dies ist eine mehr rezeptive, soziale Komponente japanischer Intelligenz, die näher an der westlichen Weisheit denn an der westlichen analytischen Intelligenz liegt.

Einen interessanten Untersuchungsweg haben John Berry und J. Bennett[52] eingeschlagen, um die Intelligenzbegriffe der Cree-Indianer Nordamerikas kennenzulernen. Sie haben erst Worte gesammelt, welche einen "intelligenten" Cree kennzeichnen. Zwanzig Begriffe stellten sie zusammen. Sie haben dann eine weitere indianische Untersuchungsgruppe diese zwanzig Begriffe nach ihrer jeweiligen Nähe zueinander ordnen lassen. Die indianischen Probanden hatten zwanzig Kärtchen mit den jeweiligen Begriffen hin- und herzuschieben. Es zeigte sich, dass die Kernelemente der Intelligenz bei den Cree-Indianern folgende sind: Weisheit, hartes Denken, sorgfältiges Denken, Respekt, Achtsamkeit. Was ist "Respekt" bei den Cree? Es hat nichts mit Hierarchie zu tun, sondern umfasst: Verständnis haben, über tiefes Wissen verfügen, Freude empfinden können, Selbstkontrolle üben und einem Rat folgen können.

Diese Autoren untersuchten dann im Rahmen ihrer weit angelegten Studie auch noch den Assoziationsraum speziell von "Weisheit". Bei den Cree-Indianern bedeutet "Weisheit": sich Zeit nehmen, an der Sache bleiben, selbständig sein. Respektlosigkeit, Ungeduld, Schwäche, Starre, Versteckheit sind am Gegenpol von "weise" angesiedelt.

Diese wenigen Beispiele aus Süd- und Nordamerika, aus Asien und Afrika mögen andeuten, dass wir nicht einfach von einem universellen, transkulturell gültigen Weisheitsbegriff ausgehen können, weil dieser Begriff in fremden Kulturen auf eine z. T. grundlegend andere Weise im Haus der Bedeutungen untergebracht ist als der Begriff der Weisheit im Westen.

Die westliche Trennwand von Weisheit und Intelligenz gegenüber dem großen gemeinsamen Weisheits-Intelligenz-Raum, wie wir ihn bei manchen anderen Kulturen finden, wird jedoch deutlich durchlässiger, wenn man nicht die wissenschaftlichen Konzepte der Intelligenz mit den wissenschaftlichen Konzepten der Weisheit vergleicht – sondern auf die Ebene der Alltagsvorstellungen von Intelligenz und Weisheit geht.

Wie erwähnt, unterscheidet man in der Weisheitsforschung (ebenso wie in der Intelligenzforschung) zwischen expliziten und impliziten Theorien. Die expliziten Theorien sind die ausdrücklich zum Zweck der Forschung von Wissenschaftlern konstruierten Theorien. Die impliziten Theorien sind die halbbewussten Alltagstheorien im Kopf der Laien (die wir für die allermeisten Bereiche alle sind).

In beiden Fällen, Intelligenz und Weisheit, stammen die engsten Konzepte aus der Feder der Wissenschaft. Es gibt auf der ganzen Welt nirgendwo einen so engen Begriff von "Intelligenz" wie der Intelligenzbegriff westlicher Wissenschaft.

Aber die Diskrepanz zwischen wissenschaftlichen und Laien-Sichtweisen der Weisheit ist nicht so groß wie die zwischen wissenschaftlicher Intelligenz und den Konzepten von Intelligenz "auf der Straße". Das weltweit engste Konzept der Weisheit ist zwar auch wiederum ein wissenschaftliches, das aus Berlin, aber die neueren theoretischen und empirischen Entwicklungen des Berliner Weisheitsparadigmas zeigen doch inzwischen auch eine weitere Vorstellung von Weisheit (vgl. Kapitel 1) und damit eine Annäherung an die Alltagskonzepte der Weisheit.

Die folgende Skizze versucht, das Verhältnis expliziter und impliziter westlicher sowie fremdkultureller impliziter Konzepte (explizite liegen nicht vor) anzudeuten. Drei Kreise sind zu unterscheiden – Intelligenz (westlich), Weisheit (westlich) und "vermengte" Intelligenz-Weisheitskonzepte fremder Kulturen.

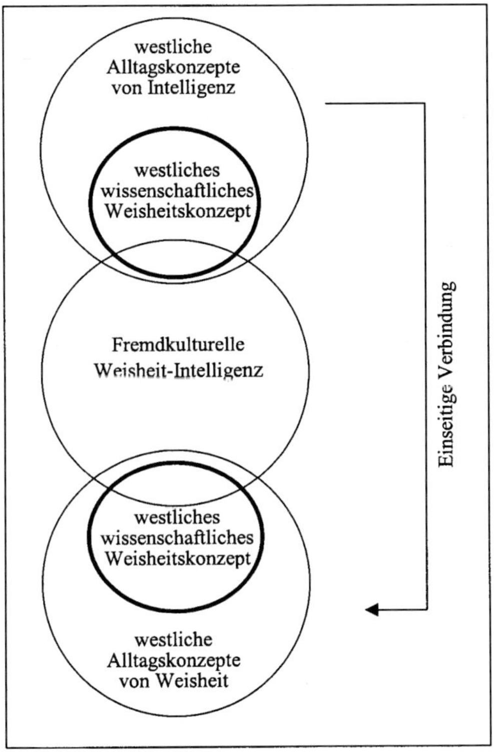

Weisheit und Intelligenz: Kulturunterschiede

Die Skizze zeigt: Im westlichen Alltagsdenken sind Intelligenz und Weisheit (vgl. Skizze ganz oben und ganz unten) weit auseinander und ihr Verhältnis ist asymmetrisch: Intelligenz gibt es ohne Weisheit, nicht aber Weisheit ohne Intelligenz. In einigen fremden Kulturen (vgl. mittlerer Kreis) werden die im Westen getrennten Konzepte von Intelligenz auf der einen und Weisheit auf der anderen Seite nicht unterschieden, sie verschmelzen zu einem Begriff, der beides umfasst.

Die westlichen wissenschaftlichen Konzepte von Intelligenz und Weisheit (dick gezeichnete Kreise) sind erstens enger (kleiner) als die westlichen Alltagskonzepte und sie überschneiden sich noch weniger mit dem fremdkulturellen Intelligenz-Weisheits-Gemisch als die entsprechenden Alltagskonzepte.

Die Skizze mag zumindest andeuten, wie komplex die Unterschiede der Schnittlinien und semantischen Räume in verschiedenen Kulturen sein können.

7. Inhaltliche Unterschiede im Verständnis von Weisheit zwischen den Kulturen

Nicht die Schnittlinie zwischen verschiedenen Konzepten (die "Zimmereinteilung"), sondern auch deren Inhalt (die "Zimmereinrichtung") kann sich erheblich unterscheiden zwischen den Kulturen. Dies wird besonders deutlich mit einem Vergleich von "Ost" und "West".[53] Die meisten Konzepte von Weisheit, östliche oder westliche, beziehen zwar intrapersonelle und interpersonelle Fähigkeiten, d. h. eine Art und Weise des Umgangs mit sich selbst und mit anderen Menschen, mit ein. Aber sie unterscheiden sich im Bereich des *Transpersonellen.* In östlichen Konzepten von Weisheit wird dem transpersonellen Bereich eine höhere Bedeutung beigemessen. Dies lässt sich am Beispiel zweier empirischer Studien illustrieren – Fallberichte aus der Kultur und Religion des Hinduismus und einer Studie zum Tibetischen Buddhismus.

(1) Hinduistische Weisheit: Gespräch mit einem hinduistischen Sadhu

Die für den Hinduismus Indiens wichtigste Stadt ist Varanasi (Benares). Hier hat L. Eugen Thomas[54] mehrere Monate gelebt und hat Gespräche mit "heiligen" Männern geführt, die dem Leben entsagt haben, um ganz für die hinduistische Religion zu leben. Was in diesem Kontext "Weisheit" bedeutet, lässt sich am lebendigsten vermitteln, wenn man ausführlich einem der Gespräche zuhört, welche Eugene Thomas mit einem dieser Männer geführt hat.[55]

Swami Tambananda vom Dasnami-Orden (einer der traditionellsten orthodoxen brahmanischen Asketen-Orden) sei ihm von verschiedenen anderen *sannyasins* als ein besonders gläubiger und besonders gebildeter Mann benannt worden. Swami Tambananda hat auf alles verzichtet, als er dem Orden beitrat, Geld, Familie, Haus, um ganz allein in einem Shiva-Tempel mit Blick auf den Ganges zu leben. Er hat eine akademische Ausbildung, spricht fließend englisch und ist 71 Jahre alt, obwohl er jünger aussieht. Er trägt das ockerfarbene Gewand und den Dandi-Stab des Dasnami-Ordens.

Dem Alltags leben zu entsagen und den hinduistischen Weg zu gehen, war für Swami Tambananda eine Selbstverständlichkeit. "Wenn die Familie wächst, wenn der älteste Sohn Söhne hat, sollte man eigentlich seine Frau nehmen und in den Dschungel gehen. Dschungel stehen jedoch nicht mehr zur Verfügung; Varanasi ist das gleiche wie in den Dschungel zu gehen. An dem Tag, als ich in Pension ging, nahm ich den Zug nach Varanasi." Er ging mit seiner Frau nach Varanasi, sie starb bald, und damit, sagt er, sei er "ins Grübeln gekommen". Das Denken, nicht irgendwelches Handeln im Alltagslauf, sei für einen *sannyasin* das Wichtigste. Wenn man erst Erkenntnis (Weisheit?) erlangt habe, gehe man nie wieder aus Varanasi weg. "Das Geheimnis ist, dass in Varanasi zu leben alles ist, was man erreichen muss. Wenn man seinen physischen Körper verlässt, erntet man das Ergebnis. Wenn der Verstand und die Sinne einen verlassen, nimmt Varanasi alles auf, und man wird nicht wiedergeboren."

Dieser *sannyasin* hatte in seinem Leben alles, eine wohlbehütete Kindheit, ein Studium, eine gute Ehe, und dreizehn Kinder. Alles hat er aufgegeben und nennt sich glücklich. "In meiner Kindheit ernährten mich meine Eltern mit der bestmöglichen Nahrung. Ich trank niemals Milch ohne Safran. Heute ist es schwierig, eine dieser Delikatessen zu bekommen. Meine Taschen waren immer voll mit Mandeln und Pistazien. Während meines *brahmacharya* (Studiums) hatte ich die besten Lehrer. Danach hatte ich eine folgsame Frau. Ich hatte ein Einkommen, ohne mich groß dafür anstrengen zu müssen. Ich bin der glücklichste Mann auf dieser Welt, wenn man so sagen will. Jemand fragte einmal, 'Gibt es einen glücklichen Menschen auf dieser Welt?' Die Frage impliziert, dass jeder unglücklich ist. Ich bin der glücklichste Mensch auf der Welt. (Pause) Ja, ich bin ein glücklicher Mensch."

Er ist auch nicht unglücklich, wenn er Schmerzen hat. Denn er kann den Ich-Bezug des Schmerzes lösen und erklärt:

"Ich denke, dass ich nicht der Schmerz *bin*. Ich bin jemand ganz anderer als mein Körper. Wenn ein Baum vor deinen Augen abgesägt wird, bist du nur der Zuschauer. Du fühlst nicht den Schmerz. Das Wissen, das wir haben, lässt uns erkennen, dass wir davon getrennt sind. Du weißt, dass dein Körper irgendwann dahinscheidet. Wann immer du krank bist, halte es aus in dem Wissen, dass du nicht zu diesem bestimmten Körper gehörst, dass du ihn aufgegeben hast. Praktiziere dies immer, wenn du Schmerzen hast. Nimm keine Medizin. Ordne dich nicht einem Arzt unter, damit dieser dir Glück gibt. Du solltest für jeden ein Guru sein, also solltest du nicht zu denen gehören, die zum Arzt gehen... Ich würde lieber sterben, als zu einem Arzt gehen zu müssen. Ich sollte die Schmerzen aushalten, weil ich mich von den Schmerzen bewusstseinsmäßig lösen sollte. Löse dich von dem physischen Körper, von dem Verstand, vom Intellekt. So wirst du du selbst werden. Das gilt es zu praktizieren. Gerade wenn mein Körper verfällt, ist dies die beste Gelegenheit, um sich zu lösen. Ich möchte diese besondere Gelegenheit nicht verpassen, indem ich zu jemandem anderen gehe... Wenn Krankheiten dazu genutzt werden zu lernen, werden sie aufhören, einen unglücklich zu machen. Aber das braucht seine Zeit."

Die religiösen Regeln des *sannyasin* verlangen, dass er sich nur von Almosen ernährt, solche, die er findet und solche, die er bekommt, wenn er betteln geht. Das Wichtigste an seinem Weg seien keinesfalls die Veden. Die Veden mit ihren Ritualen gebe ein *sannyasin* auf. Das wichtigste sei die "Freiheit" durch Betteln:

"Solange du im Körper bist, kannst du dich vollständig vom Körper loslösen. Ich werde dir sagen, was das Größte ist. Es ist das Vertrauen, dass er vom Betteln leben kann. Er muss keine Nahrung aufheben oder Kleidung oder irgend etwas anderes. Die meisten Leute schämen sich zu betteln. Sie wollen geben, aber sie wollen nicht empfangen. Der Bettlerberuf ist der höchste. Als man noch ein Haushaltsvorstand war, hat ein *sannyasin* an andere verteilt, nun ist alles in Balance. Das ist eine Errungenschaft, die nur wenige erreichen. Es ist wie ein Test, wenn man fühlt, dass man ein Recht hat zu betteln und stolz darauf ist, dass man seine Einkünfte nicht mehr aufbewahren muss. Betteln macht frei."

Und zum Abschluss des Gespräches spricht Swami Tambananda noch vom Tod und von der Freude:

"Eigentlich warten wir darauf, dass unsere Gesundheit verfällt und wir hier abschließen können. Deshalb ist gute Gesundheit keine gute Nachricht. (Lachend) In Varanasi warten wir darauf, dass das Ende kommt... Aber wir haben keine Angst davor. Es wird bestimmt kommen, und wir haben keine Angst davor. Alle anderen versuchen, es zu vermeiden. Wir *sannyasins* warten darauf, es zu akzeptieren... Ich denke, wenn ich mein Glück mit dem der anderen vergleiche, z. B. mit dem Präsidenten oder irgend jemand anderem, bin ich besser dran. Ich habe noch niemanden getroffen, der mit mir vergleichbar wäre. (in sich hineinlachend). Die Wahrheit ist eigentlich, dass Freude deine ureigenste Natur ist. Dein Selbst ist Freude. Wenn man hinter all die Probleme und all das Unglücklichsein schaut, ist die Freude da. Das ist unsere Natur. Man muss sie nicht erlangen, sie ist schon da. Man muss das nur erkennen."[56]

Dieses Gespräch mit einem *sannyasin* in Varanasi wird von dem Autoren dann im Kontext des Eriksonschen Weisheitsbegriffes und der von Erikson postulierten höchsten Stufe der Entwicklung interpretiert (vgl. Kapitel 4). Erikson definiert Weisheit als *detached concern with life itself, in the face of death itself.*[57] Aber Swami Tambananda's gelebte "Weisheit" umfasst mehr. Das Leben, so macht dieses Gespräch deutlich, wird hier akzeptiert, so wie es gelebt wurde, kein Ringen mit der Vergangenheit, kein

Richten der Vergangenheit, keine Trauer, keine Reue – wohl aber eine nicht nur akzeptierende, sondern zutiefst zufriedene, ja heitere Loslösung von allem, was die Vergangenheit ausmachte: Rollen, Status, Besitz, Familie, Freunde – sowie eine ebenso gelöste Akzeptanz der unvermeidlichen Zukunft: Verfall und Tod. Wichtig ist allein die religiös spirituelle Gegenwart. Das ist die gelebte Weisheit eines hinduistischen "Heiligen".

(2) Buddhistische Weisheit:
Gespräche mit tibetisch-buddhistischen Mönchen

Heidi Levitt[58] führte ausführliche Gespräche mit tibetisch buddhistischen Mönchen des Buddhist Institute of Dialectics in Dharamsala. Die Gespräche bezogen sich auf das Konzept der Weisheit, den Weg zur Weisheit, die förderlichen und hinderlichen Bedingungen auf diesem Weg, die Rolle des Lehrers und die persönlichen Erfahrungen bei der Suche nach Weisheit. Damit lernen wir eine buddhistische Umschreibung der Weisheit kennen.

Die Analyse dieser Gespräche verdeutlicht, dass für die Mönche der Begriff Weisheit die Fähigkeit beinhaltet, Gutes von Bösem zu unterscheiden, als Voraussetzung, weise Entscheidungen zu treffen. Wenn man Weisheit erreicht habe, stehe man jenseits von Leiden und empfinde Mitgefühl mit allen anderen Lebewesen. Ehrlichkeit, Demut, Respekt für andere und Behandlung aller Kreaturen als wertvoll und gleichwertig gehören auch als wichtige Ingredienzien dazu.

Zentrales Element von Weisheit aber sei die buddhistische Einsicht in das Wesen der Realität und den Platz des Selbst innerhalb dieser Realität. Im Tibetischen Buddhismus wird das weltliche Selbst (Familie, Kultur, Verlangen, Wünsche) als Illusion angesehen, da diese über die verschiedenen Wiedergeburten hinweg wechseln. Es sind deshalb flüchtige Aspekte einer dahinter liegenden Beständigkeit. Als Metapher für das Wesen der Beständigkeit wird *emptiness* (Leere) verwendet. Das sei Freiheit von allen weltlichen Anhaftungen. Die Mönche unterscheiden zwischen dem Wesen der Existenz und dem Körper, der für sie nur ein wechselndes Korrelat wechselnder Selbste ist. Erinnerungen und Erfahrungen dieses Lebens werden als vorübergehend betrachtet, sie sind deshalb nicht wichtig für die Entwicklung. Weisheit wird definiert als die Fähigkeit, hinter diese illusorischen Identitäten zu sehen.

Auch eine praktische Seite gehöre zur Weisheit, das Helfen, das Dasein für andere: "Einer, der weise ist, kann die Perspektiven der anderen verstehen, kann deren Erfahrungen augenblicklich nachempfinden und möchte deshalb sorgend und hilfreich sein. Deswegen handeln weise Menschen in einer altruistischen Weise, hilfreich sowohl ihren eigenen karmischen Entwicklungen gegenüber als auch den anderen gegenüber, die sie als ihnen ähnlich erfahren."[59]

Weisheit zu erreichen bedeutet für die Mönche also im Wesentlichen, diese Sicht von Realität zu verstehen und diese Einsicht zu leben. Das Verstehen von der wahren Natur der Realität wird als ein Element der Weisheits-Entwicklung angesehen und auch als Endziel beschrieben.

Zu Selbstkenntnis und Weisheit fasst Levitt ihre Ergebnisse folgendermaßen zusammen: "Selbst-Kenntnis wurde oft als wichtige Qualität von Weisheit genannt. Der Prozess der Selbst-Prüfung wird als Instrument angesehen, das eigene Verhalten, die Emotionen und Interaktionen zu evaluieren. Dieser Prozess half den Mönchen altruistisch zu werden und zu wissen ..., ob ihr Verhalten tatsächlich anderen in der bestmöglichen Weise half. Emotionen wie Stolz, Gier und Konkurrenzdenken werden ... unter Kontrolle gehalten. Die Mönche erforschten außerdem ihre eigenen Gefühle, was ihnen helfen sollte, sich in andere einzufühlen, um mitfühlend handeln zu können, und sicherzustellen, dass ihre Motivationen wirklich nobel sind und nicht auf Selbstinteresse beruhen."[60] Es geht darum das Selbst zu transzendieren, der weise Mensch wende sich anderen zu. Selbsterkenntnis auf dem Weg zur Weisheit sei kein Selbstzweck, habe keinen persönlichen Nutzen, soll nicht Genugtuung bedeuten, sie ist vielmehr ein Instrument auf dem Weg zum anderen Mit-Lebewesen. "Die Selbst-

Prüfung zum Zwecke der Selbst-Erkenntnis oder zum Zweck, persönliches mentales Leid zu lindern, wird nicht als Ziel für die Entwicklung von Weisheit angegeben. Persönlicher Nutzen von Weisheit oder persönlicher Genuss schienen keine hervorstechenden Motivationen für Selbst-Erforschung zu sein".[61]

Weisheit im Buddhismus ist nach dem Verständnis dieser Mönche vor allem eine bestimmte Sicht der illusorischen Realität. Daraus ergeben sich alle anderen Aspekte buddhistischer Weisheit (Rolle der Selbsterfahrung, Altruismus usw.).

Diese Arbeit von Levitt hat zwei besondere Verdienste. Erstens beruht sie auf der systematischen Inhaltsanalyse von Daten und zweitens wird hier nicht zurückgegriffen auf die Schriften, sondern – wie auch Thomas – auf die Konzepte derjenigen, die in der *Praxis* des buddhistischen Weges stehen.

Von besonderem Interesse ist auch Levitts "Kulturvergleich". Sie vergleicht den buddhistischen Weg der Weisheit mit einem westlichen Versuch, in seinem eigenen Leben etwas "weiser" zu werden – dem Weg der Psychotherapie. Zunächst erscheinen die Unterschiede dieser beiden "Weisheitswege" sehr viel größer als die Ähnlichkeiten. Im Buddhismus geht es um die Eindämmung des Ich, in der Psychotherapie wird es gestärkt. Der buddhistische Weg führt von der Ichbezogenheit hinweg, die Psychotherapie soll das Ich umfassender erfahrbar machen. Soll im Buddhismus unter Schwächung des Ich die Zuwendung zum anderen und zu allen Lebewesen erreicht werden, so zielt die Psychotherapie darauf, die eigene Identität mit all den Gefühlen und Bedürfnissen deutlicher zu artikulieren.

Und doch sieht Levitt, dass diese verschiedenen Wege – Ich-Lösung versus Ich-Stärkung – auf identischen Zielen beruhen. Beiden gehe es um die Bewältigung von Angst. Beide Wege führten letztlich zu einer Reduktion der existentiellen Angst: "Man bekommt mehr Sicherheit entweder über die illusorische Natur des weltlichen Selbst oder über das Verstehen und das Annehmen des Selbst. Die Mönche meditieren über Themen wie Tod, Anhaftung und Emotionen, um mit der Angst umzugehen. Sie tauchen ein in die Metaphysik der karmischen Wiedergeburt und entwickeln die Überzeugung, dass ihre künftigen Inkarnationen von ihrem gegenwärtigen Verhalten abhängen. Auf diese Weise kann sich ihre existentielle Angst reduzieren. Auf ähnliche Weise erforschen Klienten der Psychotherapie ihr Gefühl, ihr Leben und ihre Bindungen in der Therapie. Dadurch werden sie gelassener in Bezug auf zentrale existentielle Themen und erreichen eine Reduktion ihrer existentiellen Angst... Wenn Weisheit definiert ist als Fähigkeit, Ambivalenz zu tolerieren und zu erkunden (...), dann können beide Wege, der tibetische und der psychotherapeutische, als Pfade zu Weisheit angesehen werden."[62, 63]

(3) Ist Weisheit diskret, alt, intuitiv, erleuchtet?
Weisheits-Ingredienzien im Kulturvergleich

Abschließend noch ein Blick auf transkulturelle Studien, die nicht wie die beiden vorangehenden auf "weichen" Daten beruht, sondern den Versuch der Quantifizierung kultureller Unterschiede unternimmt. Es gibt meines Wissens bisher nur eine quantitative transkulturelle Arbeit, die das Konzept der Weisheit in mehr als zwei Kulturen untersucht: Takahashi & Bordia.[64] Zwei weitere quantitative Studien gibt es, die entweder eine oder zwei Kulturen berücksichtigen.

In der Vorstudie sammelten die Autoren Masami Takahashi und Prashant Bordia zunächst Wortassoziationen zu "weise".[65] Die häufigsten Assoziationen zu Weisheit waren:

aged	alt
awakened	erleuchtet
discreet	besonnen, dezent, diskret, taktvoll, umsichtig, verschwiegen, verständig, vorsichtig
experienced	erfahren, gewieft, routiniert, sachkundig, versiert
intuitive	intuitiv, unmittelbar, wissend
knowledgeable	kenntnisreich

Zusammen mit "weise" ergibt dies sieben Adjektive. Alle möglichen Paarkombinationen dieser sieben Adjektive wurden dann von US-Amerikanern, Australiern, Japanern und Indern nach ihrer Ähnlichkeit beurteilt. Es zeigen sich erhebliche Unterschiede zwischen diesen kulturellen Gruppen. Für die US-amerikanische und australische Untersuchungsgruppen liegen "wissensreich" und "weise" eng beieinander. "Alt", "intuitiv", "erleuchtet" und "diskret" liegen weit weg. Für die Inder und Japaner bilden die Begriffe "diskret", "weise", "erleuchtet" einen Bedeutungskern – "intuitiv" und "wissensreich" sind davon ziemlich weit weg, ebenso "erfahren" und "alt".

Während also für die westlichen Kulturen, die in dieser Untersuchung berücksichtigt wurden, vor allem Wissen und Erfahrung zum Begriff der Weisheit dazuzugehören scheinen, sind es in den östlichen Kulturen Diskretion und Erleuchtung. Dies klingt nicht nach einem einheitlichen, universell gültigen Weisheitsbegriff.

Des weiteren haben Takahashi und Bordia noch untersucht, welches dieser sieben Merkmale diesen Kulturen für ihr jeweils "ideales Selbst" besonders wünschenswert erscheint. (Für eine graphische Darstellung der Ergebnisse vgl. Appendix 7).

Es zeigt sich, dass "weise" sein in Australien, Indien und Japan an erster Stelle steht für ein ideales Selbst – in den USA steht es an zweiter Stelle hinter "wissensreich", das den Amerikanern noch wichtiger zu sein scheint als "weise". Für alle vier untersuchten Kulturen ist als das letzte, was man dem eigenen idealen Selbst wünscht das Altsein – für die westlichen Kulturen gefolgt von "diskret". In Indien dagegen ist "diskret" eine durchaus wünschenswerte Eigenschaft des idealen Selbst, und in Japan steht es ganz oben in der Hierarchie, gleich nach "weise".

Shih-Ying Yang[66] hat in ihrer Untersuchung des Konzeptes "Weisheit" in Taiwan einen ähnlichen Untersuchungsansatz gewählt. Sie hat sich von einer großen Anzahl von Menschen verschiedener Berufe beschreiben lassen, was einen "weisen" Menschen kennzeichnet. Eine Auswahl dieser Beschreibungen wurde dann einer neuen Untersuchungsgruppe vorgelegt. Deren Aufgabe war es, diese Kurzbeschreibungen nach ihrer Gültigkeit zu beurteilen: Kennzeichnet diese Beschreibung einen weisen Menschen? Yang hat aus den Ergebnissen vier Kernbedeutungen von Weisheit ermittelt:

1. Kompetenz und Wissen

- Kann Probleme und deren Ursachen analysieren und lösen.
- Ist jemand mit einer Leidenschaft für Wahrheit und Wissen.
- Lernt aus den Erfahrungen und Fehlern anderer.
- Ist besonnen und ruhig.
- Stellt eher lang- als kurzfristige Überlegungen an.
- Denkt klar und hat hohe geistige Fähigkeiten.

2. Wohlwollen und Mitgefühl

- Ist gutherzig.
- Vermag Harmonie in die Gesellschaft, die Familie und allen anderen Menschen die um ihn herum zu bringen, schafft Freude und Harmonie.
- Ist stets glücklich und zufrieden.
- Ist aufrichtig und warmherzig.
- Ist wohlwollend und mitfühlend. Behandelt die Welt und all seine Lebewesen mit Liebe und Mitgefühl.
- Ist sehr bescheiden und höflich.

3. Offenheit gegenüber Erfahrung und Tiefe der Reflexion

- Genießt das Leben in vollen Zügen; lebt sein Leben in Friedlichkeit und Zufriedenheit.
- Erfasst eine komplexe Situation mit einem Blick; ist schlau; besitzt Scharfsinnigkeit. Ist ein guter und sensibler Beobachter.
- Ist fähig, alle Seiten einer Sache in allen seinen Details zu reflektieren und denkt weiter als normale Menschen.
- Kann sein Leben sinnvoll, lohnenswert, erfüllt und wertvoll gestalten

–

4. Bescheidenheit und Unaufdringlichkeit.
Dieses Ingredienz taiwanesischer Weisheit ergibt sich nur aus abgelehnten Beschreibungen. Unvereinbar mit "Weisheit" wäre z. B:

- Gibt an, zieht übertrieben Aufmerksamkeit auf sich.
- Ist schlauer, als es für ihn gut ist.
- Ist eingebildet und stur, fühlt sich überlegen. Ist stolz und arrogant.
- Ist jemand, der hohe Erwartungen an sich und an andere stellt und läuft damit Gefahr, eher enttäuscht zu werden.
- Ist jemand, der sich anderen gegenüber Vorteile verschafft und andere manipuliert.[67]

Nach Yang ergibt sich folgende taiwan-chinesische Definition eines "weisen Menschen: Er verfügt über viele verschiedene Kompetenzen und hat reiches Wissen. Er ist wohlwollend und mitfühlend. Er hat fundierte Einstellungen gegenüber dem Leben, denkt klar und viel und ist aufgeschlossen. "Bescheidenheit" und "Unaufdringlichkeit" scheinen ihr ein gewisses Kulturspezifikum des taiwanesischen Weisheitskonzeptes zu sein.

Nahomi Takeda[68] geht ähnlich vor und vergleicht zwei Kulturen: USA und Japan. Zunächst wurden u. a. durch Befragungen Beschreibungsmerkmale eines "weisen Menschen" erhoben. In der Hauptuntersuchung wurden dann 12 ausgewählte Merkmale zu 66 Paaren kombiniert und die nächste Untersuchungsgruppe hatte dann anzugeben, welche der beiden Merkmale ihnen zur Kennzeichnung einer weisen Person jeweils wichtiger erschien. Die beiden Kulturen unterscheiden sich erheblich in ihrem Bild des "weisen Menschen" (vgl. Übersicht 3). Den Amerikanern ist unter diesen Beschreibungsmerkmalen die Fähigkeit, gut zuhören zu können, am wichtigsten – bei den Japanern steht dies an zweitletzter Stelle. Bei den Amerikanern steht "sich selbst kennen" an zweitletzter Stelle – für die Japaner ist dieses Ingredienz der Weisheit viel wichtiger. Insgesamt unterscheiden sich diese Rangordnungen von Weisheitsingredienzien erheblich im Vergleich dieser beiden Kulturen.

Vergleich der Rangordnung von Weisheitsingredienzien: USA und Japan (Takeda 2000)

Rangplatz	US Studenten	Japanische Studenten
1	Ist ein guter Zuhörer	Hat ein gesundes Urteilsvermögen
2	Wendet Wissen bei speziellen Problemen an	Sieht die Dinge in einem größeren Zusammenhang
3	Ist zuverlässig	Hat Einsichten
4	Hat ein gesundes Urteilsvermögen	Ist zuverlässig
5	Sieht die Dinge in einem größeren Zusammenhang	Kennt sich selbst sehr gut
6	Ist wissensreich	Ist wissensreich

7	Hat Einsichten	Sorgt sich um andere
8	Ist fürsorglich	Drückt die eigenen Gedanken in einfachen Worten aus
9	Sorgt sich um andere	Wendet Wissen bei speziellen Problemen an
10	Ist erfahren	Ist fürsorglich
11	Kennt sich selbst sehr gut	Ist ein guter Zuhörer
12	Drückt die eigenen Gedanken in einfachen Worten aus	Ist erfahren

Diese Versuche der empirischen Untersuchung von Ingredienzien und Bedeutungsassoziationen zu Weisheit in verschiedenen Kulturen kann man auf mehreren methodischen Ebenen kritisieren – doch ist dies hier nicht wichtig. Es geht hier nicht darum, die speziellen Ergebnisse festschreiben oder verdinglichen zu wollen, so als wüsste man nunmehr, einem Etikett gleich, was das japanische, indische, US-amerikanische, australische, taiwanesische Konzept von Weisheit *ist*. Das muss noch viel eingehender untersucht werden. Hier ging es um eine andere Zielsetzung: Ich wollte zeigen, dass sich selbst bei solchen einfachen empirischen Ansätzen (weitere liegen ja kaum vor, vgl. die Übersicht S. 58) tatsächlich kulturelle Unterschiede ergeben und dass wir diese nicht auf einer abgehobenen "Meta-Ebene", sondern mit dem Blick auf das Detail der Bedeutungsingredienzien und assoziierten Begriffe finden.

8. Kulturunterschiede in der relativen Wertschätzung von Weisheit

Weisheit ist ein Wert. Doch hat die Forschung zum Wert der Weisheit die sonstige Werteforschung bisher praktisch nicht zur Kenntnis genommen, obwohl diese "Weisheit" einbezieht. Ich möchte hier die sozialwissenschaftliche Werteforschung einblenden, um diesen künstlichen Graben zu überbrücken. Denn die Werteforschung liefert uns auch einige kulturvergleichende Hinweise zur Wertschätzung von Weisheit.[69]

(1) Zielwerte, instrumentelle Werte und Weisheit

Milton Rokeach unterscheidet zwei Arten von Werten: Zielwerte (wünschenswerte Zustände, die man erreichen möchte) und Instrumentalwerte (die wertvollen Mittel zur Erreichung dieser Ziele). Rokeach hat ein Messinstrument zur Bestimmung der Bedeutung dieser Werte entwickelt. Seine Zielwerte, unter denen sich auch "Weisheit" befindet, sind:

- Ein angenehmes oder erfolgreiches Leben.
- Ein aufregendes, stimulierendes, aktives Leben.
- Nachhaltige Leistungen erbringen.
- Eine Welt in Frieden, frei von Krieg und Konflikt.
- Eine Welt der Schönheit, Schönheit der Natur und Künste.
- Gleichheit, Brüderlichkeit, Chancengleichheit für alle.
- Sicherheit in der Familie und sich um geliebte Menschen kümmern.
- Freiheit, Unabhängigkeit, freie Wahl.
- Glück, Zufriedenheit.
- Innere Harmonie, frei sein von inneren Konflikten.
- Reife Liebe (sexuelle und geistige Nähe).
- Nationale Sicherheit, Schutz vor Angriffen.
- Vergnügen, ein erfreuliches, gemächliches Leben.
- Seelenheil, erlöstes, ewigen Leben.
- Selbst-Respekt, Selbstwertgefühl.
- Soziale Anerkennung, Respekt, Bewunderung.
- Wahre Freundschaft, enge Gemeinschaft.
- Weisheit, ein reifes Verstehen von Leben.

Bei der Anwendung dieses Messinstruments hat man die Aufgabe, die einzelnen Werte in eine persönliche Rangordnung zu bringen. Rokeach hat mit Hilfe dieses Messinstrumentes einen ganzen Forschungszweig kreiert. Sein Team und seine Nachfolger haben die Wertsysteme verschiedener Alters-, Berufs- und Einkommensgruppen sowie verschiedener ethnischer Gruppen und Nationen untersucht und die Wertprioritäten in Beziehung gesetzt zu verschiedenen Verhaltensweisen. Einige statistisch signifikante Ergebnisse zu "Weisheit" im Westen:

- Männern ist der Wert Weisheit weniger wichtig als Frauen.
- Je höher das Einkommen, desto wichtiger wird der Wert der Weisheit.
- Je höher die Bildung, desto wichtiger wird der Wert der Weisheit.
- Jungen Menschen bis 17 Jahren ist der Wert der Weisheit wichtiger als denen im College-Alter. Bis zum Alter von 70 Jahren wird der Wert der Weisheit immer weniger wichtig.
- Im Vergleich zwischen verschiedenen akademischen Fächern zeigen sich ebenfalls signifikante Unterschiede. Den Fachvertretern der Geisteswissenschaften ist Weisheit wichtiger als denen der Wirtschaftswissenschaften, Biologie, Physik und Sozialwissenschaften. Den Fachvertretern von Wirtschaft (*business*) ist Weisheit am unwichtigsten.

Zu jedem dieser Ergebnisse möchte man fragen: Warum ist das so? Warum ist Frauen der Wert der Weisheit wichtiger als Männern? Oder meinen sie vielleicht etwas anderes mit Weisheit, gibt es vielleicht ein speziell weibliches Konzept von Weisheit? Und warum wird der Wert der Weisheit immer wichtiger, je mehr man verdient? Ist das vielleicht eine Art der Selbstdarstellung und Selbstrechtfertigung, weiter nichts? Denn wer möchte "nur" steinreich sein? Und ist Weisheit möglicherweise ein Bildungswert? Und wieso ist den 17-Jährigen Weisheit so wichtig – wissen sie denn, was das ist? Was verstehen sie darunter? Und im Alter wird der Wert der Weisheit immer weniger wichtig – warum? Vielleicht kann man sich den Wert der Weisheit bei all den vielen Problemen, die das Alter bringt, einfach nicht mehr so recht leisten (vgl. dazu die Kapitel 3 und 4)? Und was die wissenschaftlichen Fächer betrifft: Gehen Menschen, denen Weisheit schon immer wichtiger waren, eben eher in die Geisteswissenschaften als in "harte" Fächer? Oder machen einem die Geisteswissenschaften erst wohlwollender gegenüber einem Wert wie Weisheit? Das alles ist nicht beantwortet und mit diesem Ansatz nicht beantwortbar. Außerdem handelt es sich hier um Papier-und-Bleistift-Messungen im psychologischen Labor, um Angaben auf geduldigem Papier. Aber wenn jemand angibt, Weisheit sei besonders wichtig, wissen wir noch lange nicht, ob dieser Wert auch tatsächlich praktisch gelebt wird.

Auch beziehen sich Rokeach's Ergebnisse zunächst einmal nur auf die USA. Wie aber steht es mit kulturellen Unterschieden? Innerhalb der USA zwischen verschiedenen US-amerikanischen ethnischen Gruppen ergeben sich *keine* signifikanten Unterschiede in Bezug auf den Wert Weisheit, wenn man den Einkommens- und Bildungsgrad vergleichbar hält[70] – wohl aber in bezug auf andere Werte. Es liegen allerdings auch einige vergleichende Untersuchungen zu verschiedenen Nationen vor.[71] Doch lohnt es sich nicht, diese im einzelnen darzulegen. Die Ergebnisse sind bisher noch nicht einheitlich. Und das wundert nicht. In diesen Studien unterschieden sich die Untersuchungsgruppen, die Epochen, die Untersuchungsbedingungen usw. – und das alles setzt jeder systematischen Vergleichbarkeit eine Grenze. Auch sind "Nationen" als "Kultureinheiten" ("Nation oder Kultur A liebt die Weisheit mehr als Nation oder Kultur B") nicht sehr sinnvoll, da die Ergebnisse multikultureller Nationen nicht vernünftig erklärbar sind.

Was man aber diesem Forschungsstrang entnehmen kann, ist eine Sensibilisierung für die Frage nach Wertunterschieden zwischen den Kulturen und die Anregung, einmal eine systematische Verknüpfung dieser allgemeinen Werteforschung mit der etablierten Weisheitsforschung vorzunehmen.

(2) Unsicherheitstoleranz, Hierarchie, Autorität

Ein zweiter Bereich der Werteforschung wurde von Geert Hofstede initiiert.[72] Hofstede untersuchte vor allem Arbeitswerte und hat sich konsequent auf den Vergleich von Nationen orientiert. Er unterscheidet vier basale Arbeitswerte:

> *Power distance* bezieht sich auf die Bedeutung und Beurteilung, welche man Autorität und Hierarchie in Arbeitsinstitutionen gibt. Eine Hochwertung von *power distance* bedeutet, dass man Autorität und Hierarchie schätzt.

Individualismus/Kollektivismus bezieht sich auf verschiedene soziale Orientierungen: Bei der individualistischen Orientierung geht es mehr um das Ich, bei der kollektivistischen mehr um weiter gefasste soziale Gruppen, denen gegenüber man sich auch manchmal gegen die eigenen Interessen loyal verhält.

Männlichkeit/Weiblichkeit bezieht sich darauf, ob man in der Arbeit mehr die Leistung, die Durchsetzungsfähigkeit, den Erfolg, den materiellen Gewinn schätzt ("männlich") oder mehr auf Beziehungen achtet und Bescheidenheit, Schutz des Schwachen und interpersonelle Harmonie schätzt ("weiblich") (Geschlechtsrollenklischees, für die Hofstede heftig kritisiert wurde).[73]

Unsicherheitsvermeidung bezieht sich auf die Bedeutung, die man Unsicherheit und Ambiguität gibt und auf die Regeln und Normen, welche solche reduzieren.

Nun ist Weisheit kein Arbeitswert, und Weisheit kommt bei Hofstede auch nicht vor. Unter den von ihm identifizierten Arbeitswerten sind allerdings drei nicht irrelevant für das Konzept der Weisheit: Der Wert der relativen *Unsicherheitsvermeidung* bezieht sich auf einen Bedeutungsbereich, den viele Weisheitsdefinitionen berücksichtigen: Ein wichtiger Aspekt von Weisheit sei die Fähigkeit, im Kontext von relativer Unsicherheit Position zu beziehen und Entscheidungen zu treffen (vgl. Kapitel 1) – was sich mit einer besonderen Hochschätzung von Unsicherheitsvermeidung nicht gut verbündet. Auch eine besondere Hochwertung der Werte *Hierarchie* und *Autorität* sowie eine stark *individualistische* Orientierung ist mit dem Wert der Weisheit nicht leicht vereinbar.

Hofstede hat die Arbeitswerte in fünfzig verschiedenen Nationen erhoben, und es ergeben sich viele interessante kulturell bedingte Unterschiede. Ist es angesichts der konzeptionellen Nähe dreier seiner Arbeitswerte mit einigen Aspekten des Begriffes Weisheit nicht denkbar, dass diese Unterschiede mit Unterschieden in der Wertschätzung von Weisheit korrelieren? Hätte man nur eine annähernd gleich breite Datenbasis für die relative Wertschätzung von "Weisheit" in verschiedenen Nationen und Kulturen, so könnte man die Ergebnisse – sicher mit Gewinn für beide diese bisher getrennten Forschungsbereiche – aufeinander beziehen.

(3) Der universelle Werte-Kreis

Schließlich möchte ich noch kurz auf den drittgenannten Bereich der Werteforschung eingehen, den von Shalom Schwartz und seiner Kollegen.[74] Ausgangspunkt der Werteforschung von Schwartz waren Rokeachs Ziel- und Instrumentalwerte,[75] und sein Hauptinteresse ist bis heute die *Struktur* von Wertsystemen – die systematische Beziehung verschiedener Einzelwerte zueinander.

Schwartz hat Rokeachs Werteliste erweitert und die einzelnen Werte zu übergeordneten Werten, oder Meta-Werten, zusammengefasst. Er geht heute von zehn verschiedenen übergeordneten Werten aus. Einer davon, Universalismus, schließt in seiner Definition auch "Weisheit" ein. Diese Meta-Werte sind nach Schwartz's Theorie zwischen zwei polaren Achsen zu ordnen (vgl. Skizze):

Theoretisches Modell der Beziehung von zehn übergeordneten Werten (Sagiv & Schwartz 2000a)

Der jeweils erste Pol der beiden Achsen (oben) definiert Ingredienzien der westlichen Weisheit, wie sie in der "Weisheit als Meterware" in immer wieder neuen Variationen vorkommt: die Offenheit gegenüber Änderung (versus Bewahrung des Bestehenden) und Selbst-Transzendenz (versus Selbst-Aufwertung).

In diesem Werte-Kreis liegen kompatible Meta-Werte nah beieinander und unvereinbare Meta-Werte weit voneinander getrennt. Macht und Leistung liegen beieinander, Stimulation und Hedonismus, Wohlwollen und Universalismus usw.

Eines der wichtigsten Ergebnisse des Schwartzschen Forschungsprogrammes ist nun, dass diese zunächst theoretisch abgeleitete Wertstruktur sich als nahezu universell erweist. Sie hat sich in 200 verschiedenen Untersuchungsgruppen in 60 Ländern – von Australien bis Simbabwe – bewährt.[76] Nicht alle *Einzelwerte* (z. B. Weisheit) haben die gleiche Stellung in verschiedenen Kulturen, auch nicht die im Wert-Kreis eingetragenen Meta-Werte (einigen Kulturen ist Leistung wichtiger, anderen Universalität usw.), aber es scheint so, als könnten die Werte-*Verwandtschaften*, d. h. welche Werte mit welchen vereinbar oder aber unvereinbar erscheinen, in sehr verschiedenen Kulturen gültig sein.

Neben diesem "universellen" Strang der Werteforschung haben Schwartz und sein Team auch kulturelle Unterschiede untersucht, z. B. zwischen Westeuropa und den USA.[77] Sie stellen ganz erhebliche Unterschiede fest, was eine Zusammenfassung dieser Länder unter "Westen" oder "individualistisch" orientierten Kulturen fragwürdig erscheinen lässt. Leider sind bei diesen Arbeiten weniger Meta-Werte berücksichtigt, und Weisheit als Einzelwert kommt bei dem Meta-Wert des "Universalismus" nicht mehr vor.[78]

(4) Bilanz: Werteforschung und Weisheit

Was haben wir nun aus dieser Übersicht der allgemeinen Werteforschung gelernt?

Ganz sicher ist diese Werteforschung relevant zum Verständnis des speziellen Wertes der Weisheit, denn die Werteforschung lokalisiert den Wert der Weisheit im Kontext einer großen Anzahl anderer Werte und bestimmt auf diese Weise nicht nur das Werte-Umfeld von Weisheit, sondern auch die relative Bedeutung von Weisheit im Universum der Werte. Auch hat die allgemeine Werteforschung eine zumindest quantitativ sehr viel reichere Forschung zum transkulturellen Vergleich von Werten geleistet als die spezielle Weisheitsforschung. Deshalb ist auch zu bedauern, dass die Weisheitsforschung sich so einseitig auf sich selbst konzentriert, ohne diese Forschung zu sichten und daraus Anregungen, Hypothesen und ggf. auch Ergänzungen zu gewinnen.

Auf der anderen Seite könnte auch die Werteforschung von einer Begegnung mit der Weisheitsforschung profitieren. Es ist deutlich, dass die allgemeine Werteforschung "Weisheit" nur am Rande oder nebenbei, sozusagen "unter anderem" erfasst. Angesichts der recht uneinheitlichen Ergebnisse speziell zu "Weisheit" (nicht zu allen untersuchten Werten) im Bereich der transkulturellen Vergleiche der Werteforschung ist zu fragen, ob die dort verwendeten Instrumente nicht zu grob sind. Wenn Daisuke Akiba und Wayne Klug[79] bei der Anwendung der Rokeach Werte-Messung keine Unterschiede in den Werten der USA und Japans zu finden vermögen – so erscheint uns das wenig plausibel und widerspricht auch anderen Ergebnissen. Es ist durchaus möglich, dass diese einfache Aufgabe der Werte-Hierarchisierung, wie sie als Standardmessinstrument der allgemeinen Werteforschung verwendet wird, mit weiteren subtileren Methoden ergänzt werden muss. Hier könnte die Weisheitsforschung Anregungen geben.

Eine Arbeit von Kwan Chun Lee[80] verweist ebenfalls auf einen möglichen Ansatz. Diese Arbeit bezieht sich auf Korea und geht einmal einen anderen Weg der Werte-Ermittlung als mithilfe der Rokeach Werte-Liste: Es wird eine Wertanalyse von koreanischen Schulbüchern unternommen, und es werden Manager nach den vier wichtigsten Werten gefragt, welche sie bei der Auswahl neuer Mitarbeiter berücksichtigen. Das Ergebnis zeigt, dass ein Instrument wie das von Rokeach einfach viele der in Korea wichtigen konfuzianischen Werte überhaupt nicht erfasst: Treue zu den Eltern, Harmonie und Einigkeit in der Beziehung zu anderen

Menschen, Kooperation, Loyalität, Genügsamkeit (Bedürfnislosigkeit). Doch berechtigen diese kritischen Anmerkungen zur Werte-forschung nicht, dass sie von der Weisheitsforschung ganz übergangen wird.

9. Eine Reise zu den Ifaluk und zu den ethnozentrischen Prämissen westlicher Weisheitstheorien

(1) Betrachtungsweisen von Weisheit im Kulturvergleich: Levelling und sharpening, lumping und splitting

Die vorangehenden Abschnitte haben eine Fülle von Hinweisen darauf gegeben, dass das Konzept der Weisheit nicht universell ist. Dies ergibt sich sowohl aus einer internen wie externen Betrachtung.

Die interne Betrachtung sichtet die Bedeutungs-Ingredienzien von Weisheit (Weisheit als wissend, intuitiv, erleuchtet, dezent usw.). Hier sind westliche und östliche Weisheitskonzepte deutlich zu unterscheiden. Auch westliche und östliche Wege zur Weisheit sehen anders aus, bedeuten sie doch Ich-Lösung versus Ich-Aufwertung, auch wenn man sie beide aus ganz weiter Perspektive als eine Bewältigung von Angst ansehen mag, wie es Levitt[81] versucht hat. Für die eine Kultur ist gut zuhören können das wichtigste Ingredienz der Weisheit, für eine andere eines der unwichtigsten. Für die eine Kultur ist das Reden ein wichtiger Aspekt der Weisheit, für andere das Schweigen.[82]

Die externe Perspektive betrachtet den Wert der Weisheit im Netz anderer grundlegender Begriffe, die sich den semantischen Raum teilen. Während im westlichen Verständnis Intelligenz und Weisheit deutlich getrennt sind, verschmelzen sie in anderen Kulturen. In manchen Kulturen gibt es überhaupt nur *einen* Begriff – und seine Bedeutung ist eher "Weisheit". Andere Kulturen kennen *keinen* eigenständigen Begriff von Weisheit, und wiederum andere, wie die japanische, kennen gleich zwei, oder die indische, viele.

Nicht nur das Bedeutungsumfeld von Weisheit unterscheidet sich zwischen den Kulturen, sondern auch der relative Stand des Wertes Weisheit im Gesamt der Werte. Für manche Kulturen ist Weisheit der basale Wert aller Interaktion – so die "afrikanische" Weisheit – in anderen ist es ein eher nachgeordneter Luxuswert, der nur wenigen Menschen eigen ist.

Wie kann man vor dem Hintergrund dieser vielfältigen Ergebnisse die Universalität der Weisheit behaupten? Es ist, wie erwähnt, eine Frage der Betrachtungsdistanz. Der "Berliner Blick" auf die Weisheit geschieht "aus der Ferne". Der Blick auf einzelne Ingredienzien ebenso wie der Blick auf das Assoziationsnetz der Weisheit und die Werte-Hierarchie sind eher "nahe" Betrachtungen. Man stößt auf diese Weise auf vielfältige, subtile Unterschiede, die sich plausibel in das Gesamt der Kulturunterschiede – "Ost" und "West" z. B. – einordnen lassen.

Diese beiden Betrachtungsweisen werden in der medizinischen Diagnostik mit *lumping* (zusammenwerfen) und *splitting* (aufspalten, differenzieren) umschrieben, oder mit *levelling* (einebnend) und *sharpening* (Unterschiede hervorhebend). Die Berliner Weisheitsbetrachtung gehört mit seiner Universalitäts-Behauptung zum *lumping* und *levelling*. Es ist eine makroskopische Betrachtung, eine Betrachtung von ganz weit oben und fern, eine Betrachtung auf der Meta-Ebene, wie die Berliner Weisheitsforscher immer wieder betonen. Ein kulturvergleichender Zugang wie in diesem Kapitel ist eher *splitting* und *sharpening*.

Beide Betrachtungen sind durchaus legitim. Es ist nur die Frage, welche der beiden Perspektiven die sinnvollere ist. Aus der Fern- oder Meta-Betrachtung des Berliner Weisheitsparadigmas könnte man z. B. argumentieren, die Weisheit der Quechua-Indianer sei genau das, was das Berliner Weisheitsparadigma misst, es sei offensichtlich vor allem "Wissen" (hat die heutige Quechua-Sprache doch kein anderes Wort für Weisheit als Wissen). Und wie die Feldforschungsbeobachtungen im Kontext einer Fallgeschichte (Aurelio) zeigen, handele es sich doch um ein Wissen, das für die Beratung eingesetzt werde. Ich glaube aber, dass dies der fremden Kultur – in diesem Fall der Andenkultur – Gewalt antut. In den Anden ist alles tiefe Wissen (*sonqo ukupy yachay* – tief im Herzen "insgeheim" wissen, im Unterschied zu *uma yachay* – Kopfwissen) auch religiöses Wissen. Das ganze Andenleben ist religiös geerdet. Mutter Erde, die heiligen Orte, der Ahnen, die Opferungen im Alltag – um all sie muss man wissen, ehe man an das Wissen kommt das im Herzen liegen mag statt im Kopf.

Die Legitimität einer Betrachtungsweise – *levelling, lumping* und Meta-Betrachtung – wird aber fragwürdig, wenn sie auf ethnozentrischen Prämissen basiert. Universalität von Weisheit auf dieser Basis zu reklamieren, ist nur schwer aufrechtzuerhalten, ist ein Widerspruch, ein Paradox. Mit eben diesen ethnozentrischen Prämissen des westlichen wissenschaftlichen Weisheits-Konzept, des Berliner Weisheitsparadigmas und anderer Maßschneiderungen der Weisheit, müssen wir uns abschließend auseinandersetzen. Dazu unternehme ich eine kurze Reise zum Atoll der Ifaluk.

(2) Mit den Augen der Ifaluk auf das Berliner Weisheitsparadigma schauen

Ich habe die Ifaluk bewusst ausgewählt, weil ihre Umwelt und ihre Lebensbedingungen extrem sind und man sich an diesem Extrem die ökologische Bedingtheit vieler ihrer kulturellen Ausdrucksformen und Schöpfungen verdeutlichen kann: die kollektiven Kinder der Ifaluk, die Gewaltlosigkeit, die individuelle Schuldunfähigkeit, die Willkür der bösen Geister, ihr scheuer Begriff von Glück. Den Begriff der Weisheit hat niemand in ihrer Kultur untersucht, aber mit ihren Augen können wir auf den Begriff der Weisheit im fernen Westen schauen.

Die Ifaluk wurden Ende der vierziger Jahre von Edwin Burrows und Melvin Spiro[83] und Ende der siebziger Jahre von Catherine Lutz[84] erforscht. Auf ihre Forschungen greife ich zurück. Sie bewohnen ein mikronesisches Atoll im Pazifischen Ozean, bestehend aus zwei Korallenriffen, Fatalap und Falarik. Sie zählen 360 Einwohner und sprechen die Sprache Woleai. Das Atoll ist eine halbe Quadratmeile groß. Das ganze Jahr über sind es dort etwa 35° Celsius, bei angenehmer leichter Meeresbrise. Das Klima klingt harmlos. Aber immer wieder fegen verheerende Taifune über das Inselchen, und jeder Ifaluk wird in seinem Leben mehrere solcher Katastrophen erleben. Dann wird manchmal die ganze Insel überschwemmt, und alle müssen zum höchsten Punkt der Insel flüchten, nur ein paar Meter über dem Meeresspiegel, und sich aneinander vertäuen. Wer das Tau nicht erreicht, wird weggespült.

Taifune knicken auch oft die Hälfte aller vorhandenen Kokospalmen wie Streichhölzer um, entwurzeln die Brotbäume und bringen die Ifaluk damit in eine ganz prekäre Ernährungslage. Denn die Ifaluk ernähren sich im Wesentlichen von den Früchten des Brotbaumes, von Kokosnüssen und Fischen. Aber wenn ein Taifun große Mengen von Kokospalmen abgeknickt hat, gibt es auch an vielen anderen Stellen Engpässe, nicht nur in der Nahrung. Denn die Kokosnuss findet vielfältige Verwendung:

Die Kokosmilch ersetzt zum Teil das recht knappe Wasser. Das Kokosfleisch ist eines der Hauptnahrungsmittel. Die Kokosschale dient als Gefäß zum Schöpfen und zum Aufbewahren. Ungeknackt dient die Kokosnuss als Möbelstück in den Hütten: Man sitzt darauf. Man kann aus der Nuss auch Öl gewinnen, diesem Öl allerlei erlesene Düfte hinzufügen und damit seinen Liebsten oder seine Liebste schön einreiben. Die Schale mit ihren harten Haaren dient als Bürste zum Schrubben. Natürlich kann man die Milch auch fermentieren lassen und ein köstliches, anregendes alkoholisches Getränk daraus herstellen. Aus dem Kokoshaar werden die Baströcke der Frauen gemacht und vor allem die Seile, die man zum Vertäuen von Hütten- und Kanuholz braucht. Die Blätter der Kokospalme sind Bodenbelag und Vorhang – und getrocknet dienen sie zur Verwendung als Fackel.

Auf dieser Insel kennt jeder jeden von frühen Kindesbeinen an. Und keiner kann einem anderen je entkommen. In maximal einer Stunde hat man die gesamte Insel zu Fuß umrundet. Bei interpersonellem Konflikt geht eines nicht: weglaufen. Aber die Ifaluk sind ein ganz auffällig friedfertiges Volk. Es gibt keinerlei Verbrechen und keine Aggression. Das weitgehendste an Aggression, das man dort innerhalb eines Jahres erleben kann, ist, dass ein Ifaluk einen anderen an der Schulter stupst. Das wird allerdings dann auch sofort sanktioniert.

Die Ifaluk teilen alle Nahrung miteinander. Sie teilen auch die Kinder miteinander: Ein Drittel der Ifaluk-Kinder, die sehr wohl ihre eigenen Eltern haben, sind adoptiert. Den Antrag auf Adoption stellt eine Familie an eine Frau, während diese noch schwanger ist. Das Neugeborene bleibt in der biologischen Familie, bis es laufen kann. Kinder werden ungeheuer gehätschelt. Die künftigen Adoptionseltern beteiligen sich fleißig an diesem Gehätschel. Wenn das Kind dann zu den Adoptiveltern kommt, hilft es beiden Familien; beide Familien helfen sich gegenseitig, und das Kind kann essen gehen, wo es Lust hat – in der einen oder in der anderen Familie. Es hat also vier Elternteile. Allerdings hat es unter Umständen auch zwei Clan-Zugehörigkeiten, welche jeweils ein Heiratsverbot definieren. (Die Definition von Exogamie ist die einzige Funktion der Kailang, der Clans.)

Regiert werden die Ifaluk von fünf Häuptlingen, deren Amt matrilinear erblich ist. Sie genießen fast keinerlei besonderen Status. Sie organisieren die Gemeinschaftsarbeit und wirken schlichtend auf die Minimalkonflikte, die vielleicht einmal auftauchen. Ihre oberste Aufgabe ist die Fürsorge für die Schwächeren.

Noch ein Blick auf die Religion. Die Ifaluk kennen einige Gottheiten, aber im Alltag spielen nur die Ahnengeister eine Rolle. Die heißen *alu*. Davon gibt es zwei Arten. Die *alu-se-mar* und die *alu-se-gau*, d.h. die guten und die bösen Geister. Jeder Mensch wird mit seinem Tod zu einem *alu*. Ob er ein *alu-se-mar* oder ein *alu-se-gau* wird, kann keiner voraussagen oder beeinflussen. Das ganze Leben ist stark geprägt von der Angst vor den *alu-se-gau*. Jeder Ifaluk versucht, Situationen zu vermeiden, in denen einen die *alu-se-gau* besonders leicht anfallen können – keiner geht nachts allein raus, keiner lässt nachts an der Hütte den Palmenblattvorhang offen usw. Diese bösen Geister bringen alles, was schlecht ist: Krankheit, Unfall, schlechte Laune, unhöfliches Verhalten, laute Worte. Sie befallen ihre Opfer ganz unbesehen von deren Güte, Lebenswandel oder Charakter – einfach wahllos.

Wenn ein Ifaluk grantig ist, dann weiß jeder: Ein *alu-se-gau* hat ihn befallen. Wenn einer krank wird: desgleichen. Wenn einer sich ungebührlich verhält, dann war es ein *alu-se-gau*-Überfall, was sonst? Ein Konzept von individueller Schuld gibt es nicht. Niemandem kann ein Vorwurf gemacht werden.

Wie stark sich die Umweltbedingungen der Ifaluk auf viele ihrer kulturellen Ausdrucksformen auswirkt, lässt sich gut an ihrem Konzept von Glück verdeutlichen. Es lässt sich auch an dem verdeutlichen, was ein Ifaluk unter "Identität" oder "Selbst" versteht.

Würde man nicht annehmen, das Gefühl von Glück sei ebenso wie Trauer, Angst, Zorn ein so basales Gefühl, dass es Universalität beanspruchen kann? Betrachten wir, was Glück bei den Ifaluk darstellt. Aber wie soll man herausfinden, was eine fremde Kultur unter Glück versteht? Damit hat sich die Ethnologin Catherine Lutz[85] bei den Ifaluk beschäftigt. Als erstes hat sie alle Begriffe eruiert, die sich in der Ifaluk-Sprache Wolaei auf innere Zustände beziehen. Dann hat sie die Ifaluk befragt, in welcher Situation man dieses oder jenes Gefühl hat. *Ker* – das Wort, das dem Wort "glücklich" am nächsten kommt – ist man, wenn man sein Mädchen in den Armen wiegt, wenn man einen besonders großen Fisch gefangen hat, wenn man schön viel Kokosnussschnaps getrunken hat ... Soweit ist das gut nachvollziehbar. Wir meinen, wir wissen jetzt, was ein Ifaluk unter Glück versteht, und werden ihm unterstellen, dass auch er der Suche nach Glück in seinem Leben anheim gegeben ist.

Das aber ist falsch. Was ein Wert oder ein Gefühl in einer fremden Kultur bedeutet, kann man, wie an der "Weisheit" gezeigt, erst verstehen, wenn man das semantische Umfeld des Wortes ausleuchtet, also all die Bedeutungen eruiert, welche mit diesem Begriff assoziiert werden. Bei den Ifaluk sind die Gefühle, welche mit Glück – *ker* – am engsten zusammengehen, folgende:

ma	Scham und Verwirrung
lugumet	Unbehagen und Schuld
sagengaw	Eifersucht und Rivalität
fago	Trauer und Mitleid

Man kann nachvollziehen, dass der Ifaluk bei einem derart mit negativen Gefühlen assoziierten und besetzten Zustand nicht einfach nach Glück streben wird. Suche nach Glück? Lieber nicht!

Dieses für uns merkwürdige Verständnis von Glück ist kein isoliertes Element bei den Ifaluk, sondern hängt mit der gesamten ökologischen, ökonomischen und sozialen Grundsituation dieser Menschen zusammen. Sie leben auf engstem Raum, sie sind ständig von Katastrophen bedroht, es ist absolut essentiell zu kooperieren, zusammenzuhalten und alles zu teilen. Und wenn einer glücklich ist, dann hat er ja *mehr* als ein anderer. Vielleicht hätte auch ein anderer Ifaluk das Mädchen des Totogoeiti gern mit duftenden Ölen behandelt und in seinen Armen gewiegt? Und sogleich fühlt der, welcher dieses Glück erlebte, Totogoeiti, sich unbehaglich und hat Schuldgefühle – *lugumet* – und schämt sich – *ma* – und ist verwirrt, dass er sich hier so hervorhebt. Er erahnt die Eifersucht des anderen – *sagengew* – und ist darob traurig und hat Mitleid – *fago*. Keiner soll mehr haben, keiner soll zu viel haben. Also ist Glück, obschon bekannt, eine äußerst ambivalente Angelegenheit und bekommt den Tenor des Unzulässigen. Denn dabei ist ja schließlich irgend etwas zu meinen Gunsten ungleich verteilt.

Man erahnt allein aufgrund dieses Wertes von Glück, dass der Ifaluk auch ein anderes Selbstkonzept haben muss als z. B. "westliche" Menschen. Man unterscheidet in der Ethnologie ein mehr independentes von einem mehr interdependenten *Selbst.* Dies sind jeweils kulturell bedingte Konstruktionen. Obwohl diese Unterscheidungen inzwischen vielfach kritisiert sind, haben sie einen heuristischen Wert.

Das *independente* Selbst besteht aus einer Reihe von internen, d.h. autonom bestimmten, verschiedene soziale Situationen übergreifenden und von diesen relativ unabhängigen Merkmalen und Eigenschaften, welche die Person von anderen unterscheidet. Das Selbst ist umrissen, kohärent und stabil, setzt seine eigenen Ziele und gewinnt sein Selbstvertrauen aus dem Erreichen dieser autonom gesetzten Ziele. Das ist im Wesentlichen – grob skizziert – das "westliche" Selbstkonzept, jedenfalls bis die Theoretiker der Postmoderne auftauchten.

Ein solches independentes Selbst passt in keinem seiner Teilaspekte auf einen Ifaluk. Autonom, selbstbestimmt, abgegrenzt, individuelle Ziele, Selbstvertrauen aus dem Erreichen dieser Ziele – das passt nicht auf das taifungepeitschte Ifaluk-Atoll. Das Ifaluk-Selbst ist eher *interdependent*. Es ist kein autonomes, abgekapseltes, sondern ein relationales Selbst, mit anderen Menschen verbunden und vernetzt. Zugehörigkeit, Einfühlung in den anderen, Reziprozität, Anpassung, Loyalität, Respekt, Gehorsamkeit, Höflichkeit, soziale Pflichten – das alles ist viel wichtiger als irgendwelche persönlichen Ziele. Rollen, Normen, Gruppensolidarität – darum geht es einem solchen Selbst. Die eigentliche Substanz dieses Selbst ist das, was man mit anderen *teilt*, nicht was einen von anderen *unterscheidet* (wie beim independenten Selbstkonzept). Eigene Bedürfnisse werden zurückgestellt gegenüber Erwartungen anderer. Es geht nicht darum, anders und besonders zu sein, sondern darum, sich einzupassen und nicht aufzufallen.

Hier finden wir also in einer fremden Kultur, die ständig von Naturgewalten bedroht ist, eine Beziehungskultur der Gewaltlosigkeit und eines in der Orientierung auf das Gemeinschaftswohl im Kollektiv "verlöschenden" Selbst, eine Beziehungskultur, der individuelles Glück verdächtig ist und in der Kinder beliebig miteinander geteilt werden können.

Welche Beziehungswerte – z. B. Haben oder Geben – in einer Gesellschaft etwas gelten, welche Gefühle anständig und welche unanständig sind, und wie man sich als großartiges Einzel-Ich oder als vernetztes Kollektiv-Ich versteht – das ist zutiefst bedingt und eingebettet in das Gesamtsystem der Kultur.

Vor diesem Hintergrund – und mit den Augen der Ifaluk – möchte ich sechs ausgewählte Aspekte von wissenschaftlichen Konzepten von Weisheit im "Westen" betrachten.

Grenzbewusstsein. Das Wissen um die Endlichkeit des Lebens, um die Grenzen allen Wissens und Könnens spielt in vielen westlichen Weisheitskonzepten eine zentrale Rolle. Für Meacham[86] *ist* Weisheit Grenzbewusstsein. Für Erikson ist Weisheit "*the concern with life itself, in the face of death itself*" . Im Berliner Weisheitsparadigma ist eine der fünf Hauptkriterien für weisheitliches Ratgeben das "Erkennen und Umgehen mit Ungewissheit". Solches Grenzbewusstsein wird in westlichen Konzepten der Weisheit als eine innerpsychische Verfassung gesehen, ein Bewusstsein, das man sich erarbeitet hat. Es wird als eine persönliche, individuelle Leistung angesehen.

Auf dem taifungeplagten Atoll der Ifaluk ist das Wissen um die Grenze des Lebens, die Gefährdetheit des Lebens, das Ende des Lebens, die Grenzen menschlichen Vermögens keine "innerpsychische Leistung", sondern eine extra-personale, in der Umwelt permanent präsente drohende Realität. Das unvorhersehbare und unvoraussagbare Verhalten der Geisterwelt reflektiert die unberechenbare Natur, welche die Ifaluk immer wieder erfahren. Muss ein Ifaluk im Laufe seines Lebens durch innere Reifung erst ein innerpsychisches Bewusstsein der Ungewissheit des Lebens entwickeln? Jeder Ifaluk begegnet von Kindesbeinen an der Unvoraussagbarkeit und dem Nichtwissen über den Fortbestand seiner Welt.

Grenzbewusstsein und die Fähigkeit, mit Ungewissheit umzugehen, als innerpsychische individuelle Weisheits-Leistung zu sehen, wie es westliche Weisheitsforscher tun, geht von den eigenen Lebensbedingungen aus, von der (ethnozentrischen) Perspektive der eigenen Umwelt, Lebensgrundlage und Kultur.

Abbau der Selbstbezogenheit, Fähigkeit der Einnahme fremder Perspektiven. Wer alles nur unter eigenem Blickwinkel sehen kann, wird im Westen nicht als weise angesehen. Das Berliner Weisheitsparadigma definiert diesen Aspekt als "Wert-Relativismus", und dieser ist eines der Messkriterien für Weisheit. Dabei wird implizit davon ausgegangen, dass die natürliche Sichtweise die Selbstbezogenheit sei, denn Absehen von sich selbst, Überwindung des Narzissmus, die Einnahme der Perspektive des anderen wird als weisheitliche Leistung angesehen.

Bei den Ifaluk ist das Absehen-von-sich-selbst keine "individuelle Leistung", sondern es wird ständig und allenthalben kollektiv praktiziert. Teilen, dem anderen geben, auf den anderen orientiert sein, den anderen in dem, was er will oder wollen könnte

("Glück") sehen, sich in seine Gefühle eindenken, ist ifalukensische Alltäglichkeit. Es ist die Norm. Nicht die Orientierung auf sich selbst, nicht das Eigene, nicht der Egoismus, nicht Selbstbetrachtung, Selbstliebe, Selbstaufwertung sind die Norm, sondern das Sein-wie-die-anderen, das Achten auf die anderen, die Anpassung an die anderen, der Wunsch, *nicht* anders und nicht mehr zu sein als die anderen. Abweichungen von dieser Norm werden sanktioniert.

In den "westlichen" Weisheitskonzepten wird implizit von einer anderen universellen natürlichen Norm ausgegangen: der Selbstbezogenheit. Und ein "Abweichen" von dieser Norm wird als individuelle Leistung – sprich Weisheit idealisiert. Die Postulierung einer Selbstbezogenheit als normal und einer Überwindung der Selbstbezogenheit als individuelle Leistung sind ethnozentrische Annahmen.

Integration. Für viele westliche Weisheitskonzepte ist die Integration und Ausbalancierung ein wichtiges oder zentrales Element der Weisheit. Dies gilt besonders für das Gleichgewichts-Modell der Weisheit von Sternberg, aber auch für das Modell von Ardelt (vgl. Kapitel 1), wonach Weisheit die Integration von Kognition, Emotion und Handeln sei. Basieren solche Konzepte nicht auf der Annahme, dass Gefühl, Denken und Handeln trennbar sind und es sozusagen normal ist, wenn sie in Widerspruch geraten oder auseinanderfallen, so dass man es als eine besondere individuelle Leistung – Weisheit – ansehen muss, wenn sie integriert sind? Könnte es nicht sein, dass dies auch eine ethnozentrische Annahme ist? Könnte se nicht sein, dass bei den Ifaluk Gefühl, Gedanke und Handlung unter einem größeren Gemeinsamen – Lebensbewältigung und Lebensgefahr – ohnehin eher vereint sind? Warum gibt es keine Gewalt auf dem Atoll der Ifaluk? Warum können die Ifaluk ihre Kinder miteinander teilen?

Transpersonalität. Transpersonelles Denken, Fühlen oder Handeln ist ein notwendiges und unverzichtbares Ingredienz von Weisheit im westlichen integrativen Modell der Weisheit nach Ardelt. Auch Spiritualität oder das Wissen um die letzen Dinge und das Leben im Bewusstsein der letzten Dinge – die Frage nach dem Sinn – wird im westlichen wissenschaftlichen Diskurs der Weisheit als weisheitliche Leistung angesehen.

Dies kann man jedoch nur dann postulieren, wenn das Transpersonale und die Spiritualität eher Ausnahmen sind und wenn es keine allgemein verbindlichen spirituellen oder religiösen Vorgaben gibt. Die Religion und Spiritualität der Ifaluk ist verankert und verleiblicht (*embodied*) – auch im Handeln. Alle wissen um die guten und die bösen Geister; alle versuchen, ihnen auszuweichen, eilen nach Hause, wenn die Dunkelheit kommt, schließen stets den Palmenvorhang vor dem Hütteneingang. Keiner will den bösen *alu-se-gau* begegnen. Hier ist kein individueller "Spielraum" für die Entwicklung von "Spiritualität", wie es westliche Weisheitskonzepte postulieren. Auch ist Spiritualität bei den Ifaluk sicher nicht das gleiche abgehobene Konzept wie im westlichen Verständnis. Die Religion der Ifaluk definiert Bedrohungen, und sie handeln ganz pragmatisch in Bezug auf diese Bedrohungen.

Ratgeben. Das Berliner Weisheitsparadigma definiert Weisheit als Expertise zu Grundfragen des Lebens, bei Problemen, für die es keine einfache klare einzige Lösung gibt. Ratgeben-Können steht im Zentrum dieser Expertise.

Diese Annahme steckt voller ethnozentrischer Prämissen. Sie geht zunächst davon aus, dass der Mensch viele Wahlmöglichkeiten hat, dass er frei hierhin und dorthin gehen kann, dass er entscheiden kann. Wie viele Wahlmöglichkeiten hat ein Ifaluk? Wie viele Wege kann er gehen? Wie viele Konflikte wird er haben, ob es nach rechts oder links geht, wenn seine Welt weitgehend durch unzweifelhafte Gemeinschaftsregeln geregelt ist? Wo soll es da viele innere Konflikte geben? Wo ist es so unklar, wie er handeln soll und wohin der Weg geht? Wo hat überhaupt auf dem Atoll der Ifaluk die Vorstellung vom "Wollen" einen Platz? Wenn eine Kultur das Modell des Beratens erdenkt – wie das Berliner Weisheitsparadigma – geht man aus von Entscheidungsfreiheiten, Handlungsspielräumen und Wertkonflikten, die in anderen Kulturen überhaupt nicht gegeben sein müssen.

Gelassenheit. Alle westlichen Weisheitsmodelle gehen davon aus, dass eine innere Gelassenheit irgendwie zur Weisheit dazu gehöre. Leidenschaft wird jedenfalls höchst selten als Teil der Weisheit postuliert. Gelassenheit aber wird in allen westlichen (und östlichen) Konzepten als individuelle Leistung betrachtet. Man muss sie "erringen". Sie errungen zu haben, ist eine individuelle Sonderleistung, die nicht alle bringen. Bei den Ifaluk ist die Betonung von Verhaltenheit, Lautlosigkeit, Achtsamkeit und Gewaltfreiheit (nicht aufbrausen, nicht losschlagen, die Stimme nicht erheben) ein kollektiver Wert. Er kann nicht als individuelle Leistung hochstilisiert werden.

Was hat die Reise auf das Atoll der Ifaluk gebracht? Der Vergleich ihrer Lebensbedingungen mit unseren hat den Blick geschärft auf bestimmte Prämissen aus westlichen Lebensverhältnissen, welche un-hinterfragt in die entsprechenden wissenschaftlichen Theorien eingehen. Der rote Faden durch diese Fragen an die Prämissen der westlichen Weisheitskonzepte ist eine durchgehende, unausgesprochene Annahme: Weisheit sei eine individuelle Leistung. Eine Leistung von Wachstum und Entfaltung und Reifung, von Integration und Mitmenschlichkeit, von Überblick und Wissen. Wenn es eine Leistung sein soll, dann muss erst einmal Raum für individuelle Unterschiede und für Entfaltung sein. Dass alle Kulturen diesen Raum haben und bieten, ist eine nicht haltbare Annahme. Bei den Ifaluk auf Fatalak und Falarik ist dieser Raum schwer auszumachen.

10. Sind alle Chinesen alexithym und berlinerisch un-weise?

Kulturen unterscheiden sich danach, welche Gefühle erlebt werden, welchen Gefühlen sie Ausdruck verleihen, wie sie den Gefühlen Ausdruck verleihen. Sie definieren eine Vielzahl von Regeln für den Umgang mit Gefühlen. Das gleiche gilt für die Kommunikation, was kommunizierbar ist, wann wie viel kommuniziert wird, was wann mitgeteilt wird. Die kulturvergleichende Medizin weiß schon lange um diese Unterschiede. Sie werden sehr deutlich, wenn z. B.

Patienten verschiedener Kulturen ihr Leiden darlegen. Im Westen ist es die Regel, dass man intra-psychische Verfasstheiten und deren emotionale Qualität mitteilt; z. B. "ich fühle mich gestresst", "ich habe Angst", "ich bin überfordert". In östlichen Kulturen wird zur Mitteilung solcher Belastungen eher die Körpersprache bemüht: Das Herz drückt die Kehle zu, im Raum ist keine Luft.

Die westliche Medizin, Psychosomatik und Persönlichkeitspsychologie, nennt die Schwierigkeit oder Unfähigkeit, Gefühle bei sich und anderen wahrzunehmen, zu identifizieren, zu unterscheiden und ihnen Ausdruck zu verleihen – alexithym, der Gefühlssprache nicht mächtig. Früher wurde Alexithymie pathologisiert, heute wird sie als ein graduell abgestuftes Persönlichkeitsmerkmal gesehen.

Die Alexithymie als etwas, das entweder "ist" oder in Graden "ist" oder nicht "ist", anzusehen – gewissermaßen zu verdinglichen – statt zu sehen, dass Alexithymie eine kulturell bedingte Konstruktion ist, gibt ein lehrreiches Modell ab für eine ethnozentrische Sicht. Wenden wir diese Lehre auf das Berliner Weisheitsparadigma an.

Einen hohen Mess-Wert für Weisheit bekommen nur Probanden, die bestimmte Grundfähigkeiten haben. Laut denken, d. h. Gedanke für Gedanke aussprechen, differenziert diesen und jenen Aspekt des Problems betrachten, Anteilnahme signalisieren und Emotionen des anderen (der Figur der Geschichte) wahrnehmen – das sind die Leistungen, welche nach den Messkriterien des Berliner Weisheitsparadigmas den weisen Menschen kennzeichnen. Es sind dies Fähigkeiten eines sprachgewandten, im Psychologisieren geübten westlichen Bildungsbürgers. Und in der Tat korrelieren die Weisheitsleistungen nach dem Berliner Weisheitsparadigma auch mit Bildung und psychologischer Schulung.[87] Deshalb ist auch zu vermuten, dass die Weisheitsleistung nach der Berliner Messlatte positiv mit Messungen zur Emotionalen Intelligenz korreliert und negativ mit Messungen von Alexithymie.[88]

Emotionale Intelligenz wird definiert als die Fähigkeit der differenzierten Wahrnehmung und des differenzierten Umgangs mit eigenen und fremden Gefühlen. Genau das (und ein paar andere

Fähigkeiten) wird auch bei dem Berliner Weisheitsparadigma vorausgesetzt. Ob die vom Berliner Weisheitsmodell vermessenen "weisen" Menschen vielleicht "nur" besondere emotionale Intelligenz besitzen – und somit die auf diese Weise gemessene Weisheit gar kein eigenständiges Konzept darstellt, ist leider noch nicht untersucht worden.

Alexithymie ist eine Form der emotionalen "Stummheit". Auch dafür liegen westliche Messinstrumente vor. Menschen, die hohe Alexithymie-Werte haben, erzielen auch geringe Werte im Testverfahren zur emotionalen Intelligenz. Könnte man nicht erwarten, dass hohe Weisheitswerte gemäß Berliner Weisheitsparadigma negativ mit Alexithymie-Werten korrelieren? Nach den Kriterien des Berliner Weisheitsparadigmas kann man sich nicht vorstellen, dass ein alexithymer Mensch weise sein könnte, jedenfalls sicher nicht im Sinne des Berliner Konzeptes.

Nun gibt es Kulturen, welche der sprachlichen Darlegung und Ausbreitung einer differenzierten Gefühlswelt nicht nur keinen Wert beimessen, sondern dies als Unwert betrachten. Es gibt Kulturen, deren Verhaltensnormen "alexithym" sind. Ganz China müsste man zur alexithymen Kultur erklären. Doch etwas als "Defizit" zu bezeichnen, was kulturelle Norm ist, wäre nun der Inbegriff kulturgebundener, also ethnozentrischer Wahrnehmung.

Auch etwas als "Leistung" (Weisheitsleistung) zu definieren und in einer Weise zu vermessen, welche in anderen Kulturen aus kulturellen Normen heraus gar nicht in dieser Form erbracht werden kann, und diese Leistung und deren Messung als universell gültig zu bezeichnen, ist wohl eher ein ethnozentrischer Fauxpas.

11. Zusammenfassung

Die Berliner Weisheitsforscher gehen davon aus, dass die "kulturelle Invarianz in den zentralen Bestandteilen von Weisheit erstaunlich hoch ist".[89] Das vorliegende Kapitel hat diese These mit einer Fülle von kulturvergleichenden Daten zum Weisheitskonzept vielfältig in Frage gestellt.

Es gibt Kulturen, die gar keinen eigenständigen Weisheitsbegriff haben, andere, die diesen multiplizieren. Einige Kulturen verbinden Weisheit mit Rückzug, Entsagung, Schweigen, andere mit Ratgeben und Reden. In manchen Kulturen ist Weisheit von Intelligenz abgespalten, in anderen verschmelzen sie, und dies ergibt ein jeweils sehr anderes Weisheitskonzept. In einer geht es in der Weisheit um Rat geben können, bei den anderen ist Weisheit, wenn man einem Rat folgen kann. Die eine Kultur verbindet Weisheit vor allem mit Wissen und Erfahrung, die andere mit Diskretion und Erleuchtung. Für eine Kultur ist zuhören können ein wichtiger Bestandteil der Weisheit, für die andere ist diese Fähigkeit für Weisheit unwichtig. Den einen erscheint Selbsterkenntnis Voraussetzung für Weisheit, andere halten Selbsterkenntnis im Kontext von Weisheit für kaum erwähnenswert. Für einige Kulturen ist Weisheit der basale Wert, welcher alle interpersonellen Interaktionen zu leiten und zu tragen hat, den anderen ist es eine besondere persönliche Leistung, ein Luxuswert (der mit Einkommen und Bildung korreliert).

Mit den Ifaluk habe ich dann die Reise um die Welt auf der Suche nach Konzepten der Weisheit beendet. Die Ifaluk dienten uns als Kontrast. Ob sie einen Weisheitsbegriff kennen oder nicht, wissen wir nicht. Aber wenn sie einen kennen oder kannten, kann der nicht aussehen wie die Weisheit aus Berlin. Ihre extremen Lebensbedingungen erlauben aufzuweisen, welch unausgesprochenen Annahmen hinter diesen Westlichen wissenschaftlichen Weisheitskonzepten stehen, welche Universalität, also auch Ifaluk-Einschluss – behaupten.

Nun ändern sich aber die Lebensverhältnisse aller Völker der Welt. Auch die Ifaluk leben heute anders als zu Zeiten der Forscher Burrows, Spiro und Lutz.

In den Anden kann ich diese Änderungen direkt vor der Tür meiner Hütte beobachten. Das enthebt uns aber nicht der Aufgabe, die ethnozentrischen, von unseren Lebensverhältnissen ausgehenden Prämissen, die implizit in einem Konzept stecken, aufzudecken. Noch ist nicht die ganze Welt eingeebnet in Gleichheit. Hier und anderswo breiten sich gewiss Globalisierungstendenzen aus.

Die Frage ist, ob wir mit wissenschaftlichen Konzepten, welche über die interkulturellen Unterschiede hinweg gehen, diese Globalisierung auch noch fördern wollen statt eine hohe Sensibilität für interkulturelle Unterschiede und eine hohe Achtsamkeit vor diesen aufzubewahren.

Kapitel 3

Weisheit als greisige Leistung I: Die Banalisierung der Weisheit in der Narrativen Gerontologie

1. Kapitelübersicht

Nachdem ich gezeigt habe, wie westliche wissenschaftliche und fremdkulturelle Begriffe von Weisheit aussehen, soll nun in diesem und dem nächsten Kapitel untersucht werden, zu welchem "ideologischen" (d. h. interessen-gesteuerten) Nutzen dieser Begriff in unserer Gesellschaft missbraucht wird: Weisheit wird – mit der Stimme der Wissenschaft – für eine euphorische und die Realität verschleiernde gesellschaftliche Sicht von Alter instrumentalisiert. Dies geschieht mit zwei verschiedenen Methoden: Die Narrative Gerontologie "banalisiert" die Weisheit zu einem Alltagsbegriff, die Gero-Transzendenz-Forschung "sakralisiert" sie zum spirituellen Konzept.

Im vorliegenden Kapitel geht es um die "Banalisierung" von Weisheit in der Narrativen Gerontologie. Hier ist Weisheit nicht mehr elitär, sondern egalitär. Die Weisheit wird voll "demokratisiert": Weisheit, angeblich federleicht erreichbar, ist Weisheit für jedermann.

Den Wandel des Weisheitsbegriffes in der Narrativen Gerontologie kann man nur vor dem Hintergrund einer bestimmten Wissenschaftsentwicklung verstehen, der "narrativen Wende" der Sozialwissenschaften. Diese Entwicklung werde ich zunächst kurz zusammenfassen (Abschnitt 2). Ich werde dann vier Forschungsfelder aufgreifen, welche unmittelbar relevant sind für die Narrative Gerontologie: die Forschung zur narrativen Identität (das Ich als Story, Abschnitt 3), die Reminiszenz-Forschung oder Narrativierung der Erinnerung (Abschnitt 4) sowie die Forschung zur narrativen Psychotherapie (Abschnitt 5) und narrativen Intelligenz (Abschnitt 6).

Dies ist der Hintergrund, vor dem dann die Narrative Gerontologie mit ihrem speziellen Weisheitsbegriff betrachtet werden kann (Abschnitt 7). Die Narrative Gerontologie ist eine "Theorie" und eine Psychotechnologie. Letztere nennt sich Therapoetik, ein narrativer Weg zur Weisheit (Abschnitt 8). Aber welche Weisheit ist es, die man durch Therapoetik erreicht? Es handelt sich um eine ordinäre Weisheit. Weisheit wird in der Narrativen Gerontologie zum Allgemeingut (Abschnitt 9). Nun sind Therapoetik und ordinäre Weisheit nicht unschuldig, sie haben eine gesellschaftliche und politische Dimension, die es aufzudecken gilt (Abschnitt 10). Abschließend fasse ich noch einmal zusammen, warum ich meine, dass das Schicksal der Weisheit in der Narrativen Gerontologie ein Absturz ist (Abschnitt 11) und benenne den Raum, in welchen diese ordinäre Weisheit fällt: in das weiche Bett der neuen Positiven Psychologie (Abschnitt 12).

2. Narrative Wissenschaft

(1) Grundlagen

In den Sozialwissenschaften ist die Entwicklung einer narrativen Wissenschaftskonzeption als eine Gegenbewegung zum behavioristischen und positivistischen Wissenschaftsverständnis zu sehen. Nach dem positivistischen Wissenschaftsverständnis ist "Realität" beschreibbar, "Wahrheit" wissenschaftlich zu belegen und sind nur "*hard facts*" der wissenschaftlichen Untersuchung wert. Postmodernes Denken – wozu die narrative Wissenschaftskonzeption gerechnet werden kann – hebt all diese Prämissen auf. Postmodernes Denken "de-konstruiert" diese Prämissen.

Realität? Gibt es nicht. Nur unsere Sichtweise oder unsere Story (unser Narrativ) davon. Die Wahrheit? Es gibt keine eine Wahrheit, nur eine Vielzahl von Wahrheitskonstruktionen oder Wahrheits-Stories. Eine orientierung-gebende, zusammenhängende Ideologie, ein leitendes Weltbild ("*master story*") gibt es auch nicht – nur eine Vielzahl von Weltbild-Angeboten. Pluralität, Heterogenität, Flüssigkeit und damit der Verlust von Orientierung und Verbindlichkeit ist es, was die postmoderne Welt ausmacht.

Vor diesem Hintergrund gedeihen die narrativen Wissenschaften.[1] Ihr Kernmerkmal ist die Verwendung von *stories* als Daten.[2] Es wird zu legitimen Daten, was ich mir selbst erzähle oder was ich einem anderen oder ein anderer mir oder ein anderer anderen erzählt. Die narrative Wende beinhaltet eine methodische Orientierung, eine epistemologische Position und einen praktischen Ansatz.

Wenn in den Sozialwissenschaften von dem narrativen Vorgehen die Rede ist, so ist manchmal nichts anderes gemeint als die Einbeziehung der alltagssprachlichen Darstellung von Sachverhalten als Daten: In der narrativen Soziologie wird dann das Rollenverständnis eines Menschen nicht untersucht mit ausgeklügelten, durchstrukturierten Fragebögen; vielmehr lässt man den Menschen einfach erzählen. In der narrativen Psychologie wird nicht dieses oder jenes Merkmal vermessen, sondern aus dem freien Fluss der Rede rekonstruiert. In der narrativen Medizin wird nicht nur das erzählte Verständnis des Patienten von seiner Krankheit beachtet, sondern es werden auch die Messwerte der Medizin in ein Narrativ übersetzt, was dem Patienten verständlich ist. In der narrativen Ethnologie geht es nicht nur um Beobachtung (z. B. Ablauf eines Rituals), sondern auch um das Narrativ, das Reden der Ritualisten über das Ritual.

Aber methodisch ist narrative Wissenschaft mehr als die Verwendung von Stories zur Aufhellung irgendwelcher Sachverhalte. Die Vorgehensweise narrativer Wissenschaft hat eine Reihe weiterer methodischer Merkmale, welche sie von einer nomothetisch (auf das allgemein Gesetzmäßige) gerichteten Orientierung deutlich abhebt:[3]

1. Die Orientierung narrativer Wissenschaft ist ideographisch (auf den Einzelfall orientiert). Die Untersuchungseinheit ist der einzelne Mensch, das individuelle Leben.
2. Sie ist auch "ökologisch" – das heißt, Menschen werden nicht im Labor, sondern in ihrem natürlichen Umfeld und Habitat untersucht.
3. Da das natürliche Habitat eines Menschen immer auch Kultur einschließt, ist narrative Wissenschaft stets auch auf Kultur orientiert.
4. Narrative Wissenschaft ist interpretativ, d. h. auf das Verstehen von Symbolen, Bedeutungen und Sinn ausgerichtet.
5. Sie ist in ihrer Orientierung retrospektiv und historisch.

Die Grundfrage der Epistemologie (Erkenntnistheorie) ist: Wie kommen wir zu Erkenntnissen über die Welt? In den Sozialwissenschaften geht es um die menschliche Welt: um Selbst, Identität, Rolle, Persönlichkeit, gelebtes Leben: Wie erkennen wir diese Welt, wie kommen wir zu Aussagen und Schlüssen über diese Welt?

Im narrativen Verständnis von Welt gibt es aber nun kein irgendwie geartetes "reales" Selbst, es gibt keine "objektive" Rolle. Keiner hat eine bestimmte Identität oder *ist* eine bestimmte Persönlichkeit. Es gibt kein "faktisches" Leben. Selbst, Identität, Rolle, Persönlichkeit, gelebtes Leben – sie alle sind nur zugänglich über das Narrativ, die Story darüber. Nur über die Story können wir die menschliche Welt erfassen.

Diese Erkenntnisposition der narrativen Sozialwissenschaften wirft natürlich eine Reihe von Problemen auf. Wenn es nur eine Story über die Realität gibt, aber keine Realität ohne Story, wenn die einzige Realität also die Story selbst ist, wie können wir dann "Ich" von Ich-Geschichten unterscheiden? Biographische "Fakten" von biographischen Erfindungen? "Geister" von Geistergeschichten? Wie steht die Erzählung zum erzählten Ereignis? Können wir durch eine Story etwas über die "reale" Welt erfahren? Wie stehen gelebtes und erzähltes Leben zueinander?

Hier sind verschiedene Positionen zu unterscheiden. Eine erste Position wird von den Radikal-Narrativisten vertreten, die davon ausgehen, dass sich die Frage – wie verhält sich das eine (Realität, Leben) zum anderen (Story) – überhaupt nicht stellt, weil es nur eine Seite gibt. Es gibt nur die Story. Die Story *ist* die Realität.

Diese Position findet man heute vornehmlich in den narrativen Lebenshilfe-Ansätzen oder einer unkritischen narrativen Psychotherapie, die uns die frohe Botschaft bringen, wir können unser Leben ändern, indem wir unsere Story ändern. Da Identität nichts anderes ist als Story, können wir uns eine neue Identität herbei erzählen.

Eine zweite Position ist die der "naiven Realisten".[4] Sie gehen davon aus, dass Erzählung die Realität abbildet. Nachdem Konstruktivismus, Dekonstruktion und postmoderne Theorie über die

Sozialwissenschaften hinweg gefegt sind, nimmt heute allerdings niemand mehr eine solche Position ein.

Die dritte Position ist die der Diskontinuitäts-Theoretiker. Für sie gibt es zwei Realitäten, die Realität des Lebens und die Realität der Story. Aber diese beiden Realitäten sind radikal anders. Das Leben hat keinen Anfang und das Ende kennen wir nicht. Jede Story hat Anfang und Ende. Das Leben hat keinen *plot*. Nur die Story hat einen *plot*. Es ist vom Ende der Story her – vom Wissen, wie die Story ausgehen soll, dass der *plot* überhaupt gestaltbar ist. Das Leben kann keinen *plot* bilden – das Ende ist offen. Die Diskontinuitäts-Theoretiker verweisen auch darauf, dass das Leben voller Brüche ist und voller Wenden, die man vorher nicht kennt, das Leben ist "unordentlich", es ist nicht kohärent. Die Story aber macht daraus Ordnung und Kohärenz. Gerade das ist ihre Kunst. Die Story habe die Macht, das Leben zu transformieren. Story "zähme" das Leben.[5]

Während der Naive Realismus abgelegt ist, bleiben Radikal-Narrativisten und Diskontinuitäts-Theoretiker ein "Ärgernis". Sie haben zu vielfältiger Diskussion herausfordert, die ich in diesem Zusammenhang aber nicht nachzuzeichnen brauche.[6]

Auf der Basis der Position der Radikal-Narrativisten haben sich die praktischen Ansätze der narrativen Psychotechnologien entwickelt. Wenn die Story die einzige Realität ist, dann brauchen wir "nur" etwas anderes erzählen, um die Realität zu ändern. Auf der Basis dieser epistemologischen Position kann also das Erzählen, das Stories-Machen, als Technik der Gestaltung, Beeinflussung und Änderung angesehen und eingesetzt werden: Wenn es keine fassbare Realität gibt außer Geschichten, kein ontologisches Selbst, kein faktisch gelebtes Leben, sondern "nur" ein erzähltes Ich und erzähltes Leben, dann kann man sein Ich und sein Leben auch ändern, indem man etwas anderes *erzählt*, ein neues Narrativ erfindet. Dies ist, was in der narrativen Psychotherapie ausgelotet wird (vgl. Abschnitt 5) und was sich auch die Narrative Gerontologie mit ihrer Therapoetik – Therapie durch Poesie neuer Stories – zunutze macht (vgl. Abschitt 8).

(2) Ausgangspunkte der narrativen Wende

Als Klassiker am Ausgangspunkt der narrativen Wende kann man die Psychologen Jerome Bruner und Theodore Sarbin und den Philosophen Paul Ricoeur ansehen. Jerome Bruner[7] postulierte, dass es neben dem logischen Denken noch eine zweite Variante von Denken gebe – das narrative Denken: Die Hauptaktivität und Funktion unseres Geistes ist "Herstellung von Welt". Eine der wesentlichsten Formen, in welcher Welt hergestellt werde, sei "Welt zu erzählen". Geschichten sagen nicht aus, was "draußen" in der realen Welt passiert, sondern werden in den Köpfen von Leuten "hergestellt". Nur *den* Leuten "passieren" Geschichten, die sie auch erzählen können.

Wenn Geschichten Realität herstellen, dann stellen Autobiographien als eine bestimmte Art von Story das eigene Leben her. Es gibt schließlich keine andere Weise, gelebtes Leben zu beschreiben und damit zu vermitteln als in Form einer Story.

Die Beziehung zwischen gelebtem Leben und Story sei zweiseitig: Die Story versucht, das Leben zu imitieren und das Leben imitiert die Story. Leben wird hergestellt und die Story wird hergestellt. Leben und Geschichte basieren auf dem gleichen Produktionsprozeß im Kopf. Das "Leben selbst" gibt es nicht. Das gelebte Leben ist immer eine erzählerische Leistung von hoher Selektivität und Interpretativität. Bruner[8] nennt sieben wichtige Merkmale einer Story:

1. Eine Story ist diachron, d. h. sie erzählt Ereignisse in einem Zeitablauf.
2. Eine Story bezieht sich immer auf konkrete Personen und Umstände, nicht auf abstrakte Ideen und Strukturen.
3. Eine Story stellt Kausalität her und Sinn.
4. Beim Hörer wird eine Geschichte zur Geschichte erst dann, wenn er durch Interpretation und Verstehen die Einzelelemente zu einem Gesamt zusammenfügt.
5. Die Story enthält immer einen Bruch – erst irgend etwas Unerwartetes macht die Story zur Story.
6. Eine Story ist nicht wahr im Sinne ihrer Übereinstimmung mit Realität, sondern sie ist gemessen an ihrer Plausibilität.

7. Eine Geschichte ist in ihrer Gestaltung und Rezeption mitgeprägt von kulturellen Erwartungen.

Wenn die Welt durch Stories entsteht, wenn *Leben* geschaffen werden durch Lebens-*Geschichten*, Stories, dann sind Individuen ebenso wie die Gesellschaft ein narratives Produkt; wissenschaftliche Theorien freilich auch, es sind die Stories der Wissenschaftler.

Entscheidende Anstöße hatte auch der 1986 von Theodore Sarbin herausgegebene Band *Narrative Psychology: The Storied Nature of Human Conduct* gegeben.[9] Er hat das Narrativ zur "Kernmetapher" für die gesamte Psychologie erhoben.[10] Narrativ und Story sind für ihn synonym.

Nach Sarbin ist eine Story eine symbolische Darstellung von menschlichen Handlungen mit einer zeitlichen Dimension: Die Story hat einen Anfang, eine Mitte und ein Ende. Die Story hat auch ein erkennbares Muster von Ereignissen oder einen Fokus. Der Fokus ist meist eine missliche Lage der Menschen und deren Lösungsversuche. Eine Story gliedert und strukturiert, Fakten und Fantasien werden zusammengeführt sowie Ursachen für Ereignisse und Motive für Handlungsweisen eingefügt.[11]

Paul Ricoeur[12] geht in seinem Beitrag *Life in quest of narrative* auch davon aus, dass Leben vor allem Story bedeute. Dass Geschichten erzählt, aber nicht gelebt werden, während Leben gelebt und nicht erzählt werde – dies sei eine zu einfache Sicht. Leben *sei* Erzählung, Geschichte, Story.[13]

Im Zentrum stehen bei ihm zwei Begriffe, die bis heute in den narrativen Wissenschaften eine wichtige Rolle spielen: *plot* und *emplotment*. *Plot* ist die Handlung einer wohl gestalteten Geschichte. *Emplotment* ist der Prozess, durch den etwas zu einer Story gestaltet wird. Beim *emplotment* (Gestaltung zu einer Story) werden viele einzelne Erfahrungen und ganz verschiedene Vorfälle und Ereignisse zu einem sinnvollen Ganzen komponiert (vgl. auch Abschnitt 6).

Die Komposition sei jedoch nicht abgeschlossen mit Ausgestaltung der Story als Rede oder Text. Dies geschehe erst beim Leser oder Hörer. Leben bekommt die Story erst durch die Mitteilung. So werden Geschichten nicht nur gemacht und erzählt, sie werden dann auch gelebt.

(3) Bedeutung des Geschichten-Erzählens

Die Narrativisten werden nicht müde, immer wieder die Bedeutung des Erzählens hervorzuheben. Gerne wird die Literaturwissenschaftlerin Barbara Hardy zitiert: "Wir träumen in Geschichten, unsere Tagträume sind Geschichten, wir erinnern, antizipieren, hoffen, verzweifeln, glauben und zweifeln, planen, revidieren, kritisieren, konstruieren, klatschen, lernen, hassen und lieben durch Geschichten."[14]

Erzählen wird als eine universelle und fundamentale menschliche Funktion der Sinngebung gesehen, als "ein fundamentales menschliches Medium, um Erfahrungen einen Sinn zu geben."[15] "*Narrativität* ist wahrscheinlich eine universelle Kategorie, d. h., eine zutiefst menschliche Art und Weise, mit Realität umzugehen... Das Narrativ ist das grundlegende Medium, in welcher menschliche Wesen reden, denken, zu einem Selbst heranwachsen und einander verstehen... Es ist der passendste und angemessenste Begriff, den wir gebrauchen können, um das menschliche Leben in Kultur und Zeit zu verstehen."[16]

Nicht anders hört sich die Bedeutung der Narration aus der Perspektive der Soziologie an. Langenkamp erinnert uns, dass "die gesellschaftliche Produktion von Wirklichkeit zu einem wesentlichen Teil gesprächsweise erledigt wird"[17] und verweist ergänzend auf Berger & Luckmann: "Das Alltagsleben des Menschen ist wie das Rattern einer Konversationsmaschine, die ihm unentwegt seine subjektive Wirklichkeit garantiert, modifiziert und rekonstruiert."[18, 19]

Im folgenden werde ich einige der inhaltlichen Kristallisationspunkte narrativer Wissenschaft kurz umreißen. Dabei wähle ich diejenigen aus, die auch von der Narrativen Gerontologie im Kontext ihres Weisheitsprogramms aufgegriffen werden: Identität, Erinnerung, Psychotherapie, Intelligenz.

3. Narrative Identität: Das Ich als Story

Unter den "Theorien für das Verständnis unserer gesellschaftlichen Gegenwart"[20] firmiert auch das Narrativ. "Identität" ist hier der zentrale Begriff. Identitätsbildung durch Narration, durch Stories, die man selber schafft, ist Thema vieler verschiedener Sozialwissenschaften, insbesondere der Psychologie und Soziologie,[21] während die Kulturanthropologie hier eher nachhinkt.[22]

"Postmoderne" ist eine weitere Theorie zum Verständnis der gesellschaftlichen Gegenwart. Aus ihrer Sicht betrachtet, ist Identitätsbildung für ein Individuum in unserer Zeit zum Scheitern verurteilt. Das zeigen allein die "misslungenen" Selbste, welche die postmodernen Theoretiker in großer Zahl identifiziert haben: das fragmentierte Selbst, das saturierte Selbst, das multiphrene Selbst, das leere Selbst, das minimale Selbst, das dezentrierte Selbst, das plurale Selbst, das diffuse, hyperflexible, zerfließende Selbst, das *silenced self*.[23] Es scheint, als gäbe es kein "intaktes" Selbst mehr, keine Identität, welche Kohärenz und Kontinuität besäße. In dieser, wie es scheint, verzweifelten Lage bietet die narrative Theorie einen Ausweg.[24] Wie aber kann man durch Erzählen ein Selbst schaffen, durch Story eine Identität bilden in einer Welt der Diskontinuität und Vielfalt? Gewiss kann dies kein einmaliger Akt sein, mit dem ein lebenslang gültiger Identitäts-Panzer entsteht. Es kann nur – wie Kraus[25] sagt – ein Identitäts*projekt* sein – oder genauer, eine Serie von Projekten. Es ist also eine anhaltende, immer wieder neu zu bewältigende Aufgabe, eine narrative Identität zu gestalten.

Die unzähligen Optionen und Angebote von Selbst-Bildern (alle darf man wählen...) und das Fehlen verbindlicher Kriterien der Auswahl von Selbst-Bildern bedeutet, dass man nicht nur auswählen kann, sondern auch auswählen *muss*: "Wer ... alles darf, muss wissen, wer er sein will, und ist dem dauernden Zweifel ausgesetzt, ob er nicht lieber ein anderer sein wollen soll. Ein wenig Halt in diesem Meer der Möglichkeiten gibt uns die Fähigkeit, uns in Selbst-Geschichten darzustellen.[26]

Alle Narrativ-Theoretiker sehen Selbst und Identität als Produkt der Narration, der Stories. Erst diese geben uns ein Gefühl, ein

"Ich" zu sein: "Narrative ordnen menschliche Erfahrungen so, dass aus ihnen etwas Bedeutsames wird... Die Fähigkeit, vergangene Erfahrungen in sinnvollen Stories zusammenzustellen und zu strukturieren, stattet uns mit einer Identität aus – mit einem Gefühl der Existenz durch die Zeit und mit zielgerichtetem Handeln in der Welt. ... Durch die Fähigkeit, unser Leben als eine Einheit wahrzunehmen, schaffen wir uns ein Gefühl für unser Selbst. Und das basiert auf unserer Fähigkeit, Stories über unser Lebens zu erzählen... Unser Selbstgefühl – wer wir sind – wird durch das Narrativ geschaffen."[27]

Was bei der Bildung von Identität durch Narrativ herauskommt, ist aber auch nur ein "fragiles" Selbst. Denn leicht ist die Aufgabe der Identität durch Erzählen nicht; erstens weil eine Selbst-Story nicht ein für allemal geschaffen werden kann, sondern nur "in Serie" (in einer Serie von Projekten), und zweitens weil *ein* Selbst nie ausreicht. Es reiche nicht, *eine* Story zu schaffen, es gehe darum, *viele* Selbst-Geschichten zu erfinden, keine eine "wahre" Geschichte, sondern viele kleine verfügbare Geschichten.[28]

Identitätsbildung durch Story-Erzählen ist drittens auch deshalb nicht leicht, weil die Story keinesfalls beliebig sein kann. Sie muss zumindest erzählbar sein und verstanden werden, und das bedeutet aber auch, dass sie bestimmte Normen erfüllen muss. Sie muss auch sozial akzeptabel sein, also auch soziale Normen beachten. Es gibt gesellschaftliche Rahmenstories, welche die eigene Story nicht überschreiten darf. Auch muss die Selbst-Story irgendwie vermitteln zwischen Vielfalt auf der einen Seite und Kohärenz auf der anderen, zwischen dem je aktuell erzählten Selbst und den vielen weiteren möglichen Selbsten.[29]

4. Die Narrativierung der Erinnerung

Erinnern ist ein weiterer Forschungsschwerpunkt narrativer Wissenschaft. Vier Forschungsgebiete befassen sich mit dem Erinnern und erinnerndem Erzählen des Lebens: Autobiographie, Reminiszenz, *Life-review*, *oral history*.[30]

Diese Begriffe gehören verschiedenen Forschungstraditionen an. Autobiographische Erinnerung und *life review* sind öfter im Kontext der Entwicklungspsychologie des Lebensalters untersucht worden. Reminiszenz-Forschung kommt aus der Psycho-Gerontologie. Obwohl Reminiszenz nicht alters-spezifisch ist, ist die Reminiszenz-Forschung ihrer Herkunft nach gerozentrisch, wie es Jeffrey Webster genannt hat.[31] Aber Reminiszenz-Forschung ist auch innerhalb der Gedächtnisforschung aufgegriffen worden.[32]

Reminiszenz-Studien im Kontext der Gedächtnisforschung sind meist experimentelle oder quantitativ empirische Studien. Einer der Schwerpunkte der experimentellen Forschung zur autobiographischen Erinnerung und Reminiszenz ist die Frage nach der Funktion des Erinnerns. Zu welchem Zweck wird erinnert? Was bewirkt autobiographische Erinnerung? Diese Fragen werden uns beim Weisheitsbegriff der Narrativen Gerontologie auch noch beschäftigen.[33] Es sind schon mehrere Taxonomien von Reminiszenz-Funktionen entwickelt worden. An Funktionen werden z. B. unterschieden: Selbstaufwertung, Angsteindämmung, Rechtfertigung, Selbsterkenntnis, Unterhaltung für andere.[34] Am häufigsten wird eine Taxonomie von Webster in der Forschung verwendet.[35] Er hat eine eigene Skala, die RFS – *Reminiscence Functions Scale* – entwickelt und unterscheidet acht Hauptfunktionen von Reminiszenz:

1. Erinnern als Mittel gegen Langeweile, wenn die Umgebung keine Anregung bietet und es nichts Sinnvolles zu tun gibt.
2. Erinnern zur Vorbereitung des Todes, d. h. in die Vergangenheit zurückgehen, wenn Gedanken an die eigene Sterblichkeit aufkommen und damit ein Gefühl von Abschluss und Ruhe finden.
3. Erinnern zur narrativen Gestaltung der Identität, d. h. der Nutzung der Vergangenheit, um herauszufinden, wer wir sind.
4. Erinnern zur Problemlösung als konstruktiver Coping-Mechanismus.
5. Erinnern als Konversationsthema, um damit im Gespräch Beziehung zum anderen herzustellen.
6. Erinnern zur Schaffung und Aufrechterhaltung von Nähe zu einem anderen Menschen, mit dem man Gemeinsames erlebt hat.

7. Erinnern zur Wiederbelebung bitterer Erinnerungen, um vergangene schlechte Erfahrungen immer wieder neu mit negativen Gefühlen aufzuladen, u. a. um sich für die Ablehnung und die negativen Urteile über andere zu rechtfertigen ("*bitterness revival*").
8. Erinnern um andere zu informieren oder ihnen etwas beizubringen.

Ob es sich nun um die Forschung zur autobiographischen Erinnerung oder Reminiszenz oder *life review* handelt – alle berufen sich auf die Ausgangsarbeiten von Robert Butler.[36] Er kritisierte die verbreitete Sicht, dass Erinnern und Erzählen bei alten Menschen sinnlos oder gar pathologisch sei, ein undiszipliniertes und zweckloses Herumwandern in der Vergangenheit ohne Ziel und Sinn. Gegen diese Sicht setzt er die These, dass Erinnern eine Voraussetzung für viele positive Eigenschaften im Alter sei – auch Weisheit. Und weil Erinnern adaptiv sei, forderte Butler bereits vor 40 Jahren, dass man sich in der Forschung eingehend damit beschäftigt. Das hat er ohne Frage erreicht.[37] Butler ging von folgenden Annahmen aus:

1. *Life review* und Reminiszenz sind universell.
2. Es ist vor allem ein Merkmal von Alter.
3. *Life review* trägt zur Entwicklung von Weisheit bei.
4. Es ist die Nähe des Todes, welche Reminiszenz in Gang setzt.[38]

Alle diese Annahmen sind vielfach hinterfragt worden.

Gegen die Universalitätsannahme steht, dass Kulturen sich danach unterscheiden, welchen Raum sie dem Biographischen zuteilen.[39] Christine Fry[40] zitiert eine afrikanische Ethnie, in der junge Männer von früh auf dazu angehalten werden, ihre eigene Grabrede zu verfassen, die ihre Leistungen aufzeigt. Diese Fassungen müssen natürlich ständig im Kopf erweitert und erneuert werden. Hier ist geradezu ein normativer Rahmen für stetige *life review* gegeben. Und *life review* ist hier gerade nicht an das fortgeschrittene Alter gebunden.

Anderen Kulturen sind biographische Erinnerungen ein fremdes Feld. Aufschlussreich ist die Erfahrung von Renato Rosaldo[41] bei den Ilongot bei seinem Versuch, seinem Informanden eine Lebensgeschichte zu entringen. Es gelang nicht. Bei meiner Forschung in der Quechua-sprachigen Kallawaya-Region der Hochanden Boliviens habe ich die gleiche Erfahrung gemacht. "Lebensgeschichte" in unserem Sinn ist dort nicht einfach erfragbar. Trotzdem glaube ich, dass ich ganz allmählich die Lebensgeschichte meines Haupt-Lehrmeisters unter den Kallawaya-Medizinmännern, Valentin Quispe, zusammensetzen konnte. Aber nicht, indem ich danach fragte – das war stets unergiebig. Während er mir Elemente rituellen Handelns beibrachte und Bedeutungen von Ritualingredienzien erklärte oder versuchte zu umschreiben, warum man dem Ankari (Wind, Bote der heiligen Orte) Opfergaben bringt usw., kamen immer wieder reiche Reminiszenzen. Eine solche schwarze Ritualbereitung habe er bereitet, als ihn damals die Polizei festhielt an der Grenze zu Peru... Dieses schwarze Ingredienz, *kuti kuti*, müsse ich im Zusammenhang sehen mit dem schwarzen Stein, den man auch gerne in schwarzen Heilungen verwende, und seinen schwarzen Stein habe er gefunden, damals als... Und auf diese Weise sind biographische Erinnerungen an bestimmte Gegenstände gebunden und in bestimmten Handlungen eingebettet und nicht ohne diese abrufbar. Auch Chronologie und historische Zeit (wann man geboren ist – als wenn das wichtig wäre) spielen in den Anden keine mit uns vergleichbare Rolle: Alle acht Kinder von Valentin Quispe sind gestorben, und er lebt und geht auf die hundert Jahre zu... Aber die Reihenfolge ihres Sterbens ändert sich in seinem Bericht je nach Auslöser der Erinnerung, so als sei auch die Chronologie "gegenständlich" verankert und damit kontextabhängig.

Eine andere Form von Biographie ist in der Kallawaya-Region der Anden überhaupt nur als mehr oder weniger vorgefertigter Mythos abzufragen: Die Berufungsgeschichten der Medizinmänner gleichen sich alle. Man hatte Unglück und Elend, und man hat sich geweigert, an die heiligen Orte zu glauben. Man wurde vom Blitz geschlagen. Man hat überlebt. Man hat sakrale Requisiten mitten in der Landschaft gefunden und ward so berufen, gezeichnet und ausgestattet.[42]

Auch die These Butlers, Reminiszenz oder *life review* sei eine Voraussetzung für "erfolgreiches" Altern (das Akzeptieren des Alters, Akzeptieren des Todes, Erlangung von Weisheit) wurde in Frage gestellt. Denn es zeigt sich, dass viele alte Menschen, die sich der Praxis des Erinnerns nicht anheimgeben, trotzdem zufrieden, ausgeglichen, "adaptiert", weise sind. Paul Wink und Brian Schiff[43] haben dieses ganze Forschungsfeld einer kritischen Analyse unterzogen und kommen zu dem Schluss, dass die Bedingungen, unter denen *life review* zu solch erfreulichen Ergebnissen im Alter führe, und die Bedingungen, unter denen diese erfreulichen Ergebnisse auch ohne *life review* erreicht werden können, bis heute weitgehend unbekannt sind und erst einmal untersucht werden müssen. Zwar hat man herausgefunden, dass alte Menschen, die sich häufiger ihr Leben in Erinnerungen bringen und es abwägend überschauen (*life review* betreiben), einen höheren Grad von "Ego-Integrität" (nach Erikson) erkennen lassen, was oft als ein Korrelat von Weisheit gesehen wird.[44] Aber andere Studien und viele Weisheitsforscher verweisen darauf, dass nicht Erinnern und nicht *life review* als solche Weisheit fördere, sondern das Maß, in welchem das gelebte Leben auch *angenommen* wird. Wenn wir an die Reminiszenz-Funktionen denken, so wird auch deutlich, dass nicht alle diese Funktionen unbedingt zur Weisheit beitragen. Oder wäre *bitterness revival* ein Beitrag zur Weisheit?

5. Narrative Psychotherapie

Die bisher dargestellten Forschungsfelder zur Narrativität haben jeweils auch eine angewandte Seite. Wenn die Welt nicht da ist, sondern nur eine erzählte Realität darstellt, wenn das Selbst eine Story ist und die Biographie eine Story, dann können wir auch erzählend die Welt ändern, das Selbst umbauen und uns eine neue Biographie schaffen. Diese optimistische Sicht auf die Gestaltbarkeit von Ich und Welt wird in vielen der einschlägigen Buchtitel deutlich: Da geht es z. B. um die "heilende Wirkung" von Erinnerung, um die "Kunst der Selbstfindung", um die Neuverfassung von Selbst und

Leben, um die "poetische Schöpfung" einer Identität. Es geht bei diesen Ansätzen um Selbst-Schöpfung und *empowerment* oder *story repair*.[45]

Am prägnantesten formulieren Gary Kenyon und William Randall[46] die Intention und die Botschaft solcher erzählenden Selbst-Neuschöpfungen: "Ein Mensch zu sein heißt, eine Story zu haben. Mehr als das, es bedeutet, eine Story zu *sein*. Neuerzählung ... ist der *literarische* Prozess der Neukomponierung der Stories, die wir uns darüber gemacht haben, wer wir sind, wo wir herkommen und wo wir hingehen."[47]

Außer diesen populären Titeln wird narrative Psychotherapie auch im professionellen Kontext angewandt.[48] Ein besonderer Anwendungsbereich ist Hilfe bei Posttraumatischer Belastungsstörung (PTSD).[49] Auch ist Erinnern in der Gerontologie vielfach therapeutisch angewandt worden.[50]

Kritische Auseinandersetzungen mit narrativen Ansätzen in der Psychotherapie sind noch selten. Ein Beispiel ist jedoch Hilarion Petzold.[51] Seine epistemologische Position ist gemäßigt: Dem Narrativ wird sowohl eine "referentielle" als auch eine "evaluative" Dimension zugesprochen; es bezieht sich also jenseits von Bewertung und Story auch auf Realität. Messen aber müsse sich ein Narrativ nicht an der Realität – von einer "referentiellen Wahrheit" also ist nicht die Rede – sondern an der narrativen Wahrheit (subjektive Wahrhaftigkeit und Plausibilität) und an einer ästhetischen Wahrheit (die schöne Geschichte). Bei den narrativen Psychotherapien wird die Frage, welche Story meines Lebens und meines Selbst denn nun die geeignetere, bessere sein soll, meist übergangen. In welche Richtung soll die Story neu gestaltet werden? Petzold[52] sieht dieses Problem durchaus und spricht von "funktionaler" und "dysfunktionaler" narrativer Wahrheit. Was aber ist das eine und was ist das andere? Wir erfahren es nicht.

Aus der Gedächtnisforschung kommend trägt Jens Brockmeier[53] eine weitere kritische Perspektive zur narrativen Psychotherapie bei. Sie sei durchsetzt von einem Tenor des "Alles geht", alles ist möglich, das Denken ist frei. Welche Biographie und welches Ich wir uns erfinden, wird uns überlassen. Das aber sei falsch.

Erinnerung habe vielfältige vorgezeichnete Grenzen. Da gibt es bestimmte kulturelle, klassenbedingte und andere Rahmenbedingungen, die mitbestimmen, was erinnert und was vergessen wird. Erinnern werde heute gesehen als ein konstruktiver Prozess Vergessen aber ist auch ein konstruktiver Prozess, und was da "konstruiert" wird, hängt in hohem Maße von dem Kontext ab, in dem Erinnern und Vergessen stattfindet. Nach der narrativen Sicht ist alles Erinnern eine Auswahl nach persönlicher Relevanz. Autobiographie sei nicht primär eine Frage des *Erinnerns*, sondern autobiographische Erinnerung sei an allererster Stelle *Vergessen*. Es wird nicht nur nach persönlicher Relevanz ausgewählt, es werden auch Lücken gefüllt und Ordnungen geschaffen. Und dies geschieht im Kontext eingrenzender sozialer und kultureller Randbedingungen.

6. Narrative Intelligenz oder die hohe Kunst des Erzählens

Auch nach der Einführung der Theorie der Multiplen Intelligenzen von Howard Gardner[54] und der Inflation der Intelligenzen[55] ist die Erfindung von neuen Intelligenzen nicht abgerissen. Eine der jüngsten Schöpfungen ist die narrative Intelligenz. Diese wurde gleich zweimal erfunden und zwar in sehr unterschiedlichen Kontexten – im Kontext der Forschung zur künstlichen Intelligenz und in der Gerontologie.[56]

William Randall[57] hat die narrative Intelligenz für die Gerontologie entdeckt. Niemand könne ohne narrative Intelligenz auskommen, es handle sich deshalb um eine "angeborene" Intelligenz und um eine "basale" Intelligenz. Die narrative Intelligenz spiele die zentrale Rolle im Umgang mit Welt. Wir könnten gar nicht als menschliche Wesen existieren ohne narrative Intelligenz. Wenn wir überhaupt Sinn in die Welt bringen wollen, dann geschehe dies durch ein Narrativ (geschaffen von der narrativen Intelligenz). Unser Leben ist Story – das Selbst ist Story: die vertrauten Thesen der narrativen Psychologie.[58]

Was narrative Intelligenz alles ermöglichen soll, wird noch deutlicher, wenn wir im folgenden Absatz noch einmal einen Blick darauf werfen, was narrative Wissenschaft überhaupt unter Story versteht. Denn narrative Intelligenz muss all das ermöglichen, was eine *gute* Story leisten soll: Sinn und Kausalität muss sie schaffen, das ist eine ihrer wichtigen Aufgaben. Phoebe Sengers[59] gibt in ihrem Beitrag zur narrativen Intelligenz folgendes Beispiel einer gescheiterten Geschichte, einer "narrativ-dummen" Story: "Ein Mann sieht, dass das Licht aus ist. Er bringt sich um."[60] Dies ist keine narrativ-intelligente Geschichte. Das Licht ist aus? Ja und? Der Mann bringt sich um? Ja warum denn? Was hat er mit dem Licht zu tun? Narrative Intelligenz verknüpft diese Ereignisse. Der Mann ist Leuchtturmwärter. Ein Schiff läuft krachend auf den Fels. Der Mann sieht, das Licht des Leuchtturms ist aus. Er ist für das Licht verantwortlich, und er erträgt es nicht, er begeht Selbstmord.

Wir brauchen narrative Intelligenz, damit Geschichten nicht "scheitern". Dafür muss die Story eine Reihe von Merkmalen haben. Der Kernbegriff der Narrativisten ist, wie erwähnt, der Begriff *emplotment*. Eine Geschichte ist erst eine Geschichte, wenn sie einen *plot* hat; man muss folglich Ereignisse und Erfahrung in einen *plot* bringen (*emplotment*). Was aber heißt das?

Emplotment bedeutet, das Erlebte zu "edieren". Es muss einen Anfang haben und ein Ende und einen Spannungsbogen. Es muss zusammengefasst werden. Ein Ereignis oder Erlebnis wird niemals in all seinen Details erzählt. Eine solche Geschichte wäre einschläfernd. Darüber hinaus müssen Akzente und Prioritäten gesetzt werden. Von den nach einer Zusammenfassung "überlebenden" Details und Aspekten sind nicht alle gleich wichtig. Es muss nicht nur unterschieden werden, was "relevant" ist für die Geschichte und was irrelevant ist, sondern die relevanten Teile müssen auch nach ihrer relativen Bedeutung behandelt werden.

Emplotment bedeute auch, dass die Geschichte die Lösung oder Bewältigung eines Problems aufzeigen sollte. Sie muss irgendeine Art Botschaft tragen. Der ganz normale Fluss des Lebens eignet sich nicht zur Story. Auch muss die Story die verschiedenen einzelnen Ereignisse oder Erfahrungen verbinden, nicht nur chronologisch, sondern auch kausal und motivational. Und schließlich bedeutet *emplotment* auch, die Lücken der Erinnerung zu füllen. Und bei all dem muss sie auch noch konsistent bleiben.

In der Verfassung einer Story ist, wie zu erkennen ist, eine Menge zu leisten. Die Wichtigkeit dieser Kriterien wird erst deutlich, wenn man sich eine Geschichte ausdenkt, wie die vom Leuchtturm, die auf allen diesen Ebenen scheitert, eine Geschichte, die keine Dramaturgie hat, also zu keinem Punkt kommt, die unzusammenhängend ist und keinen Anfang hat, keine Mitte, keinen Höhepunkt und kein Ende, eine Geschichte, die zwischen den Genres wechselt, obwohl die Charaktere gleich bleiben.

Diese Art Story zu verfassen geschieht – so Narrativisten – ganz alltäglich. Die Story ist nach Cheryl Mattingly und Linda Garro so gewöhnlich wie Luft.[61]

Über diese allgemeine Kennzeichnung hinaus versuchen einige Narrativisten, Arten von Stories zu unterscheiden und vor allem auch die Einflussfaktoren und Kontextbedingungen zu definieren, welche die Grenzen der Beliebigkeit von Geschichtenerzählen aufzeigen. Und auch das muss die narrative Intelligenz und müssen die weisen Alten der Narrativen Gerontologie (vgl. unten) leisten.[62]

Neben vielen anderen Unterscheidungen ist der Begriff der *signature story* besonders erwähnenswert. Eine Story, die meine persönliche "Signatur" trägt, ist eine Story, die man besonders gern erzählt und von der man annimmt, dass sie einen besonders gut und prägnant charakterisiert. Neben oft erzählten Stories gibt es auch die nicht erzählten Stories – vielleicht aus Rücksicht nicht erzählt, vielleicht um sich die Aura des Mysteriösen zu geben, vielleicht weil die Erfahrung nicht in einen *plot* gebracht werden kann.

Das, was dann schließlich zur Story wird, ist nun keinesfalls beliebig. Kultur und Gesellschaft spielen eine entscheidende Rolle bei der Definition der Normen des Erzählens.[63] Dazu gehören z. B. Regeln, wer überhaupt die Story erzählen darf. Es gibt auch viele mitbestimmende Bedingungen: Die Zuhörerschaft und die antizipierte Reaktion der Zuhörerschaft bedingen die Story mit, ebenso das pragmatische Ziel, das man mit der Story verfolgt, und die Gelegenheit, bei der man sie erzählt.[64] Koautorenschaft ist ein anderer Begriff, mit welchem die Narrativisten diese Einflüsse zu fassen versuchen. Niemand schreibt seine Geschichten ganz allein.[65]

Wenig behandelt wird dagegen, dass nicht nur auf Stories eingewirkt wird, sondern dass Stories auch Wirkung haben. Stories sind nicht einfach "unschuldig",[66] sie sind nicht harmlos, sie wollen ja auch etwas bewirken. Sie wollen die Sicht des Gegenübers beeinflussen (und engen sie damit ein). Sie können Macht ausüben, indem sie Sichtweisen und Denkweisen steuern. Und sie können Gegen-Stories (vgl. Abschnitt 10) ersticken. Eine Wirkung, ob positiv oder negativ, kann eine Story nur haben, wenn sie "gut" ist, wenn ihr *emplotment* stimmt – und dafür, so vertreten einige Narrativisten, brauchen wir die narrative Intelligenz.[67]

Wie hoch die Latte der narrativen Intelligenz hängt und wie hoch die Normen des Story-Erzählens gesetzt werden, lässt sich an denjenigen Formulierungen besonders prägnant illustrieren, welche deren Fehlen in den Blick nehmen. Ein Beispiel geben Giancarlo Dimaggio und Antonio Semerari[68] ab. Ihnen geht es um die Psychotherapie. Auch der Narrativen Gerontologie mit dem ihr eigenen Weisheitsbegriff geht es um Therapie, deshalb lohnt es sich, solche Anforderungen zu betrachten, welche sie an den Klienten stellen.[69] Auf dem Hintergrund ihrer anspruchsvollen Voraussetzungen definieren Dimaggio und Semerari dann das, was es an narrativen Brüchen, Dysfunktionen, Pathologien gibt. Deren gibt es zwei Gruppen: die verarmten Narrative und die nicht-integrierten Narrative. Verarmte Stories sind kurz, knapp und unergiebig. Die schlichte Menge der Produktion ist "unzureichend". Verarmt sind Stories für diese Autoren auch, wenn sie "alexithym" daherkommen, im weitesten Sinne "emotionslos".[70] Die narrativen "Pathologien" seien eine Frage der Qualität. Ihnen fehle die Integration, die Kohärenz der Story, die hierarchische Staffelung von Elementen, die Ordnung.

All diese Begriffe, Kriterien, Wertungen müssen dann beim Weisheitsbegriff der Narrativen Gerontologie noch einmal aufgegriffen werden.

7. *Die Narrative Gerontologie: Der Absturz der Weisheit in die Banalität*

Die Narrative Gerontologie ist ein Zweig der Psycho-Gerontologie.[71] Sie versteht sich als kritische Gegenbewegung zu verschiedenen bisherigen Ansätzen in der Gerontologie, bei denen die *Außensicht* des Alters dominierte und *Einzelaspekte* des alten Menschen betrachtet wurden: Gesundheit, Fähigkeiten, soziales Netz. Die Außensicht ergibt oft eine *negative* Sicht des Alters: Die Gesundheit lässt nach, Fähigkeiten lassen nach, Kontakte gehen verloren. *Disengagement theory*[72] oder *social breakdown theory*[73] sind Beispiele dieser Tradition. Narrative Gerontologie als Teil der vorangehend behandelten "narrativen Wende" unterscheidet sich von solchen Ansätzen in drei Hinsichten. Ihr Interesse liegt auf der *Innensicht* des alten Menschen; sie sieht den alten Menschen nicht in Einzelaspekten, sondern als *ganze Person*; und sie versteht sich als eine Variante der *positiven* Gerontologie.

Zum ersten Mal wurde der Begriff Narrative Gerontologie 1996 von Jan-Erik Ruth und Gary Kenyon verwendet. 1997 bemerkt man schon eine wachsende Faszination an der Story-Metapher in der Gerontologie.[74] Der Begriff hat sich sehr schnell etabliert. 1999 gibt das *Journal of Aging Studies* ein Sonderheft zur Narrativen Gerontologie heraus (Kenyon und Randall sind die Herausgeber), wo die Grundlinien programmatisch dargelegt werden. Im gleichen Jahr hat die Narrative Gerontologie auch schon Eingang in ein *Handbook of Aging* gefunden.[75] Zwei Jahre später erscheint ein Standardwerk zur Narrativen Gerontologie: *Narrative Gerontology: Theory, Research and Practice.*[76] Und jüngst hat auch das *International Journal of Aging and Human Development* ein Sonderheft zur Narrativen Gerontologie herausgebracht.[77]

Die Zielsetzung der Narrativen Gerontologie ist es, den Nutzen der Metapher von "Leben als Story" für die gerontologische Theorie und Praxis zu explorieren.[78] Wie einst Theodore Sarbin "Story" zur "Wurzelmetapher" der Psychologie erklärt hatte,[79] so geschieht dies nun auch für die Gerontologie.[80]

Die Narrative Gerontologie geht aus von der allen narrativen Zugängen gleichen Prämisse, dass Menschen Geschichtenerzähler und Geschichtenhörer sind und nicht nur eine Lebensgeschichte "haben", sondern ihre Story, ihre Lebensgeschichte, *sind.* Da Menschen aber nicht im Vakuum leben, sind die jeweils individuellen Lebensgeschichten mitgeschrieben oder mitverfasst von anderen, sie haben ihre Koautorenschaft. Die Narrative Gerontologie betrachtet eine Story auch im Kontext der gesellschaftlichen Stories, in welchen sie steht.

Gerade in der Postmoderne (vgl. Abschnitt 2.2), der Erosion tragender Werte, der Diskontinuität, der Fragmentierung, habe die Metapher der "Story" eine zentrale Aufgabe und damit auch die Narrative Gerontologie: "Das Narrativ ist ein Hilfsmittel, um einen fragmentierten, zersplitterten Lebensweg in der postmodernen Welt zu vermeiden, in welcher der Beitrag traditioneller Institutionen und großer Narrative wie Familie, Arbeit und organisierte Religionen zu Stetigkeit und Zusammenhalt immer kleiner wird... Narrative werden äußerst wichtig. Sie sind es, die genau die Strukturen von Zusammenhalt, Kontinuität, Identität und Emotionalität bieten. Eine Narrative Gerontologie aus diesem Blickwinkel betrachtet wäre nicht nur Teil der Aufgabe ältere Menschen zu verstehen, sondern würde auch die Erforschung ... einer Gesellschaft, in der Alter bedeutungslos ist, einschließen."[81]

Bis zu dieser Programmatik ist die "Narrativität" der Narrativen Gerontologie eine Theorie, eine Metapher, eine Sichtweise, auch eine Methode. Beim Übergang zu ihrer reklamierten *praktischen* Relevanz kommen noch missionarische Töne dazu. Sie klingen bereits an in Jerome Bruners[82] Beitrag zu einem Sonderheft der Narrativen Gerontologie: "Ein Leben ist ein Kunstwerk, möglicherweise das größte, das wir je hervorbringen. Es ist nicht einfach nur Kunst des Lebens. Denn wir leben unser Leben nicht in irgendeinem nackten Sinn... Die Kunst liegt vielmehr im *Erzählen* – in dem, was wir uns und anderen nach dem Geschehen erzählen. Leben ist weder eine Fiktion, noch ist es eine Realität. Es ist eine Mischung aus beiden – es ist sowohl Theater als auch das, wovon das Theater handelt... Der Wille und der Wunsch, sein Leben zu 'erzählen', ist gleichbedeutend mit dem Wunsch zu leben – selbst wenn die Geschichte mit Katastrophen durchsetzt ist. Es ist sogar so, dass eine Geschichte ohne Probleme wahrscheinlich zu Ende geht, den Tod bringt."[83]

Noch missionarischer wird es mit der Therapoetik.

8. Therapoetik: Narrative Psychotechnologie für das Alter

Um das "Schicksal" der Weisheit in der Narrativen Gerontologie zu verfolgen, müssen wir die Therapoetik – eine Kombination von Therapie und Poetik – betrachten. Ausgangspunkt dieses Praxisbereichs der Narrativen Gerontologie ist das Buch *The Stories We Are. An Essay on Self-Creation* von William Randall.[84] Randall ist Theologe und ist heute in der Erwachsenenbildung tätig. Es geht ihm in seinem Buch um die "Poetik der Selbst-Schöpfung". Es geht darum, "den Ereignissen in unserem Leben einen Sinn zu geben, diese Ereignisse sogar in unseren sich fortlaufend entwickelnden Roman einzubeziehen, wobei man gleichzeitig Erzähler, Handelnder und Leser ist – ein Roman, den man sich sozusagen während des Verlaufs ausdenkt, in dem man sich in gewisser Weise erst in das Sein hineinverfasst. Es geht also darum, dass man eine Story nicht nur *hat*, sondern auch eine Story *ist*, und es geht um die Beziehung zwischen beidem. Es geht um Selbst-Erschaffung durch Selbst-Erzählung, um die literarischen Dimensionen des Selbst-Verständnisses, um die romanhafte Seite der menschlichen Natur ... und es geht um den ästhetischen Aspekt der menschlichen Entwicklung als Ganzes, besonders aber um jene große, lange 'Stufe' der Entwicklung, die wir Erwachsensein nennen. Es geht um die Verbindungen zwischen Psychologie und Poetik, kurz gesagt, um die Poetik der Selbst-Erschaffung."[85]

In Zusammenarbeit mit dem Gerontologen Gary Kenyon wird dieser Ansatz dann systematisiert in dem Buch *Restorying Our Lives. Personal Growth Through Autobiographical Reflection.*[86] Zentraler Begriff des Unternehmens ist *restorying* und das Wortspiel mit *novel* und *novelty*. *Restorying* sei ein "literarischer Prozess", die "Neuverfassung" unseres Lebens, das Erfinden einer neuen Story oder eines neuen Romans. *Novel* hat im Englischen zwei Bedeutungen: Es heißt "neu" und "Roman". Den Autoren geht es um die *novelty* – den Neuigkeitswert des Lebens in seiner *novelty* – seiner Romanhaftigkeit.

Dieser Ansatz gebe dem Alter, das in vieler Hinsicht eine traurige Angelegenheit sei, eine neue und positive Sicht. Die traurige Story des Alters sei weder biologisch vorgegeben noch unvermeidlich, sondern eine Folge der sozialen Konstruktion von Alter als Defizit. Dagegen setzten sie ihre optimistische Sicht: "Die Betrachtung aus der Perspektive von Story kann als das Angebot einer potentiell optimistischen Richtung für lebenslanges Lernen und positives Altern angesehen werden... Eben diese Wende in der Wahrnehmung, nämlich das Leben als Story zu sehen, führt zu einer Loslösung oder einem Abstand zwischen uns und unserer Story. Diese grundlegende Wende des Blicks kann persönlichen Sinn schaffen, indem sie ein Angebot für Neues bietet... Persönliches Story-Erzählen kann Menschen dazu verhelfen, ihr Leben grundsätzlich zu akzeptieren oder ihr Leben in Besitz zu nehmen.[87]

Randall hat immer wieder therapoetische Seminare angeboten.[88] Diese seien zwar nicht als Therapie gedacht, aber ihre Wirkung *sei* therapeutisch. Hier werde der Berater oder Therapeut zum "biographischen *coach*", zum Koautor und Wirkungsagenten der Neuverfassung der Lebens-Story. Neben *re-storying* spielen folgende Metaphern dabei eine Rolle und sie werden im Seminar anhand der jeweils eigenen Lebensgeschichte exploriert:

- *entailment: to entail*: mit sich bringen, zur Folge haben, verursachen
- *storying*: das Leben als Erzählung sehen
- *reading*: das Leben lesen wie eine Story
- *genre-ation*: experimentieren mit dem Wechsel des literarischen "Genre" in der eigenen Story
- *life as novel*: Leben als Roman
- *life as text*: Leben als Text
- *untold stories*: unerzählte Erzählungen

- *de-story*: eine Story auflösen
- *mis-story*: eine Story fehlerzählen
- *under-story*: zu wenig vergeschichtlichen
- *the storiedness of the world*: das "Geschichtensein", der Story-Charakter der Welt.

Aus dem Spiel mit diesen Metaphern ergeben sich nach Randall für die alten Menschen folgende Einsichten (und damit kommen wir ganz langsam der "Weisheit" bei Randall näher): "Wir werden begreifen, dass unsere Lebens-Story nicht in Stein geritzt ist. Wenn man die Ereignisse seines bisherigen Lebens auf diese Weise interpretiert hat, kann man sie jetzt vielleicht auf eine andere Art interpretieren und damit seine Identität um alternative Story-Linien neu gestalten, sich erinnern und aufgreifen, was vorher unerzählt gelassen wurde, und somit Erlösung von unserer Vergangenheit und Möglichkeiten für unsere Zukunft finden, die man sich vorher niemals ausgemalt hat. Mit der Einsicht, dass man sein Leben selbst erzählt, kommt die Einsicht, dass man sein Leben auch anders erzählen kann..., dass man eine gewisse "Autorität" über das besitzt, was man ist ... und nicht von den Kräften des Lebens herumgestoßen wird. Wir sind keine Sammlung physiologischer Funktionen, keine Sequenz vorgegebener Entwicklungsstufen, kein Katalog kognitiver Prozesse oder sozialer Rollen, sondern ein dynamisches, sich selbst als Story verfassendes Ganzes, an jedem Punkt des Lebens frei, gesündere und lebbarere Fassungen von dem zu erschaffen, was wir sind. Wie sich unsere Story ändert, so ändern wir uns selbst. In diesem Sinn kann man sagen, dass der Verlauf thera*poetisch* ist."[89]

Die Wirkungen des therapoetischen Verfahrens, das Spiel mit dem Neuverfassen des eigenen Lebens umschreibt Randall mit folgenden enthusiastischen Worten:

- gibt immense Kraft
- hebt das Selbstbewusstsein
- erweitert unser Gefühl der fantastischen Unergründlichkeit unseres eigenen Lebens-Textes
- verlegt sich auf die Poetik
- ermöglicht es, ein integriertes Bild unseres Lebens zu zeichnen

- lädt dazu ein, das Leben als Kunstwerk zu sehen
- lässt uns neugierig werden auf die künstlerischen Verdienste unseres eigenen Lebens
- kann uns zu einer seelenvolleren Wissenschaft vom menschlichen Leben führen
- begleitet uns zu der Seele eines Menschen
- erhöht das Gefühl für unseren eigenen Wert
- hilft uns, die innere Komplexität unseres Lebens, seinen stetigen Fluss und – psychologisch und ästhetisch – seine Kohärenz ebenso wie seine wunderbare *In*kohärenz zu würdigen
- ist ein Mittel, unser Gefühl für das zu erweitern, was "Mensch-sein" bedeutet.[90]

Verjüngung, Subversivität, Eins-Sein, Spiritualität, das Tor zum Universellen sind nur einige der weiteren Versprechen der Therapoetik:

- "Eine narrative Sicht führt uns also zur 'Seele' eines Menschen... zu seiner inneren Komplexität, zu seiner Ideosynkratie, zu seinem Lebenssaft. Unsere Story zu erzählen ist geradezu verjüngend".
- "Ein narrativer Blickwinkel ist zutiefst subversiv. Er untergräbt die Autorität jeglicher eingrenzender Version."
- "Die Einheit der Welt kann wieder hergestellt werden."
- "Ein narrativer Blickwinkel führt uns auf spirituellen Boden, da er uns einlädt, das Geheimnis, ja die Heiligkeit ... unserer eigenen Erfahrungen ... zu explorieren. Das zutiefst Persönliche zu erforschen, die wirkliche Neuheit unserer eigenen Lebensgeschichte zu erforschen, bedeutet einen Durchbruch zum grundlegenden Mensch-Sein. Wie in der Literatur, so auch im Leben: Das Einzigartige ist das Tor zum Universellen."[91]

Es dürfte mit diesen Zitaten deutlich geworden sein, dass das therapoetische Unternehmen eine religiöse Dimension gewinnt, welches nahezu missionarisch verkündet wird.[92] Aber auch kritische Perspektiven werden nicht ganz ausgeblendet:

(1) Stories stehen nicht im Vakuum und die weitere gesellschaftliche und kulturelle Story, in welcher sich meine eigene entfaltet, müssen berücksichtigt werden.

(2) Stories sind sicher nicht "unschuldig", sie bestimmen andere Menschen mit und legen einen selbst manchmal fest, so dass man in Zukunft gemäß der Story handelt, die man für sich verfasst hat.

(3) Es wird auch nicht geleugnet, dass manche Stories nicht gelingen wollen, dass es Bereiche gibt, die der Story entzogen (*de-story*), andere, die in falsche Stories gepackt werden (*mis-story*), dritte, die blass bleiben (*under-story*).[93]

(4) Schließlich betont Randall[94], dass auch die Metapher "Leben als Story" ihre Grenzen habe und folglich auch die Therapoetik. Am Lager eines Schwerverletzten wird man sich mit Stories nicht aufhalten, sondern man wird zupacken und helfen.

(5) Einschränkend müsse auch gefragt werden, ob nur Menschen, die ohnehin schon eine gewisse Reife besitzen, von der Therapoetik profitieren können.

(6) Und schließlich gibt es für Randall[95] auch noch kritische politische Anfragen: "Aus politischer Sicht entsteht das Problem einer gewissen Naivität mit der Vorstellung von 'umfassenderen Stories, in denen wir leben'. Familien, Gemeinschaften, Religionen, Kulturen sind gewiss mehr als nur Stories. Sie können geradezu vernichtend real sein. Wenn man diese für die erzählten Glanzpunkte ihrer sozial konstruierten Dimension hält, kann ihre Macht vorzeitig entschärft werden und dadurch unsere Fähigkeit, sie ernst zu nehmen. Dies könnte dazu beitragen, in eine geistige Verfassung eingelullt zu werden, in der man diese und seine eigenen Lebens-Stories als unschuldig, harmlos, fast kuschelig sieht – wie die Bettgeschichten, die wir unseren Kindern am Abend vorlesen. Die Kritik besteht in anderen Worten darin, dass die narrative Sicht uns vom wirklichen Leben auf eine bestenfalls trügerische und schlechtestenfalls gefährliche Weise wegführt."[96]

Wir erfahren freilich nichts darüber, wie all diese kritischen Überlegungen in der Praxis der Therapoetik zum Tragen kommen. Wie geht der "poetische" Therapeut bzw. *coach* damit um, dass er die Story der Klienten profunde beeinflusst? Wie geschieht der Transfer von der Spielsituation des therapoetischen Unternehmens mit Hilfe des biographischen *coach* – ins Leben? Denn wie es Gary Kenyon, Jan-Eric Ruth und Wilhelm Mader[97] ausgedrückt haben:

"Eine neue Story zu haben, reicht nicht. Wir müssen unsere Story dann auch sein." Wie ist mit dem *freezing effect*, dem Einfrieren von Stories, umzugehen und mit der Unerwünschtheit von Änderung? Wie werden die gesellschaftlichen Stories eingeblendet, berücksichtigt, analysiert? Das alles erfahren wir nicht.

In vielen verschiedenen Bereichen der narrativen Wissenschaften wird eine breite kritische Diskussion geführt über die Epistemologie der Narration und über die Kriterien der Unterscheidbarkeit von guten und weniger guten Stories. Hilarion Petzold[98] sprach von ästhetischer Wahrheit und subjektiver Wahrhaftigkeit, von Plausibilität der Stories. Joseph Bryant[99] benennt Informationsdichte und historische Plausibilität als Kriterien einer guten Story, und im Zentrum der ganzen Kriteriendiskussion steht der Begriff der Authentizität.[100] Doch nichts davon greift die Narrative Gerontologie auf.

9. Narrative Weisheit, ordinäre Weisheit

Die Metapher der Story – so verkünden die Narrativen Gerontologen – ermögliche es uns, Grundphänomene wie Zeit, Tod und Weisheit auf eine neue Weise zu sehen.[101] Besonders eingehend wird diese "neue" Sichtweise für die Weisheit entwickelt.[102]

Für die Narrativisten ist Weisheit auch eine Story. Gibt es, so fragen Kenyon, Ruth und Mader,[103] nur *eine* Story oder gibt es viele? Ihre Annahme ist, dass jeder Mensch eine einmalige Weisheits-Story besitze, welche auf das Engste mit seiner höchst eigenen Lebensgeschichte verknüpft sei. In diesem Zusammenhang taucht zum ersten Mal der Begriff "*ordinary wisdom*" auf. *Ordinary* heißt gewöhnlich, üblich, ordinär, auch vulgär. Da alle Menschen eine Weisheits-Story haben, ist Weisheit ordinär.

Die Autoren fragen, ob es im Alter nicht einen Übergang gebe, welcher einen Zuwachs an existentiellem Sinn, an Weisheit und Akzeptanz bringe.[104] Und sie sehen und zitieren Evidenz dafür, dass *restorying* dazu beitragen könne. Diese Evidenz verweise auf "die Fähigkeit des menschlichen Geistes, durch den Prozess der

Neuschaffung einer Lebensgeschichte (*restorying*) Sinn und Möglichkeiten auch unter extremen Lebensbedingungen zu entwickeln, zu schaffen und zu finden."[105] Das setzt Kreativität voraus. Die Narrative Gerontologie geht davon aus, dass Offenheit und Kreativität natürlicherweise gegebene Fähigkeiten der Menschen seien. Deshalb könne man auch "ordinäre Weisheit" vertiefen durch narrative Intervention – durch das, was Randall Therapoetik nennt –, auch wenn natürlich bekannt sei, dass nicht alles bei allen Menschen zu jedem Zeitpunkt möglich ist und dass manche Menschen eben *nicht* "erfolgreich" altern.[106]

Diese etwas einschränkenden Anmerkungen gehen in der Entwicklung des narrativen Weisheitsprojektes allerdings unter. Die frohe Botschaft der ordinären Weisheit ist eine Botschaft für alle. Jeder kann seine eigene Weisheits-Story finden und leben und insofern könne Weisheit als etwas ganz Ordinäres angesehen werden, einfach "ein Merkmal des Mensch-Seins, etwas, was uns allen zu einem gewissen Grad gegeben ist."[107]

Verfolgen wir also den Weg aller Menschen zur Weisheit, welchen uns die Narrative Gerontologie aufzeigt: Das Ziel des narrativ-gerontologischen Weisheits-Projekts ist klar umrissen: "Wir wollen dazu beizutragen, Weisheit neu zu denken und als legitimes Thema einer wahrhaft seelenvollen Wissenschaft vom menschlichen Leben wieder zu beleben, und zwar als ein Thema, das nicht in statistischen Tabellen verloren geht, nicht auf religiöse Doktrinen beschränkt ist ...[108]

Weisheit ist für Randall und Kenyon[109] ein vernachlässigtes Thema (die Weisheitsforschung nehmen sie nicht zur Kenntnis), und sie meinen, es sei an der Zeit, dieses Thema endlich aufzugreifen.[110] Weisheit sehen die Autoren nicht als eine kognitive und nicht als eine ethische Kompetenz, sondern als eine *ästhetische* und eine *poetische* Angelegenheit. Haben alle Zeiten und Kulturen Weisheit bisher als etwas Besonderes angesehen, was nur wenige Menschen erreichen können, so sehen die Narrativ-Gerontologen es als etwas Gewöhnliches und Häufiges. Kostbar bleibt auch ihnen die Weisheit. Aber alle können die Kostbarkeit erreichen.

Die ordinäre Weisheit sei auch keinesfalls an Alter gebunden, sondern allen Altersstufen des Erwachsenseins zugänglich. Denn Weisheit sei eine Funktion, eine Konsequenz von Biographie, d. h. "der Story, welche wir von unserer Reise durch die Zeit erzählen."[111] Und da wir alle eine Biographie, eine Story von unserem Leben haben – bzw. gemäß Narrativer Gerontologie diese *sind* – ist Weisheit etwas ganz Alltägliches und Gewöhnliches, allen Menschen eigen.

Kein Problem also: Wir sind fast alle fast automatisch weise. Auch wenn der Geist nicht mehr funktioniert und ein Mensch im Nebel der Demenz versinkt – könne er weise sein.[112] Diese Botschaft von der federleichten Erreichbarkeit der kostbaren Weisheit für alle ist die zentrale Botschaft der Narrativen Gerontologie.

Aber was ist das genau – diese ordinäre Weisheit? Hier bleibt der Text opak. Um den Autoren gerecht zu werden, möchte ich einige der Umschreibungen wörtlich präsentieren:

- "Weisheit hängt zusammen mit der Fähigkeit, den ... Text unserer eigenen Erfahrung zu 'lesen', unabhängig von Inhalt und Form. Sie hat etwas mit der Einsicht und dem Sinn zu tun, die solches Lesen vermitteln kann. Unsere eigene ordinäre Weisheit zu entdecken, ist wie das Genießen eines großen Romans, und zwar nicht wegen der Verwicklungen in seinem Handlungsablauf oder wie er letztlich ausgeht, sondern wegen der Bedeutungen, welche er auf dem Weg vermitteln und wegen der Offenbarungen, zu denen er führen kann."[113]
- "Bei ordinärer Weisheit geht es darum, den Sinn von Leben und Leiden zu finden (die spirituelle, mystische Dimension). Es geht darum, unser Leben und unsere Lebensgeschichten – einschließlich unserer ungelebten Leben und unerzählten Stories – zu akzeptieren, uns anzueignen und zu schätzen."[114]
- "Ein weiterer und wesentlicher Aspekt der ordinären Weisheit ... ist ihre enge Beziehung zu den Metaphern von Story und Reise... Man kann sagen, dass unsere ordinäre Weisheit durch unsere Stories, gelesen als Reisen und gleichzeitig durch unsere Reisen, erzählt als Story, verwirklicht wird."[115]
- "Ordinäre Weisheit... bedeutet nicht, perfekt zu sein, perfekt in dem Sinn, dass sie alle Eigenschaften der außergewöhnlichen Weisheit reflektiert... Bei ordinärer Weisheit geht es vielmehr

um die Möglichkeit, dass viele von uns zu bestimmten Zeiten und bestimmten Graden in unseren Intentionen, Handlungen und Wahlen (die moralisch-ethische Dimension) weise sind. Sie bezieht sich auf die Möglichkeit, weiser zu werden durch den Blick auf unsere eigene Lebens-Story und durch das Hören der Stories von anderen."[116]

- "... wir betrachten (Weisheit) nicht ohne Stories. Durch das Fenster der 'Stories, die wir sind' ... können wir Weisheit über die Weisheit gewinnen."[117]
- "Weisheit bewohnt die Lebens-Story in der gleichen Weise wie Bedeutung die Literatur durchdringt... Wir kommen an unsere eigene Weisheit nur heran, indem wir die 'Story meines Lebens' erzählen – d. h. indem wir sie aussprechen und dann einen Schritt davon zurücktreten und sie untersuchen und interpretieren: kurz gesagt, indem wir sie lesen."[118]
- "... unser eventuelles Akzeptieren unserer Reise ... ist die Entdeckung unserer ordinären Weisheit."[119]
- "Das Leben als Reise zu charakterisieren beinhaltet sowohl die Entscheidung zu reisen, als auch die Bereitschaft, das anzunehmen, was uns auf unserer Reise begegnet oder was wir sehen. Mit anderen Worten: Ordinäre Weisheit erwächst aus dem doppelten Prozess aktiver Suche und – paradoxerweise – Entdeckung, indem wir manchmal zuhören, das Leben sein lassen, Dinge loslassen – d. h. ent-lernen."[120]

Bei den Narrativen Gerontologien scheint ordinäre Weisheit also so etwas wie Sinnfindung zu sein. Es heißt, dass Witwen "*their own ordinary wisdom*" entdecken, und andere Quellen von *ordinary wisdom* seien bei Opfern von Missbrauch, Inzest und Krebserkrankung zu finden. Es werden Studien zitiert, die zeigen, dass man aus Leid Gewinn und Lebensreichtum ziehen kann: "Diese und ähnliche Studien verweisen auf unsere Fähigkeit als menschliche Wesen, Sinn zu finden, unsere ordinäre Weisheit zu entdecken und sinnvoll weiter zu reisen, indem wir uns durch extreme Lebensbedingungen hindurch und darüber hinaus bewegen. Hier ist es, wo man die spirituelle Qualität der Weisheit erkennen kann. Ordinäre Weisheit ist kein Pflaster, das man auf ein Problem klebt, oder gar irgendeine schlaue Strategie, mit der man irgendetwas bewältigt. Sie beinhaltet (vielmehr) die Möglichkeit wirklichen Wachstums und wirklicher Transformation."[121] Ordinäre Weisheit nach Randall und Kenyon ist inneres Wachstum und Entfaltung durch loslassen, weggeben, verlieren. Sie sei Gewinn durch Verlust. Ordinäre Weisheit bedeute, Sinn und Frieden auch im Leiden zu finden. Aber das beinhalte nun nicht einfach, ein paar positive Seiten an schlechten Erfahrungen oder Traumata zu entdecken, es heiße nicht einfach, eine neue Geschichte auch zu erzählen, sondern die neue Geschichte zu sein.[122]

Wie kann man aber nun bei einem Menschen diese ordinäre Weisheit erkennen? Welche Gesichter hat diese Weisheit?

Man könne die Weisheit erkennen an der Kontinuität und Kohärenz der Autobiographie, der Lebensstory. Man kann die ordinäre Weisheit erkennen am Verhalten, wobei dieses entweder von ausgewogener Ruhe geprägt sein kann, oder von politischer Aktivität oder auch in allerlei exzentrischem Verhalten, in welcher die Absurdität des Lebens und der dafür nötige Humor zum Ausdruck komme. Auch kann die ordinäre Weisheit verborgen sein oder – wie bei dementen Menschen – vielleicht nur in einer einfach Geste bestehen.

Also: Uns begegnet die ordinäre Weisheit im Reden (eigene Lebensstory) und im Nicht-Reden (Geste) und in dem ganzen Spektrum von Verhalten, von der Ruhe bis zur Aktivität und Exzentrik. In der Tat, die ordinäre Weisheit gibt es offensichtlich überall.

Ein bestimmtes Merkmal aber binde all diese Ausdrucksformen, all diese "Gesichter" der ordinären Weisheit zusammen: die Fähigkeit, sein Leben als Story zu sehen, als die Story von einer Reise: "Trotz der gewissen Schwierigkeiten, Beispiele ordinärer Weisheit zu identifizieren und zu kategorisieren (können wir sie doch erkennen): Es ist ein gemeinsames Merkmal (aller dieser Beispiele), dass ein Mensch in der Lage ist, sein oder ihr Leben als die Story einer Reise zu betrachten. Das setzt einen gewissen Grad der Selbst-Transzendenz voraus – einen Abstand zwischen meinem Leben und meinem Selbst. In den Worten einer Reise ausgedrückt ist dann ein Mensch in der Lage, die Szenerie des Lebens so zu sehen, wie aus dem Fenster eines Zuges. Das setzt auch voraus, dass der Mensch gewisse Dinge über sich selbst durchschaut hat, dass er seine eigene Geschichte gelesen hat und für andere Reisen zur Verfügung steht oder an ihnen teilnimmt."[123]

Fraglos gibt es, so räumen die Autoren ein, in Bezug auf die ordinäre Weisheit drei Gruppen von Menschen: solche, die diese Weisheit unter allen Lebensbedingungen erreichen; dann jene Minderheit von Menschen, bei denen das Alter "irgendwie falsch gelaufen" ist,[124] wo die Story von der Reise irgendwie festgefahren ist, wo sich der Mensch der ordinären Weisheit verschlossen hat und deshalb "diesseits des Todes erstarrt".[125] Und schließlich dann eine Mehrheit von Menschen, denen ordinäre Weisheit gegeben ist und die von einer "weisheitsförderlichen Umwelt" zusätzlich profitieren. Weisheitliche Umwelt ist für Randall und Kenyon erstens eine bestimmte Gesprächskultur: Es sind Gesprächssituationen des Zuhörens, der Geduld, des Nicht-Urteilens. Und sie ist zweitens die Anregung, sein Leben als Story zu sehen, entweder in einem Seminar zur "geführten Autobiographie" bei Kenyon[126] oder in einem therapeutischen Story-Seminar von Randall.[127]

Mit der "weisheitsförderlichen Umwelt" schließt sich der Kreis zur Therapoetik. Und so wird diese neue Sicht der ordinären Weisheit auch *poetics of wisdom* genannt. Die "Poetik der Weisheit" verlangt ein "bewusstes Altern", ein "spirituelles Altern". Diese Weisheit trage nicht nur bei zur Heilung des Einzelnen, sondern auch zur Heilung unserer Kultur: "Metaphern, wie die der Reise, verweisen auf wesentliche Aspekte des spirituellen Alterns und somit auf Weisheit in ihrer Gewöhnlichkeit, die vielleicht zu einem gewissen Grad der individuellen wie kulturellen Heilung und des Wohlseins beitragen kann.[128]

Auf dem Höhepunkt der Euphorie ordinärer Weisheit angelangt, erscheint es sinnvoll, das narrative Weisheits-Projekt kritisch zu sichten. Dies geschieht im nächsten Abschnitt auf der Ebene der narrativen Wissenschaften und auf einer grundlegenderen gesellschaftlichen Ebene.

10. Gegen-Story und Kritik der narrativen Weisheit

Die Narrative Gerontologie tritt auf als eine frohe Botschaft. Der optimistische Tenor ist: "Alles geht". Man kann seine Geschichte neu erzählen und dann ist man verjüngst, glücklich und auch noch weise. Zu diesem Tenor "alles geht" wäre die erste kritische Frage die nach den Grenzen der Machbarkeit.

In der Narrativen Gerontologie werden an keiner Stelle die Grenzen des Erzählens und der Erzählbarkeit kritisch reflektiert. Wenn ich nicht reden kann? Wenn wir doch zu Hause nie geredet haben? Wenn ich mich nicht erinnere? Wenn ich meine Geschichte so mag, wie ich sie bisher geschrieben habe? In den Augen der Narrativen Gerontologen verweigere ich dann, "ordinärweise" zu werden und "erstarre diesseits des Todes". Es wird in dem großen Programm der Therapoetik nicht berücksichtigt, auf welchen bürgerlichen Werten und Fähigkeiten die sogenannte Therapoetik beruht und welche privilegierten Schichten sie anspricht. Der ganze Ansatz ist auch "geschlechtslos". Es könnte ja sein, wie Unni Wikan vermutet,[129] dass es verschiedene Story-Normen für Mann und Frau gibt. Auch gibt es vielfältige gesellschaftliche Normen, wer wann was erzählen darf. Dies grenzt die Beliebigkeit einer Story ein. Die Therapoetik kümmert sich um keine dieser möglichen Grenzen.

Auch nicht diskutiert wird, dass manches der Sprache nicht zugänglich ist. Nicht alles lässt sich ver-zählen, d. h. in Stories bringen. Was ist mit der unvollendeten, der abgebrochenen, der eingebrochenen, der unsagbaren Story? Was ist mit Traumata? Was ist mit schwerem körperlichen Leiden? Was ist mit einer unerträglich gewordenen Einsamkeit? Was ist mit gesellschaftlicher und familiärer Vernachlässigung oder Abwertung? Was ist mit dem Verlust des Gedächtnisses und der Raum- und Zeitorientierung? Gibt es da nicht irgendwelche Grenzen der beliebigen Machbarkeit? Nichts davon wird in der Therapoetik diskutiert.

Ein zweiter kritischer Punkt betrifft die Unterscheidbarkeit von Stories. Es wird an keiner Stelle reflektiert, ob es schlechtere und bessere Stories gibt und wie wir sie unterscheiden können. Selbstdarstellung, wie wir wissen, ist in unserer Kultur durchsetzt von Tendenzen der Selbstaufwertung, Eitelkeit, Selbstrechtfertigung und Schönzeichnung – und natürlich Erfindung, Lüge, Verschweigen, Konfliktvertuschung. Könnte es davon auch zu viel des Guten geben? Sind Glaubhaftigkeit, Wahrhaftigkeit, Authentizität noch irgendein Maßstab von Belang? Gibt es Stories, die mehr oder weniger authentisch sind? Kann man mit Stories anderen auch unrecht tun? Sie verstören, verletzen, herabsetzen? Kann man nicht auch hässliche Macht ausüben? Ist denn jede Story genauso gut wie eine andere? Gibt es nicht schädliche Stories? Und könnte es sein, dass es auch einmal zu viele Stories gibt und das Story-Chamäleon ein "fragiles Selbst" abgibt? Gibt es Stories, die sich den Kopf an der "Realität" stoßen, weil sie nicht mehr passen oder weil das Umfeld eine andere Story hat? Und hat das *coaching* keinerlei Nebenwirkungen? Ist das vermeintliche *empowering* mehr als das Aufblasen eines imaginären Ichs, das sich jetzt unheimlich wichtig nimmt, weil es sich in eine gelassene, ordinäre Weisheit hineingeschwindelt hat? Keine dieser Fragen wird in der Narrativen Gerontologie und in ihrer Therapoetik mit ihrem Weisheits-Konzept gestellt.

Drittens fehlt jegliche Reflexion zu alternativen Zugangsweisen. Sie werden nicht erwogen. Ist Erzählen der einzige Zugang zur Innensicht des alten Menschen? So vieles ist unsagbar! Was ist mit Verhalten, mit den vielen Stimmen und Stories im Umfeld? Beobachtung, Vielstimmigkeit, Hören, sinnergänzende und alternative Zugänge: Es gibt sie nicht in der Narrativen Gerontologie. Es wird auch nicht nur erwogen, dass es vielleicht noch andere Formen von Sinnfindung und Lebensakzeptanz geben kann als dieses "Rattern einer Konversationsmaschinen", als welche die Narrative Gerontologie den alten Menschen sehen möchte. Es gibt auch alternative Sinngebungen, als sich egozentrisch in die eigene Lebensgeschichte zu vertiefen, gerade im hohen Alter, etwa die reine einfache Bewältigung von Alltag mit all seiner Struktur und Ästhetik. Die *Gegen-Story* fehlt auf der ganzen Breite der Story-Gerontologie.

Gegen-Story, Gegen-Narrativ, subversive Story, gebrochene Story, emergente Geschichten, Story-Bruch, vor-narrative Erfahrung, Nicht-Narrativierbarkeit, Schweigen – das sind einige der neueren Begriffe der Narrationsforschung. Gegen-Stories sind Geschichten, "die Menschen erzählen und leben, welche impliziten oder ausdrücklichen Widerstand leisten gegenüber den kultur-dominanten Narrativen."[130]

Mit den Begriffen von Gegen-Narrativ und subversiver Story gewinnt die narrative Sichtweise eine politische Dimension. Denn "Gegnerschaft" und "Subversion" blenden notwendig Machtstrukturen und dominante Narrative ein. Das Gegen-Narrativ fällt dem dominanten Narrativ gewissermaßen ins Wort, "unterbricht" das dominante Narrativ, widerspricht ihm, deckt es auf, fordert es heraus, lehnt es ab: " Gegen-Stories ... widersetzen sich den dominierenden Konstruktionen der sozialen Wirklichkeit und zeigen die Brüche in Strukturen, Diskursen und Praktiken der Herrschaft auf... Diese Gegen-Stories wandern mit postmodernem Glanz um den ganzen Globus ... Da wir mit historischen und aktuellen jugendlichen Randgruppen, mit Ureinwohnern, rassistisch unterdrückten Gruppen, "sonderbaren Subjekten" und der Kriminalität überführten Frauen und Männern arbeiten, haben wir großes Interesse daran, den erzählten oder auf andere Art vorgetragenen Narrativen von Kritik und Möglichkeiten zuzuhören. Diese Narrative fordern Strukturen, Beziehungen, Praktiken und Diskurse der Vorherrschaft heraus. Sie stellen die Schattenseiten des globalen Kapitalismus bloß, die Gefängnisindustrie, die anhaltenden Praktiken des Genozids und die unangefochtenen Konzepte von Entwicklung und Symptomatik, die aus den westlichen psychologischen Theorien geboren wurden. Diese Gegen-Stories werden geschaffen, versteckt, auf den Körper geschrieben, plastisch auf Wände gemalt, geflüstert, aus Empörung heraus geschrien. Und sie können 'unter dem Deckmantel' des *master narrative* unserer Zeit gelesen werden."[131]

Counter narratives sind also eine Form gesellschaftlichen Widerstandes. Diejenigen Modelle von Ehe, Familie und Mutterschaft zum Beispiel, welche in unserer Gesellschaft das Feld beherrschen, d. h. die dominanten und normativen Narrative darstellen, werden von Singles, gleichgeschlechtlichen Partnern,

Kinderlosen und all den völlig überforderten, berufstätigen Müttern nicht unbedingt geteilt. Ihre Erfahrungen kleiden sie in eine andere Geschichte, versuchen in der Gegen-Story Zusammenhang und Sinn zu finden. Und warum sollten alle Alten die ordinäre Weisheit suchen? Was hier angesprochen wird, ist der Unterschied zwischen *master story* und *minority story*. Die *master story* ist oft auch institutionell abgesichert, die Minoritätenvariante muss sich immer wieder neu durchsetzen. In den narrativen Sozialwissenschaften werden Machtunterschiede in der Gesellschaft als narrative Asymmetrien verstanden, und die Kontrolle der Gesellschaft über das Narrativ – wer das Recht auf welches Narrativ hat – ist ein wesentliches Element bei der Herstellung und Aufrechterhaltung sozialer Hierarchien. Gesellschaftliche Macht kann in dieser Begrifflichkeit auch gefasst werden als *silencing potential*[132], die Macht, alternative Narrative zum Verschweigen zu bringen. Gesellschaftlicher Widerstand kann sich dann verschieden äußern: Die *master story* ignorieren, unterlaufen, pervertieren oder eine Gegen-Story verfassen.

Mark Freeman[133] hat den Begriff der *narrative forclosure* geprägt, was auch eine Variante der gesellschaftlichen Machtausübung ist. Der Begriff bezeichnet die Institutionalisierung eines vorzeitigen *Abbruchs* einer Geschichte. Leben ist Geschichte, Story. Wenn das dominante Narrativ vom Altsein den Rückzug aus dem Leben behauptet, dann ist die Lebensgeschichte – obwohl Leben noch gelebt wird – vorzeitig "geschlossen", die Geschichte ist zu Ende, es kommt nichts mehr, was story-würdig wäre.

Dies alles sind verschiedene Versuche, gesellschaftliche Machtausübung und gesellschaftliche Unterdrückung in Begriffen der Narration zu fassen. Auch Trauma – Flucht, Gewalterfahrung, Folter, Katastrophenerfahrung, Verlust – wird in den narrativen Sozialwissenschaften definiert als narrative *disruption* (oder *broken story*): Eine Story bricht ab zur Nicht-Story oder in nicht-narrativierbare Erfahrungen, die keine Kohärenz, keine Kontinuität, keinen Ansatz zum *emplotment* mehr finden.[134]

Eine andere Bedeutung gibt Freeman[135] dem Gegen-Narrativ. Er führt den Begriff des narrativen Unbewussten ein, das man auch als vor-narrative Erfahrung bezeichnen kann, "die man gelebt, aber noch nicht gedacht und deshalb auch noch nicht erzählt hat." Es handle sich um jene "kulturell verankerten Aspekte der eigenen (Lebens-)Geschichte, die noch nicht Teil der eigenen Geschichte (Story) geworden ist."[136]

Aber all dies ist an der Narrativen Gerontologie vorbeigegangen. Sie hat in ihrer Kreation der "ordinären Weisheit" sowohl die gesamte sozialwissenschaftliche Weisheitsforschung ignoriert, als auch in ihrem narrativen Zugang alle alten und neuen kritischen Entwicklungen der narrativen Wissenschaften. Menschen unter dem "*coaching*" narrativer Gerontologen sind "weise". Keine Gegenfrage, kein Zweifel kommt auf. Im Gegenteil: Die Narrative Gerontologie ist normativ. Diese Sorte ordinärer Weisheit sollte man als alter Mensch schon erreichen, sonst ist man ja "diesseits des Todes" schon tot. Dies ist eine enthüllende Wertung gegenüber alten Menschen, die sich dem Projekt der ratternden Selbsterzählung nicht hingeben wollen.

11. Warum Absturz der Weisheit?

Der kleinste Nenner der Gemeinsamkeit aller westlichen Weisheitskonzepte ist, dass Weisheit kostbar ist und dass Weisheit selten ist. Das entgeht auch den Autoren der ordinären Weisheit nicht, weshalb sie auch zusätzlich eine "extraordinäre" Weisheit erfinden. Diese wird mit folgenden sechs Merkmalen gekennzeichnet:

1. Sie hat eine kognitive Dimension.
2. Sie hat eine praktische, erfahrungsverankerte Dimension.
3. Sie ist interpersonell.
4. Sie hat eine ethisch moralische Dimension.
5. Sie kann sich in vielen verschiedenen Weisen zeigen.
6. Sie hat eine spirituell-mystische Dimension.

Zwar haben wir gehört, dass die ordinäre Weisheit nicht so "perfektionistisch" sei, wie die "außergewöhnliche" – also keinesfalls alle Merkmale in ihr realisiert sein müssen –, aber in der allmählichen Entfaltung des Konzeptes der ordinären Weisheit tauchen dann doch alle diese Merkmale auf: Natürlich hat auch die ordinäre Weisheit eine kognitive Dimension, denn sie ist mit Stories-Erzählen unlösbar verbunden. Und um Stories erzählen zu können, bedarf es – jedenfalls in den meisten Fällen – gewisser narrativer Fähigkeiten. Wie es um diese steht, weiß man freilich nicht, wenn ordinäre Weisheit sich auch in Schweigen äußern kann oder in der Geste eines "Dementen".

Eine praktische, in Erfahrung verankerte Dimension (2. Kriterium) – das hat auch die ordinäre Weisheit, schließlich ist ihre Basis eine ganze Lebensgeschichte. Ordinäre Weisheit ist selbstverständlich auch interpersonell. Die Story hat Koautoren, die Story hat eine Hörerschaft, die Weisheits-Story kann entfaltet werden in Gespräch und Therapoetik (3. Kriterium). Ordinäre Weisheit hat auch eine spirituelle Dimension (6. Kriterium), wie wir gesehen haben, und sie kann sich wahrlich in vielen verschiedenen Weisen äußern (5. Kriterium).

Bleibt das Kriterium der ethisch-moralischen Dimension (4. Kriterium), welche zur "außerordentlichen" Weisheit gehören soll. Es ist eben diese Dimension, welche Weisheit ganz wesentlich von der für jedes Ziel einsetzbaren Intelligenz unterscheidet.

Hat die ordinäre Weisheit eine ethisch-moralische Dimension, welche unabhängig von der spirituellen gesehen werden kann? Die Antwort lautet: Ordinäre Weisheit "hat" keine Moral. Sie *ist* jedoch moralisch.

Aus allen den blumenreichen poetischen Umschreibungen von ordinärer Weisheit ergibt sich schon ein Verständnis dessen, was sie ist: Es ist im Kern die Akzeptanz des eigenen Lebens, so wie es gelebt wurde. Das setze voraus,[137] dass man sein Leben als Story betrachten kann, es setze eine gewisse Selbst-Distanz voraus, die Betrachtung der Landschaft des eigenen Lebens wie aus dem Fenster eines Zuges.

Wo ist hier die ethische Dimension? Ein Mensch der sein Leben betrachten kann wie aus dem Fenster eines Zuges – handelt der irgendwie anders oder besser als einer, der im Zug sitzt und seine Lebensstory *nicht* anzusehen in der Lage oder willens ist? Die narrativen Gerontologen spekulieren, dass der "vulgär" Weise wohl ein wenig gelassener sein könne, vielleicht auch mehr Humor habe und kontemplativ sei.[138] Aber wie er *handelt*, wissen wir nicht. Wir haben erfahren, dass der "vulgär" Weise handeln oder nicht handeln, reden oder nicht reden kann, sich gelassen und exzentrisch benimmt. – Es ist beliebig!

Die ganze Besonderheit der Weisheit rührt aber von ihrer ethischen Dimension. Der springende Punkt ist, dass die Schöpfer der ordinären Weisheit zwar unermüdlich die Kostbarkeit ihrer Weisheit propagieren – die Kostbarkeit haben sie vom allgemeinen Konzept der Weisheit voll übernommen –, aber das, was die Kostbarkeit ausmacht – die Werte, die Ethik – das bleibt undefiniert. Der ordinär Weise ist bestenfalls in "poetischer" und "metaphorischer" Weise ein guter Mensch. Von pragmatischer Ethik – Ethik im Urteilen und Handeln – hören wir nichts.

Zwar hat die ordinäre Weisheit keine inhärente Moral, aber sie ist ganz gewiss selbst moralisierend. Sie ist wertend, vor allem auch *abwertend*: Wer nicht zur Story in der Lage ist, der ist schon vor dem Tod erstarrt, sein Alter "ist schief gelaufen". Bewusstes Altern, spirituelles Altern zusammen mit der ganzen euphorischen Lobpreisung allseits erreichbarer Weisheit wird dem alternden Menschen als strahlende Norm vorgehalten. Eine ich-bezogene Nach-Innenschau wird ihnen als positives Modell des Alterns angepriesen.

Hier wird der Begriff der Weisheit missbraucht. Die "große", die kostbare Weisheit (um sie von der ordinären zu unterscheiden) ist abgestürzt. Diese kleine Weisheit, die hier kreiert wird, reitet auf den Wellen der Kostbarkeit der "großen" Weisheit, bedient sich dieser Kostbarkeit – aber leistet sie nicht. Um zu verstehen, was hier geschieht, müssen wir uns verdeutlichen, um wen es geht: alte Menschen.

Die Forderung, alte Menschen mögen auf ihr Leben schauen, dieses als Story sehen, sich an der Story zu schaffen machen und sie umgestalten zu etwas Neuem (*novel*), wodurch ihr Leben dann nicht nur noch zum Roman (*novel*), zum Kunstwerk, zur Poesie wird, sondern ihnen damit auch noch ein Etikett der Weisheit zuspricht, ist eine Verschleierung des vielfältigen Leides des Alters in unserer Gesellschaft.[139]

12. Positive Psychologie: Weisheit für alle

Diese Verschleierung der leidvollen Seite von Alter wird gefördert durch eine neue Bewegung in der Psychologie, die positive Psychologie. Sie begann mit einem Manifest für eine Wende in der Psychologie.[140] Statt immer nur die negativen Seiten des menschlichen Daseins zu untersuchen – Krankheit, Depression, Konflikt, Angst, Misslingen, Behinderung, Stress, Sterben und Tod –, sollte die Psychologie sich auch, und jetzt einmal prioritär, auf die lichten Seiten des Menschseins konzentrieren – auf Glück, Sinn, Liebe, Gelingen, Geborgenheit, Gelassenheit, Weisheit, Selbstvertrauen, Vergebung, Humor – oder aber auf die Betrachtung negativer Phänomene im positiven Licht: Trauma als Wachstum, Behinderung als Chance usw.

Das Ausgangsmanifest der positiven Psychologie brachte alsbald eine Welle von Handbüchern und Sonderausgaben zur positiven Psychologie.[141] In diese Bewegung der positiven Psychologie fügt sich eine positive Gerontologie vorzüglich ein. Einer positiven Gerontologie geht es um "*wellness in aging*", um eine Sicht des Alters, welche auf die Stärken des Alters abhebt.[142] Die Narrative Gerontologie ist eine Variante der positiven Gerontologie, und sie geht einher mit der Verkündung einer Psychotechnologie, der narrativen Gero-Psychotherapie,[143] welche nicht nur mehr *happiness* im Alter verspricht, sondern vor allem eine allen zugängliche Weisheit. Weisheit wird zum "Attribut", das sich fast ganz von selbst mit dem Alter einstellt.[144] Und eine Steigerung dieser positiven Nachricht – wir werden im Alter alle weise – hat sich die Psychologie auch bereits ausgedacht: "Jedes Alter hat seine Weisheit".[145] Damit ist nicht nur die vollendete Demokratisierung der Weisheit erreicht, sondern auch ihre Banalisierung. In der Narrativen Gerontologie trägt beides bei zu einer Verschleierung von Leid im Alter.

Wir werden uns im nächsten Kapitel noch einen zweiten Missbrauch von Weisheit anschauen, ehe ich im letzten Kapitel zur Verschleierung zurückkehre.

Kapitel 4

Weisheit als greisige Leistung II: Die Spiritualisierung der Weisheit in der Gero-Transzendenz

1. Kapitelübersicht

Neben der Narrativen Gerontologie (Kapitel 3) zeigt noch ein anderer Zweig der Psycho-Gerontologie einen sicheren Weg zur Weisheit im Alter auf: die Theorie der Gero-Transzendenz. Sie postuliert eine natürliche, mit dem Alter einhergehende Entwicklung des Menschen in Richtung auf Spiritualität und Weisheit. Ich werde zeigen, dass auch dieser gerontologische Weisheits-Ansatz in seiner fragwürdigen Empirie und gefährlichen Normativität in Verdacht gerät, Weisheit zu missbrauchen.

Damit die Theorie der Gero-Transzendenz im Kontext gesehen werden kann, muss ich zuerst auf die Stufentheorie der menschlichen Entwicklung von Erik und Joan Erikson eingehen; auch hier ist die höchste Stufe die der Weisheit (Abschnitt 2). Zweitens muss die Gero-Transzendenz vor dem Hintergrund einer viel breiteren gerontologischen Bewegung der "Spiritualisierung von Alter" gesehen werden. Ich werde zunächst die Begriffe "Spiritualität" und spirituelle Intelligenz behandeln und dann einen kurzen Einblick in den Bereich "Spiritualität und Alter" geben (Abschnitt 3).

In diesem Bereich, der als Teil der Wiederverzauberung des Selbst,[1] der Wiederverzauberung der Welt,[2] des "*New Age for Old Age*"[3] umschrieben wurde, lässt sich dann die Theorie der Gero-Transzendenz orten (Abschnitt 4), die empirische Evidenz für diese Theorie (Abschnitt 5) und schließlich das Schicksal der Weisheit in der Gero-Transzendenz (Abschnitt 6).

2. Weisheit auf der achten und neunten Stufe der menschlichen Entwicklung

Das Werk Erik Eriksons (1902 – 1994) hat bis heute einen großen wissenschaftlichen Einfluss.[4] Dieser geht vor allem zurück auf seine Acht-Stufen-Theorie der Entwicklung des Individuums. In seinem Werk *Identity and the Life Cycle*[5] hat er eine Theorie der menschlichen Entwicklung dargelegt, welche den gesamten Lebenszyklus umfasst. Das unterscheidet seine Theorie von der

Mehrheit der psychologischen und psychoanalytischen Entwicklungstheorien seiner Zeit, die sich meist nur auf frühkindliche Entwicklung bezogen.

Eriksons ursprünglich acht Stufen der psychosozialen Entwicklung des Menschen vom Kleinkindalter bis zum hohen Alter sind konzipiert als Lebenskrisen zwischen zwei polaren Kräften. Aus deren Ausbalancierung entwickeln sich jeweils basale Ressourcen, Fähigkeiten oder Stärken:

Die acht Stufen der menschlichen Entwicklung nach Erikson (1959/1973)

Stufe	Grundkonflikt	Ergebnis der Ausbalancierung
Kleinkind	basales Vertrauen versus basales Misstrauen	Hoffnung
frühe Kindheit	Autonomie versus Scham und Zweifel	Wille
Spielalter	Initiative versus Schuldgefühl	Entschlusskraft
Schulzeit	Werksinn versus Minderwertigkeit	Kompetenz
Jugendalter	Identität versus Identitäts-Konfusion	Treue
frühes Erwachsenenalter	Intimität versus Isolierung	Liebe
späteres Erwachsenenalter	Generativität versus Stagnation	Fürsorge
hohes Alter	Integrität versus Verzweiflung	Weisheit

Diese Stufenfolge versteht Erikson epigenetisch: Die Vollendung vorangehender Entwicklungsstufen ist jeweils Voraussetzung für eine optimale Entwicklung auf den nachfolgenden Stufen. Das Modell ist epigenetisch auch in dem Sinn, dass alle Entwicklungen von Anfang an angelegt sind und alles, was sich dann entfaltet, im Verlauf der Entwicklung neu beleuchtet wird. Dies wird bei der Behandlung der Lebensstufe des hohen Alters noch deutlicher werden.

Erik Erikson hat sein Modell bis zur achten Stufe entwickelt. Bei ihm ist die höchste Qualität, die nach diesem Stufenmodell ein Mensch erreichen kann, die Weisheit. Erikson definierte Weisheit als "*detached concern with life itself in the face of death itself*".[6]

Diese Weisheit erreichen nur Menschen, welche die vorangehenden basalen Lebenskrisen positiv gelöst und damit die entsprechenden Ressourcen oder Ich-Stärken gewonnen haben. Wer über Hoffnung, Wille, Entschlusskraft und Kompetenz verfügt, wer die Fähigkeit zu Treue, Liebe, Fürsorge entwickelt hat – der kann, wenn er auch den letzten Konflikt des Lebens, den zwischen den Kräften Integration auf der einen Seite und Verzweiflung auf der anderen, ausbalanciert hat, zur Weisheit gelangen. Es ist ein langer Entwicklungsweg und so werden ihn nur wenige vollenden.[7]

Joan Erikson[8] hat in ihrem Buch *Wisdom and the Senses. The Way of Creativity* diese frühe, sehr wenig greifbare und abstrakte Umschreibung der Weisheit durch Erik Erikson unter Einbeziehung der eigenen Erfahrung mit Alter (sie war 72 Jahre alt zum Zeitpunkt des Erscheinens dieses Buches) nicht nur konkretisiert, sondern auch mehr mit den realen leiblichen Problemen alter Menschen verknüpft. Weisheit beinhaltet nach Joan Erikson zehn Qualitäten:[9]

1. Die Bereitschaft des alten, invalide werdenden Menschen, die unvermeidliche Abhängigkeit in "angemessener" Weise zu akzeptieren und das Vertrauen in Gegenseitigkeit und Wissen um Interdependenz der Menschen zu bewahren.
2. Akzeptanz einer Entwicklung in Richtung auf Desintegration. Alter sei schließlich Desintegration, dem müsse man ins Gesicht schauen. Das bedeutet vor allem auch die Akzeptanz der Unausweichlichkeit des Todes und des Ungewissen und Nicht-Gewussten.
3. Widerstandsfähigkeit, d. h. jene Elastizität, die notwendig ist, jeden Morgen wieder neu zu beginnen.
4. Einfühlsamkeit, was voraussetzt, dass man sich selber kennt.
5. Humor.

6. Echte Bescheidenheit, die erlaubt, auch die eigenen Unfähigkeiten zu betrachten, und kühl und sachlich abzuwägen, wie es um die eigenen physischen und geistigen Fähigkeiten und Kräfte steht.
7. Einsicht in die Komplexität des Lebens, d. h. Wissen um die Vernetztheit der Probleme, um unterschiedliche Positionen und Blickwinkel, um Widersprüche und Schattierungen.
8. Erkennen der Komplexität der noch bestehenden Beziehungen. Sie sind komplex, weil beidseitige Abhängigkeit auch immer wieder dem Alleinsein Raum geben muss, um auch den ganz eigenen persönlichen Entwicklungsweg zu finden.
9. Fürsorge und Anteilnahme. Ein nicht klammerndes, nicht Besitz ergreifendes Sorgen für Menschen, Lebewesen und Dinge, und die Fähigkeit, loszulassen, da Verlust unvermeidlich ist.
10. Die Fähigkeit zur Integration von Vergangenheit, Gegenwart und Zukunft in eine "existentielle" Identität. Sie geht über eine Ich-Identität hinaus und schließt die gesamte Generationenfolge ein.

Aber erscheint es leichter, all diese Merkmale der Weisheit bis hin zur Entwicklung einer "existentiellen Identität" zu entwickeln, als die Weisheit zu realisieren, von der Erik Erikson spricht? Es scheint, dass beide einen ganz hehren Weisheitsbegriff geschaffen haben.

Aber die Entwicklung des Weisheitsbegriffs geht bei Joan Erikson weiter. In der Einleitung zu der erweiterten Fassung des *Life Cycle Completed*[10] versucht sie die "erd-gebundene" Bedeutung der Weisheit genauer zu umreißen. Als Wortwurzel von *wisdom* erkennt sie "Wahrnehmung" – Sehen, Hören –, so dass Weisheit zur Welt der Wirklichkeit gehöre, mit der wir durch unsere Sinne in Kontakt sind. Und an "Integrität" – auch der achten Stufe zugehörig – erkennt sie eine Wortwurzel von "Kon-takt, intakt, taktil, spürbar, berührbar". Damit hat Integrität die Funktion, den Kontakt mit der Welt herzustellen, mit Dingen und vor allem mit Menschen. Es ist eine taktile "fassbare" Art zu leben, es ist kein abstraktes Ziel. Integrität wird auf diese Weise zu einem Begriff des Umgangs mit Alltag: "Es geht bei Integrität lediglich um die alltägliche Bewältigung aller größeren und kleineren Tätigkeiten, mit all der stetigen Aufmerksamkeit fürs Detail, die man braucht, um einen Tag gut zu leben. Es ist alles so einfach, so direkt und *so schwierig*."[11] Während beide Eriksons "Integration" vorher verstanden hatten als eine "starre Tugend, die am fernen Himmel leuchtet", sei sie jetzt "ein Teil des alltäglichen, 'erdgebundenen' Lebens. Es geht um reale Welt: mit Licht, Klang, Geruch und Verbundenheit mit allem Lebendigen."[12]

Angesichts der eigenen vielfältigen Erfahrung der altersbedingten Desintegration hat Joan Erikson das allzu hehre Wort der Integrität zu "Integralität" vereinfacht. Das ist etwas ganz Schlichtes: die Tendenz, die Dinge zusammenzuhalten trotz physischen, geistigen und sozialen Abbaus.

Diese nüchterne, kritische Sicht Joan Eriksons auf das Alter zeigt sich auch in dem Verweis auf mögliche Pseudo-Entwicklungen. Das Alter sei nicht frei von einer zurückblickenden "Mythologisierung" des Lebens und diese könne zu einer Art Pseudo-Integration führen, welche nur von der nicht bewältigten Verzweiflung ablenke.[13]

Vor dem Hintergrund dieser "Erdung" und Veralltäglichung werden die Begriffe Integrität (oder Integralität) und Weisheit von vorher nur belastenden Zielvorstellungen zu lebbaren Konzepten: "Lebendigkeit und Wachsamkeit werden gebraucht, um ein Leben mit Taktgefühl und Weitblick in allen Beziehungen zu führen. Man muss sich anpassen. Wir müssen die Behinderungen akzeptieren mit so viel Taktgefühl und Weisheit, wie wir nur aufbringen können, und mit Leichtigkeit und Humor. Wir alle haben die Fähigkeiten unserer Jugendzeit als selbstverständlich angenommen und haben sie ungeheuer genossen. Lassen Sie uns nun den (damaligen) Akteuren mit Taktgefühl und wahrer Dankbarkeit applaudieren. Schaut und hört weiter hin, solange wir noch das Privileg haben, sehen und hören zu können."[14]

Was bleibt hier von der Weisheit – jenem "Brokat", den wir im ersten Kapitel kennengelernt haben – übrig? Leichtigkeit, Humor, Sehen, Hören? Man fragt sich, wie es denn zu dieser Erdung und Veralltäglichung des hehren Weisheits-Begriffes bei Joan Erikson gekommen ist. Hier geben uns nicht nur die bedeutendste Erikson-Forscherin Carol Hren Hoare[15] Einblick, sondern auch die Eriksons selbst.

Mit fortschreitendem Alter kam auch Erik Erikson seine Stufe des hohen Alters verdächtig altersgebunden vor und Joan Erikson meint, sie seien beide zum Zeitpunkt der Formulierung der achten Stufe gar nicht in der Lage gewesen, sich als wirklich alt vorzustellen. Auch die Konzipierung einer neunten Stufe – einer Stufe ganz hohen Alters – ist nur vor dem Hintergrund der nunmehr alt gewordenen Altersforscherin zu verstehen. Joan Erikson lässt uns dies in sehr persönlichen Worten wissen: "Obwohl wir bereits im Alter von achtzig begannen, unseren Altersstatus anzuerkennen, glaube ich, dass wir zu keiner Zeit seine Herausforderungen realistisch einschätzten, bis wir fast neunzig Jahre alt waren. Wir wurden in unserem Leben vor keine unlösbaren Probleme gestellt. Mit neunzig Jahren wachten wir sozusagen auf fremdem Gebiet auf. Welchen Vorwarnungen wir auch immer vorher begegneten, wir taten sie ab als komisch und sogar lustig. Aber schon bald standen wir den unvermeidlichen – und gewiss nicht lustigen – Realitäten gegenüber. Während wir durch die Jahre der Generativität schritten, hatten wir niemals das Gefühl, als wäre hier und jetzt das Ende der Straße... Erst mit neunzig änderte sich die Sicht; der Blick nach vorn wurde begrenzt und unklar. Das Tor des Todes, von dem wir immer wussten, dass es da war, womit wir aber immer locker umgegangen waren, schien jetzt ganz nah zu sein."[16]

Die neunte Stufe, die Joan Erikson dann jenseits ihres 80. Lebensjahres formuliert, zu einem Zeitpunkt, da sie *weiß*, was Alter ist, unterscheidet sich im Konstruktionsprozess von den anderen Stufen.[17] Es werden hier nicht neue polare Kräfte formuliert, deren Ausbalancierung eine bestimmte Ich-Stärke hervorbringen – wie etwa auf der achten Stufe der Konflikt zwischen den Kräften von "Integration" versus "Verzweiflung" zu "Weisheit" führen kann. Statt dessen werden alle vorangehenden Pole unter dem Aspekt des äußerst hinderlichen realen, hohen Alters neu bewertet. Dies entspricht dem epigenetischen Charakter des Eriksonschen

Stufenmodells: Vorangehende Entwicklungen/Elemente gehen nicht einfach verloren. Sie sind da und finden unter den neuen Entwicklungen eine veränderte Gestalt oder Bedeutung. Autonomie, Initiative, Intimität, Generativität, Identität, Integration. Sie alle spielen auch im Alter eine Rolle: Aber wie? Als reduzierte Autonomie, verlorene Initiative, vermisste Intimität, vernachlässigte Generativität, bedrohte Identität und Pseudo-Integration? (Vgl. dazu Abschnitt 6.)

Weisheit im Denken von Erik und Joan Erikson präzise zu fassen, ist nicht leicht, da sich das Konzept in ihrem Denken entwickelt und verändert hat. Aber Carol Hren Hoare[18] hat auf der Basis sämtlicher hinterlassener Erik Erikson-Schriften, Notizen und Randbemerkungen auch die Entwicklung seines Konzeptes von Weisheit (und eng damit verbunden: Integrität) untersucht. Sie hat systematisch alle seine Formulierungen zu Integrität und Weisheit in der langen Zeit seiner Publikationstätigkeit von 1950 bis 1985 verfolgt und sorgfältig die einzelnen Änderungen heraus destilliert.[19] Sie sieht im Wesentlichen vier Änderungen bei Erik Erikson in Bezug auf sein Weisheitskonzept:

1. *Rücknahme der Normativität*
   Eriksons Stufensystem hat normativen Charakter. Es ist offensichtlich, in welche Richtung die Lösung der jeweiligen Grundkonflikte des Lebensweges zu gehen hat – stets zu dem positiven Pol. Denn erst da erwächst die stufenspezifische Ich-Stärke, an deren Spitze dann Weisheit steht. Das ist die wünschenswerte, die gute, die gewollte Entwicklung. Als er selbst schon über achtzig Jahre war und "die unvermeidlichen und bestimmt nicht lustigen Realitäten" des Alters bereits hinreichend erfahren hatte, bekennt er: "Die Forderung, im hohen Alter Integrität und Weisheit zu entwickeln, kommt einem etwas unfair vor, insbesondere wenn sie von Theoretikern im mittleren Alter erhoben wird – wie wir es in der Tat damals waren."[20] Die Entwicklung, die Erikson selbst vollzog, war also eine ernüchterte Distanz zur Normativität seiner Theorie, die er in souveräner Selbsterkenntnis der "Alters"-Bedingtheit seiner einst hohen Forderung nunmehr relativiert.

2. *Auflösung des Gegensatzes*
   Erik Erikson hatte alle seine Entwicklungsstadien im Sinne einer Krise formuliert, deren Ausgang ein Entweder/Oder war. Auf der achten Stufe zum Beispiel ging es um Integrität *versus* Verzweiflung. Dieses "versus" hat er später lautlos fallen gelassen. Es sei einfach beides da, das ist die realistischere Sicht, zu der er in seinen späten Jahren gelangte. Verzweiflung z. B., so schreibt er in späten Jahren, sei essentiell im Alter. Sie gleiche Integrität aus.

3. *Zurückverlagerung der Weisheit ins mittlere Leben*
   Erik Erikson war zwar bis in seine 80er Jahre hinein davon ausgegangen, dass Weisheit eine Entwicklung der letzten Stufe des Lebenszyklus sei. Aber er hat Weisheit an vielen Stellen seines Werkes mit "Erkenntnis" (*insight*) verbunden und umschreibt sie auch mit *"prudence, sustained reflection, sensitivity to the needs of others, sound judgement, and responsible action"* – alles Potentiale des viel früheren erwachsenen Alters. Weisheit wird zu einer Möglichkeit auch auf früheren Entwicklungsstufen.

4. *Einbeziehung von Spiritualität*
   Als Psychoanalytiker hatte sich Erik Erikson immer geweigert, religiöse Bedürfnisse oder spirituelle Neigungen im Alter zu berücksichtigen. Nachdem er selbst durch die Gesellschaft und seine eigenen Gebrechen marginalisiert war, öffnete er sich diesen Gedanken und begann über eine existentielle, eine transzendente Identität nachzudenken, in welcher Glaube und Spiritualität einen zentralen Platz hatten.[21] Glaube sei, so meint Hoare[22], bei Erikson ein Ersatzbegriff für Integrität geworden. Es war ein Prozess des "Erwachens".[23]

Bei aller Wertschätzung von Erik Erikson übt Hoare auch Kritik, vor allem an seinem Umgang mit dem weiblichen Geschlecht.[24] Er habe offensichtlich Frauen nie genug verstanden, um sie angemessen in seinem theoretischen Denken zu berücksichtigen. Es ist nicht nur, dass sie praktisch nicht in seinem Werk vorkommen, er entwickelt auch Konzepte, die einfach unpassend seien für den speziellen weiblichen Entwicklungsweg in unserer Gesellschaft. Er habe ein Konzept der Identität formuliert, das von Männlichkeitsdenken geprägt sei: Identität auf der Basis von Autonomie. Eine "relationale Identität", eine mehr weibliche Identität, sei gar nicht in seinen Blick gekommen. Und so bleibt auch sein späterer Weisheitsbegriff "geschlechtslos". Diesen fasst Hoare folgendermaßen zusammen: "Für Erikson basierte Weisheit auf selbst- und fremdreflektierenden Beobachtungen, die ihren Ursprung in Erkenntnis haben und zu Verantwortung (ethischem Handeln) führen. Er meinte, dass weise Erwachsene eine Wahrnehmungsschärfe besitzen, die es ihnen erlaubt, den Kern der Dinge zu sehen. Solche Menschen sind sorgfältige Beobachter und Zuhörer. Sie sind maßvoll und vermeiden schnelle Antworten, impulsive Entscheidungen oder unmittelbare Schlussfolgerungen. Sie bewerten oder stereotypisieren andere nicht. Sie behandeln andere als Ziele, nicht als Mittel zum Zweck. Sie halten sich an Prinzipien und menschliche Werte und halten diese (auch) in einer materiellen Welt aufrecht. Sie verhalten sich authentisch, vermeiden gekünsteltes Gehabe, das aus der Vorspiegelung falscher Tatsachen oder aus einem defensiven Bedürfnis herrührt, etwas anderes zu sein, als man ist. Sie kümmern sich um andere, ohne Gegenleistungen der 'quid-pro-quo-Art' zu erwarten. Weise Erwachsene sind spirituelle Menschen und moralische Führer. Ohne notwendigerweise eine Führerrolle zu übernehmen, sind sie oft jene Menschen, zu denen andere aufsehen und die als Rollenmodell dienen, weil ihr gleichbleibend prinzipientreues Verhalten hohe Ideale reflektiert, auch Mut, Zielgerichtetheit und unerschütterliche Überzeugungen, die es wert sind, dass man ihnen folgt. Erikson beschrieb Menschen als weise, die Wissen wertschätzen und die andere Wünsche sublimieren, um dieses zu erreichen. Dennoch sind sie sich der Grenzen des Wissens bewusst und verstehen auch, dass Weisheit nicht aus angesammeltem Wissen, der Anzahl von Lebensjahren oder schulischen Leistungen erwächst. Er meinte, dass diese Einsicht notwendigerweise zu Bescheidenheit statt Selbstaufwertung führt."[25]

3. Spiritualität und Transzendenz

(1) Begriffsbestimmung

Die Kennzeichnung der "höchsten Stufe" menschlicher Entwicklung mit Weisheit, Integration, Glaube bei Erik Erikson hat jene gerontologischen Konzepte gefördert, wonach der alte Mensch eine höhere Form des Bewusstseins erreicht, nämlich Spiritualität. Spiritualität ist allerdings ein sehr unklarer Begriff. Er wird verwendet, um Frömmigkeit zu umschreiben, Suche nach Sinn, enge Naturverbundenheit, regelmäßige Meditationspraxis, Interesse an New Age-Seminaren, an Buddhismus, Hinduismus oder Schwitzhütten der nordamerikanischen Indianer.[26]

Einige Versuche, Spiritualität einzugrenzen und präzise zu fassen, gehen von einer Abgrenzung von Religiosität und Spiritualität aus.[27] Religion wird dabei mit den institutionalisierten Kirchen und mehr mit Verhalten (Beten, in die Kirche gehen usw.) in Zusammenhang gebracht. Im Unterschied dazu wird Spiritualität mehr als eine innere Erfahrung gesehen, deren fortgeschrittene Stadien "Transzendenz", d. h. Erfahrungen jenseits der Grenzen von Leib, Vernunft, Sprache und Kultur mit einschließt.[28]

Eine ähnliche Unterscheidung wie die zwischen Religiosität und Spiritualität beinhalten die Begriffe "Bewohnen" und "Suchen".[29] Beide Formen von Frömmigkeit suchen das "Heilige" im Leben, aber sie unterscheiden sich in ihrem Umgang mit Raum, religiöser Tradition und religiöser Autorität: Die religiösen "Bewohner" sind bezogen auf einen speziell zur Religionsausübung geschaffenen Raum, sie akzeptieren in verschiedenen Graden die institutionalisierten Kirchen und ihre Autoritäten, versammeln sich für religiöse Praxis und räumen dem Gebet eine besondere Stellung ein. Die spirituellen "Sucher" schaffen sich ihren eigenen Raum der Erfahrung und Praxis, sie folgen keiner bestimmten Tradition, sie leihen sich dabei auch Gedanken und Praktiken aus anderen Kulturen, sie treten keiner etablierten Kirche bei, sie gestalten ihre Suche autonom und nicht autoritätsgebunden, sie legen Wert auf

Selbsterkenntnis und auf das Gefühl der Verbundenheit und Einheit. Sie praktizieren eher auch allein und ihre Praxis bezieht Techniken (Meditation usw.) jenseits von Sprache ein.[30]

Andere Versuche, den Begriff "Spiritualität" zu definieren, sind empirische, faktorenanalytische Ansätze[31] im Kontext der "spirituellen Intelligenz".

(2) Spirituelle Intelligenz

Howard Gardner[32] diskutierte die spirituelle Intelligenz als "existentielle" Intelligenz. Er konnte sich dann aber doch nicht durchringen, ihr im Rahmen seiner Theorie der multiplen Intelligenzen den Status einer eigenständigen Intelligenz zu geben. Es war Robert Emmons[33] überlassen, eine eigenständige spirituelle Intelligenz zu postulieren. Nach Emmons gehören vier Fähigkeiten zur spirituellen Intelligenz:

- die Fähigkeit zur Transzendenz;
- die Fähigkeit, höhere Bewusstseinszustände zu erfahren;
- die Fähigkeit, alltägliche Erfahrung mit einer Aura des Heiligen zu durchdringen, d. h. die Präsenz von "Höherem" oder "Göttlichem" in Alltagsgegenständen und Alltagshandlungen zu erleben;
- die Fähigkeit, spirituelle Ressourcen zu nutzen, um Probleme zu lösen (Stress abzubauen, negativen Erfahrungen zu trotzen, Zielkonflikte aufzulösen usw.).

Emmons' Modell der spirituellen Intelligenz wurde eine Weile heftig diskutiert,[34] ehe es dann in der Wissenschaft – mit einer Ausnahme[35] – wieder ganz still wurde um die spirituelle Intelligenz. Nicht so in populären Werken. Hier wurde der Begriff wiederholt aufgegriffen.[36] Richard Wolman definiert spirituelle Intelligenz als "die menschliche Fähigkeit, letzte Fragen über den Sinn des Lebens zu stellen und gleichzeitig eine bruchlose Verbundenheit zu erfahren zwischen jedem von uns und der Welt, in der wir leben."[37]

Für Frances Vaughan[38] ist spirituelle Intelligenz "die Fähigkeit zu einem tiefen Verständnis für existentielle Fragen und zur Einsicht in die vielfachen Ebenen des Bewusstseins zu kommen..." Die spirituelle Intelligenz entfalte sich, "wenn Bewusstsein sich zu einem immer tiefer werdenden Gewahrsein von Materie, Leben, Körper, Verstand, Seele und Geist entwickelt". Sie verbinde das Personelle mit dem Transpersonellen und "neben dem Bewusstsein seiner selbst, umfasst sie das Bewusstsein unserer Beziehungen zum Transzendenten, zueinander, zur Erde und zu allen Lebewesen."[39] Diese spirituelle Intelligenz kann sich nach Vaughan in Liebe, in Fürsorge – oder in Weisheit äußern. Weisheit erscheint als eine höhere Form der spirituellen Intelligenz: "spirituelle Reife".

Wenn man nun die Bestimmung solcher spirituellen Reife genauer betrachtet, bemerkt man, dass sich hier Bestimmungsstücke der "Meterware" der Weisheit wiederfinden: "Spirituelle Reife bedeutet die Anwendung von Weisheit und Mitgefühl in der Beziehung zu anderen Menschen, ungeachtet des Geschlechts, des Glaubensbekenntnisses, des Alters oder der ethnischen Herkunft und auch Achtung und Respekt vor allen Lebensformen. Spirituelle Reife verweist auch auf ein inneres Gefühl von Einsicht und Verstehen, das auf der Bereitschaft basiert, Illusionen zu erkennen, selbst im Angesicht von Unbeständigkeit zu lieben und existentielle Freiheit und Sterblichkeit zu akzeptieren. Sie umfasst eine Tiefe und Breite der Vision, die ein ganzes Spektrum an Perspektiven und vielfältigen Formen des Wissens einschließt. Außerdem bedeutet spirituelle Reife eine Verbindung zwischen dem Innenleben von Verstand und Geist und dem Außenleben von Handeln und Dienst an der Welt. Spirituelle Intelligenz zu entwickeln schließt ein und transzendiert persönliches Wachstum und reicht bis hin zu weiteren Bereichen gesunder psychologischer Entwicklung. Dies beginnt damit, Authentizität und Bewusstsein seiner selbst zu pflegen, und entwickelt sich weiter zu einer Praxis der Sorge um alle Lebewesen. Einige persönliche Merkmale, die mit spiritueller Intelligenz zusammen vorkommen, sind traditionelle Tugenden von Aufrichtigkeit, Bescheidenheit und Barmherzigkeit, die auch umschrieben werden könnten mit Authentizität, Achtung vor Unterschieden und Bereitschaft, anderen zu dienen. Hoch entwickelte spirituelle Intelligenz kann auch mit Freiheit von Defensivität und Feindseligkeit und mit Neigung zu Güte und Großzügigkeit verbunden sein."[40]

Ist spirituelle Intelligenz ein sinnvoller Begriff? Intelligenz beinhaltet Denk-Operationen, die analysieren, zergliedern, unterteilen, ordnen. Spiritualität ist gerade das Sich-Lösen von den Denk-Operationen. Spirituelle Erfahrung ist Auflösung von Unterscheidung. Ein Begriff, der auf der Herstellung von Unterscheidungen basiert, mit einem Begriff zu vereinen, der gerade die Auflösung von Unterscheidungen postuliert, ist vielleicht kein sinnvolles Unterfangen.

Auch ist Intelligenz ein Mittel zum Zweck, ein Instrument der Zielerreichung und Problemlösung. Intelligenz enthält in sich nicht die Werte, welche notwendig sind, um zu wissen, was man wollen soll. Das kann in der Tat nur aus Bereichen kommen, die wir mit "Spiritualität" oder mit "Weisheit" umschreiben.

Spiritualität und Weisheit verbinden sich in der Theorie der Gero-Transzendenz. Doch bevor ich darauf eingehe, müssen wir noch einen Blick auf die Forschung zu "Spiritualität und Alter" werfen.

(3) Spiritualität und Alter

Spiritualität und Religiosität sind in der Psycho-Gerontologie ein wichtiges Thema geworden.[41] Inzwischen sind zwei Bände eines Handbuchs zu "*Aging, Spirituality, and Religion*" erschienen.[42] Die Popularität des Themas wird auch deutlich in der Flut von Titeln der Art: "Alter als spirituelle Reise"[43], "Perspektiven des spirituellen Wohlseins im Alter",[44] "Psychologie reifer Spiritualität: Integrität, Weisheit, Transzendenz"[45] usw.

Bei all diesem Aufschwung des Themas wird stets postuliert, dass es einen eindeutigen Zusammenhang gibt zwischen Alter auf der einen Seite und stärkerer spiritueller Neigung auf der anderen.

Wie jedoch Lauren Seifert[46] in ihrer Review der einschlägigen Forschung zeigt, gibt es bisher keine wissenschaftlichen Belege dafür, dass mit Alter eine stärkere Neigung zu Religiosität und Spiritualität einhergeht. Nicht Alter als solches könne zu einem intensiveren Fragen nach dem Sinn von Leben und Welt führen, sondern die Art und Weise, wie ein Mensch die Konflikte und Krisen seines bisherigen Lebens gelöst hat. Entgegen der landläufigen These von dem fromm werdenden Alten (oder eher noch der fromm werdenden Alten) zeige die Forschung eher, dass Religiosität im Alter eine Funktion der Religiosität in der bisherigen eigenen Biographie sei sowie eine der Epoche, in welcher man aufgewachsen ist.[47]

Auch wenn nach dieser Theorie Alter keine automatische Intensivierung spiritueller Neigungen bringt, so bietet das Alter nach Robert Atchley[48] doch auch gewisse "Vorteile" für die Entwicklung von Spiritualität: Insgesamt werde das Leben im Alter ruhiger und einfacher, nicht einfacher zu bewältigen, sondern einfacher im Sinne reduzierter Komplexität. Denn die Energie lässt nach, die Psychomotorik ist verlangsamt, Bewegungsbedürfnis und Umtriebigkeit lassen nach, die Triebe werden moderater, Pflichtarbeitszeiten und Rollenanforderungen entfallen. All dies trage zu einer Beruhigung des Geistes bei, was eine wichtige Voraussetzung für die Entwicklung von Spiritualität ist. Auch habe sich im Alter eine solche Fülle an Erfahrung angehäuft, dass es leichter sei, die Relativität und den Zusammenhang aller Dinge zu sehen – ein Merkmal der Spiritualität wie der Weisheit. Atchley kommt vor diesem Hintergrund zu der Vermutung, dass Gesellschaften gerade durch die Abschiebung der Alten erst die sozialen Bedingungen herstellen, welche spirituelles Wachstum fördern.

Dies hat Anklänge einer euphemistischen Umschreibung für die "Verbannung der Alten aus dem Hauptstrom des Lebens" von Atchley[49] in unserer Gesellschaft. Ein Teil dieser "Ruhigstellung" ist sicher nicht freiwillig. Ob unfreiwillige Ruhestellung geistige und seelische Entfaltung fördert oder aber seelische Unruhe durch Ressentiment und Wut – das ist offen (vgl. Kapitel 5). Jedenfalls wird mit Atchleys Kontinuitätstheorie von Spiritualität im Alter der Blick auf Spiritualitätsentwicklung "privatisiert". Sie wird zu einer Frage der Persönlichkeit, der persönlichen Entwicklung und Biographie. In welche Richtung solche Entwicklungen gehen, ist aber, wie die transkulturelle Forschung zu Weisheit und Spiritualität zeigt[50], vor allem auch eine Frage des kulturellen Umfeldes, das bedingt, welchen Stellenwert spirituelle Werten habe. Mit Recht weist Harry Moody[51] darauf hin, dass es in unserer Gesellschaft für alte Menschen leichter ist, solchen Modellen und Angeboten für "gutes Altern" zu folgen, welche den Grundwerten unserer Gesellschaft entsprechen. Unsere Gesellschaft ist orientiert auf Aktivität, Erfolg, Leistung, Autonomie. Modelle des "erfolgreichen Alterns"[52], des "produktiven und aktiven Alterns"[53] stimmen mit den westlichen gesellschaftlichen Werten eher überein als ein Modell des spirituellen Alterns, wie es Moody[54] vorschlägt. Bei diesem Modell geht es um Überwindung des narzistischen Ich, um Ich-Transzendenz, um Ego-Integrität, um Weisheit.

"Bewusstes Altern" und andere Konzepte von Alter und Spiritualität trennen Weisheit und Spiritualität kaum. Spirituelles Wachstum, Selbstentfaltung, Entfaltung von Weisheit werden zu einer Einheit.[55]

Nun sind all diese Konzepte und Modelle der Entwicklung – Bewusstseinserweiterung, Spiritualität, Transzendenz, Weisheit, Integrität – nicht auf Alter beschränkt. Die Anwendung dieser Modelle auf das Alter ist vielmehr Teil eines epochalen Wandels, welcher als "Wiederverzauberung des Selbst" bezeichnet wurde.[56]

Die Rationalität der Moderne hat zu einer Entzauberung der Welt geführt. Die Rebellion, die Kritik, die Gegen-Kultur gegen diese Moderne ist das New Age, verstanden als eine "heraufziehende Epoche der Bewusstseins-Transformation, welche das rationalistische und säkulare Denken ersetzt mit einer neuen Spiritualität".[57] Bei der "Wiederverzauberung des Selbst" kann man sich aus allen Kulturen der Welt bedienen, alle möglichen Elemente werden zusammengefügt und zu einer ganz persönlichen Spiritualität zusammengebraut. New Age ist auch ein gigantischer Markt von Massenware, Wegwerfprodukten und immer neuen Angeboten. Dieser Markt ist eingebunden in das kapitalistische System und die Globalisierung. New Age ist die politische Ökonomie von Myriaden von Heilswegen. Die Psycho-Gerontologie zur Spiritualität – so auch die Theorie der Gero-Transzendenz – führt diesem Markt nun auch die alten Menschen zu.

4. Die Theorie der Gero-Transzendenz

Der Begriff "Gero-Transzendenz" wurde 1989 von Lars Tornstam in die gerontologische Diskussion gebracht.[58] Er verstand Gero-Transzendenz als einen Paradigmenwechsel in der Gerontologie, eine fundamentale Neuorientierung, einen Wandel in der "Meta-Perspektive" mit einem ganz neuen Forschungsprogramm. Die Programmatik seines Ansatzes ist nicht ohne die gerontologischen Gegenpositionen zu verstehen, mit denen er sich anlegte.

Anfang der sechziger Jahre hatte ein Konzept des Alterns viel Aufsehen, viel Kritik, ja Empörung ausgelöst: die Theorie des *disengagement* im Alter.[59] Diese Theorie postuliert zwei sich gegenseitig bestärkende Prozesse im Alter. Der individuelle Prozess bestehe im sozialen Rückzug seitens des alten Menschen: Er hat weniger Interesse, ist zunehmend weniger emotional beteiligt, wendet sich mehr nach innen. Der gesellschaftliche Prozess sei ein entsprechend kollektiver Rückzug vom alten Menschen, sie interessieren nicht, sie werden abgelehnt. Dies sei ein natürlicher Prozess und darüber hinaus sinnvoll und funktional, denn auf diese Weise verabschiede sich das Individuum schmerzlos aus der Gesellschaft und die Gesellschaft schmerzlos vom Individuum.

Die *disengagement*-Theorie wurde in der Gerontologie jener Zeit mit Vehemenz bekämpft. Die Gerontologie war dominiert von einem der *disengagement*-Theorie entgegenstehenden Konzept: der Aktivitäts-Theorie des Alters. Nach dieser Vorstellung ist Ausgeglichenheit, Zufriedenheit und Akzeptanz des Alters förderbar, wenn man alte Menschen aktiviert, aktiv hält und jede Aktivität unterstützt. Die *disengagement*-Theorie dagegen impliziert die gegenteilige Annahme: Man stört die alten Menschen nur durch diese zwanghaften Mobilisierungen und Aktivierungen in ihrem "natürlichen" Rückzug nach innen. Man sollte sie in Ruhe lassen.

Die Theorie der Gero-Transzendenz lehnt nun bestimmte Aspekte beider Positionen ab. Auf der einen Seite wendet sie sich gegen die Interventionsstrategien der Aktivitätstheorie des Alters und geht (implizit oder explizit) ebenfalls davon aus, dass aktivitätsfördernde Strategien für alte Menschen eher lästig seien. Auf der anderen Seite lehnt die Theorie der Gero-Transzendenz aber die *Begründung* ab, welche die *disengagement*-Theorie dafür anführt. Nicht Rückzug sei es, was das Alter kennzeichnet und was man ungestört und unbelästigt lassen sollte, sondern die Entwicklung einer qualitativen neuen Perspektive, deren Entfaltung Ruhe braucht. Dem negativen Bild des desinteressierten, alten Menschen stellt Tornstam das positive Bild des mit Spiritualität und Transzendenz beschäftigten alten Menschen gegenüber. Der "transzendierende" alte Mensch ist aktiv, aber unsichtbar aktiv, nur innen.[60]

Die Grundthese der Theorie der Gero-Transzendenz ist provokant formuliert. Gero-Transzendenz ist eine ganz normale Entwicklung, sie ist generell, universell, kulturfrei: "Die Natur des Menschen, einfach die Tatsache, dass er lebt, beinhaltet eine allgemeine Tendenz in Richtung auf Gero-Transzendenz, welche im Prinzip universell und kulturfrei ist."[61] Oder: "Wir gehen davon aus, dass dem Altwerden, genauer gesagt, dem Leben, ein Prozess sich intensivierender Transzendenz inhärent ist... Wir meinen, dass dieser Prozess intrinsisch und kulturfrei ist, jedoch von bestimmten kulturellen Faktoren modifiziert wird. Wir meinen auch, dass dieser Prozess aus dem ganz normalen Leben erwächst. Der Prozess des Alltagslebens und die inhärente Tendenz in Richtung auf Transzendenz sind nur zwei Seiten der gleichen Münze."[62]

Nun kann nach Tornstam diese grund-menschliche, natürlicherweise mit dem Alter auftauchende, universelle Tendenz zur Transzendenz auch gestört und behindert werden, nicht zuletzt durch die Gerontologen mit ihren unruhestiftenden Aktivitäts-Konzepten, welche diesen natürlichen Entwicklungsweg blockieren.[63]

Aber was ist diese "Transzendenz", die ein natürlicher (doch störbarer) und allen Menschen aller Kulturen gegebener Teil des Alterns sein soll? Die Antwort ist einfach. Die Gero-Transzendenz ist Weisheit: "Gero-Transzendenz zu erreichen ist gleichbedeutend mit Weisheit erreichen ... Weisheit ... kann umschrieben werden mit Verlagerung der Meta-Perspektive von einer materialistischen und rationalen Sichtweise zu einer mehr kosmischen und transzendenten. Normalerweise folgt auf diese Verlagerung eine Zunahme der Lebenszufriedenheit. Wir setzen Weisheit mit Gero-Transzendenz gleich."[64]

Tornstam nennt eine Reihe von Merkmalen, an denen man gerotranszendente Weisheit erkennen kann:

- an einem intensiven Gefühl der kosmischen Verbundenheit mit dem Wesen des Universums und dem Gefühl, selbst Teil dieses kosmischen Ganzen zu sein;
- an der Neudefinition von Zeit, Raum und Grenzen: weniger lineare Zeit, langsamer fließende Zeit, weniger getrennte Räume, Auflösung der Grenzen von ich und du, wir und die anderen;
- an einem neuen Verständnis von Leben und Tod und einer Überwindung der Todesangst;
- an einem verstärkten Gefühl der Nähe zu vergangenen und künftigen Generationen;
- an einem nachlassenden Interesse an allen flüchtigen sozialen Kontakten;
- an einem nachlassenden Interesse an materiellen Gütern;
- an einer nachlassenden Ich-Bezogenheit und
- an dem Wunsch, mehr Zeit in meditativer Ruhe zu verbringen.[65]

In späteren Jahren hat Tornstam[66] seine Theorie noch erweitert, einige Elemente hinzugefügt und Gero-Transzendenz definiert als eine "ontologische" Änderung auf drei verschiedenen Ebenen:

Zur ersten, der *kosmischen* Ebene, zählt eine veränderte Definition von Zeit und Raum, Gegenwart und Vergangenheit, von Leben und Tod, das Sich-Eingebettetfühlen in vorangegangene Generationen, die Akzeptanz des Lebens als Mysterium, die Entwicklung von Freude an den kleinen statt den großen Dingen und die Fähigkeit, den Makrokosmos im Mikrokosmos zu erkennen.

Die zweite Ebene ist die des *Selbst*. Hierzu gehören die Selbstkonfrontation, die reduzierte Selbstbezogenheit, die Entwicklung von "Körpertranszendenz", die Selbsttranszendenz, die Entdeckung des inneren Kindes und Ego-Integrität. Unter "Selbstkonfrontation" versteht Tornstam die Entdeckung neuer positiver und negativer Aspekte an sich selbst. "Körpertranszendenz" ist die weniger zwanghafte Pflege des Körpers. Selbsttranszendenz ist eine Entwicklung in Richtung auf Altruismus. Mit dem "inneren Kind" meint Tornstam die Rückkehr und die "Transfiguration" der Kindheit in der Erinnerung, und Ego-Integrität stellt die Einsicht dar, dass alle Elemente des Lebens Teil eines großen Ganzen sind.

Die dritte Ebene ist die der *Beziehungen*: Zu dieser Ebene gehört das nachlassende Interesse an Beziehungen und das steigende Bedürfnis nach Einsamkeit; eine "moderne Askese", d. h. Einsicht in die Bürde von Reichtum und in die Freiheit asketischer Lebensführung und schließlich der Weg zur Alltagsweisheit, der Einsicht, dass gut und schlecht nicht leicht zu trennen sind und man sich deshalb des Urteils und des Ratgebens besser enthält (Tornstam nennt dies auch "Transzendenz der Gut-Böse-Dualität). Tornstams Weisheitsbegriff (identisch mit Gero-Transzendenz) unterscheidet sich an dieser Stelle vom Berliner Weisheitsparadigma (vgl. Kapitel 1), wonach Weisheit nicht nur die Fähigkeit, sondern auch die Praxis des Ratgebens beinhaltet.

In seinen Publikationen geht Tornstam immer wieder auch auf Erik Erikson ein.[67] Er vergleicht und sieht Ähnlichkeiten und Unterschiede. Beide Theorien gehen davon aus, dass im Alter eine Stufe qualitativ höherer Entwicklung erreicht werde – Erikson nennt diese Stufe "Integration und Weisheit", Tornstam "Gero-Transzendenz gleich Weisheit". Eriksons Integration aber sei eine "rückwärts gerichtete" Integration, eine Integration des gelebten Lebens. Das Konzept der Gero-Transzendenz dagegen beinhalte eine vorwärts gerichtete Perspektive: Gero-Transzendenz ordne nicht nur das gelebte Leben, sondern führe zu einer ganz grundsätzlich neuen Sicht der Realität, die über das Bisherige hinausgeht, transzendenz-orientiert ist. Dabei berücksichtigt Tornstam allerdings nicht die Entwicklungen in Richtung auf Spiritualität, die Erikson schließlich auch vollzogen hat; dem späten Erikson wird die "rückwärts gerichtete Integration" nicht mehr gerecht.

Wie die allermeisten psycho-gerontologischen Theorien beinhaltet auch die Gero-Transzendenz eine starke normative Komponente. Sie zeigen Ziele auf, Normen "guten" Alterns, mit denen dann auch "misslungenes" Altern definiert ist: Gero-Transzendenz und Weisheit sind gut, kostbar, wünschenswert. Und ganz in diesem normativen Sinn plädiert Tornstam auch dafür, dass man in der Gerontologie einmal wegkommen solle von der sogenannten "Elendsperspektive" (*misery perspective*) von Alter (Verfall, Verlust, Abnahme) hin zu einer Ressourcen-Perspektiven (Potential des Alters, neue Wege...). Tornstam plädiert dafür – und hier zeigt sich sein missionarischer Elan –, dass man gegen die gesellschaftliche Verachtung von Schwäche und Hinfälligkeit die "Grenzen sprengen" und mit dem Gedanken spielen solle, Ineffektivität, Unproduktivität und Abhängigkeit zu leitenden Werten zu machen, und sich damit auf Konzepte wie Ruhe, Entspannung, genüssliche Faulheit, Spiel, Kreativität und Weisheit einzulassen.[68]

In diesem Zusammenhang ist nun von Interesse, wie die Eriksons die Gero-Transzendenz-Theorie im Vergleich zu seinem Acht-Stufen-Modell der Entwicklung – und insbesondere der achten Stufe – beurteilt. Erik Erikson starb 1994 und hat sich in seiner Arbeit nicht mehr mit der Gero-Transzendenz-Theorie auseinandergesetzt. Wohl aber Joan Erikson. Sie greift den Begriff Gero-Transzendenz für die neunte Entwicklungsstufe auf, ist aber sehr kritisch, was die praktischen Implikationen betrifft. Rückzug aus dem Alltag? Alte Menschen in Ruhe lassen? Die Grundfrage, die sich stelle, sei doch, was genau zum Rückzug führe. Wenn der alte Mensch motiviert sei aus Ressentiment, Hass, Lebens- und Menschenverachtung, so sei dies gewiss nicht die Basis gero-transzendenter Entwicklung in Richtung auf Weisheit. Auch müsse unterschieden werden, ob der Rückzug bewusst gewählt oder aber erzwungen werde. Nicht jeder alte, gebrechliche Mensch habe überhaupt den *Luxus*, solche Entscheidungen zu fällen. Wenn er nicht mehr hört, nicht mehr sieht, wenn er keine Zähne mehr hat und keine Kontinenz, nicht Träger von Weisheit, sondern "Verkörperung von

Scham" sei, wie Joan Erikson[69] bitter sagt, bedeutet das notgedrungen eine ganz enorme Kontaktverminderung mit der Außenwelt. Diese ist dann nicht gewählt. Sie ist erst recht nicht gewählt, wenn der alte Mensch in diesem Stadium der Hinfälligkeit in eine Institution abgeschoben wird.

Und so erscheinen ihr *gero-transcendence* und *transcendence* auch zu abgehobene Begriffe. Wie sie Integrität (Kontakt, Takt, Berühren) und Weisheit (Wahrnehmen) verleiblicht hatte, so geschieht dies wortspielerisch auch mit der *transcendence.* Sie wird zu *transcen-dance,* zu einem Tanz, zu einem Reigen. Und mit dem letzten Tanz (*dance*) des Lebens wird ihr der Begriff der Gero-Transzen-Tanz nochmals sehr lebendig, sehr wertvoll, fällt dann wieder zusammen zu einer Haltung von Demut, um sich sodann nochmals zu einem gero-transzendenten Gero-Transzen-Tanz aufzuschwingen. Das Ringen zwischen Nüchternheit und Höhenflug ist eindrucksvoll:

"Mit großer Genugtuung habe ich festgestellt, dass Transzendenz sehr lebendig wird, wenn man 'Transzen-*Tanz'* daraus macht – einen Tanz, der Seele und Körper anspricht und dazu herausfordert, über die unerfreulichen, klammernden Aspekte der weltlichen Existenz hinauszuwachsen, die so belastend sind und vom wahren Wachstum und Streben ablenken. Gero-Transzen-*Tanz* zu erreichen, heißt, sich über das Universum und die Zeit zu erheben, sie zu überschreiten, sie zu übertreffen, davon unabhängig zu werden. Es beinhaltet, alles menschliche Wissen und alle Erfahrungen zu übertreffen. Wie, um Himmels willen, kann man dies erreichen? Ich bin davon überzeugt, dass wir nur werden, indem wir handeln. Transzendenz muss nicht auf Erfahrungen des Rückzugs beschränkt sein. Bei einer Berührung treten wir in Kontakt miteinander und mit unserem Planeten. Durch Transzen-*Tanz* kann man verlorene Fähigkeiten wie Spiel, Aktivität, Freude, Singen wiedergewinnen und vor allem die Angst vor dem Tod hinter sich lassen. Es bietet eine Öffnung für einen vertrauensvollen Sprung ins Unbekannte. Seltsamerweise erfordert dies bei uns eine ehrliche und unerschütterliche Bescheidenheit. Dies sind wundervolle Worte, Worte, die uns zum Mitmachen anregen. Transzen-*Tanz* – das ist es! Und es ist Bewegung. Es ist eine Kunst, es ist lebendig, singt, macht Musik, und ich umarme mich selbst wegen der Wahrheit, die es in meine Seele flüstert. Kein Wunder, dass das Schreiben so schwierig war. Transzen-*Tanz* verlangt nach der Sprache der Kunst; nichts anderes spricht so tiefgreifend und vielsagend zu unseren Herzen und Seelen. Der große Tanz des Lebens kann uns zu allen Bereichen des Handelns bringen – mit Beteiligung einer jeden Faser des Körpers, des Verstandes und des Geistes. Ich bin tiefgreifend bewegt, denn ich werde alt und fühle mich minderwertig, und plötzlich tauchen große Reichtümer auf, erfreuen jeden Teil meines Körpers und streben allerorten nach Schönheit."[70]

5. Gero-Transzendenz: Empirie

Konzepte wie "Spiritualität", "Weisheit", "Gero-Transzendenz" inspirieren das Verständnis von Alter, heben das Selbstwertgefühl alter Menschen und können das institutionelle Klima in Alters- und Pflegeheimen vielleicht verbessern. Dies ist eine Seite (vgl. unten). Die andere ist die wissenschaftliche Seite, d. h. die Frage nach der *Evidenz* für die Theorie, für die Richtigkeit ihrer Annahmen, die Bewährung ihrer Voraussagen. Die Theorie der Gero-Transzendenz muss auch von dieser Seite noch betrachtet werden. Gibt es denn gero-transzendente Entwicklung im Alter sozusagen bei jedem? Kann man das sehen und erkennen? Sind gero-transzendente Menschen zufriedener? Sind ältere alte Menschen "gero-transzendenter" als jüngere alte Menschen, wie die Theorie behauptet?

(1) Tornstam und weitere schwedische Forschung

Die erste Frage ist zunächst einmal, ob die Gero-Transzendenz-Weisheit "nur" ein normatives Konzept darstellt, wie all die vielen anderen Angebote von Spiritualität und Alter (vgl. Abschnitt 3) oder ob Gero-Transzendenz sich als ein empirisch fassbarer und darüber hinaus "natürlicher" Prozess festmachen lässt. Tornstam hat selbst einige empirische Untersuchungen unternommen.[71] Gero-Transzendenz wird dabei "gemessen" anhand von Ja/Nein-Antworten auf zehn Fragen:

- Im Vergleich zu der Zeit, als ich 50 Jahre war, habe ich heute das Gefühl, dass die Grenze zwischen Leben und Tod weniger scharf ist.
- Heute ist mir deutlicher bewusst, wie unbedeutend ein individuelles Leben ist im Vergleich zur Kontinuität des Lebens als solches.
- Heute empfinde ich eine stärkere gegenseitige Verbundenheit mit dem Universum im Vergleich zur Zeit als ich 50 Jahre alt war.
- Heute erlebe ich öfter eine nahe Anwesenheit von Menschen, selbst wenn sie physisch woanders sind.
- Heute habe ich das Gefühl, dass der Abstand zwischen Vergangenheit und Gegenwart verschwindet.
- Heute empfinde ich eine stärkere Zugehörigkeit zu den vorangehenden und künftigen Generationen.
- Ich nehme mich heute weniger ernst als früher.
- Heute bedeuten mir materielle Dinge weniger als zur Zeit als ich 50 Jahre alt war.
- Heute bin ich weniger interessiert an oberflächlichen sozialen Kontakten.
- Heute habe ich mehr Freude an meiner inneren Welt, am Nachdenken und Grübeln, als zur Zeit als ich 50 Jahre alt war.[72]

Es zeigt sich, dass ein hoher Prozentsatz der von Tornstam untersuchten alten Menschen (Durchschnittsalter 79) gero-transzendente Antworten gibt, d. h. diese Sätze für sich bestätigt. Eine Faktorenanalyse der Antworten ergibt dann zwei verschiedene Aspekte der Gero-Transzendenz: kosmische Transzendenz (veränderte Wahrnehmung von Zeit, Raum, Leben, Tod) und Ego-Transzendenz (eine veränderte Wahrnehmung des Selbst in seinen Bezügen zu anderen). Die vier zuletzt aufgeführten Fragen definieren die Ego-Transzendenz. Tornstam sieht diese Ergebnisse als Beleg für seine Theorie.

Wenn es sich bei der Gero-Transzendenz um eine mit dem Alter natürlich steigenden Tendenz handelt, ist eine Korrelation zwischen Alter und Grad der Gero-Transzendenz zu erwarten. Sie zeigt sich aber nicht.

Ergebnis 1 "belegt" somit die Annahmen der Gero-Transzendenz-Theorie. Ergebnis 2 "widerlegt" sie. Man darf getrost davon ausgehen, dass beide Ergebnisse ein Artefakt der Methode sind. Alle diese Sätze vermitteln natürlich ganz transparent das normative Konzept, das dahintersteht; sie vermitteln präzise, was in der Sozial- und Test-Psychologie als *social desirability* zur methodischen Standard-Kritik gehört: Menschen unserer Kultur zeigen sich gerne so, wie es sozial erwünscht ist, in diesem Fall, welche Antworten der Forscher wünscht. Und alte Menschen sind eingebettet in die Werte der Gesellschaft und sie tun es auch. Also stimmen viele alte Menschen diesen Sätzen zu, jüngere Alte nicht minder als alte Alte.

Später überprüfte Tornstam[73] die von der Theorie vorausgesagte altersbedingte Zunahme von Gero-Transzendenz an einer 3000 Personen umfassenden Untersuchungsgruppe. Dabei verwendete er einen erweiterten Fragebogen und fand entsprechend andere Ingredienzien (Faktoren aus der Faktorenanalyse) für die Gero-Transzendenz-Weisheit: kosmische Transzendenz, Kohärenz (Integration) und Einsamkeitswunsch. Die Ergebnisse sind weit davon entfernt, einheitlich zu sein, und so räumt Tornstam auch ein, dass diese gewiss noch nicht der endgültige "Beweis" für die Richtigkeit der Theorie seien.

Neben diesen quantitativen Untersuchungen hat Tornstam[74] auch qualitative Untersuchungen unternommen. In eingehenden Interviews mit alten Menschen findet er, dass sie ein tiefes Bedürfnis nach einem kontemplativen positiven Alleinsein haben. Dies sei deutlich zu unterscheiden von einem negativen Gefühl der Einsamkeit und einem resignierten *disengagement*.

Tornstam[75] hat auch einen ersten Schritt in Richtung auf die praktische Anwendung seiner Theorie der Gero-Transzendenz-Weisheit unternommen. Auf einer ersten Stufe wird dem Pflegepersonal eines Altersheimes zunächst einmal die Theorie der Gero-Transzendenz-Weisheit vermittelt. Sechs Monate später wird die Wirkung dieser Belehrung überprüft. Wie die Ergebnisse zeigen, hat die Hälfte des Personals nach der Belehrung mehr Verständnis für die alten Menschen als vorher. Das bleibt nun allerdings mehr als vage. Auch würde es natürlich noch mehr interessieren, ob das Pflegepersonal (oder andere Menschen, die viel mit sehr alten Menschen zusammen sind) die postulierten Gero-Transzendenz-Weisheits-Symptome denn wahrnehmen. Gibt es diese Gero-Transzendenz-Weisheit im Kontext eines Altersheimes? Tornstam hat es zusammen mit einem Mitarbeiter untersucht.[76]

Betreuungspersonen von alten Menschen werden danach gefragt, wieweit sie gero-transzendentes Verhalten beobachten können – z. B. einen veränderten Umgang mit Zeit, eine Suche nach positiver Einsamkeit, eine verminderte Angst vor dem Tod. Ergebnis: Die Betreuungspersonen beobachten fast nichts davon... Für die Autoren ist das nun aber nicht ein Beleg dafür, dass diese Änderungen nicht da sind (und die Gero-Transzendenz-Theorie möglicherweise irrt), sondern für die Unfähigkeit des Betreuungspersonals, solche Verhaltensweisen zu erkennen, da sie stets von einem Defizit- oder Pathologie-Konzept des Alterns ausgehen. Der Tenor ist: Nicht die Theorie muss geändert werden, sondern den untersuchten Personen muss beigebracht werden, die Welt so zu sehen, wie die Theorie sie sieht.

Neben Tornstam haben sich einige seiner Kollegen aus dem Institut für Gesundheitsmedizin und Pflegeforschung der Uppsala-Universität mit der Gero-Transzendenz-Theorie befasst. Es sind praxis-orientierte Studien mit dem Interesse an der Verbesserung der Pflege alter Menschen. Barbro Wadensten und Marianne Carlsson[77] fragten das Pflegepersonal von über 65-jährigen alten Menschen nach ihrer Interpretation der Zeichen von Gero-Transzendenz-Weisheit. Die Autoren kommen zu dem Schluss, dass die Pfleger (im Unterschied zu der oben zitierten Studie von Tornstam und Mitarbeiter)[78] diese Zeichen durchaus wahrnehmen, sie jedoch höchst unterschiedlich interpretieren und nicht zuletzt auch als "pathologisch" ansehen, als Zeichen geistiger Verwirrung. Das hatte schon Tornstam vorausgesagt: "Personen, welche Veränderungen zeigen, die einen gero-transzendenten Geisteszustand begleiten, laufen in unserer Kultur Gefahr, als von der Norm abweichend, asozial oder geistesgestört eingestuft zu werden."[79] Aufgrund solcher Ergebnisse fordern die Autoren, dass das Pflegepersonal alter Menschen in Gero-Transzendenz ausgebildet werden müsse, damit es diese "normalen" Aspekte des Alterns erkennen könne und damit eine positivere Einstellung zu den Alten gewinnt.

In einer späteren Studie unternehmen Wadensten und Carlsson[80] einen ersten Schritt in diese Richtung. Aufgrund von Gruppengesprächen mit dem Pflegepersonal entwickelten sie Richtlinien für deren Verhalten, das den Prozess der Gero-Transzendenz-Weisheit bei alten Menschen unterstützen soll, denn ganz im Sinne Tornstams gehen sie davon aus, dass man nur die Hindernisse beseitigen müsse, damit Gero-Transzendenz sich entfaltet.

Fereshteh Ahmadi[81], Mitarbeiterin von Tornstam, hat verschiedene Beiträge zur Gero-Transzendenz-Theorie geleistet. Ein erster Beitrag ist eine gewisse Detaillierung der Dimensionen von Erkennungs-Merkmalen von Gero-Transzendenz/Weisheit und Reife/Spiritualität. Diese Begriffe sind für Ahmadi identisch und an folgenden Merkmalen zu erkennen:

Definitionen der Dimensionen von Gero-Transzendenz nach Ahmadi (2000b)

Verständnis von Raum und Zeit

- stärkeres Gefühl der Verbundenheit mit vorangehenden Generationen
- weniger Grenzziehung zwischen Vergangenheit und Gegenwart
- Überschreiten der Raumgrenzen z. B. spirituelle Kommunikation

Selbstverständnis
(einschließlich Selbstkonfrontation und Selbsttranszendenz)

- Wissen um die eigenen guten und schlechten Seiten
- Bedürfnis nach Alleinsein

Abnahme der Selbstbezogenheit

- Gefühl von Selbst als ungetrennt von anderen
- mehr Altruismus und Sorge um die Gesellschaft
- weniger Selbstzentriertheit beim Streben nach Zielen

Transzendente Weisheit
- praktisches Erfahrungswissen und verstehen der *conditio humana*
- weniger ideologische Bindungen, mehr Pragmatismus
- größere Toleranz gegenüber Schwächen und Beschränkungen

Bedeutung und Wichtigkeit von Beziehungen
- Überwindung der konventionell definierten sozialen Beziehungen
- mehr Selektivität in der Wahl von Freunden und sozialen Aktivitäten
- weniger oberflächliche Kontakte zu anderen
- weniger Konkurrenzgefühle
- weniger Grenzziehung zwischen Selbst und den anderen

Spirituelle Dimension des Lebens
- Wissen, dass mehr am Leben ist als rationales Wissen
- Gefühl für das Numinöse in der Welt
- Transzendenz der Grenzen zwischen Selbst und Universum

Einstellung zu Leben und Tod
- keine Angst vor dem Tod
- eine Sicht von Leben, was den Tod überdauert
- neue Sichtweise auf Leben und Tod

Einstellungen gegenüber materiellen Gütern
- geringes Interesse an materiellen Gütern
- wirkliches Glücklichsein auf der Basis immaterieller Ressourcen
- eine Sicht von materiellen Gütern als Mittel und nicht als Eigenzweck

Lebenszufriedenheit
- Akzeptanz der gegenwärtigen Lebenslage
- Akzeptanz der Vergangenheit ohne Bedauern
- Freude an kleinen Dingen des täglichen Lebens
- Akzeptanz des derzeitigen Alters

Auf der anderen Seite hat Ahmadi auch versucht, empirische Belege für die Gero-Transzendenz-Theorie beizutragen. Sie hat sich vor allem mit nach Schweden immigrierten iranischen Sufi-Anhängern befasst, ausführliche Gespräche mit ihnen geführt und deren "spirituelle Reife" und "Weisheit" im Kontext der erweiterten gerotranszendenten Begriffe interpretiert.[82] Die meisten der von Tornstam postulierten Merkmale glaubt sie gefunden zu haben und hat sie mit Gesprächsauszügen illustriert. Damit ist aber nun (bestenfalls) gezeigt, dass die Begriffe der Gero-Transzendenz anwendbar sind auf die Beschreibung oder Interpretation spiritueller Lebensausrichtung. "Gero" ist darin noch nicht enthalten. Um zu prüfen, ob die gero-transzendente Weisheit der von ihr untersuchten Sufi-Anhänger nun die "Folge" des kulturellen Umfeldes ist oder aber eine Frage des Alterns (wie schließlich Tornstam postuliert) oder beides, hat Ahmadi später[83] die Aussagen eines jüngeren Sufi und einer alten Sufi-Frau miteinander verglichen. Es geht ihr dabei um "Kausalität", die Frage, ob Gero-Transzendenz-Weisheit und Spiritualität das Ergebnis der Internalisierung der Sufi-Lehren ist oder aber altersbedingt. Da Ahmadi im Falle der alten Sufi-Frau noch mehr Hinweise auf Weisheit findet als bei dem jüngeren Sufi, insbesondere auch die Ablehnung der Bereitschaft, Rat zu geben, sieht Ahmadi die Gero-Transzendenz-Theorie bestätigt. Dies ist eine Schlussfolgerung, der man sich angesichts von zwei Untersuchungsprobanden vielleicht nicht leicht anzuschließen vermag. Die Frage ist: Finden wir mehr Aufschluss in der internationalen (außer-skandinavischen) Forschung zur Gero-Transzendenz-Weisheit?

(2) Internationale Forschung

Ahmadi hat auch mit dem amerikanischen Gerontologen Eugene Thomas zusammengearbeitet.[84] Bevor Thomas mit der Theorie der Gero-Transzendenz von Tornstam in Kontakt kam, hatte er selbst eine Reihe von Studien zu Alter und Spiritualität unternommen – auch im Kulturvergleich.[85] Er führte, durch die Theorie der Gero-Transzendenz angeregt, dann eine Untersuchung in der Türkei zur sogenannten "Satans"- und zur "Hiob-Hypothese" durch.[86] Zur Frage, wieweit positive Lebensverhältnisse (Wohlstand, Gesundheit usw.) mit Lebenszufriedenheit zusammenhängen, besagt die "Satans-Hypothese": mehr Wohlstand, mehr Zufriedenheit. Die "Hiob-Hypothese" (in Analogie zur Entwicklung und zum Schicksal von Hiob) geht davon aus, dass Lebenszufriedenheit *nicht* von Wohlstand, Gesundheit und äußerem Glück abhängt, sofern man eine spirituelle Einstellung hat. Thomas untersuchte religiös orientierte und weniger religiös orientierte Menschen und bewertete die

Gespräche, unter Verwendung der Kriterien Tornstams, nach dem Grad der Gero-Transzendenz.

Das Hauptergebnis entsprach der "Hiob-Hypothese": Menschen mit starker gero-transzendenter Orientierung lassen auch eine hohe Lebenszufriedenheit erkennen, Wohlstand und materielle Güter bedeuten ihnen wenig. Keiner der stark gero-transzendent orientierten Menschen war unzufrieden.[87]

Daneben sind noch einige Arbeiten in den USA erschienen. Kathryn Betts Adams[88] hat ein auf der Gero-Transzendenz-Theorie basierendes erweitertes Instrument entwickelt, um die sich im Alter ändernden Interessenslagen zu messen. Eine gewisse Zunahme an "sozial-intellektuellem" gegenüber "aktiv-instrumentellem" Interesse interpretiert sie als "Evidenz" für die Gero-Transzendenz-Theorie. Susan Melia[89] wandte sich Ordensschwestern zu und versuchte, die Aktivitätstheorie, die *disengagement*-Theorie und die Gero-Trans-zendenz-Theorie miteinander zu konfrontieren. Die Ordensschwestern entwickeln mit dem Alter keine verstärkte gerotranszendente Perspektive. Aber das muss nicht gegen die Gero-Transzendenz-Theorie sprechen, könnte man doch eventuell davon ausgehen, dass Ordensschwestern auch schon vor dem hohen Alter transzendent orientiert sind.[90]

Zum Abschluss noch eine Studie aus Israel: Tova Gamliel[91] intendiert die Erweiterung der Gero-Transzendenz-Theorie um eine "anthropologische", eine "kollektive" Dimension. Über dreizehn Monate hinweg beobachtete sie alte Menschen in einem Alters- und Pflegeheim. Was sie beobachtete, nennt sie eine "Kultur des Todes". Diese sei im wesentlichen durch zwei Phänomene gekennzeichnet: "Sitzen" und "Geben": "Die Bewohner saßen vor dem Abendbrot eine Viertelstunde in Schweigen zusammen" und sie fühlten "eine starke gegenseitige Akzeptanz" und "eine mystische Einheit".[92] Die Alten sitzen in bestimmter Weise zusammen: Das ist beobachtbar. Wie Gamliel zu der Erkenntnis des inneren Erlebens und Fühlens kommt (Gefühl gegenseitiger Akzeptanz, mystischer Einheit), bleibt uns verborgen.

Das "Geben" beobachtete sie anhand einer "grenzenlosen gegenseitigen Achtsamkeit" in bezug auf die Gesundheit und Stimmung der anderen. "Sie behandeln verwirrte Mitbewohner mit größter Zuwendung, schützen Würde und Scham eines jeden unpässlichen Mit-Alten."[93]

Das mit den ethnographischen Methoden teilnehmender Beobachtung gesehene Verhalten sieht Gamliel als einen Beleg für die Existenz einer sozialen Version von Gero-Transzendenz-Weisheit. Unter den Lebensbedingungen des untersuchten Heimes erkennt sie eine *Ressource* für gero-transzendente Entwicklung. Die dort gelebte "Gegenkultur" stelle eine geeignete Umwelt für die beschleunigte Entfaltung gero-transzendenter Weisheit dar, "eine geeignete Umwelt für das Aufblühen einer einzigartigen Perspektive auf Leben und Tod".[94]

Es scheint, dass es in Israel Alters- und Pflegeheime gibt, oder zumindest eines, das von Gamliel untersuchte, in welchen ein so ungemein positives Klima herrscht, dass Würde, Achtsamkeit, Weisheit und Gero-Transzendenz florieren. Aber es bleibt doch ein großes und tiefes Unbehagen. Gamliel schließt sich der Kritik Tornstams an, dass Sozial-Gerontologen sowie Aktivitäts- und Beschäftigungs-Gerontologen den natürlichen Prozess in Richtung auf Gero-Transzendenz-Weisheit blockierten. Die Frage ist aber auch, ob der Blickwinkel der Gero-Transzendenz (hier der von Gamliel) möglicherweise *auch* etwas blockieren kann: die Wahrnehmung institutioneller Realität und alternative Deutungen von "leeren Blicken".

6. Bewertung, Kritik und Fragen: Zum Schicksal der Weisheit in der Gero-Transzendenz

Fasst man die empirischen Ergebnisse zu den Hauptfragen der Gero-Transzendenz zusammen, so ergibt sich ganz gewiss ein äußerst vorläufiges (und uneinheitliches) Bild. Einige Forscher haben sich anerkennend oder kritisch mit der Gero-Transzendenz-Theorie auseinandergesetzt. Johannes Schroots[95] bezeichnete die Gero-Transzendenz-Theorie als eine der beiden wichtigsten theoretischen Entwicklungen von 1980 bis 1990. Auch Joan Erikson hat sie aufgegriffen, und Hakan Jönson und Jan Magnusson[96] attestieren ihr eine erheblichen Einfluss zumindest in den skandinavischen Ländern.

Diese positiven Einschätzungen haben sich jedoch in der Forschung wenig niedergeschlagen. Gero-Transzendenz ist verschiedentlich aufgegriffen worden als heuristischer Begriff, als Interpretationsvokabular, als Blickwinkel auf die Pflegepraxis in Institutionen. Aber wenn man nach kontrollierten empirischen Studien sucht, so ist die Theorie der Gero-Transzendenz in der Zeit seit ihrer Konzipierung (1978 bzw. international 1989) nicht sehr fruchtbar gewesen. Dies hat verschiedene Gründe. Einige sind der "Theorie" anzulasten, andere den gesellschaftlichen Bedingungen:

1. Spiritualität als innere Erlebnisqualität und Weisheit als "Werthaltung" sind grundsätzlich schwierig zu untersuchen. Dies kann nicht der Theorie angelastet werden.
2. Die Botschaft der Gero-Transzendenz für die Behandlung alter Menschen (in Ruhe lassen, ihnen den "leeren Blick" lassen, vgl. Gamliel) steht – wie Tornstam auch selbst sieht – im Gegensatz zu der dominanten Interventionsideologie der heutigen Gerontologie, wonach etwas für die alten Menschen *getan* werden sollte. "Subversiv" zu sein gegenüber dominanten Strömungen, ist jedoch kein Makel der Theorie.
3. Die Kernbegriffe der Theorie der Gero-Transzendenz – Transzendenz, Weisheit usw. – sind extrem unpräzise gefasst[97]. Was ist Transzendenz? Was ist die mit Transzendenz verklebte Weisheit?
4. Die Postulierung einer natürlichen, universell gültigen, dem Prozess des Alterns gewissermaßen genetisch inhärenten Tendenz zu einer bestimmten geistigen Verfassung im Alter geht an allem, was man heute über die kulturelle Bedingtheit aller psycho-sozialen Phänomene weiß, vollkommen vorbei.
5. Die Aussage, jeder Mensch werde gero-transzendent und weise, es sei denn, er wird daran gehindert, stellt eine Klausel dar, welche verhindert, dass man diese Theorie vernünftig prüfen (falsifizieren) kann.[98]
6. Der Umgang der Forschergruppe um Tornstam mit den nicht der Theorie entsprechenden empirischen Ergebnissen ist extrem fragwürdig. Besonders auffällig ist hier das Hinweg-Argumentieren nicht gesehener Gero-Transzendenz-Zeichen

bei alten Menschen: trotzdem sind sie da, bloß sind die Beobachter blind.

7. Die Theorie der Gero-Transzendenz ist extrem gefährlich für die Praxis, weil sie als Rechtfertigung einer Laissez-faire-Pflege oder gar Vernachlässigung alter Menschen dienen kann (vgl. Kapitel 5).

Wie andere positive, vor allem spirituelle, Konzepte der Gerontologie ist die Theorie der Gero-Transzendenz ein Beispiel für die Wiederverzauberung des Alters,[99] Teil der Wiederverzauberung des Selbst. In einer fragmentierten und durchorganisierten Postmoderne reicht die Sehnsucht nach Wiederverzauberung der Welt (oder einiger ihrer Enklaven) weit über die New Age-Bewegung hinaus bis tief in die Wissenschaft hinein. Für die Gerontologie eignen sich dabei Begriffe wie "spirituelle Entwicklung", "Transzendenz" und "Weisheit" vorzüglich. Dies ist die Welle, auf der auch die Gero-Transzendenz reitet.

Das Schicksal der Weisheit in der Narrativen Gerontologie habe ich als einen "Absturz" umschrieben, einen Absturz in die Banalisierung. Weisheit wird dort zum Gemeingut eines jeden Lebensgeschichten erzählenden und Lebensgeschichten erfindenden Menschen. Weisheit ist – jedenfalls für alte Menschen – vollständig demokratisiert.

In der Theorie der Gero-Transzendenz ist die Weisheit (gleichgesetzt mit Gero-Transzendenz) auch voll demokratisiert, denn sie ist angeblich als natürliche Entwicklung im Alter einem jeden Menschen gegeben. Hier jedoch ist Weisheit kein Absturz in irgendwelche Tiefen der Banalität. Sie ist eher ein Aufschwung in spirituelle Höhen. Sie wird nicht banalisiert, sondern eher "sakralisiert".

Nun wissen wir, dass Definitionen keine Realitäten sind, auch wenn sie solche gegebenenfalls schaffen können. Definitionen sind Konventionen. Definitionen müssen sich nicht an Wahrheit messen, sondern an Nützlichkeit und Sinn. Die Definitionen oder Konzepte von Weisheit können als pragmatisch, analytisch, plausibel, subjektiv-emotional, normativ-moralisch und instrumentell gekennzeichnet werden, wobei diese Kennzeichnungen sich nicht gegenseitig ausschließen. Damit lässt sich die gero-transzendente

Weisheits-Konzeption gegenüber anderen Weisheitskonzepten recht genau lokalisieren.

Es gibt Weisheits-Definitionen, die einen pragmatischen Nutzen haben, z. B. die des Berliner Weisheitsparadigmas. So definiert, wird es der Weisheits-Forschung möglich, die Weisheit zu messen. Es handelt sich um eine pragmatische Operationalisierung des Weisheits-Konzeptes.

Analytische Definitionen basieren auf der Extraktion bestimmter konsensualer Elemente vieler anderer Bestimmungen von Weisheit. Diese Definitionen haben einen ordnenden Sinn (z. B. Weisheits-Dreieck).

Andere Konzepte von Weisheit mögen ein subjektives Evidenzerlebnis auslösen, emotional befriedigend sein, den eigenen Werten entsprechen. Dann hat der Begriff jedoch nur einen persönlichen Sinn.

Dann gibt es auch Definitionen der Weisheit, die sich durch ihre kollektive Plausibilität legitimieren. Wir haben alle eine Alltagstheorie, eine Laienvorstellung von dem, was Weisheit ist. Eine Definition, die diesen Laienkonzepten entspricht, erscheint plausibel.

Normativ-moralische Konzepte, die mit "gut" und "schlecht" assoziierte Zustände definieren, d. h. Aussagen über einen wünschenswerten Zustand implizieren, können sich nur rechtfertigen im Rückgriff auf außerhalb des Konzepts liegende Wertsysteme und Ethiken.

Instrumentelle Definitionen sind mit Interessen verbunden, sie sollen etwas bewirken.

Das Konzept der Gero-Transzendenz-Weisheit ist sicher kein pragmatisches, kein operationalisiertes und kein analytisches Konzept. Über seine Plausibilität kann man sich voraussichtlich endlos streiten. Ganz gewiss aber ist es ein moralisches Konzept und ein für manche Menschen subjektiv evidentes und befriedigendes Konzept. Da es jedoch auch funktionalisierbar ist, d. h. als Rechtfertigung für eine bestimmte Praxis dienen kann, ist es auf jeden Fall potentiell gefährlich. Das nächste Kapitel wendet sich diesen Gefahren zu.

Kapitel 5

Weisheit in der Postmoderne?

1. Auf dem Weg zu einer transversalen Sicht der Weisheit: Kapitelübersicht

Weisheit zur Rettung der Welt? Die Bedeutung von Weisheit für Wissenschaft und Weltverbesserung wird oft außerordentlich hoch eingeschätzt. Da ist von Weisheit die Rede als "einem einmaligen Potential für die Erforschung des menschlichen Lebens".[1] Das Thema Weisheit könne ein "Zentrum transdisziplinären Diskurses" werden.[2] Da wird unserer Gesellschaft ein hoher Bedarf nach Weisheit attestiert.[3] In der postmodernen pluralistischen und zersplitterten Welt fehle es an Führung und Orientierung, und hier sei gerade Weisheit vorzüglich geeignet, diese Bedürfnisse zu erfüllen.[4] Paul Baltes geht noch weiter. Er meint, "dass das Verständnis der Grundlinien von Weisheit uns als Gesellschaft und als Individuen in Richtung auf eine höhere Ebene der Reife, der Generativität und der gegenseitigen Bereicherung leiten könnte."[5] Weisheit ist nach Baltes von "transkultureller und transhistorischer Bedeutung", "ein Problem erster Ordnung", "ein Maßstab zur Identifikation und Symbolisierung unserer profunden Sehnsucht, den Geist der Menschheit zu entfalten". Für viele Menschen sei Weisheit "der Gipfel hervorragender Leistung (Vortrefflichkeit) in der menschlichen Entwicklung, eine Wegmarke persönlichen und intellektuellen Wachstums... Sich der Weisheit zunähern... ist Bewegung in Richtung auf eine höhere Stufe der Entwicklung; es ist Fortschritt."[6] Weisheit ist nicht nur ein Fortschreiten zu Höherem, sondern auch ein Weg zu Lebenszufriedenheit und Glück.[7] Offensichtlich kann nur noch die Weisheit die Menschheit retten:

"Intelligenz ist wichtig, Schulleistung ist wichtig, aber keine von beiden 'rettet die Welt'. Der Einzelne und die Gesellschaft hätten einen großen Gewinn davon, sich auf die Bedeutung von Weisheit einzulassen. Damit könnte man erstens die Menschen glücklicher machen, zweitens könnte man sie produktiver machen und drittens würde eine bessere Gesellschaft und eine bessere Welt geschaffen."[8]

Jeder Forscher versucht, die gesellschaftliche Bedeutung seines Forschungsgegenstandes hervorzuheben. Dennoch sind die vorangehend aufgeführten Zeugnisse der hohen Wertschätzung von Weisheit nicht einfach Selbstlegitimierungen der zitierten Weisheitsforscher. Wie die internationale Werte-Forschung und die Stellung und Einschätzung von "Weisheit" oder Weisheitlichem in anderen Kulturen gezeigt hat (Kapitel 2), haben alle Konzepte von Weisheit zumindest eines gemeinsam: die Hochschätzung dieses Wertes. Weisheit ist kostbar.

Es bedarf jedoch auch der Sichtung von Weisheit gegen diese dominante Richtung der Wertschätzung. Es muss gefragt werden, wie und wo diese hehre Weisheit als Alleinbesitz beansprucht wird, was sie verschleiert und zudeckt, wovon sie ablenkt, was damit unter den Tisch gekehrt wird und wo Weisheit selbst Grenzen hat.

Eine gesellschaftliche Kritik der Weisheit kann dort ansetzen, wo Weisheit als alleiniger Besitz in Anspruch genommen wird: bei der Assoziation von Weisheit mit hohem Alter. Hier sind zwei Perspektiven zusammenzuführen: die Realitäten des Alters und die Verschleierung dieser Realitäten.

Erik und Joan Erikson haben mit ihrem Stufensystem menschlicher Entwicklung in Richtung auf Integration und Weisheit selbst zu der Assoziation von Weisheit und Alter beigetragen und eine ganze Reihe von Gerontologen mit eben dieser frohen Botschaft für das hässliche Alter beflügelt. Aber sie waren selbst wie kaum andere Erforscher des Lebenszyklus auch nüchtern und kritisch gegenüber den Realitäten des Alters, und sie haben – nachdem die Weisheit von ihnen selbst erst sehr hoch angesiedelt worden war – die Weisheit auch wieder kräftig entmythologisiert. Die Basis dieser Entmythologisierung war die eigene Erfahrung von altersbedingter Hinfälligkeit und Lebensschwere. Diese Einsichten sollen als Blick auf die Realität des Alters zu Wort kommen und in "Weisheit in den Niederungen des Alters" betrachtet werden (Abschnitt 2).

Gegen solche düsteren Erfahrungen steht nun die ganze positive Gerontologie zu Gebote, um zu zeigen, dass das Alter noch wunderbare hohe Aufgaben bereithält: Wachstum, Wandel, Einsicht, Entfaltung, Weisewerden. Auf den Schwingen der Narrativen Gerontologie und der Gero-Transzendenz begebe ich mich zu der "großen Weisheit in den Höhen des Alters" (Abschnitt 3). Ich zeige, dass es viele verschiedene Lebensmuster im Alter geben kann, dass auch "Weisheit" "Plural" ist, dass alle gerontologischen Modelle, die nur *ein* Bedürfnis des alten Menschen (Storybauen, Gero-Transzendieren) postulieren, von problematischer Einseitigkeit sind.

Gerade die einfachen Modelle, welche die Vision eines Glück, Frieden, Entfaltung und Transzendenz bringenden Alters vorzeichnen, eignen sich dazu, die Realitäten des Alters zu verschleiern. Bitterböse Kritiker der "Weisheit im Alter" kommen zu Wort. Sie zeigen, wie Weisheit zur Euphemisierung, zur Mythologisierung, zur Verschleierung missbraucht wird, um den alten Menschen still zu stellen: "Missbrauch der Weisheit in der Praxis" (Abschnitt 4).

Aber nicht nur in der Praxis bedarf es eines kritischen Blickes auf die Weisheit, sondern auch an der Produktionsstätte unseres Wissens über Weisheit, der Forschung. Ich fasse noch einmal die wichtigsten Kritikpunkte an den wissenschaftlichen Konzepten der Weisheit im Westen zusammen (Abschnitt 5): Ihre Idealisierung, Banalisierung, ihre Kulturgebundenheit, ihre Geschlechtslosigkeit und vor allem – ihre Un-Weisheit.

Diese Mängel der westlichen wissenschaftlichen Forschung zur Weisheit sind behebbar. Und es lohnt sich, den Begriff in der Forschung zu erweitern und zu differenzieren, weil Weisheit etwas erfasst, was anders und mehr ist als verwandte Begriffe. Ich untersuche analytische Intelligenz, postformales Denken und ethische Intelligenz und zeige (Abschnitt 6), dass Weisheit, wenn man von einem komplexen Modell wie z. B. dem des Weisheitsdreiecks ausgeht, etwas anderes ist und vor allem mehr ist als ihre Verwandten.

Aber brauchen und wollen wir diese Weisheit, die mehr ist als Intelligenz, postformales Denken und Moral? Ist Weisheit nicht obsolet in der Postmoderne? Ich zeige zunächst (Abschnitt 7), dass das Brauchen seine Grenzen hat. Es gibt Bedingungen, unter denen kein Raum für Weisheit übrig ist, und es gibt politische Systeme, in denen es unmoralisch wäre, "weise" zu sein. Ich zeige, dass Weisheit postmodern ist wie die Postmoderne selber, und dennoch Orientierung gibt, was die Postmoderne nicht leisten kann – so dass die postmoderne Weisheit gleichzeitig unmodern ist in dieser Postmoderne. Aber wollen wir Weisheit? Die Antwort auf diese Frage versuche ich zu umreißen, indem ich die Gewalt in dieser Welt mit dem inhaltlichen Unterschied zwischen intellektuellem Wissen und weisheitlichem Wissen konfrontiere. Gewalt steht nur beispielhaft für die realen Feinde der Weisheit, zu denen auch Starre gehört, Egoismus, Scheu vor Ambivalenz, Zersplitterung, Todesangst.

Neben diesen realen Feinden hat Weisheit aber auch noch einige nur vermeintliche Feinde. Ich behandle vor allem Weisheit und Passion (Abschnitt 8). Weisheit als Mitte und Maß und Ausgleich scheint der "Glut" der Leidenschaft zu widersprechen. Mit einem kleinen Ausflug in die Forschung zur Emotionsregulation zeige ich, wie wir Weisheit und Passion zusammenführen können. Dann ist Weisheit keine "greisige Leistung" mehr und kein Reservat für das hohe Alter. Eine lebendige, leidenschaftliche Weisheit geht uns vielmehr alle an.

2. Die Weisheit in den Niederungen des Alters

Die Annahme einer Assoziation von Weisheit mit Alter kommt aus zwei Quellen. Erstens wird in den Alltagsvorstellungen unserer Kultur Weisheit mit Alter verbunden. Märchen, Geschichten und Überlieferungen handeln davon: Der oder die alte Weise gilt als Archetyp.[9] Zweitens geht sie zurück auf wissenschaftliche Theorien menschlicher Entwicklung wie z. B. die Theorie von Erik und Joan Erikson.

Die Alltagstheorien müssen nicht richtig sein und die wissenschaftlichen Entwicklungskonzepte sind nur höchst unvollständig empirisch überprüfbar und überprüft. Deshalb darf die Frage gestellt werden: Stimmt es denn, dass Weisheit vor allem mit fortgeschrittenem Alter assoziiert ist?

Bei Untersuchungen zu "Alter" und "Weisheit" finden wir alle denkbaren Ergebnisse: kein Zusammenhang, positiver Zusammenhang, negativer Zusammenhang. Natürlich hängt die Richtung der Ergebnisse von der Definition und Messung der Weisheit ab. Untersuchungen im Kontext des Berliner Weisheitsparadigmas finden keinen Zusammenhang zwischen Alter und Weisheit.[10] Eine positive Korrelation zwischen Alter und Weisheit finden dagegen solche Forschungsarbeiten, die Weisheit als "reflexives Urteilen" definieren.[11] Einen Verlust von Weisheit mit fortschreitendem Alter postuliert John Meacham.[12] Auch einige andere Forscher meinen, eher eine Abnahme zu beobachten, wenn man weisheitsähnliche Konzepte (moralisches, soziales, perspektivisches Denken) in einer Längsschnittstudie untersucht. Dabei stellt sich heraus, dass moralisches Denken nicht mit dem Alter abnimmt, wohl aber die Fähigkeit über moralische Fragen perspektivisch zu denken. Auch die Denkkomplexität bei interpersonellen Themen nimmt im Alter ab.[13] Betrachtet man alle Ergebnisse zusammen, so kann man nur sagen: Über den Zusammenhang von Weisheit/Weisheitlichem und Alter wissen wir bisher nicht viel. Auch der Vater des Berliner Weisheitsparadigmas, Paul Baltes, drückt dies recht bescheiden aus: "Die derzeitige empirische Evidenz für positive Änderungen von Geist und Persönlichkeit im fortschreitenden Alter ist nicht überwältigend..."[14]

Wie mancher Arzt die von ihm bisher behandelte Krankheit vielleicht in einem neuen Licht sieht, wenn er unfreiwillig eben diese Krankheit erleiden muss und damit die Erfahrung als "Verwundeter Heiler"[15] macht, so kann auch ein alter Altersforscher das Alter vielleicht in einem neuen Licht sehen, wenn es ihn selbst ereilt hat. Beide Eriksons sind vorzügliche Beispiele dafür. Seit sie ihre Einsichten über Alter und Weisheit als uralte Menschen kundgetan haben, möchte man jeden Gerontologen, der uns ein anspruchsvolles Konzept von Entfaltung für das Alter vorsetzt, fragen, wie alt er ist, d. h. welche eigene Erfahrung er mit Alter hat.[16] Erik Erikson hat sich in seinen achtziger und neunziger Jahren ja gezwungen gesehen, die Möglichkeiten des Alters, die er in jüngeren Jahren gesehen hatte, zu hinterfragen. Hier aber möchte ich vor allem Joan Eriksons Zeugnisse einer sehr alten Altersforscherin (sie war zu dem Zeitpunkt über 80 Jahre alt) zu Wort kommen lassen: Es ist auf eine so wohltuende Weise authentisch und ernüchternd.

Sie macht uns deutlich, dass Weisheit eine hohe Persönlichkeitsleistung ist und dass im hohen Alter die Energie, welche für eine solche Leistung erforderlich ist, gar nicht mehr zur Verfügung steht. Ich habe im letzten Kapitel Joan Eriksons noch sehr anspruchsvolles Konzept der Weisheit dargelegt: Weisheit reicht von der wertvollen "Generativität" bis zur "existentiellen Identität". Aber für das hohe Alter stellen sich ganz andere Fragen.

Eriksons Stufenmodell der menschlichen Entwicklung geht von polaren Kräften aus, die auf den jeweiligen Entwicklungsstufen ausbalanciert werden müssen und damit zu einer Ressource oder Ich-Stärke werden. Als epigenetisch verstandenes Modell bleiben die Pole aller erreichten Stufen stets präsent, werden aber unter Umständen auf höheren Entwicklungsstufen neu bewertet. Diese Neu- und Umbewertung kennzeichnet nun nach Joan Erikson[17] besonders die von ihr für das ganz hohe Alter eingeführte neunte, in Anlehnung an Tornstam "Gero-Transzendenz" genannte Stufe. Mit dem unvermeidlichen fortschreitenden Verfall im hohen Alter kehren sich nach Joan Erikson die polaren Kräfte der vorangegangenen Stufen um.

Auf der *ersten* Stufe der menschlichen Entwicklung ging es um die polaren Kräfte von basalem Vertrauen und basalem Misstrauen. Diese Polarität begleitet den Menschen sein ganzes Leben. Auf der letzten, der neunten Stufe aber sind die Pole vertauscht, es geht (primär) um basales Misstrauen und dann erst um basales Vertrauen, und es muss auch so sein: "Alte Menschen sind gezwungen, ihren eigenen Fähigkeiten zu misstrauen. Die Zeit fordert ihren Tribut auch von denjenigen, die immer gesund waren und sich starke Muskeln zugelegt haben, denn der Leib wird unweigerlich schwach. Hoffnung verflüchtigt sich leicht zu Verzweiflung im Angesicht einer kontinuierlichen und sich immer mehr ausbreitenden Desintegration sowie von chronischen und immer neuen Demütigungen. Selbst die einfachsten Verpflichtungen des täglichen Lebens werfen möglicherweise Probleme und Konflikte auf. Es wundert nicht, dass alte Menschen oft müde und deprimiert sind."[18]

Die *zweite* Polarität war Autonomie versus Scham und Zweifel, und auch das dreht sich in seinem Stellenwert in hohem Alter um. Der Verlust vieler Fähigkeiten – wie sollte er nicht zweifeln lassen? Der Verlust basaler körperlicher Kontrollfunktionen – wie sollte Scham vermeidbar sein?

Auf der *dritten* Stufe stand Initiative versus Schuld, es wird im hohen Alter zu Schuld versus Initiative: Die früheren Initiativen und der frühere Enthusiasmus werden suspekt: "Entschlusskraft und Begeisterungsfähigkeit werden stumpf. Da ist einfach so viel zu tun, nur um ganz langsam und kontinuierlich mit den (alltäglichen) Anforderungen zurechtzukommen. Das Schuldgefühl erhebt sogleich sein hässliches Haupt, wenn ein sehr alter Mensch allzu geneigt ist, irgendein Projekt selbst auszuführen, das ungemein befriedigend und attraktiv erscheint – aber bloß für ihn persönlich."[19] – Welche Projekte könnte Joan Erikson meinen? Vielleicht könnte man an das Projekt des Lebensgeschichten-Erzählens oder an das Projekt der Gero-Transzendenz denken?

Ähnlich geschieht es mit der Polarität Werksinn versus Minderwertigkeit. Wenn die Kräfte und Fähigkeiten immer "minder" werden, kommt unweigerlich das Gefühl von Minderwertigkeit auf und überschwemmt den Werksinn.

Auch im Konflikt der Kräfte zwischen Identität und Identitätsdiffusion tritt in hohem Alter der negative Pol auf eine dramatische Weise in den Vordergrund: "In der Verwirrung um die eigene existentielle Identität wird man ein Rätsel für sich selbst und für viele andere Menschen, vielleicht sogar für die meisten. Im Alter empfindet man eher eine große Unsicherheit über den eigenen Status und die eigene Rolle. Wie möchte man im hohen Alter angesprochen werden? Wie viel Unabhängigkeit kann man sich leisten? Wer ist man mit fünfundachtzig Jahren und danach verglichen mit dem, was man im mittleren Alter war? Die eigene

Rolle ist unklar verglichen mit der Stabilität früheren Standes und Zielgerichtetheit. Tatsächlich kann man mit vollem Recht darüber verwirrt sein, welche Rolle und Position man in dieser Phase einnehmen soll, da ja frühere Werte plötzlich vage werden und bröckeln."[20]

Ebenso kehrt sich das Gewicht von Intimität versus Isolation um. Einsamkeit ist ein Grundthema des hohen Alters: "Ältere Menschen fühlen sich ohne Zweifel oft sehr isoliert und alleine gelassen... Alle älteren Menschen auf der neunten Stufe können sich nicht mehr auf den gewohnten Umgang mit anderen verlassen. Die Art und Weise des ihnen typischen Umgangs und Kontaktes mit anderen wird wahrscheinlich von den neuen Unfähigkeiten und Abhängigkeiten überschattet. Ältere Menschen müssen immer öfter Kontakte initiieren, weil die anderen sich eher unsicher und unbehaglich fühlen, unsicher, wie das 'Eis zu brechen ist'. Verlegenheit, die aus der Befangenheit darüber entsteht, wie man mit jemanden, der 'nicht wie alle anderen ist', umgehen soll, beraubt viele ältere Menschen der möglichen Verbindungen und des vertraulichen Austausches."[21]

Generativität im weitesten Sinne verstanden als Fürsorge und als eine Orientierung auf Aufgaben für das Gemeinwohl[22] ist kaum noch zu leisten im hohen Alter. Der alte Mensch wird auch aus diesem Anspruch entlassen. Aber was heißt das? "Mit achtzig oder neunzig Jahren hat man allmählich immer weniger Energie und eine langsamere Anpassungsfähigkeit an plötzliche Veränderungen, die einem von all den anderen so geschäftigen Menschen um einen herum auferlegt werden. Generativität, was den wichtigen Lebensbereich aktiver Menschen darstellt, wird im Alter nicht mehr unbedingt erwartet. Dies entlässt ältere Menschen aus der Aufgabe der Fürsorge. Nicht mehr gebraucht zu werden, das kann sich anfühlen wie eine Verurteilung zur Nutzlosigkeit. Wenn es keine Herausforderungen mehr gibt, wird ein Gefühl von Stagnation leicht die Oberhand gewinnen. Manche mögen dies auch als wohlverdiente Ruhe begrüßen, aber wenn man sich völlig aus der Generativität zurückzieht, von der Kreativität und von den Sorgen für sich und andere, wäre das schlimmer als Tod."[23]

Und auf diesem düsteren Weg, den Joan Erikson zeichnet, kommen wir schließlich zur Polarität Verzweiflung und Integrität. Verzweiflung steht an erster Stelle. Sie lauert allenthalben und auch sie bekommt im hohen Alter ein besonderes Gesicht: "Im Zusammentreffen positiver und negativer Kräfte gewinnen die negativen Elemente im Verlauf der Zeit die Oberhand. Verzweiflung ist jeden Augenblick bereit auszubrechen. Die Art der Verzweiflung auf der neunten Stufe unterscheidet sich jedoch etwas von der auf der achten Stufe. Das Leben auf der achten Stufe beinhaltet auch eine rückblickende Bilanzierung des eigenen Lebens bis zu diesem Punkt. Das Maß, in dem man sein Leben als gut akzeptiert im Gegensatz zum Bereuen vermisster Gelegenheiten, wird dazu beitragen, wie stark man Überdruss und Verzweiflung erlebt. Wie Erik uns immer wieder wissen ließ: 'Verzweiflung ist das Bewusstsein, dass die Zeit jetzt zu kurz ist für den Versuch, ein anderes Leben zu beginnen und alternative Wege auszuprobieren!' Wenn man ein Alter jenseits von achtzig oder neunzig erreicht hat, steht einem der Luxus einer solchen rückblickenden Verzweiflung vielleicht gar nicht mehr zur Verfügung. Der Verlust an Fähigkeiten und die Desintegration verlangen möglicherweise fast alle verfügbare Aufmerksamkeit, der Blickwinkel wird doch wohl erheblich eingeengt mit den Aufgaben des täglichen Funktionierens, so dass es einem reicht, wenn man bloß halbwegs intakt durch den Tag kommt, egal wie zufrieden oder unzufrieden man mit seinem eigenen vorangegangenen Leben ist... Ein Mensch jenseits von achtzig und neunzig Jahren hat wahrscheinlich auch schon viele Verluste erlebt ... Eltern, Partner, ja selbst Kinder. Da gilt es, viel Kummer zu bewältigen. Und dann ist da noch – weil die Tür des Todes schon weit offen steht – die unübersehbare Ankündigung, dass der Tod nicht mehr so fern ist."[24]

Was wird nun aus der Weisheit – jener Ich-Stärke, die das Ergebnis der letzten Polarität, Integrität und Verzweiflung, war? Was wird aus der Weisheit auf der Stufe, wo Verzweiflung an erster und Integrität an zweiter Stelle steht? Sie wird zu ganz einfacher, sinnlicher Wahrnehmung: "In unserer endgültigen Definition von 'Weisheit' gehen wir davon aus, dass Weisheit auf der

Fähigkeit beruht, zu sehen, zu schauen, zu erinnern und auch zu hören und zuzuhören... Integrität, so meinen wir, verlangt Takt, Kontakt und Berührung."[25]

Und nachdem Weisheit auf diese Weise geerdet, verleiblicht und in den Bereich der Sinneswahrnehmung verlegt wurde, geschieht dies bei Joan Erikson schließlich auch mit der neunten Stufe. Die ihr viel zu abgehobene, abstrakte Gero-Transzendenz wird zum konkreten *gero-transcen-dance*, dem Gero-Transzen-Tanz (vgl. Kapitel 4).

Joan Erikson zeigt in diesen Texten, wie unsentimental, wie realistisch, wie nüchtern das hohe Alter behandelt und wie basal, erdnah und verkörperlicht Weisheit werden kann. Sogar die Gero-Transzendenz wird von ihrem hohen Sockel heruntergeholt zu einem "Tanz" der letzten Kräfte.

Diese Nüchternheit und kritische Haltung kann sie sich deshalb bewahren, weil sie Altwerden nicht einfach als einen körperlichen und innerpsychischen Prozess ansieht, sondern auch als ein gesellschaftliches Faktum: "Unsere Gesellschaft weiß wirklich nicht, wie sie alte Menschen einbauen soll in ihre primären Muster und Konventionen und ihr kontinuierliches Funktionieren. Statt einbezogen zu sein, sind alte Menschen oft ausgeschlossen, vernachlässigt, übersehen; alte Menschen werden nicht mehr als Träger von Weisheit angesehen, sondern als Verkörperung von Scham."[26]

Die Narrative Gerontologie aber, ebenso wie die Theorie der Gero-Transzendenz, dient eben dieser "Verkörperung von Scham" eine neue Weisheit an.

3. Die große Weisheit in den Höhen des Alters: Fragwürdige Eingleisigkeit

Das Problem vieler Modelle für schönes, erfolgreiches, seelenvolles, weisheitliches Altern ist die Verabsolutierung eines vermeintlich einzigen Weges zum Glück im Alter: Entweder man lernt seine Story zu erzählen und nach Lust und Neigung (bzw. gemäß den Konzepten des narrativen Therapeuten/*coach*) umzugestalten und ist damit weise – oder man ist "schon im Leben tot". Entweder man öffnet sich der gero-transzendenten Weisheit, oder man ist schon im Diesseits im Abseits gerontologischer Wertung.

Die Verabsolutierung eines normativen Konzeptes für "erfolgreiches" Altern hat eine ethische Dimension, da solche gerontologischen Modelle auch immer Interventionsmodelle sind. Diese wertenden und normativen Ansprüche, die Forderung nach dieser oder jener "greisigen Leistung", sollen ja in die Praxis umgesetzt werden. Nicht ohne Unbehagen liest man bei Tornstam[27], was die Vermittlung von gero-transzendentem Gedankengut bei dem Pflegepersonal von Alten bewirkt: Nach dieser Belehrung haben sie seltener Minderwertigkeitsgefühle und weniger Schuldgefühle. Sie können ja jetzt die alten Menschen, die sie pflegen, mit bestem Gewissen in Ruhe lassen.[28] Bei solchen einseitigen Interventionsmodellen werden grundlegende Unterschiede eingeebnet:

(1) Es gibt verschiedene Menschen, auch im Alter. Tornstam, aber fragt nicht zuerst die alten Menschen selbst, was denn ihre Bedürfnisse sind, sondern trainiert das Pflegepersonal, bestimmte Bedürfnisse vorauszusetzen. Alte Menschen haben auch unterschiedliche Bedürfnisse – nicht nur eines, etwa ein "narratives" oder ein "spirituelles". Vielleicht wollen alte Menschen auch wahrgenommen werden, warm gehalten, unterhalten, gebraucht werden?[29] Und vielleicht können diese Bedürfnisse auch stark fluktuieren.

(2) Es gibt verschiedene Lebensmuster für das Alter. Man kann z. B. zwei Formen des "Reifer-Werdens" unterscheiden.[30] In dem einen Fall ist es das Ziel, ein geschmeidigeres, angepassteres gesellschaftliches Funktionieren zu entwickeln, in dem anderen ist es eine innerpsychische Differenzierung und größere Unabhängigkeit von sozialen Normen. Man kann diese Muster auch "Umweltbewältigung" versus "persönliches Wachstum" nennen.[31] Sie schließen sich nicht aus und sie können sich auch auf verschiedene Weise kombinieren (vgl. Skizze)[32].

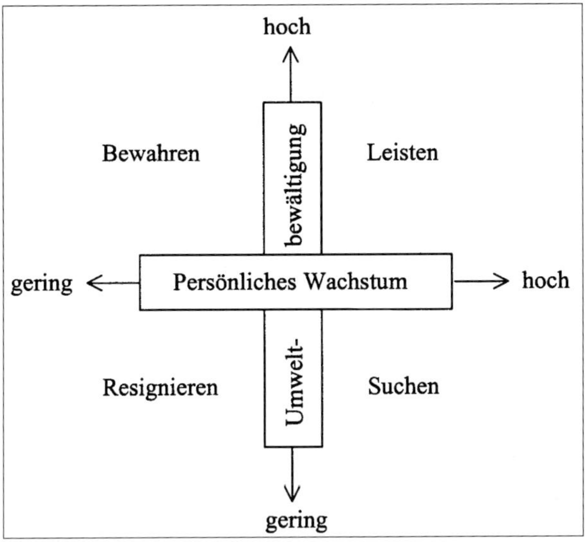

Kombination unterschiedlicher Lebensmuster nach Helson & Srivastava (2001)

Menschen, denen es weniger um Umweltbewältigung geht und mehr um persönliches Wachstum, realisieren das Muster des "Suchens", im umgekehrten Fall das des "Bewahrens". Wo beide Dimensionen ausgeprägt sind, ergibt sich ein Muster, das mit "Leisten" umschrieben wird, wo beide Dimensionen gering ausgeprägt sind, das des "Resignierens".

Welches Lebensmuster im Alter in einem konkreten Fall gelebt wird, hängt von sehr vielen verschiedenen Faktoren ab, der Biographie, der Persönlichkeit, dem persönlichen und institutionellen Umfeld, der Epoche, der Kultur. Und vielleicht gibt es auch Menschen, die nach einem ganz anderen Muster[33] oder nach keinem erkennbaren Lebensmuster leben. Hat die Wissenschaft das Recht, allen Menschen ein einziges Lebensmodell anzudienen?

(3) Bei diesen einseitigen Modellen wird auch eine interne Differenzierung übergangen: Selbst wenn sich alle alten Menschen nach einem und nur einem bestimmten Gut sehnten, nämlich weise zu werden, wäre zu fragen, ob es nicht verschiedene Weisheiten gibt.

Alle Fragestellungen der Weisheitsforschung würden sich neu stellen, wenn sich solche unterscheidbaren Varianten der Weisheit aufzeigen ließen: die Fragen nach dem Korrelat mit Alter, den Unterschieden zwischen Mann und Frau, dem Zusammenhang mit Persönlichkeitsmerkmalen, die Frage nach den fördernden und behindernden Bedingungen und die des transkulturellen Vergleichs.

Es gibt mehrere Versuche, Weisheit im Plural zu betrachten. Aleida Assmann[34] unterscheidet vier Arten der Weisheit, jeweils personifiziert in einer historischen oder literarischen Gestalt: Die Weisheit Salomos nennt sich Urteilsweisheit oder auch "herrscherliche, richterliche Weisheit". Die von Shakespeares Prospero in *Der Sturm* ist die "spirituelle" Weisheit oder "kosmische und magische" Weisheit. Die von Shakespeares Polonius in *Hamlet* ist die pragmatische Weisheit oder "väterliche" Weisheit, welche der nächsten Generation weitergegeben wird, eine Weisheit als Wissen um ein gutes Leben. Und die von Shakespeares Jacques in *Was ihr wollt* ist die Weisheit einer reifen Relativität oder die "kritische, skeptische" Weisheit. Weisheit, so Aleida Assmann, ist "Plural", sie spricht deshalb auch lieber von "weisheitlichen Wissensformen".

Wink & Helson[35] gehen von zwei Arten der Weisheit aus – der praktischen und der transzendenten Weisheit. In der praktischen erkennt man die Weisheit von Salomo und Polonius, in der transzendenten die von Prospero und Jacques. Praktische Weisheit bedeutet: gute Urteilsfähigkeit, Ausgewogenheit des Urteils, Erfahrung in grundlegenden Problemen des Lebens, Interesse am interpersonellen Bereich, interpersonelle Kompetenz, klares Denken, reflexives Denken, Toleranz, soziale Initiative, Einfühlsamkeit, eine generative Grundhaltung sowie Freude daran, Ratgeber zu sein. Transzendente Weisheit bedeutet: Überschreitung der Grenzen des Ichs, Steigerung des Bewusstseins, Integration innerer Gegensätze, Individuation im Sinne C. G. Jungs, Dezentrierung des Ego, Wissen um den Sinn des Lebens, Gefühl der basalen Einheit von Ego und Welt, spirituelle Neigungen, spirituelle Fähigkeiten, Wissen um Grenzen, Integration von Gefühl und Denken, Offenheit gegenüber Erfahrung, Flexibilität, Intuition.

Alle hier aufgeworfenen Fragen – nach der Verschiedenheit der Menschen und Lebensmuster, nach der Fluktuation der Bedürfnisse, nach der Unterscheidung von Arten oder Varianten eines bestimmten Zieles – grenzen die Gültigkeit einseitiger Modelle wünschenswerten Alterns ein. Wenn Weisheit Einsicht in Grenzen, Offenheit für alternative Sichtweisen, Fähigkeit zum Wechsel der Perspektive, Wissen um den Unterschied von Menschen und die Relativität aller Wahrheit ist, dann muss man Modelle wie das der narrativen Weisheit und das der gero-transzendenten Weisheit als unbedingt unweise kennzeichnen.

4. Missbrauch der Weisheit in der Praxis?

Populäre Literatur ebenso wie Gerontologie werden nicht müde, dem Alter immer neue positive Bilder des Alters anzubieten, das Loblied auf ein Neues, Kreatives, Anderes, Höheres des Alters zu singen und Aufgaben, Perspektiven und Wege der Vollendung zu entwerfen.

Das Ergebnis "erfolgreichen" Alterns die Zielerreichung, hat verschiedene Namen: Weisheit und Integration bei Erikson, Individuation bei C. G. Jung, ontologische Stufe der Meta-Ethik bei Kohlberg[36], Integration und Ganzheitlichkeit bei Cole[37], Emanzipation und Selbstaktualisierung bei Moody[38], oder auch, wie vorangehend behandelt, Spiritualität und Gero-Transzendenz bei Tornstam (vgl. Kapitel 4) und die narrative Gestaltung der Lebensgeschichte bei Randall (vgl. Kapitel 3).

Die Suche nach positiven Konzepten des Alterns, die Frage, was könnte der Sinn alter Menschen sein, ist natürlich berechtigt, allemal angesichts der demographischen Entwicklung. Aber dienen solche Zielkonzepte nicht auch der Beschwichtigung und dem billigen Trost? Die Instrumentalisierung der Weisheit wird von den Forschern des Berliner Weisheitsparadigmas ganz unumwunden verdeutlicht: "Einer der Hauptgründe für das Auftauchen psychologischer Forschung zur Weisheit in den späten 70er und frühen 80er Jahren war die Suche nach dem (positiven) Potential von

Alter, genauer die Suche nach Bereichen oder Arten von intellektueller Leistung, die keinen altersgebundenen Niedergang zeigen."[39] Oder in den Worten von Baltes: "Ein besseres Verständnis der Weisheit hilft uns möglicherweise, die Aspekte des alternden Geistes zu identifizieren, die mit Zuwachs assoziiert sind, und es kann uns auch helfen, erfolgreicher alt zu werden und Körper und Geist auf einer neuen Ebene von Einsicht und Wirksamkeit zu integrieren... Auf diese Weise ... könnte Weisheit als Prototyp für das dienen, was vielleicht im Alter (noch) möglich ist und wonach wir alle streben können."[40]

Aber dient damit die schöne Weisheit nicht der Verschleierung einer weniger schönen Realität? Hat Weisheit die Funktion von den unerfreulichen gesellschaftlichen Bedingungen des Alters abzulenken, so dass nichts geschehen muss? Mit beißendem Spott bemerkte bereits Nietzsche (1882), dass das Reden von Weisheit im Alter nichts anderes sei als ein Vertuschen von Müdigkeit und Erschlaffung: "Immer die großen Moral-Worte, immer das Bumbum von Gerechtigkeit, Weisheit, Heiligkeit, Tugend, immer den Stoicismus der Gebärde ..., immer den Mantel des klugen Schweigens, der Leutseligkeit, der Milde, und wie alle die Idealisten-Mäntel heißen, unter denen die unheilbaren Selbstverächter, auch die unheilbar Eiteln, herum gehen. ... Und, unter uns gefragt, selbst jener Philosophen-Anspruch auf *Weisheit*, der hier und da einmal auf Erden gemacht worden ist, der tollste und unbescheidenste aller Ansprüche, – war er nicht immer bisher, in Indien, wie in Griechenland, *vor allem ein Versteck*? ... ein Versteck des Philosophen, hinter welches er sich aus Ermüdung, Alter, Erkaltung, Verhärtung rettet, als Gefühl vom nahen Ende, als Klugheit jenes Instinkts, den die Thiere vor dem Tode haben, – sie gehen bei Seite, werden still, wählen die Einsamkeit, verkriechen sich in Höhlen, werden *weise*."[41]

Nietzsche nennt Weisheit auch "ein lebensfeindliches und auflösendes Prinzip"[42], sie habe auf Erden schon immer "etwas Altersschwaches" und "Mangel an Muskelkraft"[43] an sich gehabt.[44]

Montaignes Auseinandersetzung mit Alter und Weisheit ist nicht weniger polemisch: "Im übrigen hasse ich diese gelegentliche Reue, die das Alter mit sich bringt. Wer früher einmal sagte, er sei den Jahren dankbar, dass sie ihn von der Wollust befreit hätten, war anderer Meinung als ich. Ich werde nie dankbar für die Impotenz sein, wann immer sie vor mir steht... Wir haben im Alter selten Gelüste; danach erfasst uns eine Übersättigung; darin sehe ich nichts Bewusstes; Kummer und Schwäche prägen uns eine schlaffe und schleimige Tugend auf. Ich, der ich lebhaft und aufmerksam an meinem Verstand rüttle, finde, dass er noch der gleiche ist, den ich in der ausschweifenderen Zeit hatte, nur dass er mit zunehmendem Alter gegenüber dem Abenteuer schwächer und schlimmer wurde. Ich halte ihn nicht für wertvoller, weil er außer Gefecht ist. Ich sehe ihn über nichts urteilen, was er nicht schon früher beurteilt hätte; noch sehe ich irgendeine neue Klarheit... ... ich wäre beschämt und missgünstig, wenn das Elend und Unglück meiner Hinfälligkeit meinen guten, gesunden, wachen, kraftvollen Jahren vorgezogen würden; und wenn man mich nicht nach denen einschätzte, da ich war, sondern nach denen, da ich aufgehört habe zu sein... Ebenso kann meine Weisheit zu beiden Seiten wohl gleich groß gewesen sein; aber sie war viel tatkräftiger und gefälliger, frischer, fröhlicher, unbefangener als sie jetzt ist: modrig, mürrisch, mühsam... Wir nennen Weisheit die Schwerfälligkeit unserer Stimmungen, den Ekel vor den gegenwärtigen Dingen. Aber in Wahrheit legen wir gar nicht so viele Laster ab, wir verändern sie nur, und nach meiner Meinung zum Schlechten... Und man begegnet kaum einer Menschenseele, oder nur sehr wenigen, die im Alter nicht säuerlich und muffig riechen. Der ganze Mensch geht seiner Vollendung und seinem Verfall entgegen."[45]

Auch die Zeichnung des Alters von Aristoteles lässt der Weisheit im Alter wenig Raum. Er glaubt – so die Darstellung von Simone de Beauvoir –, "dass der Mensch bis zu 50 Jahren Fortschritte macht. Man muss ein gewisses Alter erreicht haben, um jene kluge Weisheit zu erlangen, die es ermöglicht, sich richtig zu verhalten und Erfahrung zu besitzen sowie Wissen, das nicht mitteilbar ist, weil es erlebt und nicht abstrakt ist. Aber danach führt der Verfall des Körpers zu einer Auflösung der Persönlichkeit. In der *Rhetorik* schildert Aristoteles die Jugend in den heitersten Farben: warmherzig, leidenschaftlich, großmütig; das Alter erscheint ihm in jeder Hinsicht als das Gegenteil: 'Weil die Alten viele Jahre gelebt haben, weil sie oft getäuscht wurden, weil sie Fehler begingen und es um die menschlichen Angelegenheiten meistens schlecht steht, haben sie zu nichts Vertrauen und bleibt bei ihnen erwiesenermaßen alles unter dem Niveau, das angebracht wäre.' Sie sind zurückhaltend, zögernd, eingeschüchtert. Andererseits: 'Sie haben einen schlechten Charakter, denn im Grunde ist es ein schlechter Charakter, stets anzunehmen, dass alles schlechter gehe. Infolge ihres Misstrauens erwarten sie immer das Schlechteste, sie sind misstrauisch durch ihre Lebenserfahrung.' Sie sind lau in ihrer Liebe wie in ihrem Hass. Sie sind kleinlich, weil das Leben sie gedemütigt hat. Es fehlt ihnen an Großzügigkeit. Sie sind egoistisch, furchtsam, kalt und unverschämt: die Meinung anderer verachten sie. 'Sie leben mehr in der Erinnerung als in der Hoffnung.' Sie schwatzen, käuen die Vergangenheit wieder. Ihre Gemütsbewegungen sind lebhaft, aber ohne Kraft. Sie erscheinen maßvoll, weil sie keine Wünsche, sondern nur Interessen haben. Dafür leben sie, nicht für die Schönheit. Sie sind aufgeschlossen für das Mitleid, aber nicht aus Seelengröße, sondern aus Schwäche. Sie jammern und können nicht mehr lachen."[46]

Um in die jüngere Zeit zurückzukehren: Aus der Warte der empirischen Psychologie kritisiert Julius Kuhl[47] die Assoziation von Alter und Weisheit. Das Konzept der Weisheit habe nachgerade schädliche Nebenwirkungen. Denn Alter sei vor allem Kontrollverlust. Der Leib, der Geist, das Gedächtnis und das Handeln – alles steht nicht mehr einfach zur Verfügung. Deshalb gebe es auch weniger Selbstgestaltbarkeit im Leben. Da alle empirischen Ergebnisse darauf verweisen, dass Alter zu Fähigkeitsverlusten führt, insbesondere wenn die verbleibenden Fähigkeiten nicht genutzt werden, gehe es an allererster Stelle darum, alten Menschen zu mehr Gestaltung, mehr Aktivität, mehr Tätigkeit, mehr geistiger und physischer Bewegung zu verhelfen. Reduktion fördere geradezu das Altern. Und das Bild des weisen alten Menschen trage auch noch "substantiell" zum Alterungsprozess bei: "Das soziale Stereotyp, Altern sei mit einer reflektierenden, konservativen und weisen Haltung assoziiert, kann substantiell zur Beschleunigung des Alterungsprozesses beitragen. Konfrontiert mit der Wahl zwischen einer reflektierenden Haltung ('Weisheit') und sozialer Akzeptanz auf der einen Seite und einer handlungsorientierten Haltung und langer Lebensdauer auf der anderen, dürften die meisten Menschen letzteres bevorzugen und die Nachteile der Weisheit vermeiden, indem sie aktiv, innovativ und lebendig bleiben."[48]

Der Schweizer Psychoanalytiker und Jungianer Adolf Guggenbühl-Craig[49] ist ebenfalls ein scharfer Kritiker jener frohen Botschaft der Weisheit als Errungenschaft des Alters. Zu Weisheit, so sage man ja, gehöre Erfahrung, und natürlich auch Individuation im Sinne C. G. Jungs, Selbstfindung, Ausgleich der inneren Gegensätze, seelische Reife, Ganzheitlichkeit, Kontextualisierung. Für Guggenbühl-Craig sind dies alles bösartige Verschleierungen. Die Alten, meint er, pflegen zwar bekannterweise ihre Erfahrung bei jeder passenden und unpassenden Gelegenheit auszubreiten, aber diese vermeintlichen Erfahrungen seien nur hinderlich, sich in einer wandelnden Welt zu orientieren, das Reden davon sei nichts als eitel. Und Vollendung der Individuation im Alter? Hier liege, so der polemische Kritiker, eine Verwechslung von Menschen mit Äpfeln vor:

"Dass die Individuation eine Funktion des Älterwerdens ist, stimmt ganz einfach nicht. Zeitlebens nähern wir uns unserem seelischen Zentrum und entfernen uns davon, werden mehr durch das Selbst geleitet oder weniger, sind uns bewusster oder weniger bewusst. Ein Mensch kann mit zwanzig Jahren bewusster sein, als er es mit sechzig ist – oder umgekehrt. Individuation, Selbstfindung, Bewusstwerdung ist nicht ein gradliniger Prozess, ein 'Fortschreiten', sondern ein Tanz um ein Zentrum, dem man sich nähert und von dem man sich wieder entfernt. Deshalb ist auch das Wort 'Reifung' für die psychologische Entwicklung so missverständlich, und der 'reife' Mensch ein schädliches Bild. Reif, reifen, erinnert zu sehr an Früchte, die tatsächlich geradlinig reifen; aus unreifen Äpfeln werden reife Äpfel, nie umgekehrt, der Apfel pendelt nie zwischen Reife und Unreife hin und her. Der Mensch aber ist kein Apfel, und deshalb ist das Bild des Reifens unpassend, um seine seelische Entwicklung zu charakterisieren."[50]

Die Weisheit des Alters beinhalte eine stärkere Sicht auf das Ganze, den Kontext? Für Guggenbühl-Craig ist das alles Mythos: Diesen Kontakt mit dem Ganzen und mit dem Kontext hätten alte Menschen doch völlig verloren. Bloß sehen sie es selbst nicht und meinen, die Jugend sei es, welche ihren Halt, ihre Werte und ihre Orientierung verloren habe: "Mit zunehmendem Alter verliert man immer mehr den Kontakt mit dem kollektiven Bewussten und Unbewussten der Gegenwart. Oder wenn man es positiv ausdrücken will: Je älter man wird, desto schwächer wird der Druck des kollektiven Unbewussten... Alt werden heißt, ... sich langsam zur historischen Figur zu entwickeln, vielleicht immer noch wichtig zu sein, aber eben nicht mehr in Kontakt zu stehen mit dem, was aktuell geschieht, eine Gestalt aus einem anderen Zeitalter zu werden. Je älter man wird, desto mehr ist man eigentlich nur noch von historischem Interesse. Alte Leute haben noch viel zu sagen, aber ihr Standpunkt und ihre Ansichten sind nur geschichtlich interessant; sie sind ein Kommentar einer Welt, die Vergangenheit ist."[51]

Mit dem Alter steht es nach Guggenbühl-Craig unweigerlich schlecht. Alter hat keine Zukunft: "Es sieht schlimm aus für das Alter; Erfahrung ist keine Garantie für Weisheit. Fortgeschrittene Individuation ist nicht spezifisch für das Alter. Mit dem kollektiven Unbewussten, mit den modernen Trends, mit der heutigen Mythologie verlieren die alten Leute den Kontakt, und dazu kommt noch, dass Alter ein Defizit in den meisten körperlichen, seelischen und geistigen Gebieten bedeutet: Das Gedächtnis wird schwächer, die Lernfähigkeit nimmt ab, emotional wird man im Alter labil usw... Alter ist nicht charakterisiert durch Weisheit, sondern durch Defizit, durch Zerfall, durch Krankheit, durch Demenz, durch Verlust des Kontakts mit dem kollektiven Unbewussten und am Schluss durch den Tod... hier besteht keine Hoffnung, kein Wachsen – Alter hat keine Zukunft."[52] Natürlich beschäftigt es Guggenbühl-Craig auch, warum solche Mythen aufrechterhalten und gepflegt werden. Das sei vor allem Verdrängung gegenüber der Realität. Dieser unsinnige Mythos von Weisheit im Alter sei ein "Tranquilizer", eine Abwehr der Angst vor Zerfall und Demenz, ein "Propagandatrick", ein ganzes "Sammelsurium von Mythologemkrankheiten". Kurz: ein korrupter, kranker, schädlicher Mythos.

Aus philosophischer Perspektive hat Ronald Manheimer sich mit den Konzepten positiver Gerontologien auseinandergesetzt.[53] Die Narrative Gerontologie und die Gero-Transzendenz waren noch nicht auf dem Markt bzw. ihm nicht bekannt, aber seine scharfsinnige Kritik ist voll auf diese anwendbar. Unter den Zielkonzepten schönen, guten, erfolgreichen Alterns unterscheidet er adaptive und transformative Perspektiven. Die transformative Perspektive stellt Veränderung, Neuerung, Wandel in den Mittelpunkt, die adaptive betrachtet mehr die im Alter zu leistenden Anpassungen an die veränderten Gegebenheiten.

Narrative Gerontologie und Gero-Transzendenz sind eindeutig transformative Konzepte, wonach Behinderung, Hinfälligkeit, Einschränkung, Abhängigkeit, Isolation und Verzweiflung im Alter verzaubert werden zu solchen Fähigkeiten, wie Stärke, Möglichkeit, Vitalität, Autonomie, Teilhabe, Integration, Weisheit.[54] Solche frohen Botschaften – Manheimer nennt sie gerontologische Narrative, Geschichten, Stories – haben die Struktur "säkularer Erlösungen"[55] mit einem ganz bestimmten *plot*:

"Die Stories der säkularen Erlösung zeigen im wesentlichen eine Plot-Struktur, die folgende Merkmale hat: Der ältere Mensch steht unter der Knechtschaft einer persönlich, sozial oder physiologisch bedingten Behinderung. Verborgene, noch schlummernde und nicht angezapfte Potentiale werden als Opponenten dieser Begrenztheit oder Behinderung konstruiert. Eine transformative Macht – immanent kollektiv und eine Kombination aus Persönlichem, Öffentlichem, Individuellem und Kulturellem – kann diese Umkehrung ins Gegenteil vollbringen. Zusätzlich findet man (in diesen Stories) noch Elemente von Opfer, Kosten, Expiation oder Leiden als Preis der Freiheit. Dieses letztgenannte Element, das man traditionellerweise in religiöser Erlösungsliteratur findet und was dann in der Autobiographie des 18. Jahrhunderts säkularisiert wird, wird in der zeitgenössischen Behandlung des Themas etwas subtiler unterschoben. Es ist das Wissen um die Notwendigkeit der Überwindung von Widerstand, um die Kraft der Transformation und die Umkehrung der Unfähigkeiten – was die säkulare Erlösung von anderen Arten der Befreiung oder anderen Selbstentfaltungs-Stories unterscheidet. Es ist in der Tat diese Konfiguration von Elementen, welche den säkularen Erlösungs-Stories ihre spezifische Überzeugungskraft gibt. Falls es erlaubt ist, von der dramatischen Struktur dieser Art Narrativ zu sprechen, dann kann man seine Plot-Struktur kennzeichnen als eine Bewegung in Richtung auf die Lösung einer Spannung, welche aus einer dreifachen Konfiguration erwächst: Entwicklungsmöglichkeit – Widerstand oder Barrieren – transformative Kraft."[56]

Dass derartige Konzepte der säkularen Erlösung wohl auch die Datensammlung und Dateninterpretation beeinflussen und darüber hinaus schwer zu verifizieren sind, dass sie wertend, normativ und mit ihren linearen Annahmen zu schlicht und zu einfach sind – entgeht Manheimer nicht. Und es trifft auch in hohem Maße auf die Konzepte wie die Narrative Gerontologie und die Gero-Transzendenz zu. Es sind "reduktivistische und enge ideologische Annahmen, um eine humanistische Sicht zu entwickeln, welche die persönlichen und sozialen Sinngebungen von Alter und späterem Leben wiederherstellen sollen."[57]

Während Manheimer solchen gerontologischen Ansätzen noch positive Motive unterstellt (Einführung humanitärer Konzepte in die Gerontologie), ist die soziologische Kritik schärfer: Sie spricht von Verschleierung und fragt: Wo ist das gesellschaftliche Interesse für bestimmte Stories von Alter? Nach Kathleen Woodword[58] dient die Story von der Weisheit-im-Alter dazu, das Alter, in dem so viel verloren geht, doch noch als etwas Besonderes anzusehen und alten Menschen, die oft keine gesellschaftlich vorgegebenen Ziele und keine Rollen mehr haben, doch noch eine Vision von Ziel, Entwicklung, Entfaltung und Rolle zu geben. Das stellt sie still, fördert ihr Einverständnis – obwohl vielleicht voller Kraft des Geistes –, in Pension abgeschoben zu werden, das Einverständnis, außer als Opa oder Oma keine Funktion mehr zu haben, und schön still, ruhig und unauffällig zu bleiben.

Weisheit-im-Alter, als gesellschaftliche Story betrachtet, sei garniert mit einigen kleinen Nebengeschichten. Zum Beispiel der Behauptung, dass alte Menschen oft mürrisch, gereizt, cholerisch, ungeduldig, schlecht gelaunt, depressiv seien und viel und anhaltend jammerten. Diese Story passe perfekt zur Weisheit. Denn Weisheit ist das lockende Gegenangebot, das "Entfaltungsmodell", die neue, hehre "Leistung", welche zu erbringen die Gesellschaft den alten Menschen anbietet.[59]

Weisheit sei Ausgeglichenheit, Losgelöstheit, Maßhalten, Mitte finden, heitere Ruhe. Ein Weiser sei ein in sich ruhender Mensch, der den weiten Blick auf die höheren Dinge richtet. Anders betrachtet: Der Weise ist ein Mitspieler einer gesellschaftlichen Story. Das Interesse der Story-Schreiber ist, alten Menschen ihre negative Kastenzugehörigkeit, ihr Abgestelltsein, schmackhaft zu machen, auf dass sie unauffällig bleiben und still halten.

Wie unpraktisch wäre es, wenn alte Menschen ihre Wut über dieses Abgeschobensein artikulierten, sich Ärger und Zorn erlaubten, aufbegehrten, schimpften und das ihnen angediente Weisheits-Modell als eine unerwünschte Sedierungsideologie weit von sich wiesen.

Und wäre Zorn angesichts der Lage alter Menschen in unserer Gesellschaft nicht manchmal berechtigt? Wo aber bleibt der Zorn der alten Menschen? Er steckt in der Altersdepression. Depression bei Jung und Alt ist stets ein nach Innen gerichteter Zorn.[60] Unter diesem Aspekt ist die sogenannte Altersdepression keine individuelle Krankheit, schon gar nicht eine biologische, sondern eine gesellschaftlich bedingte kollektive Pathologie. So betrachtet ist es Zeit, ärgerlich zu werden. Und es sei Zeit – so Woodward –, ein umfassendes *Moratorium* für die Weisheit auszurufen:

"Ich sage nicht, dass es falsch ist, wenn wir bestimmte Leute als weise oder bestimmte Handlungen als weise bezeichnen. Was ich meine, ist, dass man nicht auf Weisheit zurückgreifen sollte, wenn man Theorien oder Vorstellungen über die soziale Rolle von älteren Menschen entwirft. Weisheit sollte nicht als emotionaler (oder un-emotionaler) Standard oder als Ideal angepriesen werden. Diesem emotionalen (oder un-emotionalen) Standard der Weisheit gemäß zu leben, kann die schädliche Folge haben, dass das Gefühl angemessenen Ärgers unterdrückt wird. Ich meine, dass der kulturelle Reflex, Weisheit mit Alter zu assoziieren, ein Stereotyp reproduziert, das keine wirkliche Bedeutung in den gegenwärtigen westlichen Gesellschaften hat... Das Konzept der Weisheit als ein Entwicklungspotential, das idealerweise hohes Alter charakterisiere, steht der entscheidenden Aufgabe, diese Jahre im weitesten Sinne als sinnvoll zu reklamieren, im Weg... Weisheit legitimiert die *disengagement*-Theorie des Alterns – wonach ältere Menschen sich 'natürlicherweise' aus ihren sozialen Rollen zurückziehen, um mit ihrem letztendlichen Verschwinden – Tod – das reibungslose Funktionieren der Gesellschaft nicht zu stören."[61]

Die Ideologisierung hoher Entwicklungsstufen (Weisheit, Einsicht, Spiritualität) kritisiert Gil Noam auf einer psychologischen Ebene.[62] Solche Entwicklungsmodelle vereinfachen und beschönigen. Alle setzen voraus, dass etwas Positives, Großes, Kostbares, "Reifes" am Ende des Entwicklungsprozesses stehe. Es seien kreative Spekulationen ohne empirische Basis, *"lofty ideas"*, welche eine Entwicklungs-Utopie aufbauen, die erstrebenswert erscheint. Aber kaum einer erreiche das hehre Ziel. Die Konzepte seien auch allesamt zu einfach. Der Entwicklungsweg sei immer ein nie endendes Pendeln zwischen gegensätzlichen Kräften: "Einheitlich sein und gespalten, weise und starr, einsichtsvoll und simplifizierend, das sind selbst auf komplexen Ebenen der Entwicklung typische Widersprüche, die aus der Entwicklungsperspektive meist ausgespart bleiben. Wir müssen aufhören, die Komplexität des Selbst zu idealisieren und eine lineare Entwicklung von begrenzten hin zu großen Fähigkeiten (zu postulieren) und statt dessen die bis zum Ende des Lebens kontinuierlich vorhandene Auseinandersetzung zwischen Stärken und Schwächen betrachten. Betrachten wir einen realistischer gezeichneten, einen konfliktreicheren Menschen: Wie wäre es, wenn wir nicht vergessen würden, dass selbst die weisesten Menschen mit ihrer weiten Perspektive teilhaben an dem hochgradig fragmentierten sozialen System, und dass ihre Lebensläufe diese

Unterteilungen und Widersprüche reflektieren und intern sogar vergrößern? Ich denke, dass wir dann zu einem profunderen Bild (des Menschen) kommen, wo Vision und Ideal, Toleranz und Perspektive nicht ihres Gegenteils beraubt sind: Mutlosigkeit und Nihilismus, Charakterstarre, Mangel an Kreativität."[63]

In diesem ständigen Ringen – so zeigt Gil Noam[64] auf – werde das Leben nicht unbedingt glücklicher. Eine Entwicklung in Richtung auf mehr Offenheit, mehr Toleranz, mehr Flexibilität, mehr Weitblick, mehr Einsicht, mehr Weisheit bringe eben auch Teile des Selbst ins Blickfeld, die vorher verborgen, umgedeutet oder geleugnet wurden. Weisheit und Einsicht werden idealisiert und das blende aus, dass die Einsichten der Weisheit oft mit dem Neuaufbrechen alter Probleme, tiefer Verletzungen – der tiefen Nacht des Ego – einhergingen. "Hohe Formen des Bewusstseins erschaffen ihre eigenen Risiken und Verletzlichkeiten."[65] Entwicklung sei kein Stufenprozess, sondern ein immer wieder neuer Zyklus von Einsicht und Verzweiflung. Oder – wie Gisela Labouvie-Vief[66] es nennt – von Wachstum und Regression.

Alle diese kritischen Stimmen vereinen sich in der Ablehnung einer Vision von Alter, welche hehre Konzepte "erfolgreichen" Alterns instrumentalisiert und damit die Realität von Alter vereinfacht, beschönigt, verdrängt.

5. Kritische Anmerkungen zu Weisheit in der Wissenschaft

In der Weisheitsforschung findet man Konzepte von Weisheit, welche vor lauter Mystifizierung als "überhitzt", und andere, die in ihrer Operationalisierung als "tiefgefroren" erscheinen. Es gibt Konzepte der Weisheit, die ungemein elitär sind, und andere, die vollendet egalitär sind und damit jedem eigen. Weisheit wird oft ethnozentrisch betrachtet und erscheint überwiegend geschlechtslos. Allzu oft wird Weisheit zu einem unbescheidenen Konzept. Auf diese fünf Punkte möchte ich eingehen.

(1) *Idealisierung, Banalisierung.* Ausgewogenheit und Mitte – häufig erwähnte Ingredienzien der Weisheit – sind nicht Merkmal der Weisheitsforschung, wenn man sie insgesamt überschaut. Weisheit wird besonders oft mystifiziert und idealisiert, wenn es um weise Persönlichkeiten geht. Da ist dann von "schön" und "fragil", "unfassbar" und "unbegreiflich" die Rede, und von "Geschenk" und "Gnade".[67] Auch das Wirkungspotential der Weisheit wird auf diese Weise überhöht, wie die zu diesem Kapitel einleitend zitierten Aussagen zum Heilungspotential der Weisheit erkennen lassen.

Neben der Idealisierung finden wir auch die Banalisierung in der Weisheitsforschung. Ist nicht der "sensorische" Begriff der Weisheit, wie ihn Joan Erikson für das ganz hohe Alter definiert (Weisheit sei Sehen, Hören, Berühren) bei aller Achtung vor ihrem nüchternen Blick auf das hohe Alter, das mehr nicht zulässt – auch eine gewisse "Banalisierung"? Braucht man den Begriff der Weisheit, wenn es ganz zum Schluss des Lebens nur noch um "Bescheidenheit" geht? Und was fangen wir mit einer Weisheit an, die zu der Fähigkeit schrumpft, unter Leitung eines narrativen Coach seine Lebensgeschichte umzuerzählen?

Wenn ein Weisheitsbegriff zum Zweck der Messung in Komponenten zerlegt, auf bestimmte Aspekte reduziert und zu ein paar Kreuzchen-Fragen vereinfacht wird, geschieht das Gegenteil zur Idealisierung der Weisheit: Die Weisheit erscheint langweilig, banal, trocken (vgl. die zehn Mini-Fragen zur Gero-Transzendenz von Tornstam).

(2) *Kulturgebundenheit.* Die Weisheitsforschung ist, jedenfalls in einem ihrer Schwerpunkte, dem Berliner Weisheitsparadigma, reduziert auf "westliche" Bildungsbürger, die laut zu denken in der Lage sind und sich gepflegt "psychologisierend" auszudrücken vermögen. Auch in den Gerontologien, welche Weisheit ins Zentrum ihrer normativen Entwicklungsmodelle stellen, findet man kein Bewusstsein für kulturelle Unterschiede. Dass die Bedingungen für Altwerden, die Konzepte von Alter und die Lebensmodelle für Altern im Blick auf Weisheit einmal transkulturell reflektiert würden, kommt in der Weisheitsforschung nicht

vor, obwohl Alter und Kultur ein wohl etablierter Forschungsbereich ist.[68]

(3) *Geschlechtslosigkeit.* Zwar hat die Werte-Forschung (die von der Weisheitsforschung aber weitgehend übergangen wird) immer wieder Unterschiede im Wertemuster zwischen Männern und Frauen gezeigt,[69] zwar ist Frauen Weisheit wichtiger als Männern, halten Männer und Frauen eher Männer für weise,[70] aber trotz dieser vielen Hinweise ist bisher die Weisheitsforschung weitgehend geschlechtslos – als gäbe es nur *eine* Weisheit, eine männliche. Erik Erikson ist unter diesem Aspekt kritisiert worden[71] ebenso das Berliner Weisheitsparadigma[72], aber insgesamt spielt ein möglicher Unterschied zwischen männlicher und weiblicher Weisheit in der Weisheitsforschung keine Rolle. Da Weisheit so oft mit "Integration" assoziiert wird – Integration guter und weniger guter Seiten des Lebens, Integration von Denken, Fühlen, Handeln usw. – so wird auch immer wieder eine Integration zwischen *animus* und *anima*, der männlichen und der weiblichen Seite der Persönlichkeit, impliziert. Dies ließe eher eine androgyne Weisheit erwarten. Aber nur wenige Weisheitsforscher haben dies auch tatsächlich untersucht. Vor zwölf Jahren haben Orwoll und Achenbaum[73] gefragt, warum Geschlecht in der Weisheitsforschung so weitgehend ausgespart bleibt, und sie entwickelten eine Reihe von Hypothesen zu möglichen Unterschieden. Diese Arbeit verhallte. Auch die Narrative Gerontologie blendet einen möglichen Geschlechtsunterschied, d. h. eine gechlechtsrollenspezifische Erzählweise des Lebens aus.[74]

Transzendenz und Spiritualität werden ebenfalls meist geschlechtslos abgehandelt. Sehr selten findet man einmal einen "*glimpse of gendered spirituality*", "einen flüchtigen Blick auf geschlechtliche Spiritualität".[75] Wenn die Gero-Transzendenz die spirituelle Entwicklung als einen universellen Prozess sieht, gibt es für sie auch keinen Anlass, ihren Blick auf mögliche Geschlechtsunterschiede zu werfen.

(4) *Gesellschaft.* Ein weiteres Defizit der Weisheitsforschung ist die Ausblendung der gesellschaftlichen Bedingungen, unter denen Menschen heute alt werden. Fragen, was Weisheit fördert,

ermöglicht, verhindert, blockiert, können nicht nur, wie es in der Weisheitsforschung geschieht, auf der Ebene von Biographie und Persönlichkeit beantwortet werden. Es muss auch betrachtet werden, was die gegenwärtige gesellschaftliche Verfasstheit an fördernden und hindernden Bedingungen aufweist. Odo Marquart hat in seinem "Beitrag zur Analyse der Gegenwart" diese mit dem Begriff der "tachogenen Weltfremdheit" gekennzeichnet.[76] Sie seien eine neue, für unsere Epoche spezifische Erschwerung und Behinderung des Erwachsen- und Altwerdens. Diese Weltfremdheit nennt er "tachogen", weil sie "aus der beschleunigten Schnelligkeit (auf griechisch *to táchos*) des modernen Wirklichkeitswandels" resultiert.[77]

Ein erstes Merkmal der tachogenen Weltfremdheit sei die unausweichliche Erkenntnis, dass Erfahrung immer schneller und schneller veraltet. Und dies führt zu dem zweiten Merkmal: "Erfahrung ist das – wohl einzige – Gegenmittel gegen Weltfremdheit: aber jetzt greift sie nicht mehr. Weil heutzutage das Vertraute immer schneller veraltet und die künftige Welt zunehmend anders sein wird als die von uns erfahrene bisherige Welt, wird – für uns, die modernen Menschen – die Welt fremd, und wir werden weltfremd. Die modernen Erwachsenen verkindlichen. Selbst wenn wir grau werden, bleiben wir grün. Man wird nicht mehr erwachsen."[78] Wie wird man unter solchen Bedingungen tachogener Weltfremdheit weise? Wie wird man weise unter Bedingungen einer globalen kapitalistischen Wirtschaft und einer postmodernen Kultur?[79] Diese Frage bleibt in der sozialwissenschaftlichen Weisheitsforschung weitgehend ausgeblendet.

(5) *Grenzziehung.* Grenzbewusstsein gilt als ein zentrales Ingredienz der Weisheit, das Wissen um die Grenzen des Wissens, der Erfahrbarkeit, der Machbarkeit, der Zeit (auch der eigenen). Dieses "weise" Bewusstsein wendet – wie oben erwähnt – die Weisheitsforschung selten auf sich selbst an. Die Idealisierung von Weisheit behindert die Frage, wo es möglicherweise nicht mehr wünschenswert ist, weise zu sein, wo es darum geht, die Grenzen der Weisheit aufzuweisen.[80] Die Banalisierung hat Weisheit ohnehin grenzenlos verteilt. Ist Weisheit erst einmal egalitär,

kann weder die Frage nach der Bereichsspezifität der Weisheit gestellt werden noch die nach unterschiedlichen Arten der Weisheit – diese Fragen würden eingrenzend wirken. Die Ethnozentrik verhindert den Blick in fremde Kulturen, Weisheit wird universell – grenzenlos. Die fehlende Grenzziehung und Grenzbestimmung macht die Weisheitsforschung unbescheiden.

Doch unabhängig von den kritischen Anfragen an die Dienstbarmachung der Weisheit für gesellschaftliche Interessen (die sich nur gegen diejenigen Konzepte richten, welche Weisheit als spezielle greisige Leistungen ansehen) und unabhängig von den kritischen Nachfragen zur Weisheitsforschung bleibt Weisheit, so wie wir sie als ausgebreiteten Stoff ("Meterware") und in verschiedenen westlichen Definitionen ("Maßschneiderungen") sowie als transkulturelles Konzept kennengelernt haben – etwas Besonderes und Wertvolles. Das kann verdeutlicht werden an der Behandlung verschiedener "Verwandten" der Weisheit.

6. Verwandte der Weisheit

Ist Weisheit etwas anderes als emotionale Intelligenz, gepaart mit praktischer Intelligenz? Oder ist Weisheit nicht bloß moralische Intelligenz?[81] Oder postformales Denken?[82] Oder reflexives Urteilen?[83] Oder komplexe Problemlösung?[84] Unterscheidet sich Weisheit von Kreativität, Spiritualität, Intelligenz?[85]

All diese Begriffe – vielfach beforscht – sind Verwandte der Weisheit, und wir müssen prüfen, ob Weisheit in dieser großen Verwandtschaft eigentlich eine eigenständige Daseinsberechtigung hat. In zwei verschiedenen Diskussionskontexten findet man Begriffe, die dem der Weisheit nahe stehen, in Entwicklungstheorien des Lebenszyklus und in der Intelligenz-Forschung. Für beide Diskussionskontexte werde ich einen "Verwandten" der Weisheit als Beispiel behandeln. Dann soll noch kurz von einer sehr unwahrscheinlich erscheinenden Verwandten die Rede sein: Demenz.

(1) In vielen Entwicklungstheorien des Lebenszyklus kommt die oberste Stufe der individuellen Entwicklung dem Begriff der

Weisheit stets nahe (z. B. Eriksons Integrität, C. G. Jungs Individuation, Maslows Selbst-Aktualisierung, Labouvie-Viefs Autonomie). Beispielhaft für diesen Bereich möchte ich den Begriff des post-formalen Denkens von Jan Sinnott[86] aufgreifen. Postformales Denken sei eine spezielle Art der Intelligenz und genau das, was man landläufig unter Weisheit verstehe, eine sich erst im Erwachsenen-Alter entwickelnde Denkweise, die über die formalen logischen Operationen hinausgeht. Es ist eine komplexe Art des Denkens, welche zur Lösung wenig strukturierter Probleme eingesetzt werde und mit der man sich in einer Welt "relativer" Gültigkeiten bewegen und spirituelle Aspekte des Lebens lösen könne. Das postformale Denken ist relativistisch und dialektisch. Es weiß um die unvermeidliche Subjektivität mancher Entscheidungen und kennt die Grenzen des logischen Denkens und der formalen Denkoperationen. Im postformalen Denken kann man mit sich widersprechenden Wahrheiten umgehen, erkennt die individuell verschiedenen Wahrheiten und Wahrnehmungsweisen, weiß, dass es mehr als eine Wahrheit gibt, dass Prozesse in der Regel multikausal sind und alles mitbestimmt ist von seinem Kontext. Eine spirituelle Entwicklung in Richtung auf Transzendenz und tieferen Sinn des Lebens setze eben diese Art des postformalen Denkens voraus:

"Ich gehe davon aus", sagt Sinnott, "dass postformales Denken eine notwendige kognitive Fähigkeit darstellt für tiefe, reife, spirituelle Entwicklung und dass man es im Denken spirituell weiser Menschen findet, bei Heiligen und Mystikern. Ich gehe davon aus, dass postformales Denken die Logik des reifen Menschen ist und dass sich diese entwickelt durch die Beziehung des Menschen zu anderen, zu einer bestimmten letzten Wahrheit oder Gottheit, an die er glaubt und zum Universum. Es bedeutet auch eine Einheit von Geist und Gefühl und ein verändertes und erweitertes Selbstkonzept. Postformales Denken ermöglicht dem reifen spirituellen Menschen sich in zwei oder mehr sich gegenseitig ausschließenden, aber gleichzeitigen Logiken zu bewegen, wenn eine höhere Bewusstseinsebene erfahren wird. Postformales Denken belässt den Menschen im Einklang mit diesem Wissen und mit dem Verhalten, das sich aus diesem Wissen ergibt."[87]

Sinnott schließt sein Buch zum postformalen Denken mit dem Thema "*Healing minds, bodies, nations, and the planet*". Die Parallelen zum Begriff der Weisheit reichen also bis zu jenem Anspruch umfassender Heilwirksamkeit, welche auch der Weisheit in der Welt gerne zugeschrieben wird (vgl. Abschnitt 1).

(2) Weisheits-nahe Begriffe finden wir auch in der Intelligenzforschung. Die analytische, akademische oder IQ-Intelligenz[88] ist leicht von der Weisheit zu unterscheiden – und zwar unabhängig davon, ob wir die "Meterware" der Weisheit aufgreifen, die "Maßschneiderungen" oder das "Weisheitsdreieck", wonach Weisheit struktur- und ordnungsstiftend, entgrenzend und wertgetragen ist.

Analytische Intelligenz ist instrumental. Sie sagt einem, *wie* man ein Ziel erreicht. Sie kann uns aber nicht sagen, *welches* Ziel wir erreichen sollen. Denn Intelligenz *ist* in unserer Kultur zwar ein Wert, *hat* aber keine Werte.[89] Weisheit hingegen ist ohne Werte nicht denkbar.

Um die rein instrumentelle Sicht von Intelligenz zu erweitern, sind verschiedene neue, zusätzliche Intelligenz-Konzepte entwickelt worden. Und in einigen dieser neuen Intelligenzen erkennt man Aspekte der Weisheitsbegriffe.

Schon vor langer Zeit sprach Robert Thorndike[90] von einer sozialen Intelligenz und definierte sie als die "Fähigkeit, andere zu verstehen und in menschlichen Belangen weise zu handeln". Howard Gardner[91] erfand u. a. eine intra-personelle Intelligenz, die Fähigkeit der Selbsterkenntnis, welche die eigenen Stärken und Schwächen kennt, die eigenen Möglichkeiten und Grenzen, sowie eine interpersonelle Intelligenz als Fähigkeit des Umgangs mit anderen. Dies sind deutliche Anklänge an Weisheit, auch wenn sie die Weisheit damit nicht abdecken. Denn Werte kommen nicht darin vor.

Der Weisheit am nächsten steht der von Judith Boss eingeführte Begriff der moralischen Intelligenz: "Man kann moralische Intelligenz definieren als Achtung vor sich selber und vor anderen als Lebewesen, die prinzipiell wertvoll sind... Der Begriff Achtung schließt dabei nicht nur Denken ein, sondern auch solche Merkmale wie Fürsorge, Bereitschaft zu Tugend, Empathie, moralisches Feingefühl und Handeln auf der Basis der eigenen ethischen Entscheidungen... Man kann mindestens vier Komponenten der ethisch-moralischen Entwicklung unterscheiden: (1) Das Erfassen der möglichen Konsequenzen einer bestimmten Konstellation, (2) die ethische Beurteilung alternativer Handlungsmöglichkeiten (moralisches Denken), (3) die Anerkennung anderer Werte – neben der Moral, und (4) die tatsächliche Umsetzung der eigenen moralisch-ethischen Einbindungen. Alle diese Komponenten der Moralität – nicht nur moralisches ethisches Denken oder "theoretische" ethische Haltung – muss man bei einer angemessenen Definition moralischer Intelligenz berücksichtigen."[92]

Ob es sinnvoll ist, eine moralische *Intelligenz* zu definieren, braucht hier nicht diskutiert zu werden, wohl aber, was dieses Konzept im Vergleich zur Weisheit abdeckt. Es deckt jedenfalls die Wertespitze des Weisheitsdreiecks ab. Die Kennzeichnung der moralischen Intelligenz als eine Achtung vor allen Menschen, sich selbst und anderen, als Einsicht in die Wertevielfalt, als eine Haltung, die auch Fürsorge einschließt, zeigt, dass es hier das Allgemeinwohl ist, auf welches die moralische Intelligenz zielt. Moralische Intelligenz hat ebenso wie Weisheit auch ordnende und strukturierende Funktion. Moralische Intelligenz leitet die Auswahl der Handlungswege. Doch fehlt dem Begriff der moralischen Intelligenz jene Seite der Weisheit, die ich mit dem Pol "Entgrenzung" zusammengefasst habe, und es fehlt ihr auch das Bewusstsein der *Grenzen* von Wissen, Erkennen, Denken, Wählen, Handeln, Können und Sein. Weisheit ist also weiter als moralische Intelligenz.

Für die beiden Kontexte, aus denen immer wieder neue Verwandte der Weisheit auftauchen, habe ich nur jeweils ein Beispiel gegeben, um einen Eindruck von der Begriffsproliferation im Umfeld der Weisheit zu geben. Wieweit sich solche Begriffe dann mit Weisheit überschneiden, hängt von der Definition von Weisheit ab. Jedoch vermag keiner der "Verwandten" all die Schattierungen von Weisheit abzudecken, welche wir an dem ausgebreiteten Stoff ("Meterware") erkennen, aus dem die Weisheit gemacht ist.

Die Definition der Weisheit im Berliner Weisheitsparadigma ist allerdings deutlich enger und kommt dem postformalen Denken nahe ebenso wie der "praktischen" Intelligenz. Integrierte Konzepte, z. B. die Weisheitsmodelle von Achenbaum und Orwoll oder Ardelt (vgl. Kapitel 1), oder auch das sogenannte Weisheitsdreieck, mit dem ich versucht habe, die konsensualen Pole der Weisheits-Definitionen zu identifizieren, sind weder durch das postformale Denken (welches keinen Wertepol definiert), noch durch das Konzept der moralischen Intelligenz (welche kein Grenzwissen und keine Entgrenzung kennt) abgedeckt. Weisheit bleibt mehr als diese Begriffe.

Weisheit – wie es etwa in dem Modell von Kramer und im Weisheitsdreieck zum Ausdruck kommt – ist ein besonders komplexes Konzept. Alle Weisheitskonzepte, welche diese Komplexität zu sehr vereinfachen, berechtigen zu der Frage, ob wir den Begriff "Weisheit" dann noch brauchen. Könnte man die Weisheitsdefinition des Berliner Forscherteams z. B. nicht auch "interpersonelle Beratungskompetenz" nennen? Kann man die Weisheit der Narrativen Gerontologie nicht mit der "Kunst des Erzählens" umschreiben? Kann man die Weisheit der Gero-Transzendenz nicht als "Alters-Spiritualität" bezeichnen? Wenn man der Weisheit ihre Komplexität belässt, wenn man alle drei Pole des Weisheitsdreiecks einbezieht, dann ist es schwer, Begriffe zu finden, welche sie entthronen.

(3) Wenn es um Weisheit und andere Begriffe höchster Entwicklungsstufen geht oder um Weisheit und Intelligenz, dann fällt es uns nicht schwer, Verwandtschaften wahrzunehmen, auch wenn wir Unterschiede ausmachen. Was aber ist mit Alters-Weisheit und Alters-Demenz? Auf den ersten Blick erscheinen sie uns als unvereinbare Gegensätze. Aber schon in der Gero-Transzendenz wurden Weisheit und Demenz zusammen diskutiert. Tornstam meinte ja, dass der gero-transzendierte alte Mensch mit seinem nach innen gerichteten Blick, der da den ganzen Tag schweigsam, unbewegt, unstörbar in seinem Lehnstuhl sitzt – von den in der Theorie der Gero-Transzendenz ungeübten Augen gern als "dement" wahrgenommen wird. Aber solche an-

gebliche Demenz sei in Wirklichkeit gero-transzendente Weisheit. Tornstam aber spricht hier von Vorurteilen. Man kann davon ausgehen, dass er "echte" "Demenz" und gero-transzendente Nachinnengekehrtheit sehr wohl unterscheiden kann.

Walter Pieringer hat eine sehr interessante andere Brücke zwischen Weisheit und Demenz gebaut.[93] Ausgangspunkt seiner Überlegungen ist der Begriff der Unverfügbarkeit, definiert als Selbstbestimmung und die Fähigkeit, sich nicht zum Objekt der Wünsche anderer machen zu lassen. Diese Unverfügbarkeit, diese Souveränität der inneren Unabhängigkeit, sei ein Wesensmerkmal der Alters-Weisheit. Für jüngere Menschen sei diese Unverfügbarkeit ein Ärgernis, ein Auslöser von Angst und Abwehr, die zu "verschämten Projektionen der Jüngeren führen, um sich des ernüchternden Abenteuers der persönlichen Begegnung mit dem Alter, im Spiegel des Alters zu entziehen."[94]

"Alle menschlichen Grundkonflikte, wie sie von der Tiefenpsychologie beschrieben wurden, der Geschlechtsrollenkonflikt, der Machtkonflikt und der Identitätskonflikt, werden durch Begegnung mit alten Menschen ganz entschieden hinterfragt. Selbst wenn der alte Mensch es gar nicht bewusst will, bewirkt seine 'Unverfügbarkeit', einem unsichtbaren Spiegel gleich, radikale Durchleuchtung des anderen. So wird jede Begegnung mit einem alten Menschen zu einer persönlichen Überprüfung der eigenen Geschlechterrolle, der eigenen Machtbedürfnisse und der eigenen Identität. Wer diese Überprüfung nicht herzhaft akzeptieren kann, reagiert alternativ mit Ablehnung und Abwertung des alten Menschen. Und Alter wird entweder als Weisheit hochgestimmt, als Demenz abgewertet, oder als Unverfügbarkeit ausgeblendet."[95]

Aber können wir hinter der Hoch- oder Abwertung oder Ausblendung nicht doch irgendwelche Merkmale der Unterscheidung ausmachen? Pieringer unterscheidet Weisheit und Demenz folgendermaßen:

"Weisheit, Sophia, Hagia Sophia, Heilige Weisheit und Mutter-Gottes-Tempel, ist der Begriff für die hohe heilige Form eines Welt- und Naturverständnisses, welches als das ursprünglich Schöne der Natur entspringe und keiner Bewertung bedürfe. Weisheit als das Sein des Alters verkörpere die mögliche Ganzheit, Entwicklung und Vollendung des menschlichen Lebens; wäre die Befreiung und Entfaltung der menschlichen Seele und des menschlichen Selbst im Bewusstsein des Ichs; wäre die Verschmelzung von So-Sein und Da-Sein der menschlichen Natur. Weisheit hieße den göttlichen Funken im Menschen erkannt haben, aber damit auch die Macht Luzifers bewältigt zu haben. Nach Göttner-Abendroth sei der Lichtbringer Luzifer tatsächlich Sohn und Heros der palästinensischen Mutter-Gottheit Hagia Sophia. Weisheit würde bedeuten, jenseits von Gut und Böse, die synästhetische Dimension der Einheit von Fühlen und Denken im Leben entwickelt zu haben, um wahrlich mit dem Herzen schauen zu können und das Schöne in allen Dingen als Teilhabe an der Unendlichkeit zu erspüren. Weisheit wäre, das Männliche im Weiblichen zu erfahren und das Kindliche im Greis. Weisheit wäre, wo der Charakter sich aufgelöst und die Person sich gefunden habe... Demenz, hier als Altersblödsinn gedacht, wäre demgegenüber der Verlust der Selbstreflexion des bewussten Ichs; wäre unreflektiertes, zielloses Wähnen, wäre Wahnsinn: 'dementis'. Demenz wäre das Ende der Spiegelung und der Antwort auf die Seele und damit die Abspaltung vom ewigen Selbst; Versiegen von Handlungs- und Verantwortungsfähigkeit. Demenz verkörpere die Aufhebung menschlicher Spannkraft und Kreativität. Demenz als Abnahme von Kritik- und Urteilsfähigkeit gehe einher mit Verlöschen des Lichtes des Lichtbringers, sowie mit Abnahme des Intelligenzquotienten. Demenz wäre Verspätung auf allen Erkenntniswegen und Verlust das Männliche im Weib zu schauen. Demenz wäre Zunahme an konkreter Endlichkeit und Abnahme von Vision und Phantasie. Demenz leitet aber auch hin zum reinen Tor, zur Seligkeit der Armen im Geiste, die nichts wollen und doch sind."[96]

Der Begriff "Unverfügbarkeit" aber schlägt die Brücke zwischen beiden. Weisheit macht den alten Menschen unverfügbar, da er unabhängig ist, losgelöst, bewusst. Demenz macht den Menschen ebenfalls unverfügbar, aber er ist sich dieser Unverfügbarkeit selbst nicht bewusst: "Ich meine, dass für uns Weisheit, vor allem als Unverfügbarkeit aus erkannter Symbiose und Demenz, vor allem als Unverfügbarkeit aus nicht erkannter Symbiose gelten. D. h., dass Weisheit Zunahme an Unverfügbarkeit bedeute, da die symbiotische Anteilhabe an der Gemeinschaft bewusst erkannt wurde, und Demenz ebenfalls Zunahme an Unverfügbarkeit bedeute (man kann mit ihr wenig anfangen), aber aus nicht bewusster erkannter Anteilhabe an der Gemeinschaft."[97]

Und für Pieringer sind beide – Alters-Weisheit und Alters-Demenz – Projektionen der Jüngeren: "Sind nun diese ungleichen Gesichter des Alters wirklich alternative Erscheinungsbilder, oder sind sie Konstruktionen der Umwelt, die das Alter nicht verstehen kann, es aber begreifen will und ihm so Projektionen zuteilt? Wenn die 'Unverfügbarkeit' tatsächlich eine spezifische Tugend des Alters darstellte, wäre dies zu vermuten."[98]

Hier schließt sich dann der Kreis: Die Überlegungen Pieringers, die Kritik von Joan und Erik Erikson an einem zu hoch hängenden, idealisierenden, mythologisierenden Begriff der Weisheit, die Kritik an Gero-Transzendenz und Narrativer Gerontologie als Euphemismen von Alter, die soziologische Missbrauchs-These von Weisheit ergeben einen Chor von Stimmen, deren Gemeinsamkeit der große Zweifel ist, ob junge Leute alte Menschen *aushalten* können.

7. Brauchen wir, wollen wir Weisheit?

Auch wenn der Begriff der Weisheit in der komplexeren Fassung zwischen den drei zusammengehörigen Polen des Weisheitsdreiecks einen Eigenstatus zu haben scheint, darf man trotzdem fragen: Brauchen wir Weisheit? Ist Weisheit nicht obsolet? Ist Weisheit nicht zu unpolitisch? Ist Weisheit nicht zu trocken, zu leblos, zu altmodisch?

Bei der Frage "brauchen wir Weisheit?" muss als erstes der Raum betrachtet werden, in welchem Weisheit überhaupt zum Zuge kommen kann.[99] Wo kann Weisheit sich entfalten? Diese Frage lässt sich leichter beantworten, wenn wir sie umkehren: Wo hat Weisheit keinen Raum?

Da Weisheit ordnend ist – irgend etwas "in Ordnung" bringt, ist ein Maß an Unordnung Voraussetzung. Ein totalitärer Staat, eine totalitäre Institution, ein totalitäres soziales Gebilde, in dem alles im Sinne eines einzigen Prinzips festgelegt, d. h. bereits geordnet ist, dort ist Weisheit einfach arbeitslos. Auch in einer Welt ohne Werte, in einer Gesellschaft der Anomie oder unter Bedingungen von Anarchie kann Weisheit nichts ausrichten.

Wie Aleida Assmann es so schön ausgedrückt hat: "Weisheit scheint zu blühen in einem Zwischenraum von vollendeter Ordnung und völliger Beliebigkeit. Weisheit entfaltet sich wohl am ehesten im Zwischenraum von totaler Ordnung und totalem Zufall. In einem Raum, der rational geordnet und institutionell kontrolliert ist, bleibt wenig Platz für Weisheit. Die Festschreibung positiver Gesetze im Bereich von Wissenschaft, Recht oder Ethik hat die Welt ganz gewiss rationaler und vielleicht auch sicherer gemacht, aber bestimmt nicht offener für Weisheit. Was Max Weber die 'Entzauberung der Welt' nannte, die fortschreitende Rationalisierung der Lebenswelten, hat den jahrhundertealten Schatz an unter dem Titel 'Weisheit' gesammelten und bewahrten Erfahrungen abgewertet und unterdrückt. Auf der anderen Seite kann Weisheit auch nicht in einer Welt gedeihen, die als vollkommen zufällig gedacht wird. Wo es überhaupt keine Ordnung gibt, wo jedes Erscheinen unerwartet und erratisch ist, wo jeder nächste Augenblick die Manifestation eines vollkommen Neuen ist, hat Weisheit keine Chance. Die spezielle Genialität der Weisheit liegt in der Gabe wiederzuerkennen. Wiedererkennung aber setzt ein Muster voraus, wie schwierig es auch sein mag, dieses zu erkennen. Wir können davon ausgehen, dass sich Weisheit in einem Zwischenraum entfaltet, der weder von festgelegten Regeln engmaschig vorstrukturiert – noch vollkommen der Willkür und Konfusion anheim gegeben ist. (Weisheit) ist aus einer Welt festgefügter Ordnung verbannt. Sie gehört zu einer Welt, in welcher Ordnung entdeckt werden kann. Ordnung ist unsichtbar, aber man setzt voraus, dass es sie gibt. Es bedarf der Feinfühligkeit der Weisheit, sie zu entdecken und wieder einzusetzen. Eine tiefere Ahnung von Ordnung ist vermutlich das (eigentliche) Charakteristikum einer weisen Haltung im Umgang mit der Welt."[100]

Totalitäre Staaten, extreme Lebensbedingungen, bei denen es nur um den Überlebenskampf geht (alles ist hingeordnet auf dieses Ziel), alle Zustände und Verfasstheiten, bei denen es überhaupt nur ein einziges Ziel und einen einzigen Wert gibt, bieten für Weisheit keinen Raum. Es muss etwas zu ordnen geben, es muss etwas gelöst werden und zwar in einem existentiellen Raum, wo Werte überhaupt eine Rolle spielen. Sonst kann Weisheit keinen Auftritt haben.

Unvereinbarungen bestehen auch an anderer Stelle. Weisheit wird meist mit Mitte, mit Maß, mit Ausgleich und Ausgewogenheit assoziiert. Ob wir den ausgebreiteten Stoff, aus dem die Weisheit ist, sichten oder die maßgeschneiderten Weisheiten aus Berlin oder von der Yale University oder die integrativen Konzepte des Neun-Felder-Modells der Weisheit oder das Weisheitsdreieck oder ob wir uns bei den Konzepten von Weisheit in fremden Kulturen umschauen – immer sind Maß, Mitte, Ausgleich, Ausgewogenheit im Spiel.

Diese Ausgewogenheit bezieht sich dabei auf alle Ebenen: eine Ausgewogenheit der Gefühle, Stimmungen, Sichtweisen und Handlungen. Extreme Positionen, Fanatismus, Gewalt erscheinen deshalb unvereinbar mit Weisheit.

Weisheit und Gewalt sind auf eine doppelte Weise unvereinbar. In der Regel wird Gewalt nicht mit dem Gemeinwohl in Einklang zu bringen sein, auf welches Weisheit orientiert ist. Aber nicht nur der Gewalttätige kann prinzipiell nicht weise sein, sondern auch der Betrachter nicht. Diese politische Dimension von Weisheit hat außer Aleida Assmann[101] bisher kaum je ein Weisheitsforscher angesprochen. Angesichts eines gewalttätigen, totalitären Staates wird Weisheit "moralisch fragwürdig", ist Weisheit unangemessen. Eine Weisheit, die Positionen abwägt, Mitte sucht, ausgleicht, steht nicht an. Hier ist Stellungsnahme gefragt, Moral, nicht Weisheit: "Es gibt Situationen, in denen Weisheit moralisch-ethisch fragwürdig ist und nicht als das wünschenswerteste menschliche Verhalten angesehen werden kann. Dies ist der Fall, wenn eine überwältigende Ordnung unterdrückend, schlecht, brutal ist. Sich in einem totalitären Regime wie dem Nazi-Regime 'weise' zu verhalten, bedeutet, quietistisch, fatalistisch, opportunistisch zu sein. Es bedeutet, direkter Konfrontation auszuweichen, sich den Umständen anzupassen und persönliches Risiko zu vermeiden. Solches Verhalten kann dazu beitragen, perverse 'Ordnungen' zu stärken und sie als gegeben und unabänderlich zu akzeptieren. Unter solchen Umständen ist vielleicht eine moralische Haltung wirkungsvoller als eine weise. Es gibt Situationen, in welchen Ungeduld angemessener ist als Geduld. Weisheit liefert eine tiefere, aber keine die Realität leugnende Vision einer alternativen Welt."[102]

Damit ist umrissen, wo Weisheit vom Raum her möglich und wo Weisheit vom ethischen Standpunkt her unmöglich ist. Jenseits dieser Bestimmungen bleibt die Frage, ob wir die Weisheit *brauchen* (benötigen) und ob wir sie *gebrauchen* können (mit ihr etwas anfangen können, sie verkraften, sie uns leisten können). Diesc Fragen kann man nur im Kontext der Begriffe der Moderne und Postmoderne diskutieren. Die Moderne mit ihrer Zukunftsorientierung, der technisierten, rationalisierten, funktionalisierten Welt, lässt Weisheit, die als Erfahrungswissen "rückwärts" legitimiert ist, reaktionär erscheinen.[103] In einer Welt, in der Wissen rasant veraltert, ist Erfahrung immer obsolet. Was brauchen wir einen rückwärts gerichteten Blick? Und in der postmodernen Welt der Pluralität von Lebensmodellen, ist da Weisheit noch im Rennen?

Dese Fragen sind jedoch rhetorisch und willkommener Anlass, die Bedeutung der Weisheit hervorzuheben. Denn Weisheit ist natürlich nicht Erfahrung als solche, sie ist nicht die *Menge* an Erfahrung. Weisheit ist auch nicht Wissen, das veraltet, die *Menge* des Wissens. Weisheit ist vielmehr eine bestimmte Art des *Umgangs* mit Wissen. Weisheit ist gerade das Wissen um die Grenzen des Wissens, auch des Wissens von morgen und übermorgen. "Weisheit ist nicht nur erlittene, sondern synthetisierte, verarbeitete, reflektierte, sie ist auf ein Letztes hin gedeutete Lebenserfahrung."[104]

Auch ist der Gegenstand der Weisheit stets eine existentielle und interpersonelle Grundsituation. Die Frage, ob ich Tomaten oder Äpfel essen soll, ist kein Fall für Weisheit, wohl aber die Frage, ob man bei einem Menschen bleiben soll oder ob man geht. Existentielle Grundsituationen sind aber keinem so rasanten Wandel unterworfen, wie es der Wandel des wissenschaftlichen oder technischen Wissens ist. Hier ist manchmal mehr Kontinuität als selbst die Postmoderne wahrhaben möchte.[105]

Die Postmoderne wird immer wieder als die Epoche der Fragmentierung gezeichnet, die Auflösung aller "Wahrheiten" in Pluralität. Es gibt nicht eine Realität, sondern viele, nicht eine Ethik, sondern Dutzende, nicht eine Weltdeutung (die sogenannte große *master story*), sondern eine Vielzahl von Weltmodellen für zum Teil ganz kleine Welten. Im Gegensatz dazu ist Weisheit ausgleichend und integrierend. Sie kann insofern als ein Gegengewicht gegen die Fragmentierung der postmodernen Welt angesehen werden. Dies ist auch einer der Hauptgründe, welchen alle Weisheitsforscher immer wieder zur Erklärung der Konjunktur der Weisheit anführen, die so lange vergessen war.[106] Wie aber soll Weisheit diese Herkulesaufgabe erfüllen, ein Gegengewicht zur postmodernen Fragmentierung zu sein?

Weisheit ist Wissen um viele verschiedene Perspektiven, um die Uneindeutigkeit der "Realität", um die Kontextgebundenheit sogenannter Fakten. Weisheit praktiziert genau das Denken, was der pluralen Realitäts- und Wahrheitssicht der Postmoderne angemessen ist. An einer Stelle aber ist und bleibt Weisheit gegenüber der Postmoderne unsäglich altmodisch: Die Postmoderne tut sich schwer bei der Wahl zwischen den vielen Möglichkeiten der Weltsicht, des Realitätsverständnisses, der Interpretation. Was soll das Kriterium der Wahl sein? Eine *master story* wird nicht akzeptiert. Weisheit aber kennt solche leitenden Werte: Balance, Ausgleich und Mitte, Gemeinwohl. Weisheit ist gleichzeitig postmodern – und unmodern im Postmodernen.

Gewiss aber liegt die Antwort auf die Frage, ob wir Weisheit brauchen, nicht auf der Ebene des soziologischen Diskurses. Die Frage muss eigentlich auch umformuliert werden: Wollen wir Weisheit? Reicht denn nicht Wissen und brillante Reflexion?

Nehmen wir zwei Seiten in den Blick. Welche Art Probleme wollen wir lösen? Welche Denkungsart hilft bei der Lösung? Konsens ist sicher erreichbar in Bezug auf die Art der Probleme, welche die meisten Menschen lieber gelöst sehen würden: Gewalt, Konflikt, Zerstörung. Und welche Art des Wissens und Vorgehens brauchen wir dafür? Monika Ardelt[107] hat die Unterschiede zwischen intellektuellem und weisheitlichem Wissen besonders klar herausgearbeitet. Sie unterscheiden sich nach Ziel, Zugang, Gültigkeitsbreite, Aneignung, Wirkung und auch in ihrer Beziehung zu Alter:

(1) An erster Stelle sind die *Ziele* von Intelligenz und Weisheit sehr unterschiedlich. Im Kontext von Intelligenz geht es mehr um die quantitative Anhäufung von Wissen und Information, während beim weisheitlichen Wissen das Ziel qualitativ ist. Es geht um ein tieferes Verstehen grundlegender Phänomene. Auf der Seite des Intellekts ist das Ziel die Entdeckung von *neuen* Wahrheiten, auf der weisheitlichen Seite geht es um die Wiederentdeckung der Bedeutung *alter* Wahrheiten. Während es der intellektuellen Seite um beschreibendes und analytisches Wissen geht, ist auf der weisheitlichen Seite das interpretative Wissen wichtiger.

Der Intelligenz geht es darum, *wie* etwas zu erreichen ist, der Weisheit geht es darum zu fragen, *was* man erreichen soll und ob man bestimmte Dinge tun soll oder nicht. Der intellektuellen Seite ist die Bewältigung der Außenwelt und die Befreiung von äußerlichen Zwängen wichtig; der Weisheit bedeutet die Meisterung der inneren Welt durch die Befreiung von inneren Fesseln viel mehr. Ziele des intellektuellen Denkens sind das Streben nach Sicherheit, Regelmäßigkeit, Voraussagbarkeit zum Zweck der Zukunftsplanung. Es geht um ein Wissen zwecks Umgang mit dem zu Erwartenden. Weisheit dagegen akzeptiert Unsicherheit, Irregularität, Unvoraussagbarkeit und Wandel. Und es geht um Wissen, wie man mit dem Unerwarteten und Unbekannten umgeht.

(2) Auch der *methodische Zugang* ist anders bei intellektuellem und weisheitlichen Wissen: Wissenschaftlich, theoretisch, abstrakt, unemotional, abgelöst vom Inhalt, unpersönlich – das ist der intellektuelle Zugang. Der weisheitliche ist anders – er ist eher spirituell, wertgetragen, angewandt, konkret, emotional-involviert, sucht nach einer Integration von Form und Inhalt und ist persönlich orientiert.

Intellektuelle Orientierung trennt Subjekt und Objekt. Der Weisheit aber geht es um die Synthese von Subjekt und Objekt. Der intellektuelle Zugang ist die oberste Stufe linear verstandener formaler Operationen. Weisheit ist nicht linear, sondern dialektisch und postformal in ihrem Zugang.

(3) Auch der *Gültigkeitsbereich* der beiden Formen des Wissens unterscheidet sich. Intellektuelles Wissen ist zeitabhängig, d. h. politischen und historischen Fluktuationen unterworfen. Weisheitliches Wissen ist zeitlos und unabhängig von politischen und historischen Fluktuationen. Intellektuelles Wissen bezieht sich auf spezielle und engere Bereiche, ist auch bereichsspezifisch, fragmentiert und selektiv. Weisheit ist in ihrem Gültigkeitsbereich breit, holistisch, eher unbegrenzt, umfassend, integriert.

(4) Die *Aneignung* von intellektuellem und weisheitlichem Wissen ist ebenfalls unterschiedlich. Es ist auf der einen Seite ein überwiegend kognitiver Prozess, auf der anderen Seite mehr ein persönlicher Erfahrungsprozess.

(5) Auch die *Rückwirkungen* auf den Träger des intellektuellen versus weisheitlichen Wissens sind jeweils anders. Mehr Selbstsicherheit, weil man glaubt zu wissen, auf der einen Seite – weniger Selbstzentriertheit, weil man weiß, dass man nicht weiß, auf der anderen. Individualistischer auf der einen, universalistischer, auf das Gemeinwohl orientiert, auf der anderen.

(6) Und wegen dieser vielen Unterschiede zwischen Intelligenz und Weisheit, intellektuellem Wissen und weisheitlichem Wissen, ist auch die *Beziehung* dieser Wissensformen zum *Alter* jeweils anders. Intelligenz zeigt einen Abfall im Alter, Weisheit ist zwar erfahrungs- und damit z. T. auch altersabhängig, aber sie lasse nicht nach und ist in allen Lebensstufen wichtig. Monika Ardelt fasst diese Gegenüberstellung in einer Übersicht zusammen:

Gegenüberstellung von intellektuellem Wissen versus weisheitlichem Wissen nach Ardelt (2000)

Intellektuelles Wissen	Weisheitliches Wissen
Ziel:	***Ziel:***
Quantitative Anhäufung von Wissen und Information.	Qualitatives, tieferes Verstehen grundlegender Phänomene und Ereignisse.
Entdeckung neuer Wahrheiten.	Wiederentdeckung der Bedeutung *alter* Wahrheiten.
Beschreibendes Wissen.	Interpretatives Wissen.
Wie soll ich bestimmte Dinge tun?	*Soll* ich bestimmte Dinge tun?
Bewältigung der Außenwelt durch die Befreiung von äußeren Zwängen.	Meisterung der inneren Welt durch Befreiung innerer Kräfte.
Änderung der Realität.	Akzeptanz der Realität.
Streben nach Sicherheit, Regelmäßigkeit und Voraussagbarkeit, um Pläne für die Zukunft zu machen.	Akzeptanz von Unsicherheit, Unregelmäßigkeit, Unvorhersagbarkeit und Vergänglichkeit.
Wissen, wie man mit Erwartetem umgeht.	Wissen, wie man mit Unerwartetem und Unbekannten umgeht.
Methode:	***Methode:***
Wissenschaftlich.	Spirituell.
Theoretisch.	Praktisch.
Abstrakt, unbeteiligt.	Konkret, involviert.
Trennung nach Form und Inhalt.	Integration von Form und Inhalt.
Unterscheidung von Subjekt und Objekt.	Synthese von Subjekt und Objekt.
Oberste Stufe linear verstandener formaler Operationen.	Dialektisch, jenseits formaler Operationen.
Logos.	Mythos.
Unpersönlich.	Persönlich: intra- und interpersonell.
Gültigkeitsbereich:	***Gültigkeitsbereich:***
Zeitabhängig : politischen und historischen Fluktuationen unterworfen.	Zeitlos: unabhängig von politischen und historischen Fluktuationen.
Eng, vereinzelnd.	Weit, ganzheitlich.
Begrenzt auf spezielle Bereiche.	Unbegrenzt, universell.
Fragmentiert, spezialisiert, selektiv.	Umfassend, integriert.

Zugang:	***Zugang:***
Intelligenz / Kognition.	Kombination aus Wahrnehmung und Selbstreflexion.
Distante Erfahrung, d. h. Lernen aus Büchern und Vorträgen, Experimenten und objektiven Beobachtungen.	Persönliche Lebenserfahrungen zusammen mit Bewusstsein seiner selbst sowie Bestimmtheit und Beständigkeit, um Subjektivität und Projektionen zu transzendieren.
Manipulation und Kontrolle von Phänomenen und Ereignissen.	Offenheit für Erfahrungen einschließlich negativer, unregelmäßiger, unvoraussagbarer, widersprüchlicher und vieldeutiger Erfahrungen.
Auswirkungen auf den Wissenden:	***Auswirkungen auf den Wissenden:***
Glaube, dass Wissen grenzenlos ist.	Akzeptanz der Grenzen von Wissen für Menschen.
Tendenz, an bestehendes Wissen zu glauben, wenn es wissenschaftlich erreicht wurde.	Tendenz, vorhandene Überzeugungen, Werte, Kenntnisse und Informationen anzuzweifeln.
Zunehmende Selbst-Zentriertheit, da man glaubt zu wissen.	Abnehmende Selbst-Zentriertheit, da man weiß, dass man nicht weiß.
Stolz und Überlegenheitsgefühl anderen mit weniger intellektuellem Wissen gegenüber.	Sympathie und Mitgefühl mit anderen.
Mit individualistischen und speziellen Themen beschäftigt.	Mit kollektiven und universellen Themen beschäftigt.
Negative Gefühle, wenn Manipulation und Kontrolle fehlschlagen.	Zufriedenheit und innerer Friede trotz der Wechselhaftigkeit und Unsicherheit des Lebens.
Beziehung zu Alter:	***Beziehung zu Alter:***
Umgekehrtes U-förmiges Muster.	Potenziell positiv.
Von kognitiver Abnahme gekennzeichnet.	Beeinflusst durch Offenheit für Erfahrungen, Selbst-Reflexion, Selbst-Bewusstsein, Bestimmung und Beständigkeit.
Wird mit der Zeit möglicherweise veraltern und obsolet.	Wichtig während aller Lebens-Stufen.

Aus der Zusammenführung der beiden Ausgangsfragen – welche Probleme wollen wir wie lösen? – und dieser Gegenüberstellung ergibt sich die Antwort auf die Frage "brauchen wir Weisheit?"

oder "sollen wir Weisheit wollen?" ganz von selbst. Offensichtlich brauchen wir ganz ungemein große Mengen von Weisheit...

Neben Totalitarismus, Fanatismus, Gewalt hat die Weisheit noch viele weitere Feinde: Egoismus, Engstirnigkeit, Eingleisigkeit, Angst vor Ambivalenz, Starre, Kälte, Zersplitterung, Todesangst. Dies alles sind reale Feinde der Weisheit, wie man es sich in der Betrachtung der "Meterware" und der "Maßschneiderung" sowie der fremdkulturellen Begriffe der Weisheit verdeutlichen kann. Doch hat Weisheit wohl auch einige *vermeintliche* Feinde.

8. Weisheit und Passion

Alle Konzepte der Weisheit beinhalten ein ordnendes Element – nicht im Sinne der Aufgeräumtheit, sondern im Sinne der Orientierung. In das Stereotyp des Weisen scheint Schlamperei, grober Irrtum, Stolpern, Unordnung nicht hineinzupassen.

Doch eine solche Weisheitskonzeption ist zu ordentlich. Sagt nicht jeder Weise auch einmal etwas Dummes? "Ein Weiser ist auch ein Narr."[108] "Bei einem langen Gespräch wird auch der Weiseste einmal zum Narren und einmal zum Tropf."[109] Ist Weisheit nicht bereichsspezifisch? Ist sie nicht fluktuierend, einmal mehr, einmal weniger, einmal gelungen, einmal gescheitert, viele Male versucht? "Gelingt" sie nicht einmal mehr selbst-, einmal mehr fremdbezogen? Das reale Leben ist unordentlicher als die wissenschaftlichen Begriffe von Weisheit es wahrhaben wollen. Diese Unordnung, so scheint mir, muss mehr in das Konzept von Weisheit hineingeholt werden. Weisheit hängt zu hoch. Sinnvoller erscheint es, Weisheit dort zu verorten, wo auch alltäglicher Irrtum angesiedelt ist. Es geht auch "um des Menschen Recht auf Irrtum"[110], auf das Recht auf Unvollkommenheit. Weisheit darf auch einmal außer Kraft gesetzt werden. Sie darf verspielt und umgangen werden. Weisheit muss ent-heiligt werden. Weisheit ist nicht etwas, das man irgendwann als festes Paket hat – es ist ein stetiger Prozess, eine Zielvorstellung, eine Orientierung zur Welt.

Das Bild des weisen Menschen als ausgeglichen, maßvoll und stets angemessen lässt auch die Leidenschaft als Feind der Weisheit erscheinen. "Ursprünglich war Weisheit assoziiert mit Quietismus, Selbstbeherrschung, Gleichgewicht, Kontinuität... Ursprünglich wurde die Weisheit wurde entwickelt, um die Leidenschaften zu dämpfen."[111] Aleida Assmann spricht hier von der philosophischen Tradition vor Nietzsche, gegen die sich dessen Weisheitskonzepte wendeten. Dieser Assoziationskomplex von Weisheit, Sanftheit, Maß und Mitte gehört aber auch heute noch zum Stereotyp der Weisheit. Auch die Berliner Weisheitsforscher gehen davon aus, "dass Emotion der grimmigste Gegner weisheitlichen Denkens und Urteilens ist."[112]

Wenn schon Emotion allgemein als schlimmster Gegner der Weisheit angesehen wird, wie viel mächtiger und feindlicher mag sich dann Leidenschaft – als besonders intensive, verdichtete Emotion – der Weisheit entgegenstellen?

Was ist Leidenschaft? "Ein leidenschaftliches Gefühl erfüllt den Menschen, *quantitativ* gesehen, voll und ganz... Es ist ein *qualitativer* Sprung, der Gefühle in Leidenschaft verwandelt."[113] Leidenschaft bedeutet eine Intensivierung des Lebensgefühls, eine Energetisierung des Lebens. Leidenschaft ist kraftvoll und ausdauernd, Leidenschaft ist zielorientiert und das Ziel ist stets im Bewusstsein präsent. Leidenschaft bündelt die Aufmerksamkeit, durchflutet Denken, Fühlen und Imagination. Leidenschaft bedeutet Sehnsucht nach Erfüllung.

Und Weisheit ist Mitte und Maß. Wie sind dann Weisheit und Leidenschaft vereinbar? Oder sind vielleicht nicht *Weisheit* und Leidenschaft im Widerspruch, sondern *Alter* und Leidenschaft? Wenn wir betrachten, wie die hochbetagte Joan Erikson den Begriff der Gero-Transzendenz von allem stillen Mief zum *gero-transcen-dance*, dem Gero-Transzen-Tanz befreit, so spürt man sehr wohl einen leidenschaftlichen, alten Menschen.

In diesem Zusammenhang soll auch das Bekenntnis des achtzigjährigen Saint-Evremont in der Darstellung von Simone de Beauvoir zu Wort kommen: "'Ich habe alle lasterhaften Gefühle verloren, ohne zu wissen, ob ich diese Veränderung der Schwäche eines erschöpften Körpers verdanke oder der Mäßigung eines Geistes, der weiser geworden ist, als er vordem war. In meinem Alter ist es schwer, festzustellen, ob die Leidenschaften, die man nicht mehr empfindet, erloschen oder bezwungen sind.' Er war wie Epikur stets der Meinung gewesen, dass das Glück im wesentlichen darin besteht, nicht unglücklich zu sein; da es ihm gut ging, schätzte er diese Ausgeglichenheit und gab sich damit zufrieden. Dennoch glaubte er, dass das Alter auch seine traurigen Seiten habe. Ninon de Lenclos, mit der er eine lange, herzliche Korrespondenz führte, teilte er mit, er könne kaum hoffen, sie je wiederzusehen und sei darüber tief betrübt: 'Am ärgerlichsten an meinem Alter scheint mir, dass ich die Hoffnung verloren habe, die Hoffnung, die die süßeste der Leidenschaften ist, jene, die am meisten dazu beiträgt, unser Leben angenehm zu machen... das Lächerliche besteht nicht darin, sich rühren zu lassen, sondern töricht anzunehmen, man könne noch gefallen... Die größte Freude, die den Alten bleibt, ist zu leben; und nichts versichert sie so gut ihres Lebens wie ihre Liebe... Ich liebe, also bin ich...'"[114]

Einem leidenschaftslosen Alter widerspricht auch Joel Savishinsky.[115] Er kritisiert unser gesellschaftliches Bild vom Alter als leidenschaftslos und eine diesem Gesellschaftsbild entsprechende Gerontologie, die ganz blind sei gegenüber dem Thema Leidenschaft im Alter. Um diesen blinden Fleck zu beleuchten, hat er in einer Alten-Institution des betreuten Wohnens die Frage untersucht, welche Rolle Leidenschaft im Selbstverständnis alter Menschen und in ihrer Anpassung an die Bedingungen von Alter spielt. Sieht Tornstam im Altersheim stille, nach innen sinnende Alte – so findet Savishinsky ein "tiefes Engagement" an Kunst, an öffentlichen Aufgaben, an der Selbstfindung. Seine Schlussfolgerung ist: "Das Bild vom Alter als Ende aller Dinge verstellt die Tatsache, dass das Alter für viele Menschen durch neue Erfahrung, Leidenschaft und Zielorientierung geprägt ist... Leidenschaft kann eine der großen positiven Umgangsweisen mit Alter sein."[116]

Leidenschaft zum Inbegriff "erfolgreichen" Alterns zu erheben, mag uns nun allerdings doch wieder als ein zu glanzvolles Konzept für Alter erscheinen. James Averill[117] bietet eine Brücke an zwischen der "lautlosen", nach innen gekehrten Gero-Transzendenz, welche Tornstam im Altersheim sieht, und diesem "leidenschaftserfüllten" Angepasstsein ans Alter, welches Savishinsky beobachtet.

Averill "spiritualisiert die Leidenschaften". Sein Ausgangspunkt ist die Frage, wie man "kreative" Gefühle von anderen Gefühlen unterscheiden kann. Kreativität hat etwas mit Neuigkeitswert zu tun, aber auch mit ästhetischer, praktischer oder interpersoneller Wirkung und mit Authentizität. Ein kreatives Produkt ist etwas eigenes, nicht nachgemachtes, nicht an soziale Vorbilder angepasstes Produkt. Gefühle, die diese Merkmale haben, sind "kreativ". Die spirituelle Erfahrung sei auch ein solches kreatives Moment. Spiritualität zeigt sich nach Averill[118] in Sinnhaftigkeit, Vitalität, Energie, Begeisterungsfähigkeit und einem Gefühl der Verbundenheit (z. B. mit der Natur). Und Leidenschaft als starkes Gefühl wird "kreativ" und "spiritualisiert" durch Authentizität: "Menschen beurteilen diejenigen Gefühle als echt, die mit ihren innersten Überzeugungen und Werten in Beziehung stehen, die mit definieren, wer sie als Individuen sind... 'Echte Gefühle' kommen typischerweise in Phasen der Herausforderung und des Übergangs auf, wenn basale Werte und Vorstellungen entweder verändert oder neu bestätigt werden, z. B. wenn eine Liebesbeziehung in die Brüche geht... Wenn echte Gefühle aufkommen, werden sie tief und intensiv empfunden. Sie zeigen Klarheit und Entschiedenheit an und bestärken die eigenen Werte und das Selbstwertgefühl. Mehr alltagssprachlich ausgedrückt kann man also sagen, dass eine 'Spiritualisierung der Leidenschaften' voraussetzt, dass die Gefühle 'echt', d. h. mit den das Selbst definierenden Vorstellungen und Werten integriert werden... Dies ist ein kreativer Prozess – es ist eine Kreativität im Dienste des Selbst."[119]

Aber vielleicht müssen wir Leidenschaft nicht spiritualisieren, um sie der Weisheit anzunähern? Eine sehr viel nüchternere Möglichkeit der Annäherung von Weisheit und Passion bietet uns der Forschungsbereich der Emotionsregulation.

Emotionsregulation[120] als ein Teil der umfassenden Selbstregulation[121] ist ein viel beachteter Forschungsbereich der Psychologie, der seine Bedeutung aus misslungener Selbstregulation gewinnt, aus den katastrophalen Folgen von Kontrollverlust (Sucht, Gewalt) und Fehlkontrolle.[122] Die Regulation "besteht aus verschiedenen Prozessen, mit welchen das Selbst seinen Zustand und seine Handlungen regelt, um bestimmte Ziele zu erreichen, bestimmten Idealen oder Standards zu entsprechen und erwünschte innere Befindlichkeiten aufrecht zu erhalten oder zu erreichen."[123] Zu diesen Prozessen gehören Impulskontrolle, Affektregulation sowie Denk- und Handlungsregulation und vor allem auch Reflexion. Sie alle haben das Ziel, das eigene Leben positiv auszurichten: positive Beziehungen zu schützen, in guten Stimmungen zu verweilen, Stress, Krankheit, Ärger zu vermeiden usw. Damit eine solche Regulation möglich ist, muss man nicht nur klare Messlatten oder Standards haben, sondern auch seine eigenen Regungen und Handlungstendenzen im Blick haben und dann auch die Handlungskraft besitzen, diese auf die Standards auszurichten.

Bei der Emotionsregulation spielt auch das *Reaktionspotential* eine Rolle. Es ist die gefühlsmäßige Berührbarkeit. Ein leidenschaftlicher Mensch ist stets ein emotional berührbarer Mensch. *Reaktion* ist die Handlung, die sich aus der gefühlsmäßigen Berührtheit ergibt. Sie kann blitzschnell und spontan sein, d. h. vollkommen ungeregelt. Oft aber tritt zwischen Berührtheit und Reaktion die Emotionsregulation. Dabei spielt auch *Reflexion* eine wichtige Rolle.

Mit diesen Begriffen ausgestattet, können wir jetzt noch einmal zurückkehren zu der postulierten Feindschaft zwischen Weisheit und Passion.

Leidenschaft ist eine *Qualität* von Gefühl: dicht, stark, klar, fokussiert, aktiv, energetisierend, beflügelnd, belebend. Wie bei jeder Emotion kann man auch bei Leidenschaft Auslöser, Reaktionspotential, Reaktion, Regulation und Reflexion unterscheiden. Ein leidenschaftlich fühlender Mensch kann sehr besonnen handeln, wenn er über die Kunst der Selbstregulation verfügt. Hier ist kein Widerspruch zu erkennen.

Kann es also einen leidenschaftlichen weisen Menschen geben? Gäbe es ihn, so müsste Nietzsche Weisheit nicht als Ermüdung,

Alter, Erkaltung, Verhärtung, Sich-Verkriechen, Still-Werden verspotten. Und Andre Gide müsste nicht zornig sagen: "Aus ganzem Herzen verachte ich die Art Weisheit, zu der man durch Abkühlung oder Mattigkeit gelangt.[124] Für Hermann Krings ist gerade die Abkühlung der Leidenschaft eine Aufgabe der Weisheit: "Die Weisheit hat es meist mit Leidenschaften zu tun, mit den eigenen und mit denen der anderen. Sie muss es mit den Leidenschaften aufnehmen, auch wenn diese sie als den Feind betrachten. Darum enthält der Aktus der Weisheit mindestens drei Momente: die Beschwichtigung der Affekte, die Ermutigung dessen, was von der Leidenschaft überspielt war, und das Erblicken oder das Erinnern der von Leidenschaften verdeckten oder gar zerstörten Strukturen. Gelingen Beschwichtigung, Ermutigung und Freilegung der Struktur, so ist eine Generierung von Ordnung möglich, es sei denn, fehlender Wille oder auch böser Wille enttäuschen die Weisheit. Mit dieser Enttäuschung muss sie immer rechnen; denn sie ist nicht autonomer Produzent von Ordnung. Vielmehr moderiert sie die im Spiel stehenden Kräfte so, dass sie frei in ein Verhältnis der Ordnung zueinander treten können."[125] Mit anderen Worten: "Wo keine Leidenschaft zu beschwichtigen ist... da hat die Weisheit keinen Ort."[126]

Aber es ist zu einfach zu sagen, der Weise könne seine starken Gefühle, die er ebenso hat wie der unweise Mensch, und die starken Gefühle anderer eben abkühlen. Hier hilft uns die Theorie der Emotionsregulation von James Gross[127] weiter. Der Kernbegriff der Theorie ist nicht Emotion – als wenn dies ein feststehendes "Ding" wäre, das man dann anpackt und kontrolliert – sondern der *emotion generative process* – der Prozess der Gefühlsproduktion. Hier ist Gefühlsregulation folgendermaßen definiert: Emotionsregulation ist ein Prozess der Einflussnahme. Menschen üben ihn aus, um im Griff zu haben, "welche Gefühle sie haben, wann sie diese haben, und wie sie diese Gefühle erleben und zum Ausdruck bringen."[128]

Die Frage ist nun, wo im *emotion generative process* die Gefühlsregulation einsetzen kann. Gross[129] sieht diesen Prozess folgendermaßen:

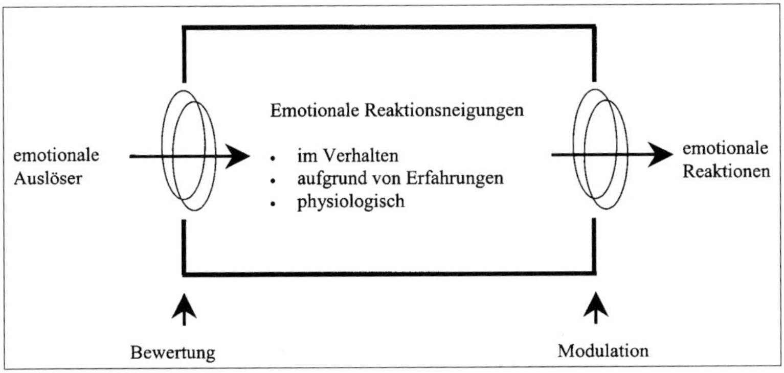

Emotionale Reaktionsneigungen nach Gross (1998a)

Wie man erkennt, sind zwei Ansatzpunkte berücksichtigt, an welchen die Beziehung zwischen Auslöser eines Gefühls und Reaktion beeinflusst, verändert oder reguliert werden kann. Die eine nennt er "Bewertung" (Bewertung der auslösenden Situation), die andere "Modulation" (Änderung der Reaktion, z. B. Unterdrücken des Gefühls, Verbergen usw.). Gross hat hier allerdings noch einige Ansatzpunkte vergessen, welche auf den "Kasten", auf die Reaktionsneigungen, einwirken können: Selbsteinsicht, Meditation, Psychotherapie.

Außer den modulatorischen, *ändernden* Ansätzen an den gefühlsmäßigen Reaktionstendenzen benennt Gross verschiedene Möglichkeiten der Regulation, z. B. bestimmte Situationen auswählen und andere meiden, die Situation abändern oder, seine Aufmerksamkeit abwenden. Eines der Hauptthemen des Forschungsprogramms zur Emotionsregulation ist die Frage nach den Kosten dieser verschiedenen Strategien. Es zeigt sich, dass sie keinesfalls alle gleichwertig sind.[130] Insbesondere unterscheiden sich die Strategie der Neuberwertung oder Reformulierung einer emotionalen Situation auf der einen Seite und das Unterdrücken von Gefühl auf der anderen.[131] "Weise" nennen James Gross und Oliver John[132] nur die erste Strategie.

Diese Forschungsrichtung differenziert die Frage nach dem Verhältnis von Weisheit und Leidenschaft erheblich. Sie zeigt, dass es auch Strategien der Emotionsregulation geben kann, die dem Konzept der Weisheit widersprechen. Vielleicht steht eine Gefühlsunterdrückung mit der "Offenheit der Erfahrung", die für die Weisheit erforderlich sei, im Widerspruch? Auch kann gefragt werden, ob der weise Mensch nicht vielleicht weniger über eine wirksame Gesamt-Emotionskontrolle verfügt als über ein besseres *timing* der Emotionsregulation oder einfach um bessere unter vielen Regulationsstrategien.[133]

Paul Baltes und Ute Kunzmann[134] sehen starke Gefühle im Widerspruch zu Weisheit. Weisheit habe aber stets mit Situationen zu tun, die starke Gefühle wecken. Das sei ein Paradox. Ich denke, Weisheit widerspricht nicht den stärksten Gefühlen, nicht einmal der Passion – und was diese Autoren als Paradox sehen, erscheint mir eine Voraussetzung: Gerade weil Weisheit es mit Leidenschaften zu tun hat, wird eine leidenschaftliche Weisheit gebraucht. Vieles kann leidenschaftslos angegangen werden, aber jene menschlichen Grundkonflikte, von denen auch gerade das Berliner Weisheitsparadigma spricht, und die weisheitlichen Fragen nach einem guten Leben, nach Gemeinwohl, nach Sinn können gar nicht ohne Leidenschaft gelöst werden.

Krings' Aussage "Wo keine Leidenschaft zu beschwichtigen ist... da hat die Weisheit keinen Ort" möchte ich ergänzen: Wo Weisheit nicht mit Leidenschaft gepaart ist, hat (lebendiges) Leben keinen Ort. Ich gehe also so weit zu sagen, dass Weisheit und Leidenschaft nicht nur keine Feinde und nicht nur nicht im Widerspruch stehen müssen, sondern dass Weisheit sogar mit Leidenschaft gepaart sein muss, sofern wir von der Weisheit des Lebens sprechen wollen und nicht von der Weisheit als Trost für das Alter im Wiederkäuen von Lebensgeschichten und im Stillen in sich hinein und über sich hinaus gero-transzendieren. Weisheit ist nicht Mattigkeit, sondern sie hat etwas mit Energie, Intensität, Verlebendigung zu tun. Und *diese* Weisheit brauchen wir. Wir brauchen nicht die Weisheit als Modell für schönes Altern. Weisheit brauchen wir alle – Weisheit, gepaart mit Leidenschaft.

Appendices

Appendix 1: "Weisheits"-nahe Wortstämme in Quechua zusammengestellt aus dem Wörterbuch von Middendorf (1890)

Wortstamm yacha-	
yachay	wissen, verstehen, gewohnt sein, erfahren
yachaj	der Wissende
yachay	das Wissen, die Kenntnisse
yachay-sapa	der Gescheite, Schlaue
yachay-ñiyoj	der Weise
yachachiy	der Unterricht
yachachij	der Lehrer
yachachichicuj	der Schüler
yachacuy manaj	der Wissensbegierige
yachachina huasi	die Schule
yacha-chiy	unterrichten, lehren
yacha-riy	anfangen zu verstehen
yacha-rirkoy	rasch etwas lernen
yacha-rkariy	viele Sachen wissen
yacha-rkarichiy	viele belehren

Wortstamm amawt'-, ama-, amt-	
amaut'a, *s. (hamaut'a.)*	gelehrt, unterrichtet, weise Die Amautas waren zu Zeiten der Inkas eine Korporation, welcher die Erziehung der adeligen Jugend, die Obhut der Gesetze und Ceremonien, die Statistik des Reichs und die Pflege der Wissenschaften oblag Das Wort *'hamaut'a* ist abzuleiten von dem Aimará-Zeitwort *'hamut'a-ña:* denken, ausdenken, erfinden, welches Zeitwort wiederum aus dem Substantiv *'hamu*, die Art und Weise, gebildet ist.
amaut'ayay	gelehrt werden, sich den Studien widmen
amaut'a-yachiy	die Wissenschaften und Künste lehren
amaut'a-chacuy	sich den Anschein eines Gelehrten geben

Wortstamm uma-	
uma	Kopf, Hauptteil eines Gegenstandes, der Oberste, das Ende, der Verstand
umasapa	Großkopf
umayoj	was einen Kopf hat, was Verstand hat
yachay *uma*	der Verständige
umallicuy	sich etwas in den Kopf setzen
umallichiy	jemanden einen Gedanken, Plan eingeben, Wunsch einflößen, anraten

Wortstamm yuya-	
yuyay	denken, nachdenken, überlegen
yuya-icuy	reiflich überlegen
yuya-icachiy	etwas in Erinnerung bringen
yuya-icamuy	mit sich selbst zu Rate gehen
yuya-imanay	den Kopf voll von Gedanken haben; immerfort an eine Sache denken, nachgrübeln
yuya-chiy	an etwas denken machen, daran erinnern
yuya-chicuy	etwas bei einem anderen in Erinnerung bringen
yuya-rayay	stets in Gedanken gegenwärtig halten
yuya-riy	sich erinnern
yuya-richiy	einen an etwas erinnern
yuya-rimuy	sich wieder einer Sache entsinnen
yuyaj-yay	alt werden, vernünftig werden
yuyay	der Gedanke, die Vernunft, das Gewissen, das Bewusst-sein, das Gedächtnis
yuyana	die Einbildungskraft
yuyaj	der Denkende, der Alte

Appendix 2a: Cusihuaman (1976/2001): "Weisheit in Quechua"

Intelligenz	*uma yachay*	Kopf, Wissen
intelligent	*umayoq* *yuyaysapa*	Kopf haben viel denken
Dummheit	*hanrapa*	
Wissen	*yachay*	
Weisheit	*yachay*	
der Weise	*hamawt'a, yachasapa*	der viel Wissen hat

Appendix 2b: Peruanische Akademie der Quechua-Sprache (Academia 1995): "Weisheit" im Quechua (vgl. auch Ladrón de Guevara de Cuadros 1998):

Intelligenz	*uma-yoq*	im Besitz von Kopf sein
intelligent	*yuyay-ni-yoq*	im Besitz von Denken sein
Dummheit	*mana uma yoq, upa*	keinen Kopf haben, stumm
Wissen	*yachay*	das Wissen, wissen
Weisheit	*yachay*	Wissen
der Weise	*yachay-ni-yoq*	einer, der Wissen hat

Appendix 3: "Weisheits"-nahe Wortstämme im Quechua (Academía 1995)

Wortstamm hamu-	
hamutaq	Denker, denkend, Reflektierender
hamut'a	Gedanke, Überlegung, Reflexion
hamut'achi	nachdenklich, grübelnd
hamut'achiq	jemand/etwas was zu Denken, Erwägen, Nachdenken, Urteilen anregt
hamut'achiy	zum denken, erwägen, nachdenken, unterscheiden, grübeln veranlassen
hamut'akuq	Denker, tiefer Grübler // Leidenschaftlichkeit des Denkens
hamut'akuy	betrachten (erwägen), introspektiv reflektieren
hamut'ana	(Subst.)Ort, an dem nachgedacht wird; (Adj.) vernünftig
hamut'apu	(Adj.) wohlüberlegt; (Subst.) Ratgeber Beispiel:*allin hamut'apun kanki*, du bist ein guter Ratgeber
hamut'aru	Subst.) Philosoph, Denker
hamut'ay	denken, überlegen, erwägen, nachdenken, grübeln; Beispiel: *hamut'aq nisqanta hamut'ay*, denke darüber nach, was der Denkende sagte

Appendix 4: "Weisheits"-nahe Wortstämme in Aymara (Lucca 1987)

Wortstamm amawt'-, ama-, amt-	
amawt'a	weise / gescheit / sachverständig / klug / vernünftig / ratsam / angebracht / gelehrt / kenntnisreich / der Wahrsager
amawt'aña	Wissen / Kenntnis / Können / Weisheit / unterscheiden / intelligent denken / wahrsagen / Ideen entwickeln
amayasiñani	klug / vernünftig / angebracht / ratsam
amayt' aña	denken / grübeln / nachsinnen / sinnieren / planen
amayuña	sich klar werden / denken / planen / sich halten für / sich gemeint fühlen
amta	Ratschlag / Rat / Gedanke / Erinnerung
amtaña	erinnern, erinnern an (v.t.) / feierlich gedenken / (Tote) anrufen, (Geister) beschwören, (Erinnerungen) wachrufen, (Vergangenheit) heraufbeschören / ersinnen / sich ausdenken / planen, entwerfen / sich vorstellen, denken / entwerfen
amtañani	intelligent
amtañsa	Absicht, Vorsatz, Idee
amtasiña	erinnern, ins Gedächtnis zurückholen / Tote) anrufen, (Geister) beschwören, (Erinnerungen) wachrufen, (Vergangenheit) heraufbeschören / entwerfen
amtäwi	Vereinbarung, Übereinkunft / Idee / Absicht
amtiri	Denker / der welcher denkt

Wortstamm amuy-	
amuya	Vernunft, Intelligenz, Gedanken, Denken / Gedächtnis, Erinnerung / Vorsicht, Umsicht
amuyaña	Gedanken, Denken, Ideenkombinationsfähigkeit / ausdenken / ersinnen / erdichten, erfinden, verfallen auf, vermuten, auf etwas kommen, sich vorstellen / ahnen, bemerken, wahrnehmen / feststellen, fühlen, empfinden / ableiten, Schlussfolgerungen ziehen, reflektieren
amuyasiri	vernünftig, verständig, klug / reflektiert handelnd
amuyasiyaña	jemanden beraten / vermitteln, was passend oder notwendig ist
amuyayaña	bemerken, wahrnehmen / feststellen / auf etwas aufmerksam machen / mit Rat beistehen, beraten / nahe legen, zu verstehen geben, vorschlagen / inspirieren
amuyiri	scharfsinnig, hellsichtig / verständnisinnig, nachdenklich
amuykipaña	revidieren, nochmals betrachten
amuynaqana	grübeln, viel nachdenken
amuythapiña	genau überdenken, zwischen verschiedenen Dingen abwägen
amuyt'a	Intelligenz, Verständnis / Gedanke, Einsichtsfähigkeit / Idee / Nachricht, Meldung / Bemerkung, Hinweis
amuyt'aña	überdenken, halten für, respektieren / denken, bedenken / nachdenken über / meinen, glauben, sich äußern / sich vorstellen, sich einbilden / intuitiv wissen, vorahnen / sich eine Meinung bilden / berechnen, abschätzen, überschlagen / mit Sorgfalt prüfen
amuyt'asisa	sorgfältig, fürsorglich / mit Vorsicht, Behutsamkeit, Vorbehalt, Arglist
amuyt'asiyaña	auffallen, jemanden tadeln
amuyt'ayaña	Warnung, Hinweis / bemerken, hinweisen, warnen / beraten
amuyt'ayasiña	um Rat fragen, nachschlagen / einen Rat einholen
amuyu	Denken, Verstand / Intellekt / Auffassungsgabe
amuyuni	bewusst, intelligent

Appendix 5: Bedeutungen von yachay in der Quechua-Bibel

deutsche Bibelformulierung	Quechua	wörtliche Übersetzung
Weisheit und Klugheit	yachay, yuyay	Wissen, Denken
weise und erfahren	yachaysapa, yuyaysapa	voll Wissen, voll Denken
weise und verständig	allin yachay, allin yuyay	gutes Wissen, gutes Denken
	yachaywan, yuyaywan	mit Wissen, mit Denken

Appendix 6: Bedeutungen von songo in Quechua

Quechua	wörtliche Übersetzung	Bedeutung
pisi sonqo	wenig Herz	dumm
		geizig, eng, kleinlich
jatun sonqoyoq	mit großem Herzen	liebenswert, weitherzig, großzügig
sonqollapi	nur im Herzen	geheim
sonqo muyuy	Herzbewegung	Übelkeit, Schwindelgefühl
ch'aki sonqo	trockenes Herz	nüchtern (ohne Alkohol)

Appendix 7: Der Stellenwert von "weise" für das ideale Selbst in vier Kulturen (nach Takahashi & Bordia 2000)

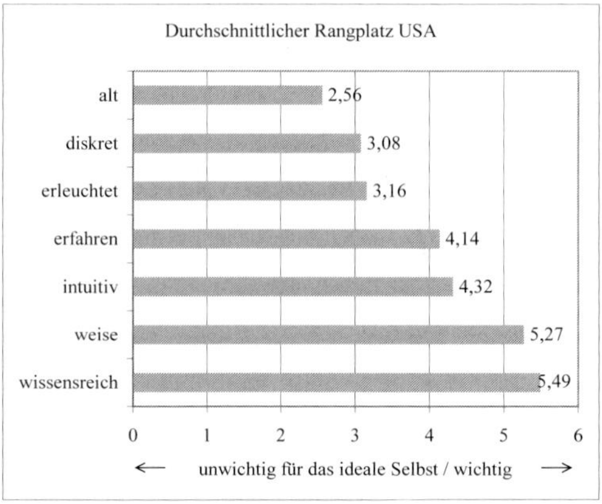

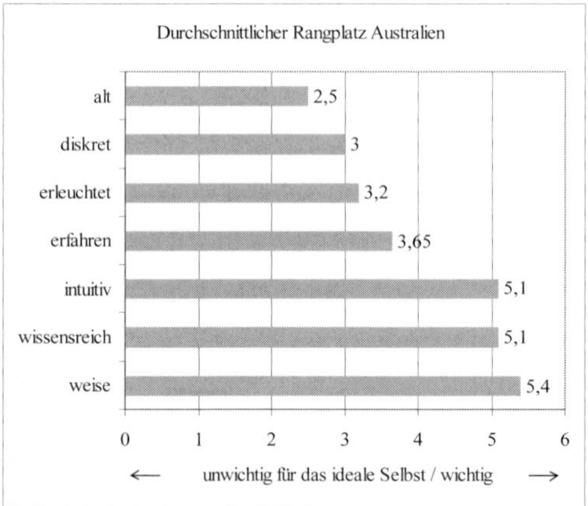

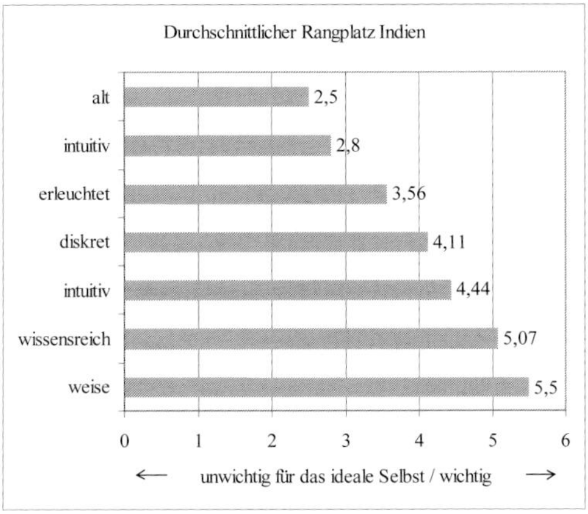

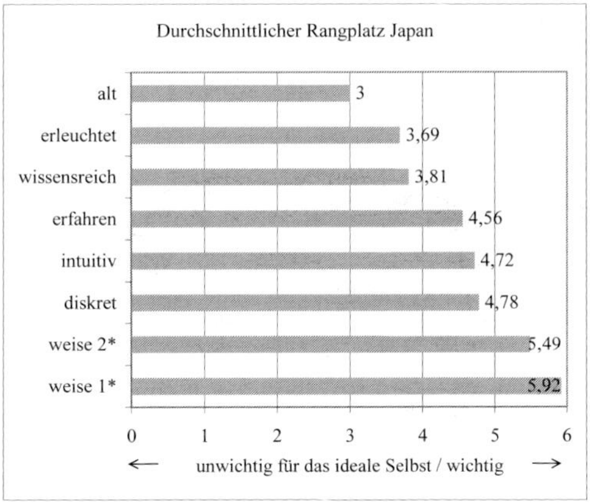

* Im Japanischen gibt es zwei verschiedene Begriffe für weise.

Appendix 8: Meta-Werte nach Sagiv & Schwartz (2000a)
In Klammern: Die dazugehörigen terminalen und instrumentellen Einzelwerte

Macht Sozialer Status und Prestige, Kontrolle oder Herrschaft über Menschen und Ressourcen. (Soziale Macht, Autorität, Wohlstand, Erhalt des eigenen öffentlichen Images)
Leistung Persönlicher Erfolg durch Demonstration der eigenen Kompetenz gemäß sozialen Standards. (Erfolgreich, fähig, ehrgeizig, einflussreich)

Hedonismus Vergnügen und sinnliche Erfahrung für einen selbst. (Vergnügen, Lebensfreude, Nachsicht mit sich selbst)
Stimulation Anregung, Neuheit, Herausforderung im Leben. (Wagemutig, ein abwechslungsreiches Leben, ein aufregendes Leben)
Selbst-Geleitetheit Unabhängiges Denken und unabhängige Handlungswahl, kreativ, explorativ. (Kreativität, Freiheit, unabhängig, neugierig, seine eigenen Ziele wählen)
Universalismus Verständnis, Wertschätzung, Toleranz und Schutz für das Wohlergehen aller Menschen und der Natur. (Weitherzig, Weisheit, soziale Gerechtigkeit, Gleichheit, eine Welt des Friedens, eine Welt der Schönheit, Einheit mit der Natur, die Umwelt schützen)
Wohlwollen Erhalt und Förderung des Wohlergehens der Menschen, mit denen man häufig persönlichen Kontakt hat. (Hilfreich, ehrlich, vergebend, loyal, verantwortlich)
Tradition Traditionell-kulturellen und religiösen Bräuchen und Gedanken verpflichtet, sie respektieren und akzeptieren. (Bescheiden, Akzeptanz der eigenen Rolle im Leben, gläubig, Respekt für Tradition, gemäßigt)
Konformität Zurückhaltend im Handeln, in Neigungen und Impulsen, welche möglicherweise andere beunruhigen oder schaden und soziale Erwartungen oder Normen verletzen. (Höflichkeit, folgsam, selbst-diszipliniert, Respekt für Eltern und ältere Menschen)
Sicherheit Sicherheit, Harmonie und Stabilität in Bezug auf Gesellschaft, Beziehungen und Selbst. (Familiäre Sicherheit, nationale Sicherheit, soziale Ordnung, sauber, Reziprozität bei Entgegenkommen)

Anmerkungen

Vorwort:

1 Rösing (2004)
2 "Westen", "Osten" sind keine homogenen Kulturen. Deshalb sind diese Bezeichnungen stets in Anführungszeichen zu denken.

Kapitel 1:

1 Ernst (1993)
2 Huber (1998)
3 Zeig (1995)
4 Vgl. z. B. Moberg (2001); Small (2004).
5 Baltes & Freund (2003):253
6 Staudinger & Baltes (1996):59
7 Idem, S. 59-60
8 Idem, S. 63
9 Idem, S. 63
10 Vgl. Baltes & Freund (2003); Baltes, Glück & Kunzmann (2002); Baltes & Kunzmann (2003, 2004); Baltes & Staudinger (1998, 2000); Kunzmann & Baltes (2003a); Pasupathi & Baltes (2000); Staudinger (2001a); Staudinger & Baltes (1994, 1996, 2000); Staudinger & Leipold (2003).
11 Sternberg (2004a):286
12 Idem, S. 289
13 Chandler & Holliday (1990):134. Vgl. auch Aebli (1989); Rucker (1994a).
14 Vgl. Maercker, Böhmig-Krumhaar & Staudinger (1998); Baltes & Staudinger (2000).
15 Vgl. Staudinger & Baltes (2000)
16 Baltes & Kunzmann (2003):131
17 Idem, S. 132
18 Baltes, Glück & Kunzmann (2002):337
19 Baltes & Freund (2003):253; vgl. auch Baltes & Staudinger (2000):131; Baltes & Kunzmann (2003):131.
20 Baltes, Glück & Kunzmann (2002):337
21 Idem, S. 339
22 Kunzmann & Baltes (2003b); vgl. auch Baltes, Glück & Kunzmann (2002).
23 Kunzmann & Baltes (2003b):1104
24 Ardelt (2004a); vgl. Sternberg (2004a); Baltes & Kunzmann (2004); Achenbaum (2004); Ardelt (2004b).
25 Sternberg & Lubart (2001):507
26 Sternberg (1985a)
27 Sternberg (2003a, 2003b)
28 Vgl. Dai (2003); Feldhusen (2003); Baker & Coté (2003); Grant (2003); Heller (2003); Kaufman & Baer (2003); Koro-Ljungberg (2003) – und die Antwort von Sternberg darauf Sternberg (2004b).
29 Vgl. die Kritik von Aebli (1989).
30 Vgl. Calyton & Birren (1980); Holliday & Chandler (1986); Orwoll & Perlmutter (1990); Sternberg (1985b).

31 Kramer (1990)

32 Achenbaum & Orwoll (1991). Vgl. auch Orwoll (1988); Orwoll & Achenbaum (1993); Orwoll & Perlmutter (1990); Perlmutter, Adams, Nyquist, & Kaplan (1988); zusammengefasst in Orwoll & Perlmutter (1990).

33 Ardelt (1994, 1997, 2000a, 2000b)

34 Ardelt (2000a)

35 Ardelt (2003, 2004a)

36 Ardelt (2003):316-318

37 Für einen Überblick weiterer Ansätze zur Messung von Weisheit vgl. Staudinger & Leipold (2003).

38 Wenn es um die autoritative Zusammenfassung der aktuellen Weisheitsforschung geht, haben die Berliner Weisheitsforscher das Zepter fest in der Hand. Sternberg modelliert den Begriff der Weisheit in verschiedener Weise, er arbeitet die Unterschiede von Weisheit, Intelligenz, Kreativität und Begabung heraus, aber er hat nicht den Stand eines institutionalisierten Reviewers der Weisheitsforschung, nicht einmal in den von ihm selbst herausgegebenen Handbüchern (vgl. Kunzmann & Baltes 2003a; Staudinger & Baltes 1994). Nur wenn es um den Vergleich zweier hoher Fähigkeiten geht, ist Sternberg in Handbüchern gefragt (vgl. Sternberg 2000; Sternberg & Lubart 2001). Außerhalb der Tradition der Berliner Weisheitsforschung gibt es entsprechend wenig Gesamtdarstellungen der Weisheitsforschung (als wohltuende Ausnahmen vgl. Kramer 2000, 2003; Shedlock & Cornelius 2003).

Es ist sicher eine Folge dieser marktbeherrschenden Position des Berliner Weisheitsparadigmas, dass der Umgang der Berliner Forschergruppe mit der Weisheitsforschung außerhalb des eigenen Modells nicht immer ausgewogen erscheint. Dies zeigt sich an zwei "Symptomen".

(1) Alle Weisheitsforscher, auch die Berliner, unterteilen das Gesamt der Weisheitsforschung in zwei Zugänge – die Untersuchung impliziter Weisheitskonzepte (von Laien) und die der expliziten Konzepte (von Wissenschaftlern entworfene Konzepte und Modelle).

Bei der Einteilung der Forschungsansätze innerhalb des expliziten Zugangs aber unterscheiden sich die Berliner Weisheitsforscher von den anderen. In allen ihren Reviews findet man eine Dreiteilung der expliziten Weisheitsforschung:

Weisheit als Persönlichkeitsmerkmal
Weisheit als postformales Denken
Weisheit als Expertenwissen (Berliner Weisheitsparadigma).

Das Berliner Weisheitsparadigma konstituiert also einen eigenen Strang. Anders sehen dies Chronisten der Weisheitsforschung *außerhalb* des Berliner Weisheitsparadigmas. Sie unterteilen die wissenschaftlichen Weisheits-Konzepte in

Weisheit als Persönlichkeitsmerkmal
Weisheit kognitiv (Berliner Weisheitsparadigma, Sternberg, postformales Denken)
Synthetische Modelle, in denen Persönlichkeitsanteile und Kognition vereint sind.

(2) Ein zweites Symptom ist der Umgang der Berliner Weisheitsforscher mit ihrem Theorie-Konkurrenten Robert Sternberg. In den Reviews der Weisheitsforscher durch Berliner Weisheitsforscher wird Sternberg entweder ganz ignoriert (vgl. z. B. Pasupathi & Baltes 2000) oder aber unter impliziten, "subjektiven" Theorien aufgeführt – mit anderen Worten: unter Laien(!)-Theorien (vgl. z. B. Baltes, Glück & Kunzmann 2002:330; Staudinger 2001a:16511; Staudinger & Leipold 2003:174). Nur in Baltes & Staudinger (2000: 124) wird Sternbergs Modell der Weisheit auch einmal bei den wissenschaftlichen, d. h. expliziten Theorien der Weisheit verbucht. Noch deutlicher ist die Annäherung zwischen Berliner Weisheitsparadigma und Sternberg in Kunzmann & Baltes (2003a): Hier werden drei Stränge expliziter Theorien der Weisheit

unterschieden: Weisheit als höchste Form der Persönlichkeitsentwicklung (Erikson, vgl. Kapitel 4), Weisheit als postfachliches Denken und Weisheit als eine erweiterte Form der Intelligenz. In dieser letzten Gruppe von Weisheits-Theorien stehen nun Berlin (Baltes u.a.) und Yale University (Sternberg) friedlich – und als einzige – nebeneinander.

39 Sternberg (2004a)

40 Baltes & Kunzmann (2004)

41 Ardelt (2004b)

42 Achenbaum & Orwoll (1991)

43 Meacham (1983, 1990)

44 Meacham (1983):126

45 Meacham (1990):183

46 Idem, S. 184

47 Taranto (1989)

48 Idem, S. 16

Kapitel 2

1 Staudinger & Baltes (1996):60

2 Staudinger (1996, 2001a)

3 Baltes, Glück & Kunzmann (2002):329. Es werden dann auf der Basis von historischen Studien der Autoren zu Asien, Afrika und westlichen Weisheitstraditionen diejenigen Elemente von Weisheit benannt, die universell seien (idem, S. 330; desgleichen Staudinger & Leipold 2003:171). Gegenüber den vorangehend zitierten "universellen" Weisheitselementen (Staudinger & Baltes 1996) sind sie erweitert und präzisiert.

4 Vgl. z. B. Staudinger & Leipold (2003)

5 Baltes (2005a): *Wisdom as Orchestration of Mind and Virtue.* Dieses Buch steht im Internet als noch vorläufiges Manuskript zur Verfügung und darf als solches zitiert werden (März 2005).

6 Baltes (2005a):183-184

7 Taranto (1989)

8 Aebli (1989)

9 Maslow (1943, 1955, 1973a, 1973b)

10 Rösing (2004)

11 Levitt (1999)

12 Den Export in fremde Kulturen von im Westen entwickelten Untersuchungsmethoden zur Weisheit und damit auch Weisheitskonzepten zähle ich nicht zu der Kategorie der genuinen, transkulturellen Studien, weil sie statt den fremdkulturellen Weisheitsbegriff zu untersuchen, diesen mit der Methode exportieren. Ein gutes Beispiel für solchen Export stellt die Arbeit von I-Huey Lu (2001) dar: Hier wird Weisheit in Japan mit Hilfe der Erhebung und Auswertungsmethode des Berliner Weisheitsparadigmas vorgenommen. Dabei erfahren wir naturgemäß weniger über das japanische Verständnis von Weisheit, als darüber, wie Japaner mit dem Berliner Weisheitskonzept umgehen.

13 Takahashi (1999); Takahashi & Overton (2002).

14 Takahashi & Bordia (2000)

15 Takeda (2000)

16 Bleyl (2000)

17 Takahashi (Dissertation 1999); vgl. auch Takahashi & Overton (2002).

18 Bleyl (2000)
19 Idem, S. xi
20 Sundemeier (1991)
21 Stietencron (1991)
22 Hamutyinei & Plangger (1987)
23 Das Buch ist den Shona-Vorfahren mit folgender Formulierung gewidmet: "*To our forefathers – the hidden authors of this book of wisdom*".
24 Hamutyinei & Plangger (1987):5-23
25 Zu weißen, schwarzen und grauen Ritualheilungen im Kontext der Familie vgl. Rösing (1987/1992, 1988/1995, 1990/1993, 1990, 1991).
26 Zu Kollektivritualen und Religion vgl. Rösing (1993, 1997, 2001a, 2001b); Rösing & Apaza (1994).
27 Vgl. Rösing & Tamayo (1995): Kapitel 1
28 Middendorf (1890)
29 Idem
30 Markham (1864/1972)
31 Cusihuaman (1976/2001)
32 Academía Mayor de la Lengua Quechua (1995)
33 Idem
34 Jesús Lara (1972/1991) schließt aber alle Regionen ein. Die ausführlichsten Wörterbücher des bolivianischen Quechua liegen für das Quechua der Region Cochabamba vor (Herrero & Sánchez de Lozada 1983, 1984), das in stärkerem Maße "kastellanisiert", d. h. von spanischen Elementen durchsetzt ist als das von Cusco oder von der Kallawaya-Region. Lara (1972/1991) bringt uns keine neuen Erkenntnisse, aber *amaut'a* oder *jamaut'a* (er erwähnt das Wort in diesen beiden Varianten) ist angeführt und es wird als Substantiv und als Adjektiv (letzteres findet man nur bei Lara) genannt. Die angegebenen Bedeutungen sind: "einer der weiß", "Philosoph. philosophisch, klug".
Die beiden Cochabamba-Wörterbücher – ein Band Quechua-Spanisch (Herrero & Sánchez de Lozada 1983), einer Spanisch-Quechua (Herrero & Sánchez de Lozada 1984) tragen den Untertitel "Semantische Struktur des zeitgenössischen Quechua in Cochabamba". Sie sind schnell abgehandelt. Auch hier wird Intelligenz, Wissen, Weisheit nicht getrennt. Ein intelligenter Mensch ist *yachaysapa* (des Wissens reich) und ein weiser Mensch ist auch *yachaysapa*. Für weise (*sabio*) wird im Spanisch-Quechua-Wörterbuch zwar auch noch *jamaut'a* angeführt, aber das Wort erscheint nicht im Quechua-Spanisch-Wörterbuch, in welchem alle im derzeitigen Cochabamba-Quechua gebräuchlichen Worte aufgeführt werden.
35 Lara (1972/1991)
36 Middendorf (1890)
37 Lucca (1987)
38 Diese Texte gehen zurück auf eine Übersetzung der Sociedades Biblicas Unidas, die dann von den einzelnen Ländern für die jeweiligen lokalen Quechua-Varianten überarbeitet wurde. So habe ich Bibeln mit dem Quechua von Cusco (Peru), von Cochabamba (Bolivien) studiert sowie eine zweisprachige Ausgabe Diospa Simin Qelqa (Biblia en Quechua de Cuzco. Lima: Sociedades Bíblicas Unidas, 1988).
39 Große Konkordanz zur Lutherbibel. Stuttgart: Calwer Verlag, 2000.
40 Herzlichen Dank an den Freund, den Theologen Ernst Burmann, der mich für alle meine linguistischen Studien stets mit Kopien der entsprechenden Konkordanz-Seiten versorgte.
41 Meinen herzlichen Dank an die comadre Gloria Tamayo (Cusco) und an den langjährigen Mitarbeiter in der Kallawaya-Region, Ginés Pastén, die mir je eine Übersetzung des Kleinen Prinzen anfertigten.

42 Saint-Exupéry (1952/1986; 50. Aufl.):41
43 Idem, S. 42
44 Rösing (1988/1995)
45 Rösing.(1987/1992)
46 Rösing.(1990/1993, 1991)
47 Rösing (1993, 2001a)
48 Irvine (1969)
49 Wober (1974)
50 Durojaiye (1993)
51 Azuma & Kashiwagi (1987)
52 Berry & Bennett (1992)
53 Nisbett (2003)
54 Thomas (1991)
55 Vgl. auch Atchley (1993)
56 Thomas (1991):213-217
57 Erikson (1964)
58 Levitt (1999)
59 Idem, S. 92-93
60 Idem, S. 93
61 Idem, S. 92-93
62 Idem, S. 102
63 Für weitere Diskussionen zur Stellung und Rolle von Weisheit in der westlichen Psychotherapie und in der transkulturellen Beratung vgl. Hanna & Ottens (1995); Hanna, Bemak & Chung (1999, 2000); speziell in der Psychoanalyse vgl. folgende Kontroverse: Rucker (1994a); Robbins (1994); Rucker (1994b); Robbins (1995) und Rucker (1995).
64 Takahashi & Bordia (2000)
65 Befragt wurden Studenten in den USA. Darunter befanden sich auch farbige Amerikaner, Amerikaner asiatischer Herkunft und jüngst Zugewanderte aus Indien, Korea, Japan und den Philippinen.
66 Yang (2001)
67 Idem, S.32
68 Takeda (2000)
69 Für Anwendungen im transkulturellen Vergleich z. B. vgl. Feather (1986); Roco (2001); Moore (1976); Lau (1988) und Cileli (2000).
70 Rokeach (1973); Valencia (1989); vgl. auch Wood & Howell (1991); Mayton & Sangster (1992); Berryhill-Paapke & Johnson (1995).
71 Feather (1986): Australier und Chinesen; Feather (1998): Amerikaner, Australier, Kanadier; Akiba & Klug (1999): Amerikaner und Japaner; Roco (2001): USA, Kanada, Australien und Papua Neuguinea; Moore (1976): arabische und jüdische Israelis, Australier und Amerikaner; Lau (1992): USA, China, Hongkong, Singapur; Katz, Juni, Shope & Tang (1993): chinesische Studenten und US-amerikanische Chinesen.
72 Vgl. Hofstede (1979, 1982, 1983, 1990, 1993, 1997, 1998); Hofstede & Bond (1984); Hofstede & Peterson (2000); Hofstede & Soeters (2002); Hofstede & McCrae (2004).
73 Moderne Forscher, welche die Hofstedeschen Werte aufgegriffen haben, benennen diese Polarität auch lieber um in "Karriereorientierung" versus "Lebensqualität" (so Victor Savicki 2002 in seinem transkulturellen Vergleich des Burnout-Syndroms).
74 Vgl. Bilsky & Schwartz (1994); Burgess, Schwartz & Blackwell (1994); Prince-Gibson & Schwartz (1998); Roccas, Sagiv, Schwartz & Knafo (2002); Ros, Schwartz & Surkiss (1999); Sagie & Schwartz (1996); Sagiv & Schwartz (2000a, 2000b); Schmitt, Schwartz, Steyer & Schmitt (1993); Schwartz (1990, 1992, 1994a, 1994b,

1994c, 1996, 1997, 1999); Schwartz & Bardi (2001); Schwartz & Bilsky (1987, 1990); Schwartz & Huismans (1995); Schwartz & Melech et al.(2001); Schwartz & Ros (1995a, 1995b;, Schwartz & Sagie (2000); Schwartz & Sagiv (1995); Struch, Schwartz & Van der Kloot (2002).

75 Schwartz & Bilsky (1987)

76 Schwartz (1992); Schwartz & Sagiv (1995); vgl. auch Sagiv & Schwartz (2000a).

77 Schwartz & Ros (1995b)

78 Als weitere Untersuchung zu transkulturellen Ähnlichkeiten und Unterschieden der Wertstruktur vgl. auch Sagiv & Schwartz (2000b); Struch, Schwartz & Van der Kloot (2002).

79 Akiba & Klug (1999)

80 Lee (1991)

81 Levitt (1999)

82 Vgl. das Beispiel der Dogon, für die Weisheit viel mit Schweigen zu tun hat (Calame-Griaule 1965: 374-375, nach Zahan 1979).

83 Burrows & Spiro (1957/1970); Burrows (1963).

84 Lutz (1980, 1988a, 1988b). Vgl. auch Bates & Abbott (1959); Burrows & Spiro (1957/1970); Lutz (1985, 1986); Nuckolls (1996); Sosis (2000); Sosis, Feldstein & Hill (1998); Spiro (1952a, 1952b, 1953); Tracey, Abbott & Arnow (1961).

85 Lutz (1980, 1988a, 1988b)

86 Meacham (1983)

87 Baltes, Staudinger, Maercker & Smith (1995); Smith, Staudinger & Baltes (1994); Staudinger, Maciel, Smith & Baltes (1998); Staudinger, Smith & Baltes (1992).

88 Für eine ausführliche Darstellung zur Emotionalen Intelligenz vgl. Rösing (2004):110-139 und zur Alexithymie vgl. idem, S. 459-479.

89 Staudinger & Baltes (1996):60

Kapitel 3:

1 Dazu gehören die narrative Soziologie, die narrative Psychologie, die narrative Ethnologie, die narrative Theologie, die narrative Medizin, die narrative Philosophie, die narrative Ethnohistorie und *oral history*.

2 In der Forschung wird meist nicht zwischen Narrativ und Story unterschieden – allerdings mit einer starken Präferenz für Narrativ, was einfach vornehmer, anspruchsvoller und edler klingt als Story (Wikan 2000). Ich werde ebenfalls "Story" und "Narrativ" gleichbedeutend verwenden ("Erzählung" ist zu lang, "Geschichte" ist doppeldeutig).

3 Vgl. Freeman (1997)

4 Mattingly (1998a) nennt sie "Mimetiker".

5 Idem, S. 32

6 Vgl. Mattingly (1994, 1998b); vgl. auch den Begriff des *emergent narrative* in Mattingly (2000); Garro & Mattingly (2000b); Vinden (2002); (2003); Wikan (1992, 1995, 2000); Bryant (2000); Scheibe (2000).

7 Bruner (1986, 1987, 1990, 1991 1999); Bruner & Lucariello (1989).

8 Bruner (1991)

9 Sarbin (1986a)

10 Sarbin (1986b)

11 Idem, S. 9

12 Ricoeur (1991)

13 Vgl. dazu Polkinghorne (2004)

14 Hardy (1968):5, zitiert in Randall (1999):11

15 Garro & Mattingly (2000a):1

16 Freeman (1997):175

17 Langenkamp (1998):264

18 Berger & Luckmann (1969): 163

19 Dieser Bedeutung entsprechend, welcher der Story beigemessen wird, haben die narrativen Wissenschaften auch institutionell einen eindrucksvollen Aufschwung genommen. Seit 1991 gibt es eine eigene Fachzeitschrift *Journal of Narrative and Life History*, welche ab 1998 dann umbenannt wurde in *Narrative Inquiry*. Mit diesem neuen Namen wird auch eine über die Biographie-Forschung hinausgehende Erweiterung angezeigt.
Auch Fachzeitschriften und Verlage widmen immer wieder Buchreihen und Sondernummern dem Thema Narrativ. So hat der Verlag Sage Publications (Newbury Park/London/Delhi) 1993 die Reihe *The Narrative Study of Lives* (Josselson & Lieblich 1993, 1995, 1999; Lieblich & Josselson 1994, 1997; Josselson 1996) herausgegeben, die dann ab 2001 unter gleichem Namen im Rahmen der *American Psychological Association* fortgeführt wird (McAdams, Josselson & Lieblich 2001; Lieblich, McAdams & Josselson 2004). Der Routledge Verlag (London/New York) hat eine Reihe *Routledge Studies in Memory and Narrative* gegründet, die 2004 ihren 13. Band herausbrachte.
Die Fachzeitschrift *Journal of Constructivist Psychology* gibt wiederholt Sondernummern oder spezielle Abschnitte zu Narrativ heraus, z. B. das Heft *The Fate of The Self in a Constructivist Age* (Vol. 12, Nr. 2, 1999) oder den Abschnitt *Narrative Theory and Therapy* (Vol. 7, Nr. 4, 1994). Auch die Fachzeitschrift *Social Science of Medicine* hat kürzlich ein Heft dem Thema *Illness Narratives* (Vol. 38, Nr. 6, 1994) gewidmet und das *Journal of Aging Studies* (Vol. 13, Nr. 1, 1999) brachte ein ganzes Heft zur Narrativen Gerontologie heraus. Auch die *Annual Review of Sociology* widmet sich wiederholt dem Narrativ (Franzosi 1998; Abell 2004).

20 Stephenson (1999)

21 McAdams (1993, 1997); Dunne (1995); Meuter (1995); Kraus (1996); Freeman (1999); Cavarero (2000); Crossley (2000); Holstein & Gurbium (2000); Minami (2000); Brockmeier & Carbaugh (2001); Nelson (2003); Hermans (2003).

22 Zum kulturanthropologischen Umgang mit Selbst und Identität vgl. den Überblick bei Miller (2001) und Luhrman (2001).

23 Fragmentiertes, saturiertes, multiphrenes Selbst: Gergen (1991); leeres Selbst: Cushman (1990); minimales Selbst: Lash (1984); dezentriertes Selbst: Zaephel & Metzmacher (1996); plurales Selbst: Rowan & Cooper (1999), diffuses, hyperflexibles, zerfließendes Selbst: Hall (1992), *silenced self*: Fivush (2004).

24 Dies drückt sich aus in dem Titel eines Buches *Das erzählte Selbst – Die narrative Konstruktion von Identität in der Spätmoderne* (Kraus 1996).

25 Kraus (1996)

26 Idem, S. 37

27 Stephenson (1999):114, 117

28 Kraus (1996)

29 Ochs & Capps (1996)

30 Alle diese Begriffe sind Varianten von narrativer Erinnerung. Sie sind nicht leicht voneinander abzugrenzen. Webster & Haight (1995) haben versucht, diese anhand von fünf Dimensionen zu unterscheiden: wie spontan und wie oft erinnert wird, wie stark Erinnerungen strukturiert sind, wie wertend, evaluierend sie betrachtet werden und wieweit sie verständlich, kohärent, zusammenhängend sind.

Übersicht 4: Vier Arten des Erinnerns (nach Webster & Haight 1995: 276)

	Spontaneität	Häufigkeit	Struktur	Wertung	Verstehen
Narrativ	mittel-hoch	niedrig-mittel	niedrig-mittel	niedrig	niedrig
Reminiszenz	hoch	hoch	niedrig	mittel	niedrig
Life review	mittel	niedrig	hoch	hoch	hoch
Autobiogr. Erinnerung	niedrig	niedrig	hoch	mittel-hoch	mittel

Wenn Reminiszenz definiert wird als "*the process of recalling personally experienced episodes from one's past*" (Webster & Haight 2002:xv) unterscheidet sie sich nicht von autobiographischer Erinnerung. Staudinger (2001b) hat jedoch autobiographische Erinnerung und Reminiszenz auf der einen Seite und *life review* auf der anderen Seite unterschieden: Reminiszenzen seien Teil der *life review* – aber es komme bei *life review* noch die *Bewertung* dazu.

31 Webster (1999). Vgl. auch Merriam (1993); Parker (1995); Bluck & Levine (1998); Cohen & Taylor (1998); Coleman (1999).

32 Vgl. z. B. das Sonderheft *Autobiographical Memory* in der Zeitschrift *Memory* (2003).

33 Vgl. Pasupathi (2001); Pasupathi, Lucas & Coombs (2002); Alea & Bluck (2003); Bluck (2003); Conway (2003); Pillemer (2003); Wilson & Ross (2003) und als Kritik dieser Forschungsrichtung Berntsen & Rubin (2004).

34 Watt & Wong (1991); Sherman (1995).

35 Webster (1993, 1997, 1999, 2001, 2002, 2003a, 2003b); Webster & Cappeliez (1993); Webster & Haight (1995); Webster & Mccall (1999).

36 Butler (1963, 1964, 1974)

37 Haight & Webster (1995); Webster (2001); Schroots & Birren (2002); Webster & Haight (2002).

38 Butler (1963)

39 Linde (1993)

40 Fry (1985)

41 Rosaldo (1976)

42 Rösing (1990), Teil III

43 Wink & Schiff (2002)

44 Taft & Nehrke (1990). Vgl. auch die positiven Ergebnisse bei Hanaoka & Okamura (2004).

45 Vgl. folgende Auswahl froher Botschaften:
The Therapeutic Purposes of Reminiscence: Bender, Bauckham & Norris (1999); *Fictions in Autobiography: Studies in the Art of Self-Invention*: Eskin (1985); *Re-writing the Self*: Freeman (1993); *Restorying Our Lives:* Kenyon & Randall (1997); *Narrative Knowing and the Human Sciences*: Polkinghorne (1988); *The Stories We Are. An Essay on Self-Creation*: Randall (1995); vgl. auch folgende Artikel: Culture, narrative, and the poetic construction of selfhood: Freeman (1999); How storytelling can be empowering: Gamson (2002).

46 Kenyon & Randall (1997)

47 Idem, S. 1

48 Berzonsky (1994); Efran (1994); Forster (1994); Krauthauser, Bassler & Potratz (1994); Neimeyer (1994); Vogel (1994); Capps & Ochs (1995); Ochs & Capps (1996); McLeod (1997); Anderson (2003); Kestenbaum (2003); Richert (2003); Lieblich, McAdams & Josselson (2004); Guterman & Rudes (2005); als Review vgl. McLeod (1996).

49 Maercker & Zöllner (2002); DiBernardo (2003).
50 Haight & Webster (1995); Webster & Haight (2002).
51 Petzold (1993)
52 Idem
53 Brockmeier (2002a, 2002b)
54 Gardner (1993). Zum Stand der Diskussion vgl. Kincheloe, J. L. (Ed.) (2004), *Multiple Intelligences Reconsidered.*
55 Rösing (2004). Vgl. auch Marts (2000); Yao, Zhong, Liu & Ohsuga (2004); Cheung & Liu (2005).
56 Gerade bei der Simulation von Intelligenz auf dem Computer ist die Narrativität menschlichen Denkens eine besondere Herausforderung. Blair & Meyer (1997) haben in ihrer Arbeit zum "interaktiven virtuellen Kino" die menschliche Fähigkeit, Erfahrung in eine Story, in eine narrative Form zu bringen, als narrative Intelligenz bezeichnet. In dieser Tradition steht auch das neueste Buch zur narrativen Intelligenz (Mateas & Sengers 2003). Menschen – das ist der Ausgangspunkt der Herausgeber – sind nun einmal Geschichten-machende Tiere (*people are narrating animals*, S. 1), und so werden Computerspiele vorgestellt, die narrative Interaktion produzieren.
57 Randall (1999)
58 Crossley (2000)
59 Sengers (2000)
60 Idem, S. 9
61 Für Mattingly & Garro (2000) ist eine Story von folgenden Merkmalen gekennzeichnet:
- Sie bezieht sich auf interpersonelle Handlungen,
- sie gibt den Handlungen und Ereignissen Sinn,
- sie stellt Verbindungen zwischen Motiven, Handlungen und Folgen auf, d. h. schafft kausale Ketten,
- sie bezieht sich auf die Erfahrungen spezifischer Akteure,
- sie vermittelt, wie es sich anfühlt, in der Welt der Erzählung zu sein,
- sie bezieht eine Hörerschaft mit ein, intendiert deren Reaktion,
- und sie bewirkt auch etwas bei der Hörerschaft (sofern es eine gute Story ist),
- sie ist institutionell, kollektiv, kulturell mitgeprägt.

Diese Merkmale gelten – so nehmen sie an – für die Stories aller Kulturen. Zusammen mit der Auffassung, dass Stories so gewöhnlich sind wie Luft, könnte man hier eine universalistische Neigung vermuten. Dies aber ist nicht gemeint. Wie Geschichten erzählt werden, was geschichten-würdig erscheint, wie Geschichten verstanden werden, welche Geschichten schicklich oder unschicklich, üblich oder unüblich sind und wer überhaupt welche Geschichten erzählen darf – das unterscheidet sich sehr stark zwischen den Kulturen.
62 Kenyon & Randall (1997) führen eine ganze Reihe brauchbarer Unterscheidungen von Stories ein, so z. B. die Unterscheidung von *outside story, inside story, inside-out story* und *outside-in story*: "Wenn die *outside story* das ist, was mir passiert, dann ist die *inside story* das, was ich aus dem mir Passierten mache und was ich mir selbst erzähle. Sinngemäß ist dann die *inside-out story* das, was ich anderen über das mir Passierte erzähle, während die *outside-in story* das ist, was andere ohne mich aus mir machen – mit oder ohne mein Einverständnis." (Kenyon & Randall 1997:36-37).
63 Ein eindrückliches Beispiel ist, dass in manchen Kulturen das Recht des Krankheits-Narrativs (die Geschichte meiner Krankheit) – auf alle Zeit auf den Betreuer der Krankheit übergeht: "Wenn bei den australischen Ureinwohnern ... jemand von einer Krankheit 'gepackt' wird, die sie abhängig von der Pflege anderer macht, sind ausschließlich die Personen, welche die Kranken 'retten', dazu ermächtigt, die Story später zu erzählen. Der Kranke wird angesehen als nicht bei Sinnen, als jemand, der

nicht weiß, was vor sich ging. Aber mehr noch als dies spiegelt die Berechtigung zu erzählen eine dauerhafte soziale Beziehung wider, eine Beziehung von Verpflichtung, die vom Patienten eingegangen wurde: 'Die Schuld zwischen Patient und Helfer dauert ihr Leben lang an.'" (zitiert nach Garro & Mattingly 2000a:18-19).

64 Um solche Kontingenzen (Gubrium 2001) besser fassen zu können, haben Gubrium & Holstein (1998) den Begriff der narrativen Praxis eingeführt, um gleichzeitig sowohl die Aktivität des Geschichten-Erzählens wie die Quelle der Geschichte und die Umstände, unter denen eine Story erzählt wird, zu charakterisieren.

65 Kenyon & Randall (1997)

66 Mattingly & Garro (2000)

67 "Man muss ein Basis-Niveau an 'narrativer Intelligenz' besitzen, um seinen Erfahrungen einen Rahmen zu geben sowohl für sich selbst als auch um sie auf sinnvolle Weise anderen übermitteln zu können. Einige Menschen scheinen mehr von dieser 'Intelligenz' zu besitzen als andere... Wir wissen, wie man sogar die einfachsten Ereignisse in außergewöhnliche Stories verwandeln kann. Das heißt, wir wissen, wie man einige Details hervorhebt und andere löscht, wie man die Zeiteinteilung steuert, um Spannung aufzubauen, wie man eine Pointe aufbaut und diese mit Feingefühl übermittelt und wie man seine Augen und Stimme für den maximalen Effekt einsetzt..." (Kenyon & Randall 1997:71)

68 Dimaggio & Semerari (2001)

69 Ein gutes Narrativ in einer Therapiesitzung muss nach Dimaggio & Semerari (2001) folgende Gütekriterien erfüllen:

1. Es sollte in einem wohlgeordneten Raum-Zeit-Ablauf dargelegt werden, damit die chronologische Abfolge und mögliche Beziehungen zwischen Ursache und Wirkung identifiziert werden können.
2. Es sollte ausdrücklich auf geistige Zustände hinweisen, insbesondere auf emotionale Erfahrungen.
3. Es sollte eine Beschreibung des Problems enthalten, die klar oder wenigstens leicht nachvollziehbar ist.
4. Es sollte mit einer vom Zuhörer gedanklich entwickelten Theorie als Bezugspunkt zusammengebracht werden, unter Berücksichtigung des vorhandenen Wissens, der Bedenken und Informationen, die der Zuhörer besitzt, und der psychologischen Fertigkeiten und Intelligenz des Zuhörers.
5. Es sollte für den interpersonellen Kontext von Relevanz sein (beim Narrativ in einer Therapie: für den Kontext der Behandlung).
6. Es sollte ausgestattet sein mit einer angemessenen thematischen Kohärenz und nur teilweise mit anderen Narrativen verschmelzen (es kann z. B. nur eine begrenzte Anzahl von runden und eckigen Klammern geöffnet werden, ohne dass der Zuhörer den Faden eines Gesprächs verliert).
7. Es sollte relevantes Wissen von genau definierten Bereichen von Beziehungen anbieten.
8. Es sollte innere Befindlichkeiten einbeziehen und zumindest teilweise auch körperliche Zustände und Gefühle reflektieren.
9. Eine Person benötigt die Fähigkeit, sich eine Vielzahl von Stories auszudenken. Die Welt der Beziehungen ist kompliziert und jede Person muss zahlreiche Rollen interpretieren. Menschen müssen daher ausreichend viele Drehbücher zur Hand haben, die sie in ihrem Verhalten leiten können, während sich innere und interpersonelle Kontexte ändern.

70 Mit der fragwürdigen Pathologisierung und den ethnozentrischen Prämissen des Alexithymie-Begriffs habe ich mich an anderer Stelle ausführlich auseinandergesetzt (vgl. Rösing 2004: 408-477).

71 Vgl. Binstock & George (1996); Craik & Salthouse (2000).
72 Cumming & Henry (1961)
73 Kuypers & Bengtson (1973)
74 Kenyon & Randall (1997):5
75 Kenyon, Ruth & Mader (1999)
76 Kenyon, Clark, de Vries (2001)
77 *International Journal of Aging and Human Development*, 2005, Vol. 60, Heft 3.
78 Kenyon & Randall (1999)
79 Sarbin (1986b)
80 Kenyon, Ruth & Mader (1999)
81 Idem, S. 53
82 Bruner (1999)
83 Idem, S. 7, 9
84 Randall (1995)
85 Idem, S. 4
86 Kenyon & Randall (1997)
87 Idem, S. 26, 27, 28
88 Vgl. Randall (2001)
89 Idem, S. 37 (Hervorhebung durch den Autoren)
90 Idem, S. 37, 38, 39, 47, 54
91 Idem, S. 42, 44, 46
92 Randall & Kenyon (2004)
93 *Under-story, over-story, out-story* erwähnt Randall (2001) nicht.
94 Randall (2001)
95 Idem
96 Idem, S. 56
97 Kenyon, Ruth & Mader (1999):44
98 Petzold (1993)
99 Bryant (2000)
100 Taylor (1991); Biggs (1999); Bryant (2000); Churchill (2000); Yngvesson & Mahoney (2000); Scheibe (2002); Mills (2003).
101 Kenyon, Ruth & Mader (1999):44; vgl. auch Randall & Kenyon (2004).
102 Zur therapoetischen Perspektive auf Weisheit vgl. Randall & Kenyon (2002): Reminiscence as reading our lives: Toward a wisdom environment. Kenyon (2002): Guided autobiography: In search of ordinary wisdom. Randall & Kenyon (2004): Time, story and wisdom: Emerging themes in narrative gerontology. Randall & Kenyon (2001): *Ordinary Wisdom: Biographical Aging and the Journey of Life.*
103 Kenyon, Ruth & Mader (1999):50
104 Idem, S. 51
105 Kenyon & Randall (1997):164
106 Kenyon, Ruth & Mader (1999):52
107 Kenyon & Randall (2001):10
108 Randall & Kenyon (2001):x
109 Randall & Kenyon (2001)
110 Diese Aussage, es gäbe fast nichts zur Weisheit, mag ihr eigenes Buch legitimieren, aber Kapitel 1 hat gezeigt, dass diese Einschätzung unrichtig ist. In der Tat nehmen die Autoren – mit der Ausnahme von zwei, drei Titeln – die gesamte sozialwissenschaftliche Weisheitsforschung der letzten zwanzig Jahre nicht zur Kenntnis.
111 Randall & Kenyon (2001):2
112 Idem, S. 115-116
113 Idem, S. 3

114 Idem, S. 13
115 Idem, S. 14
116 Idem, S. 14
117 Idem, S. 5-6
118 Idem, S. 34
119 Idem, S. 92
120 Idem, S. 98
121 Idem, S. 99
122 Idem, S. 100-101
123 Idem, S. 116
124 Idem, S. 101: *"aging has gone wrong".*
125 Idem, S.102
126 Kenyon (2002)
127 Randall (2001)
128 Randall & Kenyon (2001):101
129 Wikan (2000)
130 Andrews (2002):1, aus dem Sonderheft der Zeitschrift *Narrative Inquiry* 2002, Band 12, Nr. 1. Vgl. auch die *counter-stories* in dem Sonderheft des *International Journal of Critical Psychology* 2001, Band 1, Nr. 4.
131 Harris, Carney & Fine (2001):6-7
132 Ochs & Capps (1996)
133 Freeman (2000)
134 Vgl. Kirmayer (2000); Langer (2003); Neimeyer & Tschudi (2003).
135 Freeman (2002); vgl. auch Raskin (2002).
136 Freeman (2002):193
137 Kenyon & Randall (2001):10
138 Kenyon & Randall (1997):166
139 In seiner Arbeit zu *"not being mentally ill"* analysiert Crossley (2004) den Widerstand von Patienten gegen die psychiatrische Diagnose. Dies wird als Widerstand gegen ein dominantes Narrativ, das der Medizin, angesehen. In Analogie dazu könnte man empfehlen, *not to be wise* als Widerstand gegen das Narrativ der ordinären Weisheit in der Narrativen Gerontologie.
140 Vgl. Seligman & Czikszentmihalyi (2000); vgl. auch Seligman (2003).
141 Schmuck & Sheldon (2001): *Life Goals and Wellbeing: Towards a Positive Psychology of Human Striving*; Snyder & Lopez (2002): *Handbook of Positive Psychology*; Ronch & Goldfield (2003): *Mental Wellness in Aging: Strengths-Based Approaches*; Aspinwall & Staudinger (2003): *A Psychology of Human Strengths. Fundamental Questions and Future Directions for a Positive Psychology;* Keyes & Haidt (2003): *Flourishing. Positive Psychology and Life Well-Lived*; Lopez & Snyder (2003): *Positive Psychological Assessment: A Handbook of Models and Measures*; Bornstein, Davidson, Keyes & Moore (2003): *Well-Being: Positive Development Across the Life Course*; Linley & Joseph (2004): *Positive Psychology in Practice*; Peterson & Seligman (2004): *Character Strengths and Virtues. A Handbook and Classification.*
Auch Fachzeitschriften brachten bald Sonderhefte zur positiven Psychologie, z. B. die Zeitschrift *The Psychologist:* Baltes & Kunzmann (2003); Boniwell & Zimbardo (2003); Bretherton, & Ørner (2003); Cairns & Lewis (2003); Delle Fave & Massimini (2003); Henry (2003); Hill (2003); Linley & Joseph (2003a, 2003b); Oswald (2003); Seligman (2003); Veenhoven (2003).Vereinzelt gibt es auch einmal eine kritische Auseinandersetzung mit der euphorischen positiven Psychologie, z. B. in der Zeitschrift *Psychological Inquiry:* Campos (2003); Csikszentmihalyi (2003); Diener (2003); Folkman & Moskowitz (2003); Harvey & Pauwels (2003); King (2003); Lazarus (2003a, 2003b);

Lyubomirsky & Abbe (2003); Matthews & Zeidner (2003); Peterson & Park (2003); Rand & Snyder (2003); Ryff (2003); Seligman & Pawelski (2003); Tennen & Affleck (2003); Young-Eisendrath (2003).

142 Ronch & Goldfield (2003)

143 Eron & Lund (2003); Grimm (2003).

144 Eron & Lund (2003):273

145 Glück & Bluck (2003); Bluck & Glück (2004).

Kapitel 4:

1 Lee (2003)

2 Lee & Ackerman (2002)

3 Jönson & Magnusson (2001)

4 Wallerstein & Goldberger (1998); Friedman (1999); Welchman (2000); Hoare (2002); Hofmann & Stiksrud (2004).

5 Erikson, E. H. (1959, deutsche Ausgabe 1973: *Identität und Lebenszyklus: drei Aufsätze*)

6 Erikson, E. H. (1997):61

7 Clayton (1975)

8 Erikson, J. M. (1988)

9 Idem, S. 178-186

10 Erikson, E. H. & Erikson, J. M. (1997); das ist die erweiterte Fassung von Erikson, E. H. (1978).

11 Erikson, J. M. (1997):8; Hervorhebung durch die Autorin.

12 Idem, S. 8

13 Diesen kritischen Hinweis könnte sich die narrative Gerontologie mit ihrem *re-storying of life* auch zu Herzen nehmen.

14 Erikson, J. M. (1997):9

15 Hoare (2000a, 2000b, 2002)

16 Erikson, J. M. (1997):4

17 Vgl. dazu Brown & Lowis (2003)

18 Hoare (2000a, 2000b, 2002). Sie wurde von der deutschen Erikson-Forschung leider nicht rezipiert, vgl. Hofman & Sticksrud (2004).

19 Hoare (2000a):Tabelle 5.1, S. 80-84 und Tabelle 5.2, S. 88-89.

20 Erikson, E. H. (1984):160

21 Vgl. Weiland (1989)

22 Hoare (2000a)

23 So haben Achenbaum & Modell (1999) diese Wandlungen umschrieben, die Joan und Erik Erikson zusammen vollzogen haben.

24 Hoare (2002); vgl. auch Zelfel (2004).

25 Hoare (2000a):94-95

26 Für die Vielfalt der Verwendungen und Bedeutungen von Spiritualität vgl. Burkhardt (1989). McKenna (2000) hat die Definitionsversuche zu Spiritualität gesichtet und versucht, einen Kern herauszudestillieren.

27 Speziell zur Unterscheidung von Spiritualität und Religion vgl. die Diskussion in *International Journal of the Psychology of Religion*: Emmons & Crumpler (1999); Pargament (1999a, 1999b); Stifoss-Hanssen (1999); Reich (2000).

28 Atchley (1997)

29 Wuthnow (1998)

30 Wink & Dillon (2003) haben diese Unterscheidung zwischen *religious dwellers* und *spiritual seekers* aufgegriffen, diese Begriffe operationalisiert und in einer Langfriststudie untersucht, mit welchen verschiedenen Kriterien des psychosozialen Wohlbefindens Religiosität versus Spiritualität zusammenhängen (Weisheit geht nach ihrer Untersuchung nur mit Spiritualität zusammen).

31 Vgl. Wheat (1991); Lindquist (1996); MacDonald (2000a, 2000b); Greenwald & Harder (2003).

32 Gardner (1999)

33 Emmons (2000a)

34 Gardner (2000); Mayer (2000); Kwilecki (2000); Emmons (2000b).

35 MacHovec (2002)

36 Vgl. Noble (2000); Zohar & Marshall (2000); Wolman (2001); Vaughan (2002).

37 Wolman (2001):83-84. Wolman entwickelte dann ein Instrument zur Diagnose der eigenen spirituellen Intelligenz (welches an Selbsttests aus populären Frauen-Journalen erinnert) und versteigt sich in die These, dass die Grundfaktoren der spirituellen Intelligenz, welche er isoliert hat (ein Gottesfaktor, ein Achtsamkeitsfaktor, Intellektualität, Trauma-Erleben, kindliche Spiritualität usw.) universellen Charakter haben.

38 Vaughan (2002)

39 Idem, S. 19

40 Idem, S. 28

41 Für eine Übersicht vgl. Levin (1997) für 1980 bis 1994. Eine jüngere Übersicht stammt von Seifert (2002). Vgl. auch Hill & Pargament (2003); Miller & Thoresen (2003); Powell, Shahabi & Thoresen (2003); Seeman, Dubin & Seeman (2003); Sperling (2004). Ein weiterer Hinweis auf diese Popularität ist, dass sich eine entsprechende Fachzeitschrift seit jetzt schon sechzehn Jahrgängen hält: das *Journal of Religious Gerontology*. Diese Zeitschrift wurde 1984 gegründet als *Journal of Religion and Aging* und mit einem Artikel zu *Aging as a spiritualizing process* eröffnet (Jones 1984). 1990 benannte die Zeitschrift sich um in *Journal of Religious Gerontology* und eröffnete die neue Namensgebung mit einem Sonderheft (Nr. 1/2) zu *Spiritual Maturity in Later Years*. 2003 gab es drei Sonderhefte zum Thema *New Directions in the Study of Late Life Religiousness and Spirituality*, und für Ende 2005 ist ein Doppelheft mit Beiträgen zu *Spirituality of Later Life: On Humor and Despair* angekündigt. Grundsätzliche Themen wie die Frage nach dem Paradigma der Altersforschung, welches erst eine "spirituelle Vision des Alters" ermöglicht (Kimble 2001) kommen ebenso zur Sprache wie Fragen der Messung von Spiritualität (Eggers 2003) sowie transkulturelle Vergleiche der spirituellen Orientierung im Alter (z. B. Takahashi & Satoshi 2004; Ahmadi Lewin & Thomas 2000; Nelson- Becker 2003).

42 Kimble, McFadden, Ellor & Seeber (1995); Kimble & McFadden (2003).

43 Bianchi (1982)

44 Thorson (2000)

45 Young-Eisendrath & Miller (2000)

46 Seifert (2002)

47 Von einer biographischen Kontinuität der Religiosität geht auch die "Kontinuitäts-Theorie des spirituellen Selbst" von Atchley (1995) aus.

48 Atchley (1997)

49 Idem, S. 125

50 Thomas & Chambers (1989a); Bhawuk (2003); Torres (2003).

51 Moody (2003)

52 Baltes & Carstensen (2003)

53 Katz (2000); Atchley (2001).

54 Moody (2003)

55 Blanchard-Fields & Norris (1995); vgl. auch Atchley (1993).
56 Lee (2003); vgl. auch Lee & Ackerman (2002).
57 Lee (2003):355
58 Tornstam ist Soziologe und Gerontologe an der Universität Uppsala. Diese Arbeit basierte auf seinem zuerst 1978 erschienenen Buch *Aldrandets Socialpsykologi* (Sozialpsychologie des Alterns), das bis 1995 fünf zum Teil veränderte und erweiterte Auflagen erlebte.
59 Cumming, Dean, Newell & McCaffrey (1960); Cumming & Henry (1961); Cumming (1963).
60 Das ist einer der Kritikpunkte an Tornstam von Hauge (1998).
61 Tornstam (1989):61-62
62 Idem, S. 59
63 Tornstam (1996a):46
64 Tornstam (1989):60, 62
65 Idem, S. 60
66 Tornstam (1996a)
67 Z. B. Tornstam (1997b; 1996a:48, wo ein Joan Erikson-Brief zitiert wird; 1999b: 157 usw.).
68 Tornstam (1992)
69 Erikson, J. M. (1997):114
70 Erikson, J. M. (1997):12
71 Tornstam (1994, 1996a, 1997a, 1997b, 1999b); Tornstam & Törnqvist (2000).
72 Tornstam (1994):214
73 Tornstam (1997a)
74 Tornstam (1997b, 1999a)
75 Tornstam (1996b)
76 Tornstam & Törnqvist (2000)
77 Wadensten & Carlsson (2001)
78 Tornstam & Törnqvist (2000)
79 Tornstam (1996a):45
80 Wadensten & Carlsson (2003)
81 Ahmadi Lewin (1998, 2000a, 2000b); vgl. auch Ahmadi & Ahmadi (1998).
82 Ahmadi Lewin (1998)
83 Ahmadi Lewin (2000b)
84 Ahmadi Lewin & Thomas (2000)
85 Thomas (1994, 1995, 1997); Thomas & Chambers (1989b); Thomas, Kraus & Chambers (1990).
86 Thomas (2001)
87 Aus einer ganz anderen theoretischen Perspektive und einem anderen empirischen Ansatz kommt Ardelt (1997) zu dem gleichen Ergebnis. In einer empirischen Untersuchung stellt sie fest, dass Weisheit (so wie sie diese versteht) einen sehr positiven Einfluss auf die Lebenszufriedenheit habe, und zwar unabhängig von den konkreten Lebensumständen.
88 Adams (2004); vgl. auch Adams (2001).
89 Melia (2001)
90 Zwei quantitative Untersuchungen aus den Niederlanden sind noch zu erwähnen, die mir allerdings nur als Zusammenfassung vorlagen (sie sind in Niederländisch verfasst). Braam, Deeg, van Tilburg, Beekman & van Tilburg (1998) haben Tornstams Messinstrument der Gero-Transzendenz aufgegriffen (vgl. die zehn Fragen zur kosmischen und zur Ego-Transzendenz). Daneben wurden noch einige andere Messungen vorgenommen

(Behinderung, Depression usw.). Die Autoren stellen fest, dass insgesamt wenig Varianz auf gero-transzendente Unterschiede zurückgeführt werden kann.
Raes & Marcoen (2001) haben auf der Basis der Tornstam-Fragen ein erweitertes Messinstrument entwickelt. Ergebnis: *The scores on the gero-transcendence scale were not congruent, neither with the hypothetical threefold apriori scales nor with the factor structure Tornstam had found in his research.*

91 Gamliel (2001)
92 Idem, S. 110
93 Idem, S. 111
94 Idem, S. 106
95 Schroots (1996)
96 Jönson & Magnusson (2001)
97 Vgl. diese Kritik bei Jönson & Magnusson (2001); bei Hauge (1998).
98 Jönson & Magnusson (2001)
99 Idem

Kapitel 5:

1 Pasupathi & Baltes (2000):251
2 Baltes, Glück & Kunzmann (2002):329
3 Staudinger & Baltes (1996):58
4 Staudinger & Leipold (2003):172
5 Baltes (2005a):5
6 Idem, S. 30, 31
7 Baltes & Kunzmann (2003):133
8 Sternberg (2003c):48
9 Brewi & Brennan (1999); Walker (1986).
10 Zusammenfassung vgl. Pasupathi & Baltes (2000); Baltes & Kunzmann (2004); vgl. auch Lyster (1996).
11 Kitchener & Brenner (1990); Kitchener, Lynch, Fischer, & Wood (1993).
12 Meacham (1990)
13 Pratt, Diessner, Hunsberger, Pancer, & Hunsberger (1996); vgl. auch Kramer (2003).
14 Baltes (2005a):32
15 Rösing (2006)
16 Es ist bemerkenswert, dass Paul Baltes, Jahrgang 1939, jetzt auch über das "dritte Alter" hinausgeht und dieses sehr nüchtern betrachtet (Baltes 2005b).
17 Erikson, J. (1997)
18 Idem, S. 107
19 Idem, S. 108
20 Idem, S. 110
21 Idem, S. 111
22 Whitbourne (2001); Conzen (2004).
23 Erikson, J. (1997):112
24 Idem, S. 113
25 Idem, S. 112
26 Idem, S. 114
27 Tornstam (1996b)
28 Hauge (1998)
29 Bewältigungs-, Ausdrucks-, Einfluss-, Transzendenzbedürfnis, vgl. Mayring (1992).

30 Helson & Wink (1987)
31 Ryff (1989)
32 nach Helson & Srivastava (2001)
33 Vgl. auch die von Commons (2002) unterschiedenen Entwicklungsmodelle von Alter: Änderung, Entfaltung zum Positiven (wozu die Konzepte von Weisheit und Alter, Spiritualität und Alter gehören), Änderung (ohne Vorzeichen), Stillstand, Verfall.
34 Assmann (1991, 1994)
35 Wink & Helson (1997)
36 Kohlberg (1973)
37 Cole (1986),
38 Moody (1976, 1986, 1988)
39 Staudinger (2001a):16510
40 Baltes (2005a):32. Vgl. auch Staudinger & Leipold (2003):172; Baltes, Glück & Kunzmann (2002):327.
41 Nietzsche: *Die fröhliche Wissenschaft* (erstmals veröffentlicht 1882), fünftes Buch *Wir Furchtlosen*, Abschnitt 359 (in der Werksausgabe von Karl Schlechta 1955/1997, Band II, Darmstadt, Wissenschaftliche Buchgesellschaft, S. 232-233. Hervorhebung durch den Autoren.
42 Nietzsche, Aus dem Nachlass der Achtzigerjahre (in der Werkausgabe von Karl Schlechta, 1955/1997, Band III, Darmstadt, Wissenschaftliche Buchgesellschaft, S. 862).
43 Nietzsche: *Wir Philosophen* (in der Werkausgabe von Karl Schlechta 1955/1997, Band III, Darmstadt, Wissenschaftliche Buchgesellschaft, S. 323).
44 Zarathustra vermittelt Nietzsche allerdings auch ein dynamisches Konzept von Weisheit; was er mit muskelschwacher und lebensfeindlicher Weisheit kritisiert, ist die behauptete Verbindung von Alter mit Weisheit.
45 Zitiert in Simone de Beauvoir (1972/1995), *Das Alter*, Reinbek bei Hamburg: Rowohlt Taschenbuchverlag, 135-136.
46 Idem, S. 94
47 Kuhl (1986)
48 Idem, S. 28
49 Guggenbühl-Craig (1986)
50 Idem, S. 88
51 Idem, S. 89
52 Idem, S. 90-91
53 Manheimer (1989, 1992a, 1992b)
54 Vgl. Manheimer (1992b):431; (1989):240
55 Manheimer (1989)
56 Idem, S. 241
57 Manheimer (1992b):428
58 Woodword (2003)
59 Idem
60 Friedan (1993) zitiert in Woodward (2003)
61 Woodward (2003: 63)
62 Noam (1996)
63 Idem, S. 138
64 Noam (1996)
65 Idem, S. 170
66 Labouvie-Vief (1980, 1982)
67 Staudinger (1989):144-146
68 Vgl. Elwert (1992); Fry (1980, 1985, 1996, 1999, 2001); Fry, Dickerson-Putman, Draper, Ikels, Keith, Glascock & Harpending (1997); Ikels & Beall (2001); Keith,

Fry, Glascock, Ikels, Dickerson-Putman, Harpending & Draper (1994), Sokolowsky (1997).
69 Vgl. Prince-Gibson & Schwartz (1998); Struch, Schwartz, Van der Kloot (2002).
70 Rokeach (1973)
71 Vgl. Hoare (2002); Zelfel (2004).
72 Labouvie-Vief (2003)
73 Orwoll & Achenbaum (1993); vgl. auch den Kommentar dazu von Sinnott (1993).
74 Vgl. aber Labouvie-Vief (2003).
75 Dies ist der Titel von Teil IV des Buches "*Religion, Belief, and Spirituality in Late Life*" von Thomas & Eisenhandler (1999) und umfasst zwei Kapitel: Burke (1999) und McFadden (1999).
76 Marquard (1986)
77 Idem, S. 82
78 Idem S. 83
79 Polivka (2000)
80 Vgl. aber Assmann (1994) und Welsch (1989).
81 Boss (1994)
82 Sinnott (1998)
83 Kitchener & Brenner (1990)
84 Arlin (1990)
85 Solche Begriffsabgrenzungen werden in der Weisheitsforschung wenig untersucht, als Ausnahmen vgl. Orwoll (1988); Sternberg (1990, 2000, 2001, 2003a, 2003b); Sternberg & Lubart (2001); Ardelt (2000b).
86 Sinnott (1998, 2003); vgl. auch Kramer (2003).
87 Sinnott (1998):259
88 IQ = Intelligenzquotient, die Messgröße der Intelligenztests
89 Rösing (2004)
90 Thorndike (1920)
91 Gardner (1993); vgl. auch Kinchloe (2004)
92 Boss (1994):401
93 Pieringer (1993)
94 Idem, S. 93
95 Idem, S. 90
96 Idem, S. 94
97 Idem, S. 89
98 Idem, S. 94
99 Krings (1989); Assmann (1994).
100 Assmann (1994):194
101 Assmann (1994)
102 Idem, S. 195-196
103 Koslowski (1989)
104 Bien (1989):50
105 Assmann (1994)
106 Chandler & Holliday (1990); Assmann (1991).
107 Ardelt (2000b):774-775
108 Nietsche: *Also sprach Zarathustra* (in der Werksausgabe von Karl Schlechta 1955/1997, Band II, Darmstadt, Wissenschaftliche Buchgesellschaft, S. 527).
109 Nietsche (in der Werksausgabe von Karl Schlechta 1955/1997, Band I, Darmstadt, Wissenschaftliche Buchgesellschaft).
110 Guggenberger (1987)
111 Assmann (1994):219

112 Kunzmann & Baltes (2003a):336
113 Kutter (1994):22
114 Beauvoir (1972/1995):149-150
115 Savishinsky (1991, 1997, 2001)
116 Savishinsky (2001):51
117 Averill (2002)
118 Averill (1998)
119 Idem S. 180
120 Clore & Robinson (2000); Bridges, Denham & Ganiban (2004); Campos, Frankel & Camras (2004); Eisenberg, Champion & Ma (2004); Larsen & Prizmic (2004); Philippot & Feldman (2004).
121 Baumeister (2001)
122 Vgl. Baumeister, Heatherton & Tice (1994), *Losing Control. How and Why People Fail at Self-Regulation*. Vgl. auch Baumeister & Vohs (2004).
123 Baumeister (2001):13859
124 Zitiert nach Simone de Beauvoir (1972/1995):417
125 Krings (1989):161-162
126 Idem, S. 162
127 Gross (1998a, 1998b, 1999a, 199b, 2001, 2002); Ochsner & Gross (2004).
128 Gross (1998a):275
129 Idem, S. 272
130 Gross & Munoz (1995); Gross & Levenson (1997); Gross (1998b); Richards & Gross (1999); Gross & John (2003); John & Gross (2004).
131 Gross (2001)
132 Gross & John (2002); vgl. John & Gross (2004).
133 Gross (2001), Emotion regulation in adulthood: Timing is everything.
134 Baltes & Kunzmann (2003)

Literaturverzeichnis

Abell, P. (2004), Narrative explanation: An alternative to variable-centered explanation? *Annual Review of Sociology*, 30: 287-310.

Academia mayor de la Lengua Quechua (1995), *Diccionario Quechua-Español-Quechua, Qheswa-Español-Qheswa Simi Taqe*. Cusco: Munici-palidad del Qosqo.

Achenbaum, W. A. (2004), Wisdom's vision of relations. *Human Development*, 47/5: 300-303.

Achenbaum, W. A.; Modell, S. M. (1999), Joan and Erik Erikson and Sarah and Abraham: Parallel awakenings in the long shadow of wisdom and Faith. In: Thomas, L. E.; Eisenhandler, S. A. (Eds.), *Religion, Belief, and Spirituality in Late Life*. New York: Springer Publishing Company, 13-32.

Achenbaum, W. A.; Orwoll, L. (1991), Becoming wise: A psycho-gerontological interpretation of the book of Job. *International Journal of Aging and Human Development*, 32/1: 21-39.

Adams, K. B. (2001), *Depressive Symptoms, Depletion or Developmental Change? Multidimensionality in the Geriatric Depression Scale According to Contemporary Interpretations of the Disengagement Theory of Aging*. (Dissertation) Ann Arbor: University Microfilms International.

Adams, K. B. (2004), Changing investment in activities and interests in elders' lives: Theory and measurement. *International Journal of Aging & Human Development*, 58/2: 87-108.

Aebli, H. (1989), Weisheit: Auch ein Ordnen des Tuns? *Zeitschrift für Pädagogik*, 35: 605-620.

Ahmadi Lewin, F. (1998), Sufism and gerotranscendence: The impact of way of thinking, culture and aging on spiritual maturity. *Journal of Aging and Identity*, 3/4: 189-211.

Ahmadi Lewin, F. (2000a), Development towards wisdom and maturity: Sufi conception of self. *Journal of Aging and Identity*, 5/3: 137-148.

Ahmadi Lewin, F. (2000b), Reflections on spiritual maturity and gerotranscendence: Dialogues with two sufis. *Journal of Religious Gerontology*, 11/2: 43-74.

Ahmadi Lewin, F.; Thomas, L. E. (2000), Gerotranscendence and life satisfaction: Studies of religious and secular Iranians and Turks. *Journal of Religious Gerontology*, 12/1: 17-41.

Ahmadi, N.; Ahmadi, F. (1998), *Iranian Islam. The Concept of Individual*. London: MacMillan Press.

Akiba, D.; Klug, W. (1999), The different and the same: Reexamining east and west in a cross-cultural analysis of values. *Social Behavior & Personality*, 27/5: 467-473.

Alea, N.; Bluck, S. (2003), Why are you telling me that? A conceptual model of the social function of autobiographical memory. *Memory*, 11/2: 165-178.

Anderson, H. (2003), Postmodern social construction therapies. In: Sexton, T. L.; Weeks, G. R.; Robbins, M. S. (Eds.), *Handbook of Family Therapy. The Science and Practice of Working with Families and Couples*. New York: Brunner-Routledge, 125-146.

Andrews, M. (2002), Introduction: Counter-narratives and the power to oppose. *Narrative Inquiry*, 12/1: 1-6.

Ardelt, M. (1994), *Wisdom in the Later Years: A Life Course Approach to Successful Aging*. Chapel Hill: University of North Carolina .

Ardelt, M. (1997), Wisdom and life satisfaction in old age. *Journals of Gerontology*, 52/1: 15-27.

Ardelt, M. (2000a), Antecedents and effects of wisdom in old age: A longitudinal perspective on aging well. *Research on Aging*, 22/4: 360-394.

Ardelt, M. (2000b), Intellectual versus wisdom-related knowledge: The case for a different kind of learning in the later years of life. *Educational Gerontology*, 26/8: 771-789.
Ardelt, M. (2003), Developmental empirical assessment of a three-dimensional wisdom scale. *Research on Aging*, 25/3: 275-324.
Ardelt, M. (2004a), Wisdom as expert knowledge system: A critical review of a contemporary operationalization of an ancient concept. *Human Development*, 47/5: 257-285.
Ardelt, M. (2004b), Where can wisdom be found? A reply to the commentaries by Baltes and Kunzmann, Sternberg, and Achenbaum. *Human Development*, 47/5: 304-307.
Arlin, P. K. (1990), Wisdom: The art of problem solving. In: Sternberg, R. J. (Ed.), *Wisdom: Its Nature, Origins, and Development* New York: Cambridge University Press, 230-243.
Aspinwall, L. G.; Staudinger, U. M. (Eds.) (2003), *A Psychology of Human Strengths. Fundamental Questions and Future Directions for a Positive Psychology.* Washington: American Psychological Association.
Assmann, A. (1991), *Weisheit: Archäologie der literarischen Kommunikation III.* München: Fink.
Assmann, A. (1994), Wholesome knowledge: Concepts of wisdom in a historical and cross-cultural perspective. In: Featherman, D. L.; Lerner, R. M.; Perlmutter, M. (Eds.), *Life-Span Development and Behavior.* (Vol. 12) Hillsdale/NJ: Lawrence Erlbaum Associates Inc, 187-224.
Atchley, R. C. (1993), Spiritual development and wisdom: A vedantic perspective. In: Kastenbaum, R. (Ed.), *Encyclopedia of Adult Development.* New York: Oryx, 479-483.
Atchley, R. C. (1995), The continuity of the spiritual self. In: Kimble, M. A.; McFadden, S. H.; Ellor, J. W.; Seeber, J. J. (Eds.), *Aging, Spirituality, and Religion. A Handbook.* (Vol. 1) Minneapolis, MN: Fortress Press, 68-73.
Atchley, R. C. (1997), Everyday mysticism: Spiritual development in later adulthood. *Journal of Adult Development*, 4/2: 123-134.
Atchley, R. C. (2001), Activity theory. In: Maddox, G. L. (Ed.), *Encyclopedia of Aging.* (Vol. 1) New York: Springer (3. Edition ed.), 10-13.
Averill, J. R. (1998), Spirituality: From the mundane to the meaningful – and back. *Journal of Theoretical and Philosophical Psychology*, 18/2: 101-126.
Averill, J. R. (2002), Emotional creativity: Toward "spiritualizing the passions". In: Snyder, C. R.; Lopez, S. J. (Eds.), *Handbook of Positive Psychology.* New York: Oxford University Press, 172-185.
Azuma, H.; Kashiwagi, K. (1987), Descriptors for an intelligent person: A Japanese study. *Japanese Psychological Research*, 29/1: 17-26.
Baker, J.; Coté, J. (2003), Resources and commitment as critical factors in the development of "gifted" athletes. *High Ability Studies*, 14/2: 139-140.
Baltes, M. M.; Carstensen, L. L. (2003), The process of successful aging: Selection, optimization, and compensation. In: Staudinger, U. M.; Lindenberger, U. (Eds.), *Understanding Human Development. Dialogues with Lifespan Psychology.* Dordrecht: Kluwer Academic Publishers, 81-104.
Baltes, P. B. (2005a), *Wisdom as Orchestration of Mind and Virtue.* Internet-Manuskript.
Baltes, P. B. (2005b), Oma muß ran. Die Zeit, http://zeus.zeit.de/text/2005/21/M-Altern
Baltes, P. B.; Freund, A. M. (2003), The intermarriage of wisdom and selective optimization with compensation: Two meta-heuristics guiding the conduct of life. In: Keyes, C. L. M.; Haidt, J. (Eds.), *Flourishing: Positive Psychology and the Life Well-Lived.* Washington, DC: American Psychological Association, 249-273.
Baltes, P. B.; Glück, J.; Kunzmann, U. (2002), Wisdom: Its structure and function in regulating successful life span development. In: Snyder, C. R.; Lopez, S. J. (Eds.), *Handbook of Positive Psychology.* New York: Oxford University Press, 327-347.

Baltes, P. B.; Kunzmann, U. (2003), Wisdom. *The Psychologist*, 16/3: 131-133.
Baltes, P. B.; Kunzmann, U. (2004), The two faces of wisdom: Wisdom as a general theory of knowledge and judgment about excellence in mind and virtue vs. wisdom as everyday realization in people and products. *Human Development*, 47/5: 290-299.
Baltes, P. B.; Staudinger, U. M. (1998), Wisdom. In: Friedman, H. S. (Ed.), *Encyclopedia of Mental Health.* (Vol. 1) San Diego: Academic Press, 347-357.
Baltes, P. B.; Staudinger, U. M. (2000), Wisdom: A meta-heuristic (pragmatic) to orchestrate mind and virtue toward excellence. *American Psychologist*, 55/1: 122-136.
Baltes, P. B.; Staudinger, U. M.; Maercker, A.; Smith, J. (1995), People nominated as wise: A comparative study of wisdom-related knowledge. *Psychology and Aging*, 10: 155-166.
Bates, M.; Abbott, D. P. (1959), *Ifaluk: Portrait of a Coral Island.* London: Museum Press.
Baumeister, R. F. (2001), Self-regulation in adulthood. In: Smelser, N. J.; Baltes, P. B. (Eds.), *International Encyclopedia of the Social & Behavioral Sciences.* Amsterdam: Elsevier, 13859-13862.
Baumeister, R. F.; Heatherton, T. F.; Tice, D. M. (1994), *Losing Control. How and Why People Fail at Self-Regulation.* San Diego, CA: Academic Press.
Baumeister, R. F.; Vohs, K. D. (Eds.) (2004), *Handbook of Self-regulation: Research, Theory, and Applications.* New York: Guilford Press.
Beauvoir, S. de (1995), *Das Alter.* Reibek bei Hamburg: Rowohlt Verlag.
Bender, M.; Bauckham, P.; Norris, A. (1999), *The Therapeutic Purposes of Reminiscence.* London: Sage.
Berger, P. L.; Luckmann, T. (1969), *Die gesellschaftliche Konstruktion der Wirklichkeit: eine Theorie der Wissenssoziologie.* Frankfurt a.M.: Fischer
Berntsen, D.; Rubin, D. C. (2004), Cultural life scripts structure recall from autobiographical memory. *Memory & Cognition*, 32/3: 427-442.
Berry, J. W.; Bennett, J. A. (1992), Cree conceptions of cognitive competence. *International Journal of Psychology,* 27/1: 73-88.
Berryhill-Paapke, E.; Johnson, M. E. (1995), Comparison of values of Alaska native and non-native alcoholics and counselors. *International Journal of the Addictions*, 30/4: 481-488.
Berzonsky, M. D. (1994), Individual differences in self-construction: The role of constructivist epistemological assumptions. *Journal of Constructivist Psychology*, 7/4: 263-281.
Bhawuk, D. P. S. (2003), Culture's influence on creativity: The case of Indian spirituality. *International Journal of Intercultural Relations*, 27/1: 1-22.
Bianchi, E. C. (1982), *Aging as a spiritual journey.* New York: Crossroad.
Bien, G. (1989), Einige Bemerkungen zum Verhältnis von Philosophie, Wissenschaft und Weisheit. In: Oelmüller, W.(Hg.), *Philosophie und Weisheit.* Paderborn: Schoeningh, 39-54.
Biggs, S. (1999), The "blurring" of the lifecourse: Narrative, memory and the question of authenticity. *Journal of Aging and Identity*, 4/4: 209-221.
Bilsky, W.; Schwartz, S. H. (1994), Values and personality. *European Journal of Personality*, 8: 163-181.
Binstock, R. H.; George, L. K. (Eds.) (1996), *Handbook of Aging and the Social Sciences.* San Diego: Academic Press (4. Edition).
Blair, D.; Meyer, T. (1997), Tools for an interactive virtual cinema. In: Trappl, R.; Petta, P. (Eds.), *Creating Personality for Synthetic Actors. Towards Autonomous Personality Agents.* Berlin: Springer Verlag.
Blanchard-Fields, F.; Norris, L. (1995), The development of wisdom. In: Kimble, M. A.; McFadden, S. H.; Ellor, J. W.; Seeber, J. J. (Eds.), *Aging, Spirituality, and Religion. A Handbook.* Minneapolis, MN: Fortress Press, 102-118.

Bleyl, M. F. (2000), *The Wise Ones: A Multi-cultural Perspective* (Dissertation) Ann Arbor: University Microfilms International.

Bluck, S. (2003), Autobiographical memory: Exploring its functions in everyday life. *Memory*, 11/2: 113-123.

Bluck, S.; Glück, J. (2004), Making things better and learning a lesson: Experiencing wisdom across the lifespan. *Journal of Personality*, 72/3: 543-572.

Bluck, S.; Levine, L. J. (1998), Reminiscence as autobiographical memory: A catalyst for reminiscence theory development. *Ageing and Society*, 18: 185-208.

Boniwell, I.; Zimbardo, P. (2003), Time to find the right balance. *The Psychologist*, 16/3: 129-131.

Bornstein, M. H.; Davidson, L.; Keyes, C. L. M.; Moore, K. A.(Eds.) (2003), *Well-Being: Positive Development Across the Life Course.* Mahwah, NJ: Erlbaum.

Boss, J. A. (1994), The anatomy of moral intelligence. *Educational Theory*, 44/4: 399-416.

Braam, A. W.; Deeg, D. J., van Tilburg, T. G.; Beekman, A. T.; van Tilburg, W. (1998), Gerotranscendentie als levensperspectief: Een eerste empirische benadering bij uderen in Nederland (Gerotranscendence as a life cycle perspective: An initial empirical approach among the elderly in The Netherlands). *Tijdschrift voor Gerontologie en Geriatrie*, 29/1: 24-32.

Bretherton, R.; Ørner, R. (2003), Positive psychotherapy in disguise. *The Psychologist*, 16/3: 136-137.

Brewi, J.; Brennan, A. (1999), *Mid-Life Spirituality and Jungian Archetypes.* York Beach, ME.: Nicolas-Hays.

Bridges L. J.; Denham, S. A.; Ganiban, J. M. (2004), Definitional issues in emotion regulation research. *Child Development*, 75/2: 340-345.

Briley, D. A.; Wyer, R. S. Jr. (2001), Transitory determinations of values and decisions: The utility (or nonutility) of individualism and collectivism in understanding cultural differences. *Social Cognition*, 19/3: 197-227.

Brockmeier, J. (2002a), Introduction: Searching for cultural memory. *Culture & Psychology*, 8/1: 5-14.

Brockmeier, J. (2002b), Remembering and forgetting: Narrative as cultural memory. *Culture & Psychology*, 8/1: 15-43.

Brockmeier, J.; Carbaugh, D. (Eds.) (2001), *Narrative and Identity: Studies in Autobiography, Self and Culture.* Amsterdam: John Benjamins Publishing Company.

Brown, C.; Lowis, M. J. (2003), Psychosocial development in the elderly: An investigation into Erikson's ninth stage. *Journal of Aging Studies*, 17/4: 415-426.

Bruner, J. (1986), *Actual Minds, Possible Worlds.* Cambridge, MA: Harvard University Press.

Bruner, J. (1987), Life as narrative. *Social Research*, 54: 11-13.

Bruner, J. (1990), *Acts of Meaning.* Cambridge/DA: Harvard University Press.

Bruner, J. (1991), The narrative construction of reality. *Critical Inquiry*, 18: 1-21.

Bruner, J. (1999), Narratives of aging. *Journal of Aging Studies*, 13/1: 7-9.

Bruner, J.; Lucariello, J. (1989), Monologue as narrative recreation of the world. In: Nelson, K. (Ed.), *Narratives from the Crib.* Cambridge/MA.: Harvard University Press, 73-97.

Bryant, J. M. (2000), On sources and narratives in historical social science: A realist critique of positivist and postmodernist epistemiologies. *The British Journal of Sociology*, 51/3: 489-523.

Burgess, S. M.; Schwartz, S. H.; Blackwell, R. D. (1994), Do values share universal content and structure? A South African test. *South African Journal of Psychology*, 24/1: 1-12.

Burke, P. C. (1999), Spirituality: A continually evolving component in women's identity development. In: Thomas, L. E.; Eisenhandler, S. A. (Eds.), *Religion, Belief and Spirituality in Late Life.* New York: Springer, 113-149.

Burkhardt, M. A. (1989), Spirituality: An analysis of the concept. *Holistic Nursing Practice*, 3/3: 69-77.

Burrows, E. G. (1963), *Flower in My Ear. Arts and Ethos of Ifaluk Atoll.* Seattle: University of Washington Press.

Burrows, E. G.; Spiro, M. E. (1957/1970), *An Atoll Culture. Ethnography of Ifaluk in the Central Carolines.* Westport/CT: Greenwood Press (Reprint).

Butler, R. N. (1963), The life review: An interpretation of reminiscence in the aged. *Psychiatry*, 26: 65-76.

Butler, R. N. (1964), The life review: An interpretation of reminiscence in the aged. In: Kastenbaum, R. (Ed.), *New Thoughts on Old Age.* New York: Springer, 265-280.

Butler, R. N. (1974), Successful aging and the role of the life review. *Journal of the American Geriatrics Society*, 22: 529-535.

Cairns, E.; Lewis, C. A. (2003), Empowering peace. *The Psychologist*, 16/3: 142-143.

Calame-Griaule, G. (1965), *Ethnologie et Languge: La Parole Chez les Dogon.* Paris: Gallimard.

Campos, J. J. (2003), When the negative becomes positive and the reverse: Comments on Lazarus's critique of positive psychology. *Psychological Inquiry*, 14/2: 110-113.

Campos, J. J.; Frankel, C. B.; Camras, L. (2004), On the nature of emotion regulation. *Child Development*, 75/2: 377-394.

Capps, L.; Ochs, E. (1995), Out of place: Narrative insights into agoraphobia. *Discourse Process*, 19: 407-440.

Cavarero, A. (2000), *Relating Narratives. Storytelling and selfhood.* London: Routledge.

Chandler, M. J.; Holliday, S. G. (1990), Wisdom in a postapocalyptic age. In: Sternberg, R. J. (Ed.), *Wisdom: Its Nature, Origins, and Development.* New York: Cambridge University Press121-141.

Chang, H-C. (2003), Serious play: Chinese artistry in verbal communication. *Journal of Asian Pacific Communication*, 13/2: 165-195.

Cheung, W. K.; Liu, J. (2005), On knowledge grid and grid intelligence: A survey. *Computational Intelligence,* 21/2: 111-129.

Churchill, S. D. (2000), "Seeing through" self-deception in narrative reports: Finding psychological truth in problematic data. *Journal of Phenomenological Psychology*, 31/1: 44-62.

Cileli, M. (2000), Change in value orientations of Turkish youth from 1989 to 1995. *Journal of Psychology*, 134/3: 297-305.

Clayton, V. P. (1975), Erickson's theory of human development as it applies to the aged: Wisdom as contradictive cognition. *Human Development*, 18: 119-128.

Clayton, V. P.; Birren, J. E. (1980), The development of wisdom across the life span: A reexamination of an ancient topic. In: Baltes, P. B.; Brim, O. G. Jr.(Eds.), *Life-Span Development and Behavior.* (Vol. 3) New York: Academic Press, 103-135.

Clore, G. L.; Robinson, M. D. (2000), What is emotion regulation? In search of a phenomenon. *Psychological Inquiry*, 11/3: 163-166.

Cohen, G.; Taylor, S. (1998), Reminiscence and ageing. *Ageing and Society*, 18: 601-610.

Cole, T. R. (1986), The "enlightened" view of aging: Victorian morality in a New Key. In: Cole, T. R.; Gadow, S. A. (Eds.), *What Does It Mean To Grow Old*? Durham: Duke University Press, 115-130.

Coleman, P. G. (1999), Creating a lifestory: The task of reconciliation. *Geontologist*, 39: 133-139.

Collings, P. (2001), "If you got everything, it's good enough": Perspectives on successful aging in a Canadian Inuit community. *Journal of Cross-Cultural Gerontology*, 16/2: 127-155.

Commons, M. L. (2002), Introduction: Attaining a new stage. *Journal of Adult Development*, 9/3: 155-157.

Conway, M. A. (2003), Commentary: Cognitive-affective mechanisms and processes in autobiographical memory. *Memory*, 11/2: 217-224.

Conzen, P. (2004), Aus Sorge um die Welt. Das Konzept der "Generativität" als Kernanliegen im Werk und Wirken von Erik Homburger Erikson. In: Hofmann, H.; Stiksrud, A. (Eds.), *Dem Leben Gestalt geben. Erik H. Erikson aus interdisziplinärer Sicht.* Wien: Krammer, 151-172.

Craik, F. I. M.; Salthouse, T. A. (Eds.) (2000), *The Handbook of Aging and Cognition.* Mahwah, NJ: Lawrence Erlbaum Associates (2. Edition).

Crites, S. (1986), Storytime: Recollecting the past and projecting the future. In: Sarbin, T. (Ed.), *Narrative Psychology: The Storied Nature of Human Conduct.* New York: Praeger, 153-173.

Crossley, M. L. (2000), *Introducing Narrative Psychology. Self, Trauma and the Construction of Meaning.* Buckingham: Open University Press.

Crossley, M. L. (2003), Formulating narrative psychology: The limitations of contemporary social constructionism. *Narrative Inquiry*, 13/2: 287-300.

Crossley, N. (2004), Not being mentally ill: Social movements, system survivors and the oppositional habitus. *Anthropology & Medicine*, 11/2: 16-180.

Csikszentmihalyi, M. (2003), Legs or wings? A reply to R.S. Lazarus. *Psychological Inquiry*, 14/2: 113-115.

Cumming, E. (1963), Further thought on the theory of disengagement. *International Social Science Journal*, 3: 377-393.

Cumming, E.; Dean, L. R.; Newell, D.S.; McCaffrey, I. (1960), Disengagement – a tentative theory of aging. *Sociometry*, 1: 23-35.

Cumming, E.; Henry, W. E. (1961), *Growing Old: The Process of Disengagement.* New York: Basic Books.

Cushman, P. (1990), Why the self is empty: Toward a historically situated psychology. *American Psychologist,* 45: 599-611.

Cusihuaman G., A. (1976, 1.ed.; 2001, 2.ed.), *Diccionario Quechua: Cuzco-Collao.* Cusco: CBC.

Dai, D. Y. (2003), The making of the gifted: Implications of Sternberg's WICS model of giftedness. *High Ability Studies*, 14/2: 141-142.

Delle Fave, A.; Massimini, F. (2003), Making disability into a resource. *The Psychologist*, 16/3: 133-134.

DiBernardo, S. (2003), Read me another story: Bedtime tales for those with "postmodern stress disorder". *Organization Development Journal*, 21/3: 51-69.

Diener, E. (2003), What is positive about positive psychology: The Curmudgeon and Pollyanna. *Psychological Inquiry*, 14/2: 115-120.

Dimaggio, G.; Semerari, A. (2001), Psychopathological narrative forms. *Journal of Constructivist Psychology*, 14/1: 1-23.

Dunne, J. (1995), Beyond sovereignty and deconstruction: The storied self. *Philosophy and Social Criticism*, 21/5/6: 137-157.

Durojaiye, M. O. A. (1993), Indigenous psychology in Africa. The search for meaning. In: Kim, U.; Berry, J. W. (Eds.), *Indigenous Psychologies. Research and Experience in Cultural Context.* Newbury Park, CA: Sage Publications, 211-220.

Efran, J. S. (1994), Mystery, abstraction, and narrative psychotherapy. *Journal of Constructivist Psychology*, 7/4: 219-227.

Eggers, S. J. (2003), Older adult spirituality: What is it? A factor analysis of three related instruments. *Journal of Religious Gerontology*, 14/4: 3-33.

Eisenberg, N.; Champion, C.; Ma, Y. (2004), Emotion-related regulation: An emerging construct. *Merrill-Palmer Quarterly*, 50/3: 236-259.

Elwert, G. (1992), Alter im Interkulturellen Vergleich. In: Baltes, P. B.; Mittelstrass, J. (Eds.), *Zukunft des Alterns und Gesellschaftliche Entwicklung.* Berlin: de Gruyter, 260-282.

Emmons, R. A. (2000a), Is spirituality an intelligence? Motivation, cognition, and the psychology of ultimate concern. *The International Journal for the Psychology of Religion,* 10/1: 3-26.

Emmons, R. A. (2000b), Spirituality and intelligence: Problems and prospects. *The International Journal for the Psychology of Religion,* 10/1: 57-64.

Emmons, R. A.; Crumpler, C. A. (1999), Religion and spirituality? The roles of sanctification and the concept of God. *The International Journal for the Psychology of Religion.*, 9/1: 17-24.

Erikson, E. H. (1959), *Identity and the Life Cycle. Selected Papers.* (Psychological Issues, Vol. 1, No. 1, Monograph 1) New York: International Universities Press.

Erikson, E. H. (1964), *Insight and Responsibility. Lectures on the Ethical Implications of Psychoanalytic Insight.* New York: W.W. Norton & Company.

Erikson, E. H. (1973), *Identität und Lebenszyklus: drei Aufsätze.* (Suhrkamp Taschenbuch Wissenschaft ; 16) Frankfurt am Main: Suhrkamp.

Erikson, E. H. (1978), *The Life Cycle Completed.* New York: Norton.

Erikson, E. H. (1984), Reflections on the last stage – and the first. *The Psychoanalytic Study of the Child,* 39: 155-165.

Erikson, E. H.; Erikson, J. M. (1997), *The Life Cycle Completed.* (Extended version with new chapters on the ninth stage of development by Joan M. Erikson) New York: Norton.

Erikson, J. M. (1988), *Wisdom and the Senses: The Way of Creativity.* New York: Norton.

Ernst, H.. (1993), *Die Weisheit des Körpers: Kräfte der Selbstheilung.* München: Piper.

Eron, J. B.; Lund, T. W. (2003), The narrative solutions approach: Bringing out the best in people as they age. In: Ronch, J. L.; Goldfield, J. A. (Eds.), *Mental Wellness in Aging: Strengths-Based Approaches.* Baltimore: Health Professions Press, 273-298.

Eskin, P. J. (1985), *Fictions in Autobiography: Studies in the Art of Self-Invention.* Princeton, NJ: Princeton University Press.

Feather, N.T. (1986), Value systems across cultures: Australia and China. *International Journal of Psychology,* 21/6: 697-715.

Feather, N.T. (1998), Attitudes toward high achievers, self-esteem, and value priorities for Australian, American, and Canadian students. *Journal of Cross-Cultural Psychology,* 29/6: 749-759.

Feldhusen, J. F. (2003), Reaching for the stars in gifted education: A critique of the WICS model. *High Ability Studies,* 14/2: 143.

Fivush, R. (2004), The silenced self: Constructing self from memories spoken and unspoken. In: Beike, D. R.; Lampinen, J. M.; Behrend, D. A. (Eds.), *The Self and Memory. Studies in Self and Identity.* New York, NY: Psychology Press, 75-93.

Folkman, S.; Moskowitz, J. T. (2003), Positive psychology from a coping perspective. *Psychological Inquiry,* 14/2: 121-125.

Forster, J. (1994), Introduction. *Journal of Constructivist Psychology,* 7/4: iii.

Franzosi, R. (1998), Narrative analysis d – Or why (and how) sociologists should be interested in narrative. *Annual Review of Sociology,* 24: 517-554.

Freeman, M. (1993), *Rewriting the Self: History, Memory, Narrative.* London: Routledge.

Freeman, M. (1997), Why narrative? Hermeneutics, historical understanding, and the significance of stories. *Journal of Narrative & Life History,* 7/1-4: 169-176.

Freeman, M. (1999), Culture, narrative, and the poetic construction of selfhood. *Journal of Constructivist Psychology (Special Issue: The Fate of the self in a Constructivist Age),* 12/2: 99-116.

Freeman, M. (2000), When the story's over: Narrative foreclosure and the possibility of self-renewal. In: Andrews, M.; Scalter, S. D.; Squire, C.; Treacher, A. (Eds.), *Lines of Narrative. Psychosocial Perspectives.* London: Routledge, 81-91.

Freeman, M. (2002), Charting the narrative unconscious: Cultural memory and the challenge of autobiography. *Narrative Inquiry*, 12/1: 193-211.

Friedan, B. (1993), *The Fountain of Age.* New York: Simon and Schuster.

Friedman, L. J. (1999), *Identity's Architect: A Biography of Erik H. Erikson.* New York: Pantheon.

Fry, C. L. (1980), Toward anthropology of aging. In: Fry, C. L. (Ed.), *Aging in Culture and Society. Comparative Viewpoints and Strategies.* New York: Praeger, 1-20.

Fry, C. L. (1985), Culture, behavior, and aging in the comparative perspective. In: Birren, J. E.; Schaie K. W. (Eds.), *Handbook of the Psychology of Aging.* New York: Van Nostrand (2. Edition ed.), 216-244.

Fry, C. L. (1996), Age, aging, and culture. In: Binstock, R. H.; George, L. K. (Eds.), *Handbook of Aging and the Social Sciences.* San Diego, CA: Academic Press, 117-136.

Fry, C. L. (1999), Anthropological theories of age and aging. In: Bengtson, V. L.; Schaie, K. W. (Eds.), *Handbook of Theories of Aging.* New York: Springer Publishing Company, 271-286.

Fry, C. L. (2001), Cross-cultural research. In: Maddox, G. L. (Ed.), *Encyclopedia of Aging.* (Vol.1) New York: Springer (3. ed.), 263-266.

Fry, C. L.; Dickerson-Putman, J.; Draper, P.; Ikels, C.; Keith, J.; Glascock, A. P.; Harpending, H. C. (1997), Culture and the meaning of a good old age. In: Sokolovsky, J. (Ed.), *The Cultural Context of Aging. Worldwide Perspectives.* Westport, CT: Bergin and Garvey, 99-123.

Gamliel, T. (2001), A social version of gerotranscendence: Case study. *Journal of Aging and Identity*, 6/2: 105-114.

Gamson, W. A. (2002), How storytelling can be empowering. In: Cerulo, K. A. (Ed.), *Culture in Mind. Toward a Sociology of Culture and Cognition.* New York: Routledge, 187-198.

Gäng, P. (1991), Sich seiner selbst erinnern. Androgyne Weisheit im tantrischen Buddhismus. In: Assmann, A. (Hg.), *Weisheit: Archäologie der literarischen Kommunikation III.* München: Fink, 289-305.

Gardner, H. (1993), *Multiple Intelligences: The Theory in Practice.* New York: Basic Books.

Gardner, H. (1999), *Intelligence Reframed: Multiple Intelligences for the 21st Century.* New York: Basic Books.

Gardner, H. (2000), A case against spiritual intelligence. *The International Journal for the Psychology of Religion,* 10/1: 27-34.

Garro, L. C.; Mattingly, C. (2000a), Narrative as construct and construction. In: Mattingly, C.; Garro, L. C. (Eds.), *Narrative and the Cultural Construction of Illness and Healing.* Berkeley: Universtiy of California Press, 1-49.

Garro, L. C.; Mattingly, C. (2000b), Narrative turns. In: Mattingly, C.; Garro, L. C. (Eds.), *Narrative and the Cultural Construction of Illness and Healing.* Berkeley: Universtiy of California Press, 259-269.

Gergen, K. J. (1991*), The Saturated Self: Dilemmas of Identity in Contemporary Life.* New York: Greenwood.

Glück, J.; Bluck, S. (2003), Jedes Alter hat seine Weisheit. Weisheit zeigt sich in allen Lebensphasen – wenn auch in unterschiedlichen Situationen und in jeweils alterstypischen Gewändern. *Psychologie Heute*, 30/4: 36-39.

Grant, B. (2003), On improving the world: The value(s) of WICS. *High Ability Studies*, 14/2: 145-146.

Greenwald, D. F.; Harder, D. W. (2003), The dimensions of spirituality. *Psychological Reports*, 92/3: 975-980.
Grimm, R. (2003), Narrative therapy with older adults. In: Ronch, J. L.; Goldfield, J. A. (Eds.), *Mental Wellness in Aging: Strengths-Based Approaches.* Baltimore: Health Professions Press, 237-271.
Gross, J. J. (1998a), The emerging field of emotion regulation: An integrated review. *Review of General Psychology*, 2/3: 271-299.
Gross, J. J. (1998b), Antecedent- and response-focused emotion regulation: Divergent consequences for experience, expression, and physiology. *Journal of Personality and Social Psychology*, 74/1: 224-237.
Gross, J. J. (1999a), Emotion and emotion regulation. In: Pervin, L. A.; John, O. P. (Eds.), *Handbook of Personality. Theory and Research.* New York: Guilford, 525-552.
Gross, J. J. (1999b), Emotion regulation: Past, present, future. *Cognition & Emotion*, 13/5: 551-573.
Gross, J. J. (2001), Emotion regulation in adulthood: Timing is everything. *Current Directions in Psychological Science*, 10/6: 214-219.
Gross, J. J. (2002), Emotion regulation: Affective, cognitive, and social consequences. *Psychophysiology*, 39/3: 281-291.
Gross, J. J.; John, O. P. (2002), Wise emotion regulation. In: Barrett, L. F.; Salovey, P. (Eds.), *The Wisdom in Feeling: Psychological Processes in Emotional Intelligence. Emotions and Social Behavior*. New York: Guilford Press, 297-319.
Gross, J. J.; John, O. P. (2003), Individual differences in two emotion regulation processes: Implications for affect, relationships, and well-being. *Journal of Personality and Social Psychology,* 85/2: 348-362.
Gross, J. J.; Levenson, R. (1997), Hiding feelings: The acute effects of inhibiting negative and positive emotion. *The Journal of Abnormal Psychology*, 106/1: 95-103.
Gross, J. J.; Munoz, R. F. (1995), Emotion regulation and mental health. *Clinical Psychology: Science & Practice*, 2/2: 151-164.
Gubrium, J. F. (2001), Narrative, experience, and aging. In: Kenyon, G. M.; Clark, P. G.; de Vries, B. (Eds.), *Narrative Gerontology: Theory, Research, and Practice.* New York: Springer, 19-30.
Gubrium, J. F.; Holstein, J. A. (1998), Narrative practice and the coherence of personal stories. *Sociological Quarterly*, 39/1: 163-187.
Guggenbühl-Craig, A. (1986), *Die närrischen Alten: Betrachtungen über moderne Mythen.* Zürich: Schweizer Spiegel Verlag.
Guterman, J. T.; Rudes, J. (2005), A narrative approach to strategic eclecticism. *Journal of Mental Health Counseling*, 27/1: 1-12.
Haight, B. K.; Webster, J. D. (1995), *The Art and Science of Reminiscing. Theory, Research, Methods and Applications.* Washington: Taylor & Francis.
Hall, S. (1992), The question of cultural identity. In: Hall, S.; Held, D.; McGrew, T. (Eds.), *Modernity and Its Futures.* Cambridge: Polity Press, 273-325.
Hamutyinei, M. A.; Plangger, A. B. (1987), *Tsumo-Shumo: Shona Proverbial Lore and Wisdom* Gweru: Mambo Press (Rev. 2. Ed. ed.).
Hanaoka, H.; Okamura, H. (2004), Study on effects of life review activities on the quality of life of the elderly: A randomized controlled trial. *Psychotherapy and Psychosomatics*, 73/5: 302-311.
Hanna, F. J.; Bemak, F.; Chung, R. C. (1999), Toward a new paradigma for multicultural counseling. *Journal of Counseling & Development*, 77/2: 125-134.
Hanna, F. J.; Bemak, F.; Chung, R. C. (2000), Weisheit – ein "neues" Paradigma für die multikulturelle Beratung. In: Heimannsberg, B.; Schmidt-Lellek, C. J. (Eds.), *Interkulturelle Beratung und Mediation.* Köln: Ed. Humanistische Psychologie, 43-66.

Hanna, F. J.; Ottens, A. J. (1995), The role of wisdom in psychotherapy. *Journal of Psychotherapy Integration*, 5/3: 195-219.
Hardy, B. (1968), Toward a poetics of fiction. *Novel*, 2: 5-14.
Harris, A.; Carney, S.; Fine, M. (2001), Counter work: Introduction to "Under the Covers: Theorising the politics of counter stories". *Critical Psychology: The International Journal of Critical Psychology*, 1/4: 6-18.
Harvey, J. H.; Pauwels, B. G. (2003), The ironies of positive psychology. *Psychological Inquiry*, 14/2: 125-128.
Hauge, S. (1998), An analysis and critique of the theory of gerotranscendence: Essay in nursing science. *Internet http://www-bib.hive.no/tekster/hveskrift/notat/1998-3/index html*
Heller, K. A. (2003), WICS – A prototype of synthetic approaches of giftedness in the new century? *High Ability Studies*, 14/2: 147-148.
Helson, R.; Srivastava, S. (2001), Three paths of adult development: Conservers, seekers, and achievers. *Journal of Personality and Social Psychology*, 80/6: 995-1010.
Helson, R.; Wink, P. (1987), Two conceptions of maturity examined in the findings of a longitudinal study. *Journal of Personality and Social Psychology*, 53: 531-541.
Henry, J. (2003), Postive organisations. *The Psychologist*, 16/3: 138-139.
Hermans, H. J. M. (2003), The construction and reconstruction of a dialogical self. *Journal of Constructivist Psychology*, 16/2: 89-130.
Herrero, J.; Sánchez de Lozada, F. (1983), *Diccionario Quechua-Español. Estructura Semantica del Quechua Cochabambino Contemporaneo.* Sucre/Bolivia: Talleres Gráficos "Qori Llama".
Herrero, J.; Sánchez de Lozada, F. (1984), *Diccionario Español-Quechua. Estructura Semantica del Quechua Cochabambino Contemporaneo.* Sucre/Bolivia: Talleres Gráficos "Qori Llama".
Hill, J. (2003), Bleak future or new dawn? *The Psychologist*, 16/3: 137-138.
Hill, P. C.; Pargament, K. I. (2003), Advances in the conceptualization and measurement of religion and spirituality: Implications for physical and mental health research. *American Psychologist*, 58/1: 64-74.
Hoare, C. H. (2000a), Ethical self, spiritual self: Wisdom and integrity in the writings of Erik H. Erikson. In: Miller, M. E.; Cook-Greuter, S. R. (Eds.), *Creativity, Spirituality, and Transcendence: Paths to Integrity and Wisdom in the Mature Self.* Stamford, CT: Ablex, 75-98.
Hoare, C. H. (2000b), Morality, ethics, spirituality, and prejudice in the writings of Erik. H. Erikson. In: Miller, M. E.; West, A. N. (Eds.), *Spirituality, Ethics and Relationship in Adulthood: Clinical and Theoretical Explorations*. Madison/CT: Psychosocial Press, 31-56.
Hoare, C. H. (2002), *Erikson on Development in Adulthood. New Insights from the Unpublished Papers*. Oxford: Oxford University Press.
Hofmann, H.; Stiksrud, A. (Eds.) (2004), *Dem Leben Gestalt geben. Erik H. Erikson aus interdisziplinärer Sicht.* Wien: Krammer.
Hofstede, G. H. (1979), Value systems in forty countries. Interpretation, validation, and consequences for theory. In: Eckensberger, L. H.; Lonner, W. J.; Poortinga, Y. H. (Eds.), *Cross-Cultural Contributions to Psychology.* Lisse/Netherlands: Swets and Zeitlinger, 389-407.
Hofstede, G. H. (1982), Dimensions of national cultures. In: Rath, R.; Asthana, H. S.; Shina, D.; Shina, J. B. H. (Eds.), *Diversity und Unity in Cross-Cultural Psychology.* Lisse/Netherlands: Swets and Zeitlinger, 173-187.
Hofstede, G. H. (1983), Dimensions of national cultures in fifty countries and three regions. In: Deregowski, J. B.; Dziurawiec, S.; Annis, R. C. (Eds.), *Expiscations in Cross-cultural Psychology.* Lisse/Netherlands: Swets and Zeitlinger, 335-355.

Hofstede, G. H. (1990), *Culture's Consequences. International Differences in Work-Related Values.* Newbury Park/California: Sage Publications (6. ed.).
Hofstede, G. H. (1993), *Interkulturelle Zusammenarbeit. Kulturen – Organisationen – Management.* Wiesbaden: Gabler Verlag.
Hofstede, G. H. (1997), *Cultures and Organizations. Software of the Mind. Intercultural Cooperation and its importance for survival.* New York/London: McGraw Hill.
Hofstede, G. H. (Ed.) (1998), *Masculinity and Femininity: The Taboo Dimension of National Cultures.* (Cross-Cultural Psychology Series; 3) London: Sage Publications.
Hofstede, G. H.; Bond, M. Harris (1984), Hofstede's culture dimensions. An independant validation using Rokeach's Value Survey. *Journal of Cross-Cultural Psychology*, 15/4: 417-433.
Hofstede, G. H.; Peterson, M. F. (2000), Culture: National values and organizational practices. In: Ashkanasy, N. M.; Wilderom, C. P. M.; Peterson, M. F. (Eds.), *The Handbook of Organizational Culture and Climate.* Thousand Oaks: Sage Publications, 401-415.
Hofstede, G. H.; Soeters, J. (2002), Consensus societies with their own character: National cultures in Japan and the Netherlands. *Comparative Sociology*, 1/1: 1-16.
Hofstede, G.; McCrae, R. R. (2004), Personality and culture revisited: Linking traits and dimensions of culture. *Cross-Cultural Research* , 38/1: 52-88.
Holliday, S. G.; Chandler, M. J. (1986), *Wisdom: Explorations in Adult Competence* (Contributions to Human Development, Vol. 17) Basel: Karger.
Holstein, J. A., Gubrium, J. F. (2000), *The Self We Live By: Narrative Identity in a Postmodern World.* New York/NY: Oxford University Press.
Huang, B-H. (1999), *Exploring Oriental Wisdom: Self-Transcendence and Psychological Well-Being of Adulthood in Taiwan.* (Dissertation) Ann Arbor: University Microfilms International.
Huber, A. (1998), Die Weisheit der Träume. *Psychologie Heute*, 25/10: 20-23.
Ikels, C.; Beall, C. M. (2001), Age, aging, and anthropology. In: Binstock, R. H.; George, L. K. (Eds.), *Handbook of Aging and the Social Sciences.* San Diego, CA: Academic Press (5. ed.), 125-140.
Irvine, S. H. (1969), Culture and mental ability. *New Scientist*, 42: 230-231.
Jason, L. A.; Reichler, A.; King, C. et al. (2001), The measurement of wisdom: A preliminary effort. *Journal of Community Psychology*, 29/5: 585-598.
John, O. P.; Gross, J. H. (2004), Healthy and unhealthy emotion regulation: personality processes, individual differences, and life span development. *Journal of Personality*, 72/6: 1301-1333.
Jones, W. P. (1984), Aging as a spiritualizing process. *Journal of Religion and Aging*, 1/1: 3-16.
Jönson, H.; Magnusson, J. A. (2001), A new age of old age? Gerotranscendence and the re-enchantment of aging. *Journal of Aging Studies*, 15/4: 317-331.
Josselson, R. (Ed.) (1996), *Ethics and Process in the Narrative Study of Lives*. (The Narrative Study of Lives series, 4) London: Sage Publications.
Josselson, R.; Lieblich, A. (Eds.) (1993), *The Narrative Study of Lives*. (The Narrative Study of Lives series, 1) London: Sage Publications.
Josselson, R.; Lieblich, A. (Eds.) (1995), *Interpreting Experience*. (The Narrative Study of Lives series, 3) London: Sage Publications.
Josselson, R.; Lieblich, A. (Eds.) (1999), *Making Meaning of Narratives*. (The Narrative Study of Lives series, 6) London: Sage Publications.
Katz, B.; Juni, S.; Shope, C.; Tang, L. (1993), The values of Chinese students: At home and abroad. *International Journal of Psychology*, 28/6: 761-773.
Katz, S. (2000), Busy Bodies: Activity, aging, and the management of everyday life. *Journal of Aging Studies*, 14/2: 135-152.

Kaufman, J. C.; Baer, J. (2003), Do we really want to avoid Denny's? The perils of defying the crowd. *High Ability Studies*, 14/2: 149-150.
Keith, J.; Fry, C. L.; Glascock, A. P.; Ikels, C.; Dickerson-Putman, J.; Harpending, H. C.; Draper, P. (1994), *The Aging Experience. Diversity and Commonality across Cultures.* Thousand Oaks, CA: Sage.
Kenyon, G. M. (2002), Guided autobiography: In search of ordinary wisdom. In: Rowles, G. D.; Schoenberg, N. E. (Eds.), Qualitative Gerontology. A Contemporary Perspective. New York: Springer (2. Edition), 37-50.
Kenyon, G. M.; Clark, P. G.; de Vries, B. (Eds.) (2001), *Narrative Gerontology: Theory, Research, and Practice.* New York: Springer.
Kenyon, G. M.; Randall, W. L. (Eds.) (1997), *Restorying our Lives. Personal Growth through Autobiographical Reflection.* Westport, CT: Praeger.
Kenyon, G. M.; Randall, W. L. (1999), Introduction: Narrative gerontology. *Journal of Aging Studies*, 13/1: 1-5.
Kenyon, G. M.; Randall, W. L. (2001), Narrative gerontology: An overview. In: Kenyon, G. M.; Clark, P. G.; de Vries, B. (Eds.), *Narrative Gerontology: Theory, Research, and Practice.* New York: Springer, 3-18.
Kenyon, G. M.; Ruth, J.-E.; Mader, W. (1999), Elements of a narrative gerontology. In: Bengtson, V. L.; Schaie, K. W. (Eds.), *Handbook of Theories of Aging.* New York: Springer Publishing Company, 40-58.
Kestenbaum, C. J. (2003), Memory, narrative and the search for identity in psychoanalytic psychotherapy: A second chance. *Journal of the American Academy of Psychoanalysis and Dynamic Psychiatry*, 31/4: 647-661.
Keyes, C. L. M.; Haidt, J. (Eds.) (2003), *Flourishing. Positive Psychology and the Life Well-Lived.* Washington, DC: American Psychological Association.
Kimble, M. A.; McFadden, S. H. (Eds.) (2003), *Aging, Spirituality, and Religion. A Handbook.* (Vol. 2) Minneapolis, MN: Fortress Press.
Kimble, M. A.; McFadden, S. H.; Ellor, J. W.; Seeber, J. J. (Eds.) (1995), *Aging, Spirituality, and Religion. A Handbook.* (Vol. 1) Minneapolis, MN: Fortress Press.
Kincheloe, J. L. (Ed.) (2004), *Multiple Intelligences Reconsidered.* New York: Peter Lang.
King, L. A. (2003), Some truths behind the trombones. *Psychological Inquiry*, 14/2: 128-131.
Kirmayer, L. J. (2000), Broken narratives: Clinical encounters and the poetics of illness experience. In: Mattingly, C.; Garro, L. C. (Eds.), *Narrative and the Cultural Construction of Illness and Healing.* Berkeley: Universtiy of California Press, 153-180.
Kitchener, K. S.; Lynch, C. I.; Fischer, K. W.; Wood, P. K. (1993), Developmental range of reflective judgment: The effect of contextual support and practice on developmental stage. *Developmental Psychology*, 29: 893-906.
Kitchener, R. S.; Brenner, H. G. (1990), Wisdom and reflective judgement: Knowing in the face of uncertainty. In: Sternberg, R. J. (Ed.), *Wisdom: Its Nature, Origins, and Development.* New York: Cambridge University Press, 212-229.
Kohlberg, L. (1973), Stages and aging in moral development: Some speculations. *The Gerontologist*, 13/4: 497-502.
Koro-Ljungberg, M. (2003), A conceptual critique of Sternberg's WICS model. *High Ability Studies*, 14/2: 151-152.
Koslowski, P. (1989), Die Postmodernität der Weisheitstradition, In: Oelmüller, W, (Hg.), *Philosophie und Weisheit,* Paderborn: Schoeningh, 97-108.
Kramer, D. A. (1990), Conceptualizing wisdom: The primacy of affect-cognition relations In: Sternberg, R. J. (Ed.), *Wisdom: Its Nature, Origins, and Development.* Cambridge: Cambridge University Press, 279-313.
Kramer, D. A. (2000), Wisdom as a classical source of human strength: Conceptualisation and empirical inquiry. *Journal of Social & Clinical Psychology*, 19/1: 82-101.

Kramer, D. A. (2003), The ontogeny of wisdom in its variations. In: Demick, J.; Andreoletti, C. (Eds.), *Handbook of Adult Development.* New York: Kluwer Academic, 131-151.
Kramer, D. A. (2003), The ontogeny of wisdom in its variations. In: Demick, J.; Andreoletti, C. (Eds.), *Handbook of Adult Development.* New York: Kluwer Academic, 131-151.
Kramer, F. W. (1991), Die weise Spinne. Zur Vewandlung des Tricksters in der Tradition der Oglala. In: Assmann, A. (Ed.), *Weisheit: Archäologie der literarischen Kommunikation III.* München: Fink, 465-474.

Kraus, W. (1996), *Das erzählte Selbst. Die narrative Konstruktion von Identität in der Spätmoderne.* Pfaffenweiler: Centaurus.

Krauthauser, H.; Bassler, M., Potratz, B. (1994), A new approach to the identification of cognitive conflicts in the repertory grid: A nomothetic study. *Journal of Constructivist Psychology*, 7/4: 283-299.

Krings, H. (1989), Sapientis est ordinare. In: Oelmüller, W. (Hg.), *Philosophie und Weisheit.* Paderborn: Schoeningh, 161-167.

Kuhl, J. (1986), Aging and models of control: The hidden costs of wisdom. In: Baltes., M. M.; Baltes, P. B. (Eds.), *The Psychology of Control and Aging.* Hillsdale: Erlbaum, 1-33.

Kunzmann, U.; Baltes, P. B. (2003a), Beyond the traditional scope of intelligence: Wisdom in action. In: Sternberg, R. J., Lautrey, J.; Lubart, T. I. (Eds.), *Models of Intelligence. International Perspectives.* Washington: American Psychological Association, 329-343.

Kunzmann, U.; Baltes, P. B. (2003b), Wisdom-related knowledge: Affective, motivational, and interpersonal correlates. *Personality and Social Psychology Bulletin*, 29/9: 1104-1119.

Kutter, P. (1994), *Liebe, Haß, Neid, Eifersucht. Eine Psychoanalyse der Leidenschaften.* (Transparent – Die Taschenbuchreihe aus Psychologie und Theologie; Bd. 13) Göttingen: Vandenhoeck & Ruprecht.

Kuypers, J. A.; Bengtson, V. L. (1973), Social breakdown and competence: A model of normal aging. *Human Development*, 16: 181-201.

Kwilecki, S. (2000), Spiritual intelligence as a theory of individual religion: A case application. *The International Journal for the Psychology of Religion,* 10/1: 35-46.

Kwon, Y. (1995), *Wisdom in Korean Families: Its Development, Correlates, And Consecuences for Life Adaptation.* (Dissertation) Ann Arbor: University Microfilms International.

Labouvie-Vief, G. (1980), Adaptive dimensions of adult cognition. In: Datan, N.; Lohmman, N. (Eds.), *Transitions of Aging.* New York: Academic Press, 3-26.

Labouvie-Vief, G. (1982), Dynamic development and mature autonomy: A theoretical prologue. *Human Development*, 25: 161-191.

Labouvie-Vief, G. (2003), Without gender, without self. In: Staudinger, U. M.; Lindenberger, U. (Eds.), *Understanding Human Development. Dialogues with Lifespan Psychology.* Dordrecht: Kluwer Academic Publishers, 401-412.

Ladrón De Guevara de Cuadros, L. (1998), *Diccionario Quechua. Inglés, Quechua, Español – Español, Quechua, Inglés – Quechua, Inglés, Español.* Lima: Editorial Brasa.

Langenkamp, T. (1998), *Wissenssoziologische Aspekte weisheitlichen Denkens.* Bonn: Universität Bonn, Dissertation.

Langer, L. L. (2003), The pursuit of death in holocaust narrative. In: Fireman, G. D.; McVay Jr., T. E.; Flanagan, O. J. (Eds.), *Narrative and Consciousness. Literature, Psychology, and the Brain.* London: Oxford University Press, 149-165.

Lara, J. (1972/1991), *Diccionario Qheshwa-Castellano, Castellano-Qheshwa.* (1. Aufl. 1972, 2. Aufl. 1991) Cochabamba/La Paz: Editorial "Los Amigos del Libro".

Larsen, R. J.; Prizmic, Z. (2004), Affect regulation. In: Baumeister, R. F.; Vohs, K. D. (Eds.), *Handbook of Self-Regulation. Research, Theory, and Applications.* New York: Guilford Press, 40-61.
Lash, C. (1984), *The Minimal Self: Psychic Survival in Troubled Times*. New York: Norton.
Lau, S. (1988), The value orientations of Chinese university students in Hong Kong. *International Journal of Psychology*, 23/5: 583-596.
Lau, S. (1992), Collectivism's individualism: Value preference, personal control, and the desire for freedom among Chinese in Mainland China, Hong Kong, and Singapore. *Personality and Individual Differences*, 13/3: 361-366.
Lazarus, R. S. (2003a), Does the positive psychology movement have legs? *Psychological Inquiry*, 14/2: 93-109.
Lazarus, R. S. (2003b), The Lazarus manifesto for positive psychology and psychology in general. (author's response). *Psychological Inquiry*, 14/2: 173-189.
Lee, K. C. (1991), The problem of appropriateness of the Rokeach Value Survey in Korea. *International Journal of Psychology*, 26/3: 299-310.
Lee, R. L. M. (2003), The re-enchantment of the self: Western spirituality, Asian materialism. *Journal of Contemporary Religion*, 18/3: 351-367.
Lee, R. L. M.; Ackerman, S. E. (2002), *The Challenge of Religion after Modernity. Beyond Disenchantment.* Aldershot: Ashgate.
Levin, J. S. (1997), Religious research in Gerontology, 1980-1994: A systematic review. *Journal of Religous Gerontology*, 10/3: 3-31.
Levitt, H. M. (1999), The development of wisdom: An analysis of Tibetan Buddhist experience. *Journal of Humanistic Psychology*, 39: 86-105.
Lieblich, A.; Josselson, R. (Eds.) (1994), *Exploring Identity and Gender*. (The Narrative Study of Lives series, 2) London: Sage Publications.
Lieblich, A.; Josselson, R. (Eds.) (1997), *The Narrative Study of Lives*. (The Narrative Study of Lives series, 5) London: Sage Publications.
Lieblich, A.; McAdams, D. P.; Josselson, R. (2004), *Healing Plots. The Narrative Basis of Psychotherapy. The Narrative Study of Lives.* Washington, DC: American Psychological Association.
Linde, C. (1993), *Life Stories. The Creation of Coherence.* New York: Oxford University Press.
Lindquist, J. T. (1996), *Personality Traits and Dimensions of Spirituality: A Study of Midlife Males.* (Dissertation) Ann Arbor: University Microfilms International.
Linley, P. A.; Joseph, S. (2003a), Putting it into practice. *The Psychologist*, 16/3: 143.
Linley, P. A.; Joseph, S. (2003b), Trauma and personal growth. *The Psychologist*, 16/3: 135.
Linley, P. A.; Joseph, S. (Eds.) (2004), *Positive Psychology in Practice.* Hoboken, NJ: Wiley & Sons.
Lopez, S. J.; Snyder, C. R. (Eds.) (2003), *Positive Psychological Assessment: A Handbook of Models and Measures.* Washington: American Psychological Association.
Lu, I-H. (2001), Older adults' wisdom on a "life-planning task": Characteristics and relation to life experiences. *Japanese Journal of Educational Psychology*, 49/2: 198-208.
Lucca D., M. de (1987), *Diccionario Practico Aymara-Castellano, Castellano-Aymara.* Cochabamba/La Paz: Editorial "Los Amigos del Libro".
Luhrmann, T.M. (2001), Identity in anthropology. In: Smelser, N. J.; Baltes, P. B. (Eds.), *International Encyclopedia of the Social & Behavioral Sciences.* (Vol. 11) Amsterdam: Elsevier, 7154-7159.
Lutz, C. A. (1980), *Emotion Words and Emotional Development on Ifaluk Atoll.* (PH.D.-Thesis) Cambridge/MA: Harvard University.

Lutz, C. A. (1985), Ethnopsychology compared to what? Explaining behavior and consciousness among the Ifaluk. In: White, G.; Kirkpatrick, J. (Eds.), *Person, Self, and Experience. Exploring Pacific Ethnopsychologies.* Berkely: University of California Press, 35-79.
Lutz, C. A. (1986), Emotion, thought, and estrangement: Emotion as a cultural category. *Cultural Anthropology – Journal of the Society for Cultural Anthropology*, 1/3: 287-309.
Lutz, C. A. (1988a), *Unnatural Emotions. Everyday Sentiments on a Micronesian Atoll and Their Challenge to Western Theory.* Chicago: University of Chicago Press.
Lutz, C. A. (1988b), The domain of emotion words on Ifaluk. In: Harré, R. (Ed.), *The Social Construction of Emotions.* Oxford/New York: Basil Blackwell Ltd, 267-288.
Lyster, T. L. (1996), *A Nomination Approach to the Study of Wisdom in Old Age.* (Dissertation) Ann Arbor: University Microfilms International.
Lyubomirsky, S.; Abbe, A. (2003), Positive psychology's legs. *Psychological Inquiry*, 14/2: 132-136.
MacDonald, D. A. (2000a), Spirituality: Description, measurement, and relation to the five factor model of personality. *Journal of Personality*, 68/1: 153-197.
MacDonald, D. A. (2000b), The expressions of spirituality inventory: Test development, validation and scoring information. Manuskript,.
MacHovec, F. (2002), *Spiritual Intelligence, Behavioral Sciences, and the Humanities.* Lewiston, NY: Mellen Press.
Maercker, A.; Böhmig-Krumhaar, S. A.; Staudinger, U. M. (1998), Existentielle Konfrontation als Zugang zu weisheitsbezogenem Wissen und Urteilen: Eine Untersuchung von Weisheitsnominierten. *Zeitschrift für Entwicklungspsychologie und Pädagogische Psychologie*, 30: 2-12.
Maercker, A.; Zöllner, T. (2002), Life-Review-Therapie als spezifische Form der Behandlung posttraumatischer Belastungsstörungen im Alter. *Verhaltenstherapie & Verhaltensmedizin*, 23/2: 213-225.
Manheimer, R. J. (1989), The narrative quest in qualitative gerontology. *Journal of Aging Studies*, 3/3: 231-252.
Manheimer, R. J. (1992a), In search of the gerontological self. *Journal of Aging Studies*, 6/4: 319-332.
Manheimer, R. J. (1992b), Wisdom and method: Philosophical contributions to gerontology. In: Cole, T. R.; Tassel, D. D. van; Kastenbaum, R. (Eds.), *Handbook of the Humanities and Aging.* New York: Springer Publishing Co., 426-440.
Markham, C. R. (1864/1972), *Contributions towards a Grammar and Dictionary of Quichua, the Language of the Incas of Peru.* Osnabrück: Biblio Verlag 1972 (Reimpresión de la edición de 1864).
Marquard, O. (1986), Zeitalter der Weltfremdheit? Beitrag zur Analyse der Gegenwart. *Apologie des Zufälligen: Philosophische Studien (Stuttgart, Reclam)*,: 76-97.
Marts, W. (2000), *Imagintelligence. Beyond Emotional Intelligence.* Hermitage, TN: Imagination Institute.
Maslow, A. H. (1943), A theory of human motivation. *Psychological Review*, 50: 370-396.
Maslow, A. H. (1955), Deficiency motivation and growth motivation. In: Jones, M. R. (Ed.), *Nebraska Symposium on Motivation* Lincoln: University of Nebraska Press, 1-30.
Maslow, A. H. (1973a), A theory of human motivation. In: Lowry, R. J. (Ed.), *Dominance, Self-Esteem, Self-Actualization: Germinal Papers of A. H. Maslow* Monterey, CA: Brooks/Cole, 151-173.

Maslow, A. H. (1973b), Self-Actualizing people: A study of psychological health. In: Lowry, R. J. (Ed.), *Dominance, Self-Esteem, Self-Actualization: Germinal Papers of A. H. Maslow* Monterey, CA: Brooks/Cole, 175-201.

Mateas, M.; Sengers, P. (Eds.) (2003), *Narrative Intelligence. Advances in Consciousness Research.* Amsterdam: John Benjamins Publishing Company.

Matthews, G.; Zeidner, M. (2003), Negative appraisals of positive psychology: A mixed-valence endorsement of Lazarus. *Psychological Inquiry*, 14/2: 137-143.

Mattingly, C. (1994), The concept of therapeutic 'emplotment'. *Social Science and Medicine*, 38/6: 811-822.

Mattingly, C. (1998a), *Healing Dramas and Clinical Plots. The Narrative Structure of Experience.* Cambridge: Cambridge University Press.

Mattingly, C. (1998b), In search of the good: Narrative reasoning in clinical practice. *Medical Anthropology Quarterly*, 12/3: 273-297.

Mattingly, C. (2000), Emergent narratives. In: Mattingly, C.; Garro, L. C. (Eds.), *Narrative and the Cultural Construction of Illness and Healing.* Berkeley/CA: Universtiy of California Press, 181-211.

Mattingly, C.; Garro, L. C. (Eds.) (2000), *Narrative and the Cultural Construction of Illness and Healing.* Berkeley/CA: Universtiy of California Press.

Mayer, J. D. (2000), Spiritual intelligence or spiritual consciousness? *The International Journal for the Psychology of Religion,* 10/1: 47-56.

Mayring, P. (1992), Gerontologie und Pädagogik. In: Möller, B. (Ed.), *Logik der Pädagogik.* Oldenburg: Bibliotheks- und Informationsssystem, 237-253.

Mayton, D. M.II.; Sangster, R. L. (1992), Cross-cultural comparison of values and nuclear war attitudes. *Journal of Cross-Cultural Psychology*, 23/3: 340-352.

McAdams, D. (1993), The Stories *We Live By: Personal Myths and the Making of the Self.* New York: William Morrow.

McAdams, D. (1997), The case for unity in the (post)modern self. In: Ashmore, R. D.; Jussim, L. (Eds.), *Self and Identity: Fundamental Issues*. New York: Oxford University Press, 46-78.

McAdams, D. P.; Josselson, R.; Lieblich, A. (Eds.) (2001), *Turns in the Road. Narrative Studies of Lives in Transition.* Washington, D.C.: American Psychological Association.

McCormick, D. J. (2004), Galton on spirituality, religion, and health. *American Psychologist*, 59/1: 52.

McFadden, S. H. (1999), Surprised by joy and burdened by age: The journal and letters of John Casteel. In: Thomas, L. E.; Eisenhandler, S. A. (Eds.), *Religion, Belief and Spirituality in Late Life.* New York: Springer, 137-149.

McKenna, J. J. (2000), On being at both center and circumference: The role of personal discipline and collective wisdom in the recovery of the soul. In: Miller, M. E.; West, A. N. (Eds.), *Spirituality, Ethics and Relationship in Adulthood: Clinical and Theoretical Explorations*. Madison/CT: Psychosocial Press, 257-282.

McLeod, J. (1996), The emerging narrative approach to counselling and psychotherapy. *British Journal of Guidance and Counselling*, 24/2: 173-184.

McLeod, J. (1997), *Narrative and Psychotherapy.* London: Sage Publications.

Meacham, J. A. (1983), Wisdom and the context of knowledge: Knowing what one doesn't know. In: Kuhn, D.; Meacham, J. A. (Eds.), *On the Development of Developmental Psychology.* Basel: Karger, 111-134.

Meacham, J. A. (1990), The loss of wisdom. In: Sternberg, R. J. (Ed.), *Wisdom: Its Nature, Origins, and Development.* Cambridge & New York: Cambridge University Press, 181-212.

Melia, S. P. (2001), Solitude and prayer in the late lives of elder catholic women religious: Activity, withdrawal, or transcendence? *Journal of Religious Gerontology*, 13/1: 47-63.

Merriam, S. B. (1993), The uses of reminiscence in older adulthood. *Educational Gerontology,* 19: 441-450.

Meuter, N. (1995), *Narrative Identität. Das Problem der personalen Identität im Anschluss an Ernst Tugendhat, Niklas Luhmann und Paul Ricoeur.* Stuttgart: M und P, Verlag für Wissenschaft und Forschung.

Middendorf, E. W. (1890), *Wörterbuch des Runa Simi oder der Keshua-Sprache.* (Die einheimischen Sprachen Perus, Band 2) Leipzig: Brockhaus.

Miller, J.G. (2001), Culture and the self (implications for psychological theory): Cultural concerns. In: Smelser, N. J.; Baltes, P. B. (Eds.), *International Encyclopedia of the Social & Behavioral Sciences*. (Vol. 5) Amsterdam: Elsevier, 3139-3143.

Miller, W. R.; Thoresen, C. E. (2003), Spirituality, religion, and health: An emerging research field. *American Psychologist*, 58/1: 24-35.

Mills, J. (2003), A phnomenology of becoming. Reflections on authenticity. In: Frie, R. (Eds.), *Understanding Experience. Psychotherapy and Postmodernism.* London: Brunner-Routledge, 116-136.

Minami, M. (2000), The relationship between narrative identity and culture. *Narrative Inquiry*, 10/1: 75-80.

Misra, G.; Suvasini, C.; Srivastava, A. K. (2000), Psychology of wisdom: Western and Eastern perspectives. *Journal of Indian Psychology*, 18/1-2: 1-32.

Moberg, D. J. (2001), Managerial wisdom. In: Dienhart, J.; Moberg, D.; Duska, R. (Eds.), *The Next Phase of Business Ethics: Integrating Psychology and Ethics.* Ukraine: Elsevier Science/JAI Press, 377-396.

Moody, H. R. (1976), Philosophical presuppositions of education for our age. *Educational Gerontology*, 1: 1-16.

Moody, H. R. (1986), The meaning of life and the meaning of old age. In: Cole, T. R.; Gadow, S. A. (Eds.), *What Does It Mean To Grow Old*? Durham, NC: Duke University Press, 11-40.

Moody, H. R. (1988), *Abundance of Life, Human Development Policies for an Aging Society.* New York: Columbia University Press.

Moody, H. R. (2003), Conscious aging: The future of religion in later life. In: Kimble, M. A.; McFadden, S. H. (Eds.*), Aging, Spirituality, and Religion. A Handbook.* (Vol. 2) Minneapolis, MN: Fortress Press, 422-433.

Moore, M. (1976), A cross-cultural comparison of value systems. *European Journal of Social Psychology*, 6/2: 249-254.

Neimeyer, R. A. (1994), The role of client-generated narratives in psychotherapy. *Journal of Constructivist Psychology*, 7/4: 229-242.

Neimeyer, R. A.; Tschudi, F. (2003), Community and coherence: Narrative contributions to the psychology of conflict and loss. In: Fireman, G. D.; McVay Jr., T. E.; Flanagan, O. J. (Eds.), *Narrative and Consciousness. Literature, Psychology, and the Brain.* London: Oxford University Press, 166-191.

Nelson, K. (2003), Self and social functions: Individual autobiographical memory and collective narrative. *Memory*, 11/2: 125-136.

Nelson-Becker, H. B. (2003), Practical philosophies: Interpretations of religion and spirituality by Africa American and European American elders. *Journal of Religious Gerontology*, 14/2-3: 85-99.

Nisbett, R. E. (2003), *The Geography of Thought. How Asians and Westerners Think Differently... and Why.* New York: The Free Press.

Noam, G. G. (1996), Reconceptualizing maturity: The search for deeper meaning. In: Noam, G. G.; Fischer, K. W. (Eds.), *Development and Vulnerability in Close Relationships.* Mahwah, New York: Lawrence Erlbaum, 135-172.

Noble, K. D. (2000), Spiritual intelligence: A new frame of mind. *Advanced Development: A Journal on Adult Giftedness*, 9: 1-29.
Nuckolls, C. W. (1996), Spiro and Lutz on Ifalk: Towards a synthesis of cultural cognition and depth psychology. *Ethos*, 24/4: 695-717.
Ochs, E.; Capps, L. (1996), Narrating the self. *Annual Review of Anthropology*, 25: 19-43.
Ochsner, K. N.; Gross, J. J. (2004), Thinking makes it so: A social cognitive neuroscience approach to emotion regulation. In: Baumeister, R. F.; Vohs, K. D. (Eds.), *Handbook of Self-regulation: Research, Theory, and Applications.* New York: Guilford Press, 229-255.
Orwoll, L. (1988), *Wisdom in Later Adulthood: Personality and Life History Correlates.* (Unpublished doctoral dissertation) Boston University.
Orwoll, L.; Achenbaum, W. A. (1993), Gender and the development of wisdom. *Human Development*, 36: 274-296.
Orwoll, L.; Perlmutter, M. (1990), The study of wise persons: integrating a personality perspective. In: Sternberg, R. J. (Ed.), *Wisdom: Its Nature, Origins, and Development.* Cambridge & New York: Cambridge University Press, 160-180.
Oswald, A. J. (2003), How much do external factors affect well-being? *The Psychologist*, 16/3: 140-141.
Pargament, K. I. (1999a), The psychology of religion and spirituality? Yes and no. *The International Journal for the Psychology of Religion*, 9/1: 3-16.
Pargament, K. I. (1999b), The psychology of religion and spirituality? Response to Stifoss-Hanssen, Emmons, and Crumpler. *The International Journal for the Psychology of Religion.*, 9/1: 35-43.
Parker, R. G. (1995), Reminiscence: A continuity theory framework. *The Gerontologist*, 35: 515-525.
Pasupathi, M. (2001), The social construction of the personal past and its implications for adult development. *Psychological Bulletin*, 127/5: 651-672.
Pasupathi, M.; Baltes, P. B. (2000), Wisdom. In: Kazdin, A. E. (Ed.), *Encyclopedia of Psychology.* New York: Oxford University Press, 249-253.
Pasupathi, M.; Lucas, S.; Coombs, A. (2002), Conversational functions of autobiographical remembering: Long-married couples talk about conflicts and pleasant topics. *Discourse Processes*, 34/2: 163-192.
Perlmutter, M.; Adams, C.; Nyquist, L.; Kaplan, C. (1988), *Beliefs about Wisdom.* Unpublished data.
Peterson, C.; Park, N. (2003), Positive psychology as the evenhanded positive psychologist views it. *Psychological Inquiry*, 14/2: 143-147.
Peterson, C.; Seligman, M. E. P. (Eds.) (2004), *Character Strengths and Virtues. A Handbook and Classification.* Washington: American Psychological Association.
Petzold, H. G. (1993), *Integrative Therapie. Modelle, Theorien und Methoden für eine schulenübergreifende Psychotherapie. Band 1: Klinische Philosophie. Band 2: Klinische Theorie. Band 3: Klinische Praxeologie.* Paderborn: Junfermann.
Philippot, P.; Feldman, R. S. (Eds.)(2004), *The Regulation of Emotion.* Mahwah, NJ: Erlbaum Associates Publ..
Pieringer, W. (1993), Alter – Zwischen Weisheit und Demenz In: Petzold, E.; Beck, V. (Eds.), *Der alternde Mensch und sein Umfeld* Jena: Universitätsverlag Jena, 89-95.
Pillemer, D. B. (2003), Directive functions of autobiographical memory: The guiding power of the specific episode. *Memory*, 11/2: 193-202.
Polivka, L. (2000), Postmodern aging and the loss of meaning. *Journal of Aging and Identity*, 5/4: 225-235.
Polkinghorne, D. E. (1988), *Narrative Knowing and the Human Sciences*. Albany, NY: SUNY Press.

Polkinghorne, D. (2004), Ricoeur, narrative and personal identitiy. In: Lightfood, C.; Lalonde, C.; Chandler, M. (Eds.), *Changing Conceptions of Psychological Life.* Mahwah, NJ: Erlbaum Associates, 27-48.

Powell, L. H.; Shahabi, L.; Thoresen, C. E. (2003), Religion and spirituality: Linkages to physical health. *American Psychologist*, 58/1: 36-52.

Pratt, M. W.; Diessner, R.; Hunsberger, A.; Pancer, M. S.; Hunsberger, B. (1996), Moral and social reasoning and perspective taking in later life. *Psychology and Aging*, 11: 66-73.

Prince-Gibson, E.; Schwartz, S. H. (1998), Value priorities and gender. *Social Psychology Quarterly*, 61/1: 49-67.

Raes, F.; Marcoen, A. (2001), Gerotranscendendentie in de tweede levenshelft: Een eerste empirische benadering in Vlaanderen. (Gerotranscendence in the second half of life: First empirical investigation in Flanders). *Tijdschrift voor Gerontologie en Geriatrie,* 32/4: 150-159.

Rand, K. L.; Snyder, C. R. (2003), A reply to Dr. Lazarus, the evocator emeritus. *Psychological Inquiry*, 14/2: 148-153.

Randall, W. L. (1995), *The Stories We Are. An Essay on Self-Creation.* Toronto: University of Toronto Press.

Randall, W. L. (1999), Narrative intelligence and the novelty of our lives. *Journal of Aging Studies*, 13/1: 11-28.

Randall, W. L. (2001), Storied worlds: Acquiring a narrative perspective on aging, identity, and everyday life. In: Kenyon, G. M.; Clark, P. G.; de Vries, B. (Eds.), *Narrative Gerontology: Theory, Research, and Practice.* New York: Springer, 31-66.

Randall, W. L.; Kenyon, G. M. (2001), *Ordinary Wisdom: Biographical Aging and the Journey of Life.* Westport CT: Praeger.

Randall, W. L.; Kenyon, G. M. (2002), Reminiscence as reading our lives: Toward a wisdom environment. In: Webster, J. D.; Haight, B. K. (Eds.), *Critical Advances in Reminiscence Work: From Theory to Application.* New York: Springer, 233-253.

Randall, W. L.; Kenyon, G. M. (2004), Time, story and wisdom: Emerging themes in narrative gerontology. *Canadian Journal of Aging*, 23/4: 333-346.

Raskin, J. D. (2002), Constructing the narrative unconscious. *Narrative Inquiry*, 12/1: 225-231.

Reich, K. H. (2000), What characterizes spirituality? A comment on Pargament, Emmons and Crumpler, and Stifoss-Hansen. *The International Journal for the Psychology of Religion.*, 10/2: 125-128.

Richards, J. M.; Gross, J. J. (1999), Composure at any cost? The cognitive consequences of emotion suppression. *Personality & Social Psychology Bulletin,* 25/8: 1033-1044.

Richert, A. J. (2003), Living stories, telling stories, changing stories: Experiential use of the relationship in narrative therapy. *Journal of Psychotherapy Integration*, 13/2: 188-210.

Ricoeur, P. (1991), Life in quest of narrative. In: Wood, D. (Ed.), *On Paul Ricoeur. Narrative and Interpretation.* London: Routledge, 20-33.

Robbins, M. (1994), Wisdom and analytic relatedness. *American Journal of Psychoanalysis*, 54/4: 369-370.

Robbins, M. (1995), More on wisdom and analytic relatedness. *American Journal of Psychoanalysis*, 55/2: 187-188.

Roccas, S.; Sagiv, L.; Schwartz, S. H.; Knafo, A. (2002), The big five personality factors and personal values. *Personality and Social Psychology Bulletin* , 28/6: 789-801.

Roco, M. (2001), Cercetari privind gandirea morala si ierarhia valorilor. *Revista de Psihologie*, 47/3-4: 151-163.

Rösing, I. (1987/1992), *Die Verbannung der Trauer. (Llaki Wij'chuna.) Nächtliche Heilungsrituale in den Hochanden Boliviens.* Mundo Ankari Band 1. Nördlingen: Greno; 1. Aufl. 1987./Frankfurt: Zweitausendeins; 3. Aufl. 1992.

Rösing, I. (1988/1995), *Dreifaltigkeit und Orte der Kraft: Die Weiße Heilung. Nächtliche Heilungsrituale in den Hochanden Boliviens.* Mundo Ankari Band 2, Buch I und Buch II. Nördlingen: Greno; 1. Aufl. 1988./Frankfurt: Zweitausendeins; 3. Aufl. 1995.

Rösing, I. (1990), *Der Blitz: Drohung und Berufung. Glaube und Ritual in den Anden Boliviens.* München: Trickster.

Rösing, I. (1990/1993), *Abwehr und Verderben: Die Schwarze Heilung. Nächtliche Heilungsrituale in den Hochanden Boliviens.* Mundo Ankari Band 3. Frankfurt: Zweitausendeins, 1. Aufl. 1990; 2. Aufl. 1993.

Rösing, I. (1991), *Die Schließung des Kreises. Von der Schwarzen Heilung über Grau zum Weiß. Nächtliche Heilungsrituale in den Hochanden Boliviens.* Mundo Ankari Band 4. Frankfurt: Zweitausendeins.

Rösing, I. (1993), *Rituale zur Rufung des Regens. Zweiter* Ankari-*Zyklus: Kollektivrituale der Kallawaya-Region in den Anden Boliviens.* Mundo Ankari Band 5. Frankfurt: Zweitausendeins.

Rösing, I. (1997), *Jeder Ort – ein heiliger Ort. Religion und Ritual in den Anden.* Zürich: Benziger Verlag.

Rösing, I. (2001a), *Religion, Ritual und Alltag in den Anden. Die zehn Geschlechter von Amarete, Bolivien. Zweiter* Ankari-*Zyklus.* Mundo Ankari Band 6. Berlin: Reimer Verlag.

Rösing, I. (2001b), *Die heidnischen Katholiken und das Vaterunser im Rückwärtsgang. Zum Verhältnis von Christentum und Andenreligion.* Heidelberg: Universitätsverlag C. Winter.

Rösing, I. (2004), *Intelligenz und Dummheit. Wissenschaftliche Konzepte. Alltagskonzepte. Fremdkulturelle Konzepte. Ein Werk- und Denk-Buch.* Heidelberg/Kröning: Asanger Verlag.

Rösing, I. (2006), *Vom Verwundeten Heiler zur Sekundären Traumatisierung.* Heidelberg/Kröning: Asanger Verlag.

Rösing, I.; Apaza, M. et al. (1994), *Zwiesprachen mit Gottheiten von Bergen, Blitzen, Quellen und Seen: Weiße Kallawaya-Gebete.* Ulm: Ulmer Kulturanthropologische Schriften (UKAS), Band 1.

Rösing, I.; Tamayo, G. (1995), *Ulmer Quechua-Lehren I: Aussprache und Orthographie: Regeln, Beispiele, Übungen.* Mit Minimal-Grammatik und Aussprachekassette. Ulm: Ulmer Sprachstudien Band 1.

Rokeach, M. (1973), *The Nature of Human Values.* New York: The Free Press.

Ronch, J. L.; Goldfield, J. A. (Eds.) (2003), *Mental Wellness in Aging. Strengths-Based Approaches.* Baltimore: Health Professions Press.

Ros, M.; Schwartz, S. H.; Surkiss, S. (1999), Basic individual values, work values, and the meaning of work. *Applied Psychology – An International Review*, 48/1: 49-71.

Rosaldo, R. (1976), The story of Tukbaw: "They listen as he orates". In: Reynolds, F. E.; Capps, D. (Eds.), *The Biographical Process: Studies in the History and Psychology of Religion.* The Hague: Mouton, 121-151.

Rosenmayr, L. (2001), Sind die Alten in Afrika weise? Aus multidisziplinären Forschungen und Erfahrungen bei den Bambara in Mali von 1982-2000. In: Friedenthal-Haase, M.; Meinhold, G.; Schneider, K.; Zwiener, U. (Eds.), *Alt werden – alt sein. Lebensperspektiven aus verschiedenen Wissenschaften.* Frankfurt a. M.: Lang, 271-307.

Ross, N. (2004), *Culture and Cognition. Implications for Theory and Method.* Thousand Oaks/CA: Sage Publications.

Rowan, J.; Cooper, M. (Eds.) (1999), *The Plural Self. Multiplicity in Everyday Life.* London: Sage Publications, 1-11.

Rucker, N. (1994a), Exploratory thoughts on wisdom, intimacy, and analytic relatedness. *American Journal of Psychoanalysis*, 54/1: 77-85.

Rucker, N. (1994b), Wisdom and analytic relatedness: Reply. *American Journal of Psychoanalysis*, 54/4: 370-372.

Rucker, N. (1995), More on wisdom and analytic relatedness: Reply. *American Journal of Psychoanalysis*, 55/2: 188-190.

Ryff, C. D. (1989), Happiness is everything, or is it? Explorations on the meaning of psychological well-being. *Journal of Personality and Social Psychology*, 57: 1069-1081.

Ryff, C. D. (2003), Corners of Myopia in the positive psychology parade. *Psychological Inquiry*, 14/2: 153-159.

Sagie, G.; Schwartz, S. H. (1996), National differences in value consensus. In: Grad, H.; Blanco, A.; Georgas, J. (Eds.), *Key Issues in Cross-Cultural Psychology.* Lisse/Nether-lands: Swets & Zeitlinger Publishers, 217-226.

Sagiv, L.; Schwartz, S. H. (2000a), Value priorities and subjective well-being: Direct relations and congruity effects. *European Journal of Social Psychology*, 30/2: 177-189.

Sagiv, L.; Schwartz, S. H. (2000b), A new look an national culture: Illustrative applications to role stress and managerial behavior. In: Ashkanasy, N. M.; Wilderom, C. P. M.; Peterson, M. F. (Eds.), *The Handbook of Organizational Culture and Climate.* Thousand Oaks: Sage Publ., 417-435.

Saint-Exupéry, A. de (1952/1986; 50. Aufl.), Der Kleine Prinz. Düsseldorf: Karl Rauch Verlag.

Sarbin, T. R. (Ed.) (1986a), *Narrative Psychology. The Storied Nature of Human Conduct.* New York: Praeger.

Sarbin, T. R. (1986b), The narrative as a root metaphor for psychology. In: Sarbin, T. R. (Ed.), *Narrative Psychology. The Storied Nature of Human Conduct.* New York: Praeger, 3-21.

Savicki, V. (2002), *Burnout Across Thirteen Cultures. Stress and Coping in Child and Youth Care Workers.* Westport/CT: Praeger.

Savishinsky, J. (1991), *The Ends of Time: Life and Work in a Nursing Home*. Westport/CT: Bergin and Garvey.

Savishinsky, J. (1997), Understanding life backwards. In: Sokolovsky, J. (Ed.), *The Cultural Context of Aging. Worldwide Perspectives.* Westport/CT: Bergin & Garvey (2. erweiterte Auflage), 492-495.

Savishinsky, J. (2001), The passion of maturity: Morality and creativity in later life. *Journal of Cross-Cultural Gerontology*, 16/1: 41-55.

Scheibe, K. E. (2002), Replicas, imitations, and the question of authenticity. In: Rivera, J. de; Sarbin, T. R. (Eds.), *Believed-In Imaginings. The Narrative Construction of Reality.* Washington/DC: American Psychological Association, 47-70.

Schmitt, M. J.; Schwartz, S. H.; Steyer, R.; Schmitt, T. (1993), Measurement models for the Schwartz Values Inventory. *European Journal of Psychological Assessment*, 9/2: 107-121.

Schmuck, P.; Sheldon, K. M. (Eds.) (2001), *Life Goals and Wellbeing. Towards a Positive Psychology of Human Striving.* Seattle u.a: Hogrefe & Huber Publishers.

Schroots, J. J. (1996), Theoretical developments in the psychology of aging. *Gerontologist*, 36/6: 742-748.

Schroots, J. J.; Birren, J. E. (2002), The study of lives in progress: Approaches to research on life stories. In: Rowles, G. D.; Schoenberg, N. E. (Eds.), *Qualitative Gerontology. A Contemporary Perspective.* New York: Springer, 51-65.

Schwartz, S. H. (1990), Individualism-collectivism: Critique and proposed refinements. *Journal of Cross-Cultural Psychology*, 21: 139-157.
Schwartz, S. H. (1992), Universals in the content and structure of values: Theoretical advances and empirical tests in 20 countries. *Advances in Experimental Social Psychology*, 25: 1-65.
Schwartz, S. H. (1994a), Beyond individualism/collectivism: New cultural dimensions of values. In: Kim, U.; Triandis, H. C.; Kagitçibasi, Ç. et al. (Eds.), *Individualism and Collectivism. Theory, Method, and Applications.* Thousand Oaks & London: Sage Publications, 85-122.
Schwartz, S. H. (1994b), Are there universal aspects in the structure and contents of human values? *Journal of Social Issues*, 50/4: 19-45.
Schwartz, S. H. (1994c), Studying human values. In: Bouvy, A.; Vijver, F. J.R. van de (Eds.), *Journeys into Cross-Cultural Psychology.* Amsterdam: Swets & Zeitlinger, 239-254.
Schwartz, S. H. (1996), Value priorities and behavior: Applying a theory of integrated value systems. In: Seligman, C.; Olson, J. M.; Zanna, M. P. (Eds.), *The Psychology of Values.* Hillsdale: Erlbaum, 1-24.
Schwartz, S. H. (1997), Values and culture. In: Munro, D.; Carr, S.; Schumaker, J. (Eds.), *Motivation and Culture.* New York: Routledge, 69-84.
Schwartz, S. H. (1999), A theory of cultural values and some implications for work. *Applied Psychology – An International Review*, 48/1: 23-47.
Schwartz, S. H.; Bardi, A. (2001), Value hierarchies across cultures: Taking a similarities perspective. *Journal of Cross-Cultural Psychology*, 32/3: 268-290.
Schwartz, S. H.; Bilsky, W. (1987), Toward a universal psychological structure of human values. *Journal of Personality and Social Psychology*, 53: 550-562.
Schwartz, S. H.; Bilsky, W. (1990), Toward a theory of the universal content and structure of values: extensions and cross-cultural replications. *Journal of Personality and Social Psychology*, 58/5: 878-891.
Schwartz, S. H.; Huismans, S. (1995), Value priorities and religiosity in four Western religions. *Social Psychology Quarterly*, 58/2: 88-107.
Schwartz, S. H.; Melech, G. et al. (2001), Extending the cross-cultural validity of the theory of basic human values with a different method of measurement. *Journal of Cross-Cultural Psychology*, 32/5: 519-542.
Schwartz, S. H.; Ros, M. (1995a), Value priorities in West European nations: A cross-cultural perspective. In: Ben-Shakhar, G.; Lieblich, A. (Eds.), *Studies in Psychology in Honor of Solomon Kugelmass.* (Publications of the Hebrew University of Jerusalem; 36) Jerusalem (Israel): Magnes Press, 322-347.
Schwartz, S. H.; Ros, M. (1995b), Values in the West: A theoretical and empirical challenge to the individualism-collectivism cultural dimension. *World Psychology* , 1/2: 91-122.
Schwartz, S. H.; Sagie, G. (2000), Value consensus and importance – A cross-national study. *Journal of Cross-Cultural Psychology*, 31/4: 465-497.
Schwartz, S. H.; Sagiv, L. (1995), Identifying culture-specifics in the content and structure of values. *Journal of Cross-Cultural Psychology*, 26/1: 92-116.
Seeman, T. E.; Dubin, L. F.; Seeman, M. (2003), Religiosity/spirituality and health: A critical review of the evidence for biological pathways. *American Psychologist,* 58/1: 53-63.
Seifert, L. S. (2002), Toward a psychology of religion, spirituality, meaning-search, and aging: Past research and a practical application. *Journal of Adult Development*, 9/1: 61-70.

Seligman, M. E. P. (2003), Positive psychology: Fundamental assumptions. *The Psychologist*, 16/3: 126-127.
Seligman; M. E. P.; Czikszentmihalyi, M. (2000), Positive psychology: An introduction. *American Psychologist*, 55/1: 5-14.
Seligman, M. E. P.; Pawelski, J. O. (2003), Positive psychology: FAQs. *Psychological Inquiry*, 14/2: 159-163.
Sengers, P. (2000), Narrative Intelligence. In: Dautenhahn, K. (Ed.), *Human Cognition and Social Agent Technology.* Amsterdam: John Benjamins Publication Company, 1-26.
Shedlock, D. J.; Cornelius, S. W. (2003), Psychological approaches to wisdom and its development. In: Demick, J.; Andreoletti, C. (Eds.), *Handbook of Adult Development.* New York: Kluwer Academic, 153-167.
Sherman, E. (1995), Differential effects of oral and written reminiscence in the elderly. In: Haight, B. K.; Webster, J. D. (Eds.), *The Art and Science of Reminiscing: Theory, Research, Methods, and Applications.* Washington DC: Taylor and Francis, 255-264.
Sinnott, J. D. (1993), Gender and the development of wisdom: Comments. *Human Development*, 36/5: 297-299.
Sinnott, J. D. (1998), *The Development of Logic in Adulthood: Postformal Thought and its Applications.* New York: Plenum Press.
Sinnott, J. D. (2003), Postformal thought and adult development: Living in balance. In: Demick, J.; Andreoletti, C. (Eds.), *Handbook of Adult Development.* (The Plenum Series in Adult Development and Aging) New York: Kluwer Academic/Plenum Publishers, 221-238.
Small, M. W. (2004), Wisdom and now managerial wisdom: Do they have a place in management development programs? *Journal of Management Development*, 23/8: 751-764.
Smith, J.; Staudinger, U. M.; Baltes, P.B. (1994), Occupational settings facilitating wisdom-related knowledge: The sample case of clinical psychologists. *Journal of Consulting and Clinical Psychology*, 62: 989-999.
Snyder, C. R.; Lopez, S. J. (Eds.) (2002), *Handbook of Positive Psychology.* New York: Oxford University Press.
Sokolovsky, J. (1997), *The Cultural Context of Aging. Worldwide Perspectives.* Westport/CT: Bergin and Garvey (2. ed.).
Sosis, R. (2000), Costly signaling and torch fishing on Ifaluk atoll. *Evolution & Human Behavior*, 21/4: 223-244.
Sosis, R.; Feldstein, S.; Hill, K. (1998), Bargaining theory and cooperative fishing participation on Ifaluk Atoll. *Human Nature*, 9/2: 163-203.
Sperling, U. (2004), Religiosität und Spiritualität im Alter. In: Kruse, A.; Martin, M. (Hrsg.), *Enzyklopädie der Gerontologie. Alternsprozesse in multidisziplinärer Sicht.* Bern: Huber, 627-642.
Spiro, M. E. (1952a), Ghosts, Ifaluk and teleological functionalism. *American Anthropologist*, 54: 497-503.
Spiro, M. E. (1952b), Some Ifaluk myths an folk tales. *Journal of American Folklore*, 64: 289-302.
Spiro, M. E. (1953), Ghosts: An anthropological inquiry into learning and perception. *Journal of Abnormal and Social Psychology*, 48/3: 376-382.
Staudinger, H. (1989), Auf der Suche nach der Weisheit. In: Oelmüller, W. (Hg.), *Philosophie und Weisheit.* Paderborn: Schoeningh, 144-146.
Staudinger, U. M. (1996), Wisdom and the social-interactive foundation of the mind. In: Baltes, P. B.; Staudinger, U. M. (Eds.), *Interactive Minds: Life-Span Perspectives on the Social Foundation of Cognition.* New York: Cambridge University Press, 276-315.

Staudinger, U. M. (2001a), Psychology of wisdom. In: Smelser, N. J.; Baltes, P. B. (Eds.), *International Encyclopedia of the Social & Behavioral Sciences, Bd. 24.* Amsterdam/Netherlands: Elsevier, 16510-16514.

Staudinger, U. M. (2001b), Life review: Reminiscence. In: Maddox, G. L. (Ed.), *Encyclopedia of Aging.* (Vol. 1) New York: Springer (3. Auflage ed.), 602-604.

Staudinger, U. M.; Baltes, P. B. (1994), The psychology of wisdom. In: Sternberg, R. J. (Ed.), *Encyclopedia of Human Intelligence. (J-Z)* (Vol. 2.) New York: MacMillan, 1143-1152.

Staudinger, U. M.; Baltes, P. B. (1996), Weisheit als Gegenstand psychologischer Forschung. *Psychologische Rundschau*, 47: 57-77.

Staudinger, U. M.; Baltes, P. B. (2000), Entwicklungspsychologie der Lebensspanne. In: Helmchen, H.; Henn, F.; Lauter, H.; Sartorius, N. (Hrsg.), *Psychiatrie der Gegenwart. Psychiatrie spezieller Lebenssituationen.* (Band 3) Berlin: Springer (4. Auflage), 3-17.

Staudinger, U. M.; Leipold, B. (2003), The assessment of wisdom-related performance. In: Lopez, S. J.; Snyder, C. R. (Eds.), *Positive Psychological Assessment: A Handbook of Models and Measures.* Washington: American Psychological Association, 171-184.

Staudinger, U. M.; Maciel, A. G.; Smith, J.; Baltes, P. B. (1998), What predicts wisdom-related performance? A first look at personality, intelligence, and facilitative exeriential contexts. *European Journal of Personality*, 12: 1-17.

Staudinger, U. M.; Smith, J.; Baltes, P. B. (1992), Wisdom-related knowledge in a life review task: Age differneces and the role of professional specialization. *Psychology and Aging*, 7: 271-281.

Stephenson, S. (1999), Narrative. In: Browning, G.; Halcli, A.; Webster, F. (Eds.), *Understanding Contemporary Society. Theories of the Present.* London: Sage Publications, 112-125.

Sternberg, R. J. (1985a), *Beyond IQ: A Triarchic Theory of Human Intelligence*. New York: Cambridge University Press.

Sternberg, R. J. (1985b), Implicit theories of intelligence, creativity, and wisdom. *Journal of Personality and Social Psychology*, 49/3: 607-627.

Sternberg, R. J. (Ed.) (1990), *Wisdom: Its Nature, Origins, and Development.* New York: Cambridge University Press.

Sternberg, R. J. (2000), Intelligence and wisdom. In: Sternberg, R. J. (Ed.), *Handbook of Intelligence.* New York: Cambridge University Press, 631-649.

Sternberg, R. J. (2001), What is the common thread of creativity? Its dialectical relation to intelligence and wisdom. *American Psychologist*, 56/4: 360-Ende.

Sternberg, R. J. (2003a), *Wisdom, Intelligence, and Creativity Synthesized.* New York: Cambridge University Press.

Sternberg, R. J. (2003b), WICS as a model of giftedness. *High Ability Studies*, 14/2: 109-137.

Sternberg, R. J. (2003c), Intelligence: Can one have too much of a good thing? In: Chang, E. C.; Sanna, L. J. (Eds.), *Virtue, Vice, and Personality. The Complexity of Behavior* Washington, DC: American Psychological Association, 39-51.

Sternberg, R. J. (2004a), Words to the wise about wisdom? A Commentary on Ardelt's critique of Baltes. *Human Development*, 47/5: 286-289.

Sternberg, R. J. (2004b), WICS Redux: A reply to my commentators. *High Ability Studies*, 15/1: 109-112.

Sternberg, R. J.; Lubart, T. I. (2001), Wisdom and creativity. In: Birren, J. E.; Schaie, K. W. (Eds.), *Handbook of the Psychology of Aging.* San Diego/CA: Academic Press (5. Edition), 500-522.

Stietencron, H. von (1991), Der Weise in Indien. Entsprechungen zur Weisheit in der indischen Tradition. In: Assmann, A. (Ed.), *Weisheit: Archäologie der literarischen Kommunikation III.* München: Fink, 271-288.

Stifoss-Hanssen, H. (1999), Religion and spirituality: What a European ear hears. *The International Journal for the Psychology of Religion.*, 9/1: 25-33.

Strozdas, L. J. (1996), *The Meaning of Wisdom for African-American Women.* (Dissertation) Ann Arbor: University Microfilms International.

Struch, N.; Schwartz, S. H.; van der Kloot, W. A. (2002), Meanings of basic values for women and men: A cross-cultural analysis. *Personality & Social Psychology Bulletin*, 28/1: 16-28.

Sundermeier, T. (1991), Der Mensch wird Mensch durch den Menschen. In: Assmann, A. (Hg.), *Weisheit: Archäologie der literarischen Kommunikation III.* München: Fink, 117-131.

Taft, L. B.; Nehrke, M. F. (1990), Reminiscence, life review, and ego integrity in nursing home residents. *Journal of Aging and Human Development*, 30: 189-196.

Takahashi, M. (1999), *Wisdom: Toward a Culturally Inclusive Understanding.* (Dissertation) Ann Arbor: University Microfilms International.

Takahashi, M. (2000), Toward a culturally inclusive understanding of wisdom: Historical roots in the east and west. *International Journal of Aging & Human Development*, 51/3: 217-230.

Takahashi, M.; Bordia, P. (2000), The concept of wisdom: A cross-cultural comparison. *International Journal of Psychology*, 35/1: 1-9.

Takahashi, M.; Overton, W. F. (2002), Wisdom: A culturally inclusive developmental perspective. *International Journal of Behavioral*, 26/3: 269-277.

Takahashi, M.; Satoshi, I. (2004), Implicit theories of spirituality across three generations. A cross-cultural comparison in the U.S. and Japan. *Journal of Religious Gerontology*, 15/4: 15-38.

Takeda, N. M. (2000), *A Comperative Study of the Perceptions of Wisdom in Two Cultures.* (Dissertation) Ann Arbor: University Microfilms International.

Taranto, M. A. (1989), Facets of wisdom: A theoretical synthesis. *International Journal of Aging and Human Development*, 29: 1-21.

Taylor, C. (1991), *The Ethics of Authenticity.* Cambridge: Harvard University Press.

Tennen, H.; Affleck, G. (2003), While accentuating the positive, don't eliminate the negative or Mr. In-Between. *Psychological Inquiry*, 14/2: 163-169.

Thomas, L. E. (1991), Dialogues with three religious renunciates and reflections on wisdom and maturity. *The International Journal of Aging and Human Development*, 32: 211-227.

Thomas, L. E. (1994), Reflections on death by spiritually mature elders. *Omega: Journal of Death and Dying*, 29/3: 177-185.

Thomas, L. E. (1995), Transcending, not outliving the self. *Journal of Aging Studies*, 9/1: 21-31.

Thomas, L. E. (1997), Late-life effect of early mystical experiences: A cross-cultural comparison. *Journal of Aging Studies*, 11/2: 155-169.

Thomas, L. E. (2001), The job hypothesis: Gerotranscendence and life satisfaction among elderly Turkish Muslims. In: McFadden, S. H.; Atchley, R. C. (Eds.), *Aging and the Meaning of Time: A Multidisciplinary Exploration.* New York: Springer, 207-227.

Thomas, L. E.; Chambers, K. O. (1989a), Phenomenology of life satisfaction among elderly men: Qualitative and quantitative views. *Psychology and Aging* , 4/3: 284-289.

Thomas, L. E., Chambers, K. O. (1989b), "Successful aging" among elderly men in England and India: A phenomenological comparison. In: Thomas, L. E. (Ed.), *Research on Adulthood and Aging: The Human Science Approach.* Albany: State University of New York Press, 183-203.

Thomas, L. E.; Eisenhandler, S. A. (Eds.) (1999), *Religion, Belief and Spirituality in Late Life.* New York: Springer.

Thomas, L. E.; Kraus, P. A.; Chambers, K. O. (1990), Metaphoric analysis of meaning in the lives of elderly men: A cross-cultural investigation. *Journal of Aging Studies*, 4/1: 1-15.

Thorndike, E. L. (1920), Intelligence and its uses. *Harper Magazine*, 140: 227-235.

Thorson, J. A. (Ed.) (2000), *Perspectives on Spiritual Well-Being and Aging.* Springfield/IL: Charles C Thomas Publisher.

Tornstam, L. (1978), *Aldrandets Socialpsykologi.* Stockholm: Rabén & Sjögren.

Tornstam, L. (1989), Gero-transcendence: A reformulation of the disengagement theory. *Aging: Clinical & Experimental Research*, 1/1: 55-63.

Tornstam, L. (1992), The quo vadis of gerontology: On the scientific paradigm of gerontology. *The Gerontologist*, 32/3: 318-326.

Tornstam, L. (1994), Gero-transcendence: A theoretical and empirical exploration. In: Thomas, L. Eugene; Eisenhandler, Susan A. (Eds.), *Aging and the Religious Dimension.* Westport/CT, London: Auburn House, 203-225.

Tornstam, L. (1996a), Gerotranscendence: A theory about maturing in old age. *Journal of Aging and Identity*, 1: 37-50.

Tornstam, L. (1996b), Caring for the elderly. Introducing the theory of gerotranscendence as a supplementary frame of reference for caring for the elderly. *Scandinavian Journal of Caring Sciences*, 10/3: 144-150.

Tornstam, L. (1997a), Gerotranscendence in a broad cross sectional perspective. *Journal of Aging and Identity* , 2/1: 17-36.

Tornstam, L. (1997b), Gerotranscendence: The contemplative dimension of aging. *Journal of Aging Studies* , 11/2: 143-154.

Tornstam, L. (1999a), Late-life transcendence: A new developmental perspective on Aging. In: Thomas, L. E.; Eisenhandler, S. A. (Eds.), *Religion, Belief and Spirituality in Late Life.* New York: Springer, 178-202.

Tornstam, L. (1999b), Gerotranscendence and the functions of reminiscence. *Journal of Aging and Identity*, 4/3: 155-166.

Tornstam, L.; Törnqvist, M. (2000), Nursing staff's interpretations of "gerotranscendental behavior" in the elderly. *Journal of Aging and Identity*, 5/1: 15-29.

Torres, S. (2003), A preliminary empirical test of a culturally-relevant theoretical framework for the study of successful aging. *Journal of Cross-Cultural Gerontology*, 18/1: 79-100.

Tracey, J. I.; Abbott, D. P.; Arnow, T. (1961), *Natural History of Ifaluk Atoll. Physical Environment.* Honolulu/HI: Bernice P. Bishop Museum.

Tshiamalenga-Ntumba (1989), Afrikanische Weisheit. Das dialektische Primat des *Wir* vor dem *Ich-Du*. In: Oelmüller, W. (Hg.), *Philosophie und Weisheit.* Paderborn: Schoeningh, 24-38.

Valdez, J. M. (1993), *Wisdom: A Hispanic Perspective.* (Dissertation) Colorado State University.

Valencia, H. (1989), Hispanic values and subcultural research. *Journal of the Academy of Marketing Science*, 17: 23-28.

Vaughan, F. (2002), What is spiritual intelligence? *Journal of Humanistic Psychology,* 42/2: 16-33.

Veenhoven, R. (2003), Happiness. *The Psychologist*, 16/3: 128-129.

Vinden, P. G. (2002), Imagination and true belief: A cross-cultural perspective. In: Rivera, J. de; Sarbin, T. R. (Eds.), *Believed-In Imaginings. The Narrative Construction of Reality.* Washington/DC: American Psychological Association, 73-86.

Vogel, D. (1994), Narrative perspectives in theory and therapy. *Journal of Constructivist Psychology*, 7/4: 243-261.

Wadensten, B.; Carlsson, M. (2001), A qualitative study of nursing staff members' interpretations of signs of gerotranscendence. *Journal of Advanced Nursing*, 36/5: 635-642.

Wadensten, B.; Carlsson, M. (2003), Theory-driven guidelines for practical care of older people, based on the theory of gerotranscendence. *Journal of Advanced Nursing*, 41/5: 462-470.

Wagner, R. G. (1991), Die Unhandlichkeit des Konfuzius. In: Assmann, A. (Ed.), *Weisheit: Archäologie der literarischen Kommunikation III.* München: Fink, 455-464.

Waldenfels, H. (1989), Thesen zur Weisheit: Aus der Perspektive Asiens. In: Oelmüller, W. (Hg.), *Philosophie und Weisheit.* Paderborn: Schoeningh, 9-23.

Walker, B. G. (1986), *Die weise Alte. Kulturgeschichte – Symbolik – Archetypus.* München: Verlag Frauenoffensive.

Wallerstein, R. S.; Goldberger, L. (Eds.) (1998) *Ideas and Identities: The Life and Work of Erik Erikson.* Madison/CT: International Universities Press.

Watt, L.; Wong, P. T. P. (1991), A taxonomy of reminiscence and therapeutic implications. *Journal of Mental Health Counseling*, 12: 270-278.

Webster, J. (1993), Construction and validation of the reminiscence functions scale. *Journal of Gerontology: Psychological Sciences*, 48/5: 256-262.

Webster, J. (1997), The reminiscence functions scale: A replication. *International Journal of Aging and Human Development*, 44/2: 137-148.

Webster, J. D. (1999), World view and narrative gerontology: Situating reminiscence behavior within a lifespan perspective. *Journal of Aging Studies*, 13/1: 29-42.

Webster, J. (2001), The future of the past: Continuing challenges for reminiscence research. In: Kenyon, G.; De Vries, B.; Clark, P. (Eds.), *Narrative Gerontology: Theory, Research and Practice.* New York: Springer, 159-185.

Webster, J. (2002), Reminiscence functions in adultuhood: Age, race, and family dynamics correaltes. In: Webster, J. D.; Haight, B. K. (Eds.), Critical Advances in Reminiscence Work: From Theory to Application. New York: Springer Publishing, 140-152.

Webster, J. D. (2003a), An exploratory analysis of a self-assessed wisdom scale. *Journal of Adult Development*, 10/1: 13-22.

Webster, J. (2003b), The reminiscence circumplex and autobiographical memory functions. *Memory*, 11/2: 203-215.

Webster, J. D.; Haight, B. K. (1995), Memory lane milestones: Progress in reminiscence definition and classification. In: Haight, B. K.; Webster, J. D. (Eds.), *The Art and Science of Reminiscing: Theory, Research, Methods, and Applications.* Washington DC: Taylor and Francis, 273-286.

Webster, J. D.; Haight, B. K. (Eds.) (2002), *Critical Advances in Reminiscence Work: From Theory to Application.* New York: Springer.

Webster, J.; Cappeliez, P. (1993), Reminscence and autobiographical memory. Complementary context for cognitive aging research. *Developmental Review*, 13: 54-91.

Webster, J.; Mccall, M. E. (1999), Reminiscence functions across adulthood: A replication and extension. *Journal of Adult Development*, 6/1: 73-85.

Weiland, S. (1989), Aged Erikson: The completion of the life cycle. *Journal of Aging Studies*, 3/3: 253-262.

Welchman, K. (2000), *Erik Erikson: His Life, Work and Significance*. Burckingham: Open University Press.

Welsch, W. (1989), Weisheit in einer Welt der Pluralität. In: Oelmüller, W. (Hg.), *Philosophie und Weisheit.* Paderborn: Schöningh, 214-274.

Wheat, L. W. (1991), *Development of a Scale for the Measurement of Human Spirituality. (*Dissertation*)* Ann Arbor: University Microfilms International.

Whitbourne, S. K. (2001), Generativity. In: Maddox, G. L. (Ed.), *Encyclopedia of Aging (*Vol. 1) New York: Springer (3. Auflage), 418-420.

Wikan, U. (1992), Beyond the words: The power of resonance. *American Ethnologist*, 19: 460-482.

Wikan, U. (1995), The self in a world of urgency and necessity. *Ethos*, 23/3: 259-285.

Wikan, U. (2000), With life in one's lap: The story of an Eye /I (or two). In: Mattingly, C.; Garro, L. C. (Eds.), *Narrative and the Cultural Construction of Illness and Healing.* Berkeley: Universtiy of California Press, 212-236.

Wilson, A. E.; Ross, M. (2003), The identity function of autobiographical memory: Time is on our side. *Memory*, 11/2: 137-149.

Wink, P.; Dillon, M. (2003), Religiousness, spirituality and psychosocial functioning in late adultdhood: Findings from a longitudinal study. *Psychology and Aging*, 18/4: 916-924.

Wink, P.; Helson, R. (1997), Practical and transcendent wisdom: Their nature and some longitudinal findings. *Journal of Adult Development*, 4/1: 1-15.

Wink, P.; Schiff, B. (2002), To review or not to review? The role of Personality and life events in life review and adaptation to older age. In: Webster, J. D.; Haight, B. K. (Eds.), *Critical Advances in Reminiscence Work: From Theory to Application.* New York: Springer, 44-60.

Wober, M. (1974), Towards an understanding of the Kiganda concept of intelligence. In: Berry, J. W.; Dasen, P. R. (Eds.), *Culture and Cognition: Readings in Cross-Cultural Psychology*. London: Methuen, 261-280.

Wolman, R. N. (2001), *Thinking with Your Soul: Spiritual Intelligence and Why It Matters.* New York: Harmony Books.

Wood, Van R.; Howell, R. (1991), A note on Hispanic values and subcultural research: An alternative view. *Journal of the Academy of Marketing Science*, 19/1: 61-67.

Woodward, K. (2003), Against wisdom: The social politics of anger and aging. *Journal of Aging Studies*, 17/1: 55-67.

Wuthnow, R. (1998), *After Heaven: Spirituality in America Since the 1950s.* Berkeley/CA: Unviersity of California Press.

Yamane, D. (1998), Spirituality. In: Swatos Jr., William H. (Ed.), *Encyclopedia of Religion and Society.* Walnut Creek: AltaMira Press, o.A.

Yang, S-Y. (2000), *Conceptions of Wisdom Among Taiwanese Chinese.* (Dissertation) Ann Arbor: University Microfilms International.

Yang, S-Y. (2001), Conceptions of wisdom among Taiwanese Chinese. *Journal of Cross-Cultural Psychology*, 32/6: 662-680.

Yao, Y.; Zhong, N.; Liu, J.; Ohsuga, S. (2004), Web intelligence: Exploring structures, semantics, and knowledge of the Web. *Knowledge-Based Systems*, 17/5-6: 175-177.

Yngvesson, B.; Mahoney, M. A. (2000), "As one should, ought and wants to be": Belonging and authenticity in identity narratives. *Theory, Culture & Society*, 17/6: 77-110.

Young-Eisendrath, P. (2003), Response to Lazarus. *Psychological Inquiry*, 14/2: 170-172.

Young-Eisendrath, P.; Miller, M. E. (Eds.) (2000), *The Psychology of Mature Spirituality. Integrity, Wisdom, Transcendence.* London: Routledge.

Zaepfel, H.; Metzmacher, B. (1996), Postmoderne Identitätsbildung, ein Leben mit riskanten Freiheiten oder: Psychotherapie und die Macht der Verheißung. *Integrative Therapie,* 22/4: 451-488.

Zahan, D. (1979), *The Religion, Spirituality, and Thought of Traditional Africa:* Chicago/ IL: The University of Chicago Press.

Zeig, J. K. (1995), *Die Weisheit des Unbewussten: Hypnotherapeutische Lektionen bei Milton H. Erickson.* Heidelberg: Auer.

Zelfel, A. (2004), Erikson – ein Antifeminist? Annäherung an die Frage einer weiblichen Identität. In: Hofmann, H.; Stiksrud, A. (Eds.), *Dem Leben Gestalt geben. Erik H. Erikson aus interdisziplinärer Sicht.* Wien: Krammer, 95-110.

Zohar, D.; Marshall, I. (2000), *SQ: Spiritual Intelligence: The Ultimate Intelligence.* London: Bloomsbury Publishing.

Sachindex

Zur Edition Trans

Herausgeberin: Prof. Dr. Ina Rösing (Ulm)

Wissenschaftlicher Beirat:
Prof. Dr. Martin Baumann (Luzern)
Prof. Dr. med. Dr. phil. Hinderk Emrich (Hannover)
Prof. emer. Dr. med. Dipl. Psych. Helmut Enke (Stuttgart)
Prof. Dr. Gerhard Marcel Martin (Marburg)
Prof. Dr. Johannes Siegrist (Düsseldorf)

Die EDITION TRANS greift grundlegende Themen auf, die jeden von uns in der heutigen Zeit angehen, doch nicht, weil sie tagespolitisch aktuell wären, sondern weil sie zeitlos sind. Es sind Themen wie Weisheit, Liebe, Einsamkeit, Gewalt, Klugheit, Geheimnis, Grenze, Heilung.

Solche grundlegenden Themen werden in der EDITION TRANS in einer ganz bestimmten Weise angegangen: transdisziplinär, transkulturell und transversal.

Trans heißt "quer", "über etwas hinaus", "quer durch etwas hindurch". Diese Bedeutungen umschreiben präzise die Intentionen der EDITION TRANS. Die Themen werden behandelt

quer durch die Fächer
über die westliche Kultur hinaus
quer zu den gängigen Betrachtungsweisen.

Dieser transdisziplinäre, transkulturelle, transversale Zugang soll ein Thema aus einer "schrägen" Sicht betrachten. So kann zum Beispiel *Weisheit* als greisige Leistung enttarnt und kann neben der *Liebe* dem Entlieben Raum gegeben werden. So ist *Geheimnis* jenseits von Schutz versus Lüge zu sehen. So können *Grenzen* zwecks Überschreitung behandelt und Verwundung und *Heilung* zusammengeführt werden – um nur einige der Themen im Umfeld der EDITION TRANS zu benennen.

Die Trans-Sicht soll gleichzeitig verschiedenen Blickwinkeln Raum geben, auf die Unterschiede fokussieren, den Unterschieden zur Gleichwertigkeit verhelfen und vermeintlich Unvereinbares zusammenbringen. Sie soll auf diese Weise zu Alternativen oder neuen Betrachtungsweisen immer wieder zeitloser Themen anregen.

Prof. Dr. Ina Rösing, Jg. 1942, Sozialpsychologin (Promotion), Wissenschaftssoziologin (Habilitation), Kulturanthropologin (Feldforschung in der Quechuasprachigen Kallawaya-Region in den Anden und im tibetischen Kulturraum des Himalaja), Psychotherapeutin (Integrative Therapie, C. G. Jung), Leiterin des Instituts Kulturanthropologie am Universitätsklinikum Ulm, Mitglied der Heidelberger Akademie der Wissenschaften, mehrere Forschungspreise, darunter Landesforschungspreis Baden-Württemberg. Ihre Forschungsschwerpunkte sind traditionelle Heiler, Ritual und Religion, der transkulturelle Vergleich von Konzepten der Gesundheit, Krankheit und Heilung, von psychosomatischen Belastungssyndromen (Posttraumatische Belastungsstörung, Burnout, Chronisches Müdigkeitssyndrom, "Seelenverlust", *susto*) sowie von Intelligenz, Dummheit und Weisheit.

Anschrift: Institut für Kulturanthropologie, Universitätsklinikum Ulm, Am Hochsträß 8, 89081 Ulm
Tel: 0731/5002-5650, 51, 45. Fax: 0731/5002-5649
e-mail: kulturanthropologie@medizin.uni-ulm.de

Einige Veröffentlichungen von Ina Rösing:

Intelligenz und Dummheit. Wissenschaftliche Konzepte. Alltagskonzepte. Fremdkulturelle Konzepte. Ein Werk- und Denk-Buch. Heidelberg/Kröning: Asanger Verlag, 2004.

Ist die Burnout-Forschung ausgebrannt? Analyse und Kritik der internationalen Burnout-Forschung. Heidelberg: Asanger Verlag, 2003.

Trance, Besessenheit und Amnesie. Bei den Schamanen der Changpa-Nomaden im ladakhischen Changthang. Gnas/Österreich: Weishaupt Verlag, 2003.

Die heidnischen Katholiken und das Vaterunser im Rückwärtsgang. Zum Verhältnis von Christentum und Andenreligion. Heidelberg: Universitätsverlag C. Winter, 2001.

Religion, Ritual und Alltag in den Anden. Die zehn Geschlechter von Amarete, Bolivien. Zweiter ANKARI-Zyklus. MUNDO ANKARI Band 6. Berlin: Reimer Verlag, 2001 (spanische Ausgabe: 2003).

Rituale zur Rufung des Regens. Zweiter ANKARI-Zyklus: Kollektivrituale der Kallawaya-Region in den Anden Boliviens. MUNDO ANKARI Band 5. Frankfurt: Zweitausendeins, 1993 (spanische Ausgabe: 1996).

Die Schließung des Kreises. Von der Schwarzen Heilung über Grau zum Weiß. Nächtliche Heilungsrituale in den Hochanden Boliviens. MUNDO ANKARI Band 4. Frankfurt: Zweitausendeins, 1991.

Abwehr und Verderben: Die Schwarze Heilung. Nächtliche Heilungsrituale in den Hochanden Boliviens. MUNDO ANKARI Band 3. Frankfurt: Zweitausendeins, 1. Aufl. 1990; 2. Aufl. 1993.

Dreifaltigkeit und Orte der Kraft: Die Weiße Heilung. Nächtliche Heilungsrituale in den Hochanden Boliviens. MUNDO ANKARI Band 2, Buch I und Buch II. Nördlingen: Greno; 1. Aufl. 1988./Frankfurt: Zweitausendeins; 3. Aufl. 1995 (spanische Ausgabe: 1992, 1993, 1995).

Die Verbannung der Trauer. (Llaki Wij'chuna.) Nächtliche Heilungsrituale in den Hochanden Boliviens. MUNDO ANKARI Band 1. Nördlingen: Greno; 1.Aufl. 1987./Frankfurt: Zweitausendeins; 3.Aufl. 1992 (spanische Ausgabe: 1990, 1991)

Rösing, Apaza et al.: *Zwiesprachen mit Gottheiten von Bergen, Blitzen, Quellen und Seen: Weiße Kallawaya-Gebete.* Ulm: Ulmer Kulturanthropologische Schriften (UKAS), Band 1, 1994 (spanische Ausgabe: 1995).